I0212941

Studies in Talmudic Logic
Volume 8

Synthesis of Concepts in the Talmud

This book returns to the discussion in volume 1 on analogy and induction, and analyses their substance. The first part distinguishes between two kinds of logic: One kind based on union of the common features, and the other kind based on synthesis of different features. In the second part of the book we propose a formal scheme for synthesis of concepts. The third part analyses various mechanisms for kidushin and kinyan, which form a mathematical group.

Volume 1
Non-Deductive Inferences in the Talmud
Michael Abraham, Dov Gabbay and Uri Schild

Volume 2
The Textual Inference Rules Klal uPrat. How the Talmud Defines Sets
Michael Abraham, Dov Gabbay, Gabriel Hazut, Yosef E. Maruvka and Uri Schild

Volume 3
Talmudic Deontic Logic
Michael Abraham, Dov Gabbay and Uri Schild

Volume 4
Temporal Logic in the Talmud
Michael Abraham, Israel Belfer, Dov Gabbay and Uri Schild

Volume 5
Resolution of Conflicts and Normative Loops in the Talmud
Michael Abraham, Dov Gabbay and Uri Schild

Volume 6
Talmudic Logic
Andrew Schumann

Volume 7
Delegation in Talmudic Logic
Michael Abraham, Israel Belfer, Dov Gabbay and Uri Schild

Volume 8
Synthesis of Concepts in the Talmud
Michael Abraham, Israel Belfer, Dov Gabbay and Uri Schild

Studies in Talmudic Logic
Series Editors
Michael Abraham, Dov Gabbay, and Uri Schild
dov.gabbay@kcl.ac.uk

Synthesis of Concepts in the Talmud

Michael Abraham

Israel Belfer

Dov Gabbay

and

Uri J. Schild*

Bar Ilan University

*and Ashkelon Academic College

© Individual author and College Publications 2013 All rights reserved.

978-1-84890-087-5

College Publications
Scientific Director: Dov Gabbay
Managing Director: Jane Spurr
Department of Computer Science
King's College London, Strand, London WC2R 2LS, UK

http://www.collegepublications.co.uk

Printed by Lightning Source, Milton Keynes, UK

All rights reserved. No part of this publication may be reproduced, stored in a retrieval system or transmitted in any form, or by any means, electronic, mechanical, photocopying, recording or otherwise without prior permission, in writing, from the publisher.

Combining Legal Concepts in Talmudic Logic

Abstract

A legal state C may share characteristics with two other legal states A and B. We can view C as a combination of A and B and as a result use the laws governing each of A and B to derive laws governing C.

This paper offers a system of concept-action logic which can model the way the Talmud does such combinations.

1 Overview and orientation

Consider the sentence "A moving car hitting another car stationary or moving forward from behind should be fully responsible for full damages because it is the moving car driver's job to watch out in his direction of movement and not the other car's responsibility to watch backwards when stationary or moving forward".

This sentence has the following structure:

$X =$ Judgement:
Driver responsible for full damage

$\varphi =$ State of affairs:
A moving car hitting another car which is moving forward or stationary.

$\alpha =$ Reason for judgement. Facts of the matter:
one needs to watch only in direction of one's movement.

We regard the above as a 3-sorted relation (of triples): (φ, X, α).

1. Sort $\{\varphi\}$ of concepts or legal states of affairs, referred to as *States*.

2. Sort $\{X\}$ of legal judgement predicates, referred to as *Judgements*.

3. Sort $\{\alpha\}$ of reasons, comprised of factual characteristics of objects of the sort $\{\varphi\}$, referred to as *Reasons*.

Ideally a legal system would contain an infinite comprehensive list of such triples. So whenever we need a verdict for any (φ, α) for example "A man punched a woman in public after she criticised his English grammar", we look up the table and get a verdict X, for example "the man pays compensation and apologises".

In practice we may have a Book of Law with only a finite list of pairs (X, φ) and we do not know the reasons α for the judgement X on φ. There

1

could be many such candidate reasons and we can only speculate or argue which are the real reasons for the judgement. (For example: The lady was embarrassed; The man deliberately hit the woman; There were at least three independent, unrelated witnesses to the event.) Furthermore there may arise in practice situations ϕ_1 which do not appear in our list. Again a judge and we can speculate and argue by analogy which ϕ in the list most resemble our practical case ϕ_1. We interpret and discuss the states and facts of similar cases that we have, try and find the key decisive features in those known cases and and argue that these key features are indeed existing in the new practical case.

Let $\mathbb{L}$ be the ideal infinite set of triples (which we do not know).

Let us imagine that in practice we have only a partial finite information of $\mathbb{L}$. What form can this partial information take? We can miss some triples and we can also have part of a triple. We may have only two items out of the three in the triple. Which two?

Well, let us take an example. A man driving a car and talking on the phone at the same time, was hit from behind by a van. He was forced to pay the owner of the van $1000 compensation.

The driver will remember and tell the story that he was driving, was hit from behind and had to pay $1000. So what the driver remembers is the State and the Judgement.

The lawyer would remember this as a key case where even though the driver was hit from behind, he was found guilty because he was talking on his mobile phone at the time, not paying attention. So what the lawyer remembers is the State and the Judgement.

A Judge may see the principle involved

- Reason implies judgement: if you do not pay due attention you are guilty and responsible.

The pair containing the Reason and the Judgement only is perceived as a legal principle.

A third possibility is what the participants see at the time of the accident. They see the state only and may argue for several possible Judgements and Reasons.

So in practice we need to look only at three cases of partial information: The R case, where the Reason α is missing and the J case where the Judgement X is missing and the State case where the state is missing. Note that elements in the list of facts and properties may be a noted absence of facts or lack of properties or states. (For example: It was not domestic violence nor was it a case of road rage. Nothing metallic or hard was involved.)

Let $\mathbb{L}_J = \{(\varphi, \alpha)| \text{ for some } X, (X, \varphi, \alpha) \in \mathbb{L}\}$.
Let $\mathbb{L}_R = \{(X, \varphi)| \text{ for some } \alpha, (X, \varphi, \alpha) \in \mathbb{L}\}$.
Let $\mathbb{L}_S = \{(X, \alpha)| \text{ for some } \varphi, (X, \varphi, \alpha) \in \mathbb{L}\}$.

Note that since we do not know $\mathbb{L}$, we do not know $\mathbb{L}_R$ and we do not know $\mathbb{L}_J$. We may have some partial knowledge, namely we may know some $R_1 \subseteq \mathbb{L}_J$ and $R_2 \subseteq \mathbb{L}_R$. We ask ourselves: how can we deduce some more information from what we know?

We need to give an example first.

2

Example 1.1 *Suppose we know the following cases:*

Case 1. $\varphi_1 =$ *car a_1 bumped into the back of car b_1, while both were moving forward.*
   $X_1 =$ *(owner of) car a_1 to pay full damage.*

Case 2. $\varphi_2 =$ *car a_2 backed into a parked car b_2.*
   $X_2 =$ *car a_2 to pay damage.*

Here we know
$$(X_1, \varphi_1) \in R_2, (X_2, \varphi_2) \in R_2.$$
We do not know the reasons for the judgement.
   Suppose we have a new case

Case 3. Car a_3 backed out of a parking space into the path of a moving car b_3, which hit the car a_3 at the back.

   We ask who pays for the damage? I.e. what is the correct X_3?
   To find X_3, we need to know the reasons for the judgements of cases 1 and 2.

Argument 1. Car b_3 hit car a_3 at the back. So car b_3 has to pay. This is so because we believe the reason for $(X_1, \varphi_1) \in R_2$ is α_1 where $\alpha_1 =$ because car a_1 hit car b_1 at the back, i.e. we believe that $(X_1, \varphi_1, \alpha_1) \in \mathbb{L}$.

Argument 2. Car a_3 was making backwards movement, and hit car b_3. So car a_3 has to pay. This is so because we believe that in case 2 the reason for $(X_2, \varphi_2) \in R_2$ is α_2, where $\alpha_2 =$ any car doing backwards movement must be extra careful and is responsible. So we are saying $(X_2, \varphi_2, \alpha_2) \in \mathbb{L}$.

Counterargument 1a We do not agree that the reason for $(X_1, \varphi_1) \in R_2$ is α_1. Rather it is β_1, where:
   $\beta_1 =$ drivers are responsible to watch their direction of motion. In φ_3 of case 3 both drivers hit each other in their own direction of motion. So maybe they should split the damage?

Counterargument 1b We believe the reason for case 2 is β_2 where:
   $\beta_2 =$ car a_2 hit car b_2 which was steady in its legitimate state of being parked.

   Now since car b_3 was steady in a legitimate state of moving and car a_3 bumped into it then car a_3 is responsible.

Analysis   We have two cases $(X_1, \varphi_1) \in R_2$ and $(X_2, \varphi_2) \in R_2$. We also know some facts of the matter so we know $(\varphi_1, \alpha_i^1) \in R_1$ for $i = 1, 2, \ldots$ and $(\varphi_2, \alpha_j^2) \in R_1$ for $j = 1, 2, \ldots$ simply because α_i^1, α_j^2 are factual characteristics of φ_1, φ_2 respectively. The question is which of these characteristics are the reasons for the judgements (X_i, φ_i)?

3

We need to know that because we have a new case φ_3 for which we know the factual characteristics say $(\varphi_3, \alpha_k^3) \in R_1, k = 1, 2, \ldots$.

If some $\beta \in \{\alpha_k^3\}$ is the known reason for $(X_i, \varphi_i) \in R_2$ we get that judgement X_i applies to φ_3.

Certainly if $\{\alpha_k^3\} \supseteq \{\alpha_j^i\}$ then judgement X_i does apply, but in general this does not happen and we need to argue to find the real reason.

Proposition 1.2 *In general we can do the following. Fix X. Look at all ψ such that $(X, \psi) \in R_2$. For each ψ let $\alpha_\psi^X = \{\alpha | (\psi, \alpha) \in R_1\}$. Then let $\alpha_X = \bigcap_\psi \alpha_\psi^X$.*

Then α_X are the facts involved in all the cases where judgement X was given. We can be confident that for each ψ such that $(X, \psi) \in R_2$, there exists a $\beta(\psi) \in \alpha_X$ such that $(X, \psi, \beta) \in \mathbb{L}$.

Therefore if we have a φ such that $\alpha_\varphi \supseteq \alpha_X$, then we can argue that X should apply to φ. I.e. we can be pretty sure that $(X, \varphi, \gamma) \in \mathbb{L}$ for some $\gamma \in \alpha_\varphi$.

Remark 1.3 *Note that facts and properties α can be positive or negative. We can take a lack of properties (e.g. no earlier convictions) also as properties. We might write $\alpha, \neg\alpha$ or simply write α, β where we allow for negations, $\beta = \neg\alpha$.*

2   Analysis of the notion of State

In the previous section we talked about *States, Judgements and Reasons*. The Reasons are some of the characteristics of the State which compel us to give the Judgements. We now have to elaborate more about the structure of States and what components of a state can be reasons for judgement.

2.1   The notion of state: motivation from language

This section motivates our notion of State by looking at similar behaviour in language. Consider the following sentences:

S1:   John was stubborn at the meeting, he should have been more flexible in his position.

S2:   No, John was not stubborn, he was firm.

Let us ask: what is S2 negating? It is not negating facts; it is substituting the word "firm" for the word "stubborn". The word "firm" implies some feature which negates a feature implied by "stubborn" and it is this feature that we want to negate. Both the words "firm" and "stubborn" have the same core meaning, namely something like "does not readily shift position". The word "stubborn" implies disapproval and the word "firm" implies approval.

To explain what we have in mind, let us consider the following entries from *Cassell's Modern Guide to Synonyms*, Bookclub associates, 1984:

**STUBBORN adamant   headstrong obdurate pertina-
cious pigheaded**

All of these words suggest a tendency to persist in an opinion, belief,
decision, or course of action, generally with more force than reason.
A person may be *stubborn* by disposition, showing this quality in
most of his behaviour and in most situations, but may be *obsti-
nate* in a particular instance: Dick had always been a very *stubborn*
boy, but was particularly *obstinate* in his dislike of homework. **Pig-
headed** usually suggests *obstinate* stupidity: His *pigheaded* refusal
to accept facts makes discussion impossible. **Adamant** implies a
hard and unyeilding attitude that may be the result of a strongly
felt or carefully thought out conviction regarding some important
matter: The ambassador was *adamant* in his insistence that all
the prisoners be released from the concentration camp. A similar
attitude, but carrying the idea of harshness and a lack of feeling,
is implied by **obdurate**: The foreman was *obdurate* in holding to
rigid production schedules. Both *adamant* and *obdurate*, however,
can point approvingly to a principled refusal to compromise, unlike
these other words with their implications of arbitrary egocentricity.

Pertinacious, though not necessarily deprecatory, usually suggest
a kind of perserverance in a course of action that can be annoying
or seem unreasonable to others: The lawyers *pertinacious* harp-
ing on the same point made the witness very nervous under cross-
examination. **Headstrong** indicates a strong-willed self-direction
and an impatience with restraint. A *headstrong* person cannot be
held back by advice or argument and may be reckless or hotheaded
in his actions: a *headstrong* impetuous youth, rushing into things
without forethought; His *headstrong* attempt to sieze control of the
paty was political suicide. See AUTHORITATIAN, OVERBEARING,
PERSISTENT, UNRULY.

antonyms: ADAPTABLE, COMPLIANT, DOCILE, MALLEABLE.

**WILFUL   firm   hard-headed   no-nonsense   strong-
willed   tenacious   tough**

These words all describe more or less uncompromising of fixed states
of mind. The differences between them reveal that obstinacy in
itself can be adjudged either good or bad, depending on the motive
behind it and the uses to which it is put.

Wilful means bent on having ones own way, and therefore careless
or indifferent of other eoples feelings or wishes. It hs critical if not
damming implications, but is somewhat mitigated by its common
association with children: A *wilful* child, she insisted on wearing
yellow socks with her maroon smock. When applied to adults it
may be considered a sign of immaturity or unreasonable conceit: a
wilful decision taken without regard to the well-being of the com-
munity. **Strong-willed**, on the other hand, is usually taken to

be complimentary, especially if the person indicated is a man: a *strong-willed* leader of men. It is also used, however, to imply criticism less strong than *wilful*, perhaps mixed with a certain degree of admiration. [Robert is a very *strong-willed* person; once he has made up his mind, he won't change it.]

Firm is decidedly favourable in tone. It means fixed and unshakable, and often implies deep commitment to a moral principle: a *firm* resolve to spend two hours each evening at study; a *firm* commitment to civil rights. *Firm* is also commonly used as a euphemism for obstinate, because it substitutes the motive of high moral dedication for wilfulness or self-seeking; indeed, whether one calls someone *firm* or stigmatizes him with a less attractive adjective depends upon whether one happens to share his convictions. Politicians are famous for being *firm* (believers in democracy, supporters of the party leader, upholders of free enterprise, etc.). **Tenacious**, meaning tending to hold strongly, as opinions, rights, etc., is also much favoured by men and women in te public eye: a *tenacious* defender of Nationalist rights. *Tenacious* has the implication of hanging on, refusing to let go no matter what the odds against eventual victory. This can be interpreted as blind stubbornness or as fierce devotion to right principle. Nevertheless, the word always conveys some respect; a *tenacious* adversary, for instance, may be disliked but he is certainly not to be taken lightly.

Hard-headed, no-nonsense, and **tough** all describe practical, business-like, or ruthless attitudes. All are on the whole favourable in tone, since all suggest that the people so characterised are doers,people who care primarily about results rather than about the means by which they are achieved — an attitude which is evidently admired in a competitive society. *Hard-headed* means having a shrewd and practical mind; a *hard-headed* businessman is not given to sentiment or too much thought about human feelings, although he is not necessarily unkind or inhuman. He simply regards such considerations as unimportant or boring, in any case not worth thinking about. *No-nonsense* means without time-consuming formalities or the rigmarole of polite intercourse, and indicates a straight, blunt, even gruff approach, with the aim of getting things done quickly and efficiently even at the price of wounding someone's feelings or offending protocol. **Tough**, in its primary sense, means capable of sustaining great tension or strain without breaking. If one lent definition of its common colloquial use applied to people who are deemed shrewd and canny, not easily fooled or worn down by argument: a *tough* negotiator; a *tough* competitor. *Tough* and *no-nonsense* often appear together in informal or self-consciously modern writing: a *tough, no-nonsense* leader of the Middle East. See IMPERTURBABLE, OPPORTUNISTIC, STUBBORN.

antonyms: accommodating, ADAPTABLE, COMPLIANT, DOCILE, easy-

going, NAIVE, tender TIMID, WEAK

COMPLIANT agreeable broad-minded obdurate complaisant obliging susceptible willing

These words refer to a pleasant or tolerant manner, open to other people's demands or desires. *Compliant* suggests a passive nature readily moulded to conform to the wishes of others, one easily persuaded with little effort: meekly *compliant* to even his harshest expectations. **Susceptible** is a less formal word for the same idea, but it has an additional implication indicating a nave or unguarded sensibility that can be influenced even by subtle or indirect methods: They disapproved of showing such violent films to *susceptible* children.

Willing stresses a more conscious decision to do something and does not, unlike *compliant* or *susceptible*, suggest an innately weak or conforming nature: informing her that he would be *willing* to run the errand for her; *willing*, eager students. On the other hand, **obliging** refers not to a conscious choice but to a nature that is cheerfully ready to assist or that will permit someone else to satisfy a wish: an *obliging* stewardess; teenage girls who feel they must be *obliging* on dates or become unpopular. **Agreeable** stresses the cheerful side of *obliging*: an *agreeable* personality. It may also suggest anything that is simply pleasurable: an *agreeable* climate. But the word, in another use, can suggest an even more *willing* and open attitude than *obliging*: finding that she was *agreeable* to anything he suggested.

Complaisant in one of its uses is simply a more formal term for *agreeable*, but with a greater stress on the conforming character suggested by *compliant*: her *complaisant* eagerness to please. The word has a special use, however, to suggest a cheerful or comparative indifference to strict moral standards, either in others or oneself: parents who are permissive and *complaisant* bout their children's behaviour; a *complaisant* lover. **Broad-minded** is in some ways a more informal substitute for *complaisant* in this context, suggesting a liberal regard for moral standards, although it does not necessarily imply a cheerful attitude. In other contexts the word might suggest an admirable ability to see all sides of a question. Here, by contrast, it suggests, almost euphemistically, an ability to accept the misbehaviour of others without protest: parties that put a strain on the most *broad-minded* of her older friends. See ADAPTABLE, LENIENT, MALLEABLE.

antonyms: narrow-minded, STUBBORN, UNWILLING, WILFUL

The above analysis of the meaning of the above words suggests that each word has a core meaning indicating readiness for "shifting position" in con-

junction with several related features, and each word has different feature components relating to the core meaning.

We can immediately see the connection with our notion of State. A state will have a core component and a list of component features associated with it. The feature components, may be present or not in the State and may have strength of various intensity. Some of these components may serve as reasons for Judgement.

Let us list all the relevant feature components, needed for this analysis of the above words. We imagine we are talking about a person or an object participating in a State (let us call it a *player*) and the different features apply to this player. The features have strength. So we write e.g. $7\alpha_3$ to mean that our player does have feature α_3 with strength 7. So $-7\alpha_3$ means a 7 strong absence of the feature α_3. $0\alpha_3$ means no comment on α_3 for this player.

The following is the list:

α_0 (core feature): The player's readiness to shift his position. $+$ direction means he readily shifts. $-$ direction means he does not shift.

α_1: Is it due to his character?

α_2: Is it due to deliberative reason?

α_3: Is it a single case or a pattern?

α_4: Does it also involve lack of feeling on the player's part? $+$ direction no lack of feelings, $-$ direction yes lack of feeling.

α_5: Do we approve this lack of shifting? $+$ direction we approve of it. $-$ direction we do not.

α_6: Can we stop the player or influence him by reasoning or advice?

α_7: Can the player maintain his position? Can he continue not to shift?

α_8: Are its implications/consequences good or bad? $+$ direction good consequences. $-$ direction bad consequences.

We have roughly the following characterisation of the words:

Stubborn:	$-1\alpha_0, +1\alpha_1, +1\alpha_2.$
Obstinate:	$-1\alpha_0, +1\alpha_1, -1\alpha_3$
Pigheaded:	$-1\alpha_0, +1\alpha_1, -2\alpha_2$
Adamant:	$-1\alpha_0, -1\alpha_1, +3\alpha_2$
Obdurate:	$-1\alpha_0, -1\alpha_1, +3\alpha_2, +1\alpha_4$
Pertinacious:	$-1\alpha_0, -1\alpha_5$
Headstrong:	$-1\alpha_0, -1\alpha_6$
Wilful:	$-1\alpha_0, -1\alpha_4, -2\alpha_8$
Strongwilled:	$-1\alpha_0, +1\alpha_8$
Firm:	$-2\alpha_0, +2\alpha_2, +1\alpha_5$
Tenacious:	$-3\alpha_0, +2\alpha_2, +1\alpha_5$

Hard headed: $-1\alpha_0, +1\alpha_2, -1\alpha_4, +1\alpha_5$

No-nonsense: $-1\alpha_0, +1\alpha_2, +1\alpha_5$

Tough: $-3\alpha_0, +1\alpha_2, +1\alpha_5$

Let us summarise what we have.

1. We have a set of individual players:

$$U = \{x_1, x_2, \ldots\}$$

2. We have states describing the individuals, for example:
Firm(x)
Married (x, y)

3. We have some atomic feature states $\pm k_i \alpha_i(x)$ and the general states are sets of atomic states. For example:

$$S(x) = \{\pm k_i \alpha_i(x)\}.$$

Married (x, y) may be an atomic state, but in our society it may not be. We may have:
$\mu_1(x, y) =$ married at registrar
$\mu_2(x, y) =$ married at church
and
married $(x, y) = \{\mu_1(x, y)\}$.
Note we may use vector notation for example if we find it convenient.

2.2   Introducing actions

So far our notion of state was mainly descriptive and static. In practice states come into being as a result of actions and in Talmudic Logic one needs to pay attention to what actions brought about the state under consideration. This means that the actions taken in the past which bring the state into being should also be considered as a component in the state descriptions and may serve as reasons for judgement.

Furthermore, the judgement itself may involve further actions and so really to have a proper adequate model we need introduce a logical machinery for actions.

So let us assume informally that our system has states description of $D_1, D_2, \ldots$ of the above form, built up from a set of entries of the form $\pm k\alpha$, where k is a natural number and α some atomic feature states. We now add informally to our system the notion of reasons and judgements. For example we may have: A stubborn inflexible negotiator should not attend the meeting because we might lose the deal. Note that reasons can be viewed as pre-conditions for actions and the judgements are both the post-conditions and the actions. So now we have a connection with traditional action logic.

To be quite clear suppose we have a state where car a backed into a parked car b. The reason for judgement is α, the judgement itself is the action of owner

of car a paying the owner of car b and the post condition is the fact that car b was compensated.

So let us look more closely at *action*. An action, denoted by $\mathbf{a}, \mathbf{b}, \ldots$ takes us from one state description to another.

So, for example, if my vase is broken and I have the right type of comprehensive insurance policy, I can get a replacement.

We use the traditional way of ascribing pre-conditions $\Pi_{\mathbf{a}}^1$ and post-conditions $\Pi_{\mathbf{a}}^2$ to an action $\mathbf{a}$. $\Pi_{\mathbf{a}}^i$ are state descriptions $i = 1, 2$.

So for example, if John is wilful in his behaviour in a certain negotiating team we may take the action of removing John from that team. Note that we do not know precisely why such action is sanctioned, probably to neutralise the active ingredient $-2\alpha_8$.

So an action $\mathbf{a}$ has the form $(\{\pm k_i, \beta_i\}, \{\pm \eta_j, \gamma_j\})$ where $\Pi_{\mathbf{a}}^1 = \{\pm k_i, \beta_i\}$ and $\Pi_{\mathbf{a}}^2 = \{\pm \eta_j, \gamma_j\}$.

It can be the case that a certain state (vase broken) can arise from several possible actions. The vase may have been accidentally dropped or may have been deliberately broken.

An insurance company may replace the vase in case of accident but not in case of deliberate smashing. This means that we cannot just ascribe to individual players states, but we need also to record the history of actions leading to that state.

Thus the notion of "state" should be replaced by the notion of "state and the history leading up to it".

Note that in terms of states and judgements this mean that we look at earlier judgements also as part of the state. So we can have cases like the following:

A car a which in the past backed into car c and paid compensation was hit from behind by a car b which never had an accident before.

We now look at legitimate sequences of actions and states of the form

$$(D_1, \mathbf{a}_1, D_1, \mathbf{a}_2, D_3, \mathbf{a}_3, \ldots)$$

We read this as saying that for each i, D_{i+1} is the result of applying legitimately the action $\mathbf{a}_i$ to the state D_i which is obtained by the legitimate sequence

$$(D_1, \mathbf{a}_1, \ldots, D_{i-1}, \mathbf{a}_{i-1})$$

Let us look at another example.

John is a senior manager and on the basis of that he was actioned $\mathbf{a}$ into the negotiating team. He behaved wilfully in the team. He was removed from the team (action $\mathbf{b}$). Now he is in the state of being a senior manager not in the negotiating team. We cannot apply $\mathbf{a}$ again because his state has a history of removal.

This means that precondition for action must be expanded to be not just states but legitimate sequences of states and actions. This represents the history leading up to that state.

Remark 2.1 *[Combination of concepts/states] We can now intuitively consider combination of concepts.*

The above discussion dealt with real life incidents resulting in a combination of facts and states arising from people's actions, and we were trying to find Judgements for such cases. We may have a need for Judgement when we consider a combination of concepts, creating possibly a new state. Let us take an example and then give a definition. The word "staycation" was coined in London as taking a vacation but staying home. So you become a tourist in your own town. Now imagine a government policy encouraging people to take a vacation in the country and not going abroad and imagine also another government policy giving tourists an exemption from VAT on hotel bills, in order to attract tourism. Now a couple taking a vacation at home by staying in a hotel next door (5 minutes distance from their residence) do they qualify for an exemption from VAT? Staycation is a combination of concepts, creating a new situation.

Let us now continue the story of John, the senior manager. Imagine that we also allow junior managers to be observers in negotiating teams. A junior manager is a manager with little experience and we think there could be bad consequences because of that (this in ingredient α_8).

Senior manager: {manager $+7$ experience, $+\alpha_8$}

Junior manager: {manager, $+2$ experience, $-\alpha_8$}

Now we want to know whether a senior manager who has been removed from the negotiating team because of wilful behaviour can now be added as an observer. It is reasonable to assume that senior manager + wilful behaviour = {manager, $+7$ experience, $-\alpha_8$}.

According to the above representation, the answer should be yes he can be an observer. Note that we do have the normative rule that applies to John and he is thrown out of the committee. We may have another rule which says if one is thrown out of a committee one cannot be a member of any other committee. But if we do not have any other rules, John may try to get back into the committee as an observer, arguing as above.

Compare with Example 2.5 below.

We now make a general comment about states. These deal with properties (predicates), individuals (people) actions and change. Our linguistic example involved a single individual x and various attributes to x, like Stubborn(x), Firm(x), etc., etc. A complete mirror image of this example is to take a single state description, say Receive_ Money(x) and vary the individual involved, so we also have Receive_ Money(y) etc. The logical machinery should be analogous, after all we can write the predicate using a higher order meta-predicate APPLY, and write APPLY(P, x) and symmetrically we can vary the P or the x (or even vary both, one at a time).

We now look at an example from the Talmud where we also vary the individual involved.

John and Mary are both unmarried. John has a friend Mike and Mary has a friend Sarah. According to the Talmud, John can engage Mary (Kidushin) by giving her a diamond ring and she accepts it. So the pre-condition $\Pi^1_{\mathbf{k}(x,y)}$ for action (call it $\mathbf{k}(x, y)$) is:

1. x is an unmarried man

2. y is an unmarried woman

3. x owns a ring.

Action $\mathbf{k} = \mathbf{k}(x, y)$:

x transfers possession of said ring to y (this includes acceptance of y).

Post-condition $\Pi^2_{\mathbf{k}(x,y)}$: x and y are engaged.

The Talmud allows variations of $\mathbf{k}(x, y)$, leading to the same post-condition

1. $\theta_1(x;)$: A friend x' of x can give his ring to y and y will be engaged to x(not to x'!). Denote this action by $\theta_1(x')\mathbf{k}(x, y)$.

2. $\theta_2(y)$: x may give the ring to a friend y' of y, and y will be engaged to x. Denote this action by $\theta_2(y)\mathbf{k}(x, y)$.

Note that in both cases the result is that x and y are engaged (not x' or y', they just receive or give the ring).

We can now continue the two functionals and get for example

$$\theta_2(x)\theta_1(x')\mathbf{k}(x, y).$$

θ_1 changes the person who gives the ring from x to x'. θ_2 changes the person (woman) who gets the ring from y to x.

The net result is an action in which x' gives money to x and the result is that y is engaged to x.

Another familiar example of this is when x sells his house to y. The contract and payment can be done by x and y, or a lawyer x' of x (with power of attorney) can do the action with a lawyer y' of y (with a power of attorney).

We can now summarise in a formal definition.

Definition 2.2 (States and actions)

1. *We assume we have a set $U = \{x, y, z, \ldots\}$ of variables ranging over a set $\mathbb{E} = \{a, b, c, \ldots\}$ of individual players.*

2. *We also need a set $\mathbb{B}$ of basic predicate features of various arities. For example $\alpha_1(x), \beta_2(x, y), \ldots$*

3. *The features in (2) can have strength. We indicate that by writing $\pm k\gamma(x, y, \ldots)$ where γ is a feature as in (2) and k is a natural number.*

4. *A basic state $\mathbf{s}$ on variables x_i is a set of features on x_i of the form in (3). So for example*
   $$\mathbf{s}(x, y) = \{\pm k_i \alpha_i(x, y)\}.$$

5. *A basic action $\mathbf{a}(x_i)$ x_i variables from (1), is a pair*
   $$\mathbf{a}(x, y) = (\mathbf{t}(x, y), \mathbf{s}(x, y))$$

   Where $\mathbf{t}$ is the pre-condition and $\mathbf{s}$ is the post-condition. $\mathbf{t}$ and $\mathbf{s}$ are as in (4).

6. (a) *A general state of level 0 is a basic state as in (4). A general action of level 0 is an action as in (5).*

 (b) *A general state of level $n+1$ has the form $(s_0, a_0, s_1, a_1, \ldots, s_n, a_n, s_{n+1})$ where $s_0, \ldots, s_{n+1}$ are states of level 0 and for each $0 \le i \le n$ a_i is a general action of level i of the form*

$$a_i = ((a_0, s_0, \ldots, s_{i-1}, a_{i-1}, s_i), s_{i+1})$$

 where

$$(a_0, s_0, \ldots, a_{i-1}, s_i)$$

 Is a general state of level i.

 (c) *A general action a of level $n+1$ has the form*

$$a = (t, s)$$

 where t is a general state of level n and s is a general state of level 0.

Example 2.3 (Broken vase) *We start with a vase v in a broken state $b(v)$. We apply action $f(v)$ and fix it. It gets the state $-b(v)$. We apply a smashing action $s(v)$ and break it.*

 The broken vase v was in two different states historically:

1. *state $b(v)$*

2. *state $(b(v), f(v), -b(v), s(v), b(v))$.*

It may be that the action f (fix it) cannot be applied to states (2),(i.e. smashed vases which have already been fixed).

Example 2.4 (Buying a vase) *John bought a vase v_1 at half price at a sale. John discovered that the vase was broken and was fixed. The shop did not disclose this fact. So the action sequence is:*

$$t_0 = (b(v_1), f(v_1), -b(v_1), \textbf{buy at a discount } (v_1))$$

 John wants to return the vase and get a refund and buy another identical vase. However, the sale is over and so John cannot get a discount. So we have the sequence t_1:

$$t_1 = (b(v_1), f(v_1), -b(v_1),$$
$$\textbf{buy at discount } (v_1) \textbf{ own } (v_1), \textbf{ return } (v_1), \textbf{ money back } (v_1))$$

The sequence t_1 does not suit John.

 There are two possible scenarios here:

Case 1: *The shop agrees to give him a replacement vase v_2, "pretending" that v_2 was the vase he got in the original deal with the discount. We need a functional θ_{v_1, v_2} and we form the sequence t_0':*

$$t_0' = \theta_{v_1, v_2} t_0.$$

Case 2: *The shop argues that they do not take back items sold in a Sale. This is general policy and is part of the very idea of a Sale. John argues back that the general idea of a Sale is to discount good items to encourage general selling and not to discount items because they have some faults. In this case the vase was not a good item but a fixed one, and since he was not told the reason for the discounted price then the shop should give him a good vase instead, as a way to redo the original sale properly. The shop counterclaimed that the vase is as good as new and was discounted and so there is no reason to replace it.*

We need to seek judgement. The state is: $(t_1$, *buyer not told of repair, vase as good as new).*

The options for judgement are to replace the vase because the buyer was not told the full facts or not to replace the vase because it was discounted and is as good as new. We seek similar cases to compare as indicated in Proposition 1.3.

Example 2.5 *[Vase example Continued] Continuing Case 2 of Example 2.4, we consider the case that the data to compare our state is of two pure clear cut types*

Type 1: *Judgements that items sold in a Sale are never to be returned.*

Type 2: *Judgements that items sold without full disclosure of details are always to be returned. Our current case is a combination of the two pure cases.*

We need to reconcile the two opposing Judgements involved. This is a case of a combination of concepts/states.

In conclusion, we see above a general conceptual framework intended to describe Talmudic reasoning on combining states and legal concepts. We analyse such reasoning in this book.

www.ingramcontent.com/pod-product-compliance
Lightning Source LLC
Chambersburg PA
CBHW070858140426
R18135300001B/R181353PG42812CBX00003B/5
* 9 7 8 1 8 4 8 9 0 0 8 7 5 *

מחקרים בלוגיקה תלמודית
כרך ח

סינתזה של מושגים בחשיבה התלמודית

ספר זה חוזר מעט לדיון שנערך בספר הראשון על מידת 'הצד השווה', ומנתח את משמעויותיה. בחלקו הראשון מוצגת הבחנה בין שני סוגים של צד שווה שמבוססים על לוגיקה שונה, ואף הפוכה: הצד השווה הרגיל – חיבור של שני מושגים על בסיס המאפיינים המשותפים, והבנייה מושגית – סינתזה בין המאפיינים השונים שלהם. אנחנו מרחיבים את ההבחנה בין מאפיינים עובדתיים והלכתיים, ועומדים על היחס בין שני הסוגים הללו. בחלקו השני של הספר אנחנו מציעים סכימה פורמלית לפעולת הסינתזה המושגית וליחסי אב תולדה בהלכה. בחלק השלישי אנחנו מנתחים מערכת של מנגנוני קידושין וקניין שונים, שבנויה בצורה של חבורה מתמטית. האלמנטים של החבורה הם סינתזות שונות של שתי הפעולות היסודיות. מוצגות שם כמה מסקנות שעולות מהמבנה המתמטי הזה.

מיכאל אברהם, דב גבאי ואורי שילד

מיכאל אברהם, דב גבאי, גבריאל חזות, יוסף מרובקה ואורי שילד

לוגיקה דאונטית לאור התלמוד
מיכאל אברהם, דב גבאי ואורי שילד

לוגיקה של זמן בתלמוד
מיכאל אברהם, ישראל בלפר, דב גבאי ואורי שילד

מיכאל אברהם, דב גבאי ואורי שילד

לוגיקה תלמודית

מיכאל אברהם, ישראל בלפר, דב גבאי ואורי שילד

סינתזה של מושגים בחשיבה התלמודית
מיכאל אברהם, ישראל בלפר, דב גבאי ואורי שילד

מחקרים בלוגיקה תלמודית
עורכי הסדרה:
מיכאל אברהם, דב גבאי ואורי שילד
dov.gabbay@kcl.ac.uk

סינתזה של מושגים בחשיבה התלמודית

מיכאל אברהם

ישראל בלפר

דב גבאי

ואורי שילד*

אוניברסיטה בר אילן

*והמכללה האקדמית אשקלון

© Individual author and College Publications 2013. All rights reserved.

978-1-84890-087-5

College Publications
Scientific Director: Dov Gabbay
Managing Director: Jane Spurr
Department of Computer Science
King's College London, Strand, London WC2R 2LS, UK

http://www.collegepublications.co.uk

Printed by Lightning Source, Milton Keynes, UK

כל הזכויות שמורות. אין להעתיק לאכסן במאגר מידע או להעביר כל חלק מפרסום זה, בכל צורה, אלקטרונית,
מכנית, צילום, הקלטה, או אחר, ללא רשות מראש ובכתב מהמו"ל.

1

הקדמה כללית

ספר זה הוא השמיני בסדרה 'מחקרים בלוגיקה תלמודית', שמבוססת על מחקרים שבוצעו במסגרת קבוצת הלוגיקה התלמודית באוניברסיטת בר-אילן. מחקרים אלו משלבים כלים לוגיים ותלמודיים קלאסיים בכדי לרדת לשורש התובנות הלוגיות שמצויות בתלמוד.

כפי שכבר כתבנו גם בספרים הקודמים, המטרה של הסדרה כולה היא כפולה: 1. יבוא – כלומר שימוש בכלים לוגיים מודרניים, והבאתם לשדה התלמודי, בכדי לנתח סוגיות תלמודיות והלכתיות עמומות ולהבהיר אותן. 2. יצוא – העברת תובנות מהעיון הלוגי בתלמוד, והוצאתן אל ההקשרים הלוגיים הרחבים יותר, תוך ניסיון להעשיר באמצעותן את הלוגיקה הכללית, וגם לפתור בעיות שונות שקיימות בה.

הכרך הזה עוסק בדרך בה התלמוד ומפרשיו יוצרים מושגים מתוך מושגים אחרים. היסק הוא דרך שמרכיבה טענות וגוזרת מהן טענות אחרות. הרכבה של מושגים היא הליך לוגי מקביל, שבו מרכיבים כמה מושגים יסודיים ויוצרים מהם מושג חדש. מטבע הדברים, כשעוסקים בהקשר ההלכתי מובן שלמושג החדש שנוצר כך יש משמעות נורמטיבית. אם מדובר בתולדה שנוצרת מתוך שני אבות מלאכה בשבת, אנחנו יוצרים כאן מלאכה חדשה שגם היא אסורה בשבת. אם אנחנו מרכיבים שני אבות נזיקין אנחנו יוצרים תולדה שהיא צורת נזק חדשה, שגם עליה חייב הבעלים לשלם. אך כפי

שנראה ההרכבה הזו לא נעשית רק במישור הנורמטיבי אלא גם במישור של המושגים עצמם. ההנחה היא שאם מושג ניתן לבנייה מתוך הרכבה של שני מושגים קודמים, יחולו עליו הנורמות שחלות עליהם (ואם הנורמות שחלות על שני האבות שונות זו מזו – ראה במהלך דברינו בספר).

מסיבה זו, ההשוואה בין הרכבה של מושגים לבין היסק מדרשי של הצד השווה (בניין אב משני כתובים), שתשתיתו הלוגית נדונה בספר הראשון שלנו, היא מתבקשת. גם בהיסק הזה ישנה הרכבה נורמטיבית, אבל גם שם ניתן לראות אותה מתרחשת גם במישור המושגי. יתר על כן, כפי שנראה בספר היסקים של הצד השווה לפעמים עוסקים בעצמם בהרכבת מושגים.

בספר זה אנחנו רק מתחילים לבחון את הנושא הרחב הזה, כאשר מטרתנו היא כפולה: להציע דרך סיסטמטית שתאפשר להבין טוב יותר את דרכי הרכבות המושגים בתלמוד ובחשיבה התלמודית, ולייצא את המכניזמים הלוגיים הללו לתחומים אחרים של החשיבה האנושית, ובמקרה זה בעיקר למדעי הרוח. בספר המשך אנחנו עתידים לבחון את סוגי הסינתזות המושגיות בחשיבה התלמודית המאוחרת יותר, ובין היתר במה שמכונה כיום למדנות ישיבתית.

3

תוכן העניינים

חלק ראשון

בניין אב משני כתובים

פרק ראשון

שתי מידות בניין אב

מבוא

בפרק זה נציג את שתי מידות בניין אב, כמבוא למידת הצד השווה שתידון בפרק הבא.

הברייתא של רבי ישמעאל

הדריש ההלכתי משתמש בדרכי היסק שקרויות מידות (ראה על כך בספר הראשון בסדרה שלנו, ומפורט יותר בשני). אחד המקורות היסודיים שמציגים את מידות הדרש ההלכתיות הוא הברייתא שמופיעה בתחילת ה**ספרא** (מדרש תנאים לספר ויקרא):

רבי ישמעאל אומר בשלש עשרה מדות התורה נדרשת מקל וחומר, מגזרה שוה, מבנין אב מכתוב אחד, מבנין אב משני כתובים, מכלל ופרט מפרט וכלל, מכלל ופרט וכלל אי אתה דן אלא כעין הפרט, מכלל שהוא צריך לפרט ומפרט שהוא צריך לכלל. (ב) כל דבר שהיה בכלל ויצא מן הכלל ללמד לא ללמד על עצמו יצא אלא ללמד על הכלל כלו יצא, כל דבר שהיה בכלל ויצא מן הכלל ליטעון טען אחר שהוא כענינו יצא להקל ולא להחמיר, כל דבר שהיה בכלל ויצא מן הכלל ליטעון טען אחר שלא כענינו יצא להקל ולהחמיר כל דבר שהיה

בכלל ויצא מן הכלל לידון בדבר חדש, אי אתה יכול להחזירו לכללו עד שיחזירנו הכתוב לכללו בפירוש, דבר הלמד מעניינו ודבר הלמד מסופו וכן שני כתובין המכחישים זה את זה עד שיבא הכתוב השלישי ויכריע ביניהם.

מופיעות כאן שלוש עשרה דרכי היסק שונות. השלישית והרביעית קרויות בניין אב מכתוב אחד ומשני כתובים, ואנו נעיין כעת בבשתי אלו. נעשה זאת דרך הברייתא דדוגמאות (שמכונה לפעמים הסכוליון[1]). זוהי ברייתא מאוחרת יותר, שמדגימה כל אחת ממידות הדרש שמופיעות ברשימתו של ר׳ ישמעאל.

בניין אב מכתוב אחד

מידת בניין אב מכתוב אחד מודגמת בסכוליון כך:

מבנין אב מכתוב אחד כיצד לא הרי המשכב כהרי המושב ולא המושב כהרי המשכב הצד השוה שבהן שהן כלים עשויין לנוח אדם לבד והזב מטמא אותו ברובו לטמא אדם במגע ובמשא ולטמא בגדים אף כלים שהן עשויין לנוח אדם לבדו יהא הזב מטמא אותו ברובו לטמא אדם במגע ובמשא ולטמא בגדים יצא המרכב שהוא עשוי לסיבלון אחר.

---

[1] ראו אליעזר א׳ פינקלשטיין ב**ספרא** במהדורתו, עמ׳ 187. על מעמדו התנאי של הסכוליון ושאלת ייחוסו לר׳ ישמעאל ראו פינקלשטיין, שם, עמ׳ 189-187 ועוד

הסכימה היא לימוד של הקשר הלכתי אחד (=הלמד) מתוך שני הקשרים הלכתיים אחרים (=המלמדים). בתורה כתוב על שאם אדם שטמא בטומאת זב יושב על מיטה (משכב) או על כסא (מושב) הוא מטמא אותם. משמעות הדבר היא שכשאדם אחר יגע בהם או יישא אותם גם הוא ייטמא. המדרש קובע שהמשותף למשכב ולמושב הוא שמדובר בכלים שמשמשים רק בני אדם ולא דברים אחרים. מכאן שכל כלי שמשמש רק את האדם ולא דברים אחרים, יטמא בטומאת זב באותה צורה. מדובר כאן במכניזם של הכללה, שאת פרטיו נתאר ביתר פירוט להלן.

בניין אב משני כתובים

את המידה של בניין אב משני כתובים הסכוליון מדגים כך:

> ***מבנין אב משני כתובים כיצד לא פרשת הנרות כהרי פרשת שלוח טמאים ולא פרשת שלוח טמאים כהרי פרשת הנרות הצד השוה שבהן שהם בצו מיד ולדורות אף כל דבר שהוא בצו יהא מיד ולדורות.***

גם בפרשת הנרות וגם בפרשת שילוח טמאים מופיע הביטוי "צו", במשמעות שמזרזת אותנו לעשות זאת מייד, וגם לדורות. מכאן לומדים שכל פעם שמופיע הביטוי "צו" בתורה משמעותו היא מייד לדורות.[2]

גם כאן מדובר בלימוד של הקשר חדש מתוך שני הקשרים ידועים, בלשון חז"ל: חדא מתרתי, זאת בדומה לבניין אב מכתוב אחד שהודגם למעלה.

מהו בניין אב מכתוב אחד ?

ראינו שבשתי הדוגמאות שמביא הסכוליון ישנה הכללה שמבוססת על שני מלמדים (חדא מתרתי). לכן לא פלא שמפרשי הספרא מתקשים מאד בהבנת ההבדל בין שתי מידות הדרש הללו.

קושי נוסף שעולה אצל מפרשי המידות הוא שיש מידה יסודית מאד שאנחנו לא מוצאים אותה ברשימתו של ר' ישמעאל: מה מצינו (אנלוגיה פשוטה). זהו לימוד של הקשר הלכתי אחד מהקשר הלכתי אחר שדומה לו (=חדא מחדא), ולא משני הקשרים (=חדא מתרתי), כמו שאנחנו מוצאים במידות הדרש שתוארו כאן.

---

[2] תלמוד בבלי מסכת קידושין דף כט עמוד א : "תנא דבי ר' ישמעאל : כל מקום שנאמר צו - אינו אלא זירוז מיד ולדורות ; זירוז - דכתיב : (דברים ג) וצו את יהושע וחזקהו ואמצהו, מיד ולדורות - דכתיב : (במדבר טו) מן היום אשר צוה ה' והלאה לדורותיכם". ובנוגע ללימוד משני מקורות כאן ראו מלבי"ם ויקרא פרשת צו, המנתח הן את הדרישה משני מקורות והן את הצד הלשוני של הוספת ה"צו" לאמירה.

מ. אברהם, במאמרו,[3] עומד על כך שיש שתי סיעות במפרשים ביחס למידת בניין אב מכתוב אחד:[4]

א. רש״י ורס״ג והראב״ד בפירושיהם **לספרא** כותבים שהמידה הקרויה בברייתת ר׳ ישמעאל ׳בנין אב מכתוב אחד׳ היא מידת ׳מה מצינו׳, כלומר חדא מחדא. בניין אב משני כתובים הוא חדא מתרתי.

פרשנות זו לכאורה אינה מתיישבת עם הדוגמה שראינו למעלה, שמסבירה גם את בניין אב מכתוב אחד כלימוד של חדא מתרתי. על כך מסביר הראב״ד שם שכוונת הברייתא דדוגמאות היא ללמוד ממושב לחוד וממשכב לחוד. כלומר מדובר בשני לימודים של חדא מחדא, ולכן זהו בניין אב מכתוב אחד.

ב. דעה אחרת שמובאת ב**ספר הכריתות** (בית ג) ו**הליכות עולם** (שער ד), היא ששתי מידות בניין אב הן לימוד של חדא מתרתי. חדא מחדא הוא הגיוני[5] ופשוט ולכן הוא בכלל לא כלול ברשימת מידות הדרש.

---

[3] ״אינדוקציה ואנלוגיה בהלכה״, **צהר** טו, קיץ תשסג, עמ׳ 23.

[4] ראה על כך גם ב**אנציקלופדיה תלמודית** ע׳ ׳בנין אב׳. מקורות אלו הובאו גם בספר **קול הנבואה**, לר׳ דוד הכהן (הנזיר הירושלמי), מוסד הרב קוק, בעמוד פז הערה מד, עיין שם.

[5] ראו תלמוד בבלי מסכת חולין קטו, ב.: ״...אמר ליה רב מרדכי לרב אשי, הכי אמרינן משמיה דר״ל: חדא מחדא - קולא וחומרא פרכינן״, וראו מאמרו של הרב חיים סבתו, ״מתי פרכינן ומתי לא פרכינן?״, **המעין**, טבת תשע, הסובר (ואף מציע לשנות גרסת התלמוד) שמדובר דווקא בחדא מחדא שהוא קל וחומר, ולעומתו חדא מחדא של במה מצינו נפרך בכל פירכא.

פרשנות זו מתיישבת היטב עם לשון הברייתא דדוגמאות, אבל היא מעוררת קושי אחר. לא ברור מהו ההבדל לפי הדעה הזו בין בניין אב מכתוב אחד ומשני כתובים? הרי בשני המקרים מדובר בלימוד של חדא מתרתי.

המפרשים הללו מסבירים שבניין אב מכתוב אחד הוא כאשר שני המלמדים נמצאים באותה פרשה (כמו משכב ומושב הזב בדוגמה שהובאה בסכוליון). בניין אב משני כתובים הוא כאשר שני המלמדים נמצאים בפרשיות שונות (כמו בדוגמה של צו מיד ולדורות).

מה יסוד המחלוקת: היחס בין אנלוגיה ואינדוקציה

אברהם במאמרו מסביר ששתי התפיסות הללו חלוקות ביניהן בשאלה האם אנלוגיה מבוססת על אינדוקציה סמויה, או לא. ההנחה היא שהמונח 'בניין אב' מבטא שהדוגמאות המלמדות נתפסות כמקרים פרטיים של תופעה כללית יותר, כלומר כבנים של 'אב' כלשהו. לכן 'בניין אב' משמעותו היא הכללה. לכן חדא מתרתי ראוי לכל הדעות להיכנס תחת הכותרת של 'בניין אב', שכן הוא מבטא הכללה. המחלוקת לגבי בניין אב מכתוב אחד נוגעת בשאלת היחס בין אנלוגיה לאינדוקציה.

סיעת המפרשים הראשונה תופסת שכל אנלוגיה מבוססת על אינדוקציה סמויה. לדוגמה, ההשוואה שמסיקה שאם יעקב הוא בן תמותה גם אפרים הוא בן תמותה, מניחה באופן מובלע שכל בני האדם הם בני תמותה. אם כן, גם ברקע של טיעון חדא מחדא שכזה מונחת הכללה, בדיוק כמו בחדא מתרתי. מסיבה זו ניתן לקרוא לשני סוגי ההיסק הללו 'בניין אב'. לעומת זאת, סיעת המפרשים השנייה גורסת שאנלוגיה נעשית באופן ישיר מהמלמד

ללמד, ולכן בהיסק כזה אין ממד של הכללה. אם כן, ברור שלשיטה זו 'מה מצינו' אינו יכול להיקרא 'בניין אב', שכן הוא לא מבטא הכללה.

בספר הראשון בסדרה ביססנו את התפיסה התלמודית שכל אנלוגיה מבוססת על הכללה סמויה. הסברנו שם כל השוואה בין שני הקשרים הלכתיים על פי ההנחה שישנם פרמטרים תיאורטיים שקיימים בשני ההקשרים הללו, והם שאחראים על הדמיון ביניהם. לכן בחרנו בפרשנות של הסיעה הראשונה, שבניין אב מכתוב אחד הוא אנלוגיה (חדא מחדא). נציין כאן כי זו אכן התפיסה הרווחת בין מפרשי המידות.[6]

סיכום

הויכוח בין שתי סיעות הראשונים הוא בשאלה האם אנלוגיה פשוטה נכללת ברשימת המידות או לא. תלינו זאת בשאלה האם אנלוגיה מניחה הכללה מובלעת.[7] עוד ראינו שלימוד של חדא מתרתי ודאי נכלל ברשימת המידות, וישנה מחלוקת האם ישנם שני סוגים של חדא מתרתי (בשני הקשרים ובהקשר אחד) או שיש רק סוג אחד כזה (לא משנה האם שני המלמדים מופיעים באותו הקשר מקראי או לא).

---

[6] ראה **הליכות עולם** שער ד פרק ב, **ומדות אהרן** פרק ב חלק ט.

[7] על שיטה זו של הכללה סמויה כמרכיב ביסודות האנלוגיה בפילוסופיה היוונית, ראו Shelley, C. (2003). Multiple analogies in Science and Philosophy. Amsterdam/Philadelphia: John Benjamins Publishing Company.

פרק שני

'צד שווה' כהכללה: המקרה של אבות נזיקין

מבוא

בפרק זה נציג סכימה ראשונית של הכללה בהלכה. אנו נראה שבעצם מדובר במבנה שכינינו למעלה "חדא מתרתי". אמנם הצגנו את הסכמה הזו כבר בספר הראשון בסדרה, אבל כאן נפרט אותה יותר לגווניה, על מנת לערוך בהמשך הספר השוואות בינה לבין סינתזות מושגיות שונות.

אבות הנזיקין ותכונותיהם

אחת הדוגמאות הידועות של הסכימה הזו מופיעה במשנה הראשונה של מסכת בבא קמא, שעוסקת בארבעת אבות הנזיקין.

נקדים ונאמר שהתורה מגדירה כמה אופנים שבהם מתרחש נזק לממון של ראובן על ידי ממונו של שמעון. בכל אחד מהמצבים הללו חייב שמעון לפצות את ראובן על הנזק שנגרם לו. בתורה מופיעות דרכי ההיזק הבאות (הפרשנות בסוגריים היא לאור דברי הגמרא בתחילת ב"ק): קרן של שור (=ממון שמזיק בכוונה בדרך היזק משונה, כלומר לא בדרך הילוכו הרגיל). בור (=מכשול שמזיק לרכוש שפוגע בו או נופל לתוכו). אש (=אש שהולכת על ידי הרוח ושורפת). שן של שור (=נזק שעושה הבהמה כדי לאכול וליהנות, ולא כדי להזיק). רגל של שור (=נזק שעושה הבהמה בדרך הילוכה). להלן נראה שישנם

אופנים אחרים של ממון שמזיק שנחשבים כתולדות (משום שהם נולדים מהאבות).

המשנה בתחילת ב"ק מונה את ארבעת סוגי הממון המזיק שמופיעים בתורה עצמה:

ארבעה אבות נזיקין: השור, והבור, והמבעה, וההבער.

מהם ארבעת האבות הללו? נחלקו על כך באמוראים בגמרא. אנו נסתפק כאן בפירוש המקובל: שור – קרן, בור, שן או רגל (זו מחלוקת), ואש.

מייד לאחר הקביעה הראשונית, המשנה ממשיכה ומסבירה מדוע נדרש המקרא לכתוב את כל האבות הללו, וקובעת שיש לכל אחד מהם מאפיינים מיוחדים משלו, ולכן לא ניתן ללמוד אותו מהאחרים:

לא הרי השור כהרי המבעה, ולא הרי המבעה כהרי השור. ולא זה וזה שיש בהן רוח חיים, כהרי האש שאין בו רוח חיים. ולא זה וזה שדרכן לילך ולהזיק, כהרי הבור שאין דרכו לילך ולהזיק.

המשנה לא כותבת בפירוש את כל המאפיינים המיוחדים שיש לכל אחד מהאבות, אבל הגמרא מסבירה זאת יותר. לצורך ההמשך, נביא כאן את המאפיינים השונים:

קרן – מזיק בכוונה בנזק משונה (=זו לא דרכה של הבהמה, אלא אם היא מועדת לנגוח, אחרי שלוש פעמים שהיא כבר נגחה).

שן – יש הנאה להיזקו; בנוסף, דרכה לילך ולהזיק.

רגל – דרכו לילך ולהזיק והיזקה מצוי.

בור – תחילת עשייתו לנזק (כלומר הוא מועד להזיק ואין לו תפקיד אחר).

אש – מועדת ללכת ולהזיק (ולכן הבעלים נתבע יותר לשמור עליה); מאידך הרוח נוטלת חלק בהיזק. בלשון הגמרא: כוח אחר מעורב בו (וזו סיבה להקל בדינו).

המשנה מסיימת:

> ***הצד השוה שבהן - שדרכן להזיק ושמירתן עליך. וכשהזיק, חב המזיק לשלם תשלומי נזק במיטב הארץ.***

כלומר יש משהו משותף לכל האבות הללו, והוא שכל צורות ההיזק הללו מתבצעות על ידי ממון ששייך למישהו, ושהוא חייב לשמור על סביבתו שלא תינזק מהן, ומכאן שאם הוא לא פעל כך והן הזיקו – הוא חייב לתת לניזק פיצוי כספי על הנזק.

תכונות הלכתיות מיוחדות של אבות הנזיקין

בסוגיות ב"ק השונות מתבאר שיש תכונות הלכתיות מיוחדות לכל אחד מהאבות, ונסכם אותן כאן לצורך ההמשך:

קרן – תמה פטורה על חצי נזק. בשלוש הנגיחות הראשונות היא נחשבת קרן תמה (שור תם), ולכן הבעלים חייב לשלם רק חצי מהנזק. מהנגיחה הרביעית והלאה השור הוא מועד להזיק (שור מועד), וכל נגיחה שלו מחייבת את הבעלים לשלם נזק שלם.

שן ורגל – פטור ברשות הרבים. היזק של שן או רגל ברשות הרבים אינו מחייב
תשלום. המפרשים מסבירים שחובת הזהירות היא על הניזק, שכן היה עליו
לדעת שבהמות הולכות ברשות הרבים והן עלולות לדרוך או לאכול את
ממונו, וחובת הזהירות מוטלת עליו. קרן, לעומת זאת, היא היזק מיוחד,
וכלפיו אין דרישה מהניזק לצפות אותו ולהיזהר מפניו.

בור – פטור על כלים ואדם. בור מחייב בתשלום רק על נזקים שהוא גורם
לבהמות (שור או חמור). על כלים ואדם יש פטור.

אש – פטורה על טמון. כאשר האש שרפה ממון שהיה טמון בתוך משהו אחר
(למשל בתוך ערימת גדיש), בעל האש פטור מתשלום על הנזק של הטמון.

תולדות של אב נזק אחד

אבות הנזק אלו צורות ההיזק שמופיעות בתורה. מה לגבי צורות היזק אחרות
שלא מופיעות בתורה? אם ממונו של אדם מזיק בצורה שונה מארבע הללו,
האם גם אז הוא חייב לשלם? ההנחה בגמרא היא שגם צורות היזק אלו,
שנקראות תולדות, מחייבות בתשלום. הדבר נלמד (נולד) מהאבות שכתובים
בתורה.

רוב התולדות שנלמדות מאבות הנזיקין, הן תולדות של אחד מהאבות.
לדוגמה, בב"ק ב ע"ב מובאות התולדות של קרן: נגיפה (דחיפה), נשיכה,
רביצה ובעיטה. כל אלו הם נזקים משונים שנעשים על ידי הבהמה בכוונה
להזיק (עד כמה ששייכת כוונה בבהמה), ולכן הם תולדות של קרן. זאת על אף
שחלקן נעשות באמצעות איברים אחרים ולא בקרניים, למשל השיניים או

הרגליים. מה שקובע לאיזה אב ההלכה מייחסת את התולדה הוא המאפיינים המהותיים של אופן ההיזק, ולא האיבר בו מתבצע הנזק. השמות שניתנו לאבות הנזיקין הם אמנם שמות של איברים (קרן, שן ורגל), אך אלו לא המאפיינים המהותיים של אב הנזק.

הגמרא שם ב ע״ב קובעת לגבי כל התולדות הללו:

מאי שנא קרן? דכוונתו להזיק וממונך ושמירתו עליך, הני נמי כוונתן להזיק וממונך ושמירתן עליך!

רואים שהמאפיינים של הקרן ותולדותיה מורכבים מהמאפיינים המיוחדים שלה (שכוונתה להזיק, ושזו צורת היזק משונה), ומהמאפיינים הכלליים שמשותפים לכל אבות הנזק (שהם ממונך ושמירתן עליך).

כך גם לגבי תולדותיה של השן. הגמרא שם ג ע״א קובעת:

תולדה דשן מאי היא? נתחככה בכותל להנאתה, וטינפה פירות להנאתה. מאי שנא שן? דיש הנאה להזיקו וממונך ושמירתו עליך, הני נמי יש הנאה להזיקן וממונך ושמירתן עליך!

שתי צורות ההיזק הללו לא נעשות על ידי השן, ובכל זאת אלו תולדות של שן. המאפיינים שקובעים זאת הם שוב המאפיינים המיוחדים (שיש לבהמה הנאה מההיזק) והכלליים (ממונך ושמירתן עליך).

גם לגבי רגל אנו מוצאים שם ג ע״א:

תולדה דרגל מאי היא? הזיקה בגופה דרך הילוכה, בשערה דרך הילוכה, בשליף שעליה, בפרומביא שבפיה, בזוג שבצוארה. מאי

שנא רגל? דהזיקו מצוי וממונך ושמירתו עליך, הני נמי הזיקן מצוי
וממונך ושמירתן עליך!

הגמרא ממשיכה שם להסביר זאת גם לגבי בור ולגבי אש.

כעת אנחנו מבינים את המבנה הכללי: כל אב נזק יש לו תכונות מיוחדות
משלו, ובנוסף יש לכולם תכונות משותפות אותן קובעת המשנה הנ"ל במשפט
המסכם שלה.

אין צורך לציין שהתכונות המיוחדות של האב עוברות גם לתולדה. לדוגמה,
אם קרן בשלוש הנגיחות הראשונות מחייבת את הבעלים רק בחצי התשלום,
כך גם יהיה הדין לגבי נשיכה ובעיטה. התולדה נלמדת מהאב, ולכן הדינים
שלה יהיו בדיוק כמו אלו של האב.

מסקנה ראשונית

ראינו למעלה שהמשנה מגדירה מאפיינים משותפים לכל אבות הנזק.
אלימינציה פשוטה מעלה שסביר להניח שהחובה לשלם על נזק אינה תוצאה
של המאפיינים המיוחדים של כל אב נזק, שהרי לכל אב יש מאפיינים אחרים
ובכל זאת כולם מחייבים את בעליהם בתשלום. אם כן, החובה לשלם היא
כנראה תוצאה של המאפיינים שמשותפים לכולם: שהם ממונך ושמירתן
עליך. כך באמת ראינו שהמשנה כותבת בפירוש בסוף דבריה: "הצד
השווה...וכשהזיק חב המזיק לשלם...".

ומה על הפטורים המיוחדים של כל אב נזק שהוצגו למעלה? סביר מאד לייחס
את הפטורים המיוחדים של כל אב נזק לתכונותיו המיוחדות. לדוגמה, אש

פטורה על טמון בגלל שכוח אחר מעורב בה. שן ורגל פטורים ברה״ר בגלל שדרכה להזיק (זהו היזק רגיל) וכדומה. הסיבה לכך היא שוב שיקול של אלימינציה: אם הגורם היה המאפיינים הכלליים, אזי היינו מצפים שהפטורים יהיו אחידים לכל אבות הנזיקין.

אם כן, ישנה הבחנה מתבקשת בין התכונות המיוחדות של כל אב נזק לבין התכונות הכלליות: המיוחדות הן שגורמות לפטורים, והכלליות הן שעומדות ביסוד עצם חיובי הנזיקין. היכן יבוא הדבר לידי ביטוי? מסתבר שנראה זאת במקרים בהם יש תולדה שנלמדת משני אבות נזק שונים. כאן ישנם מאפיינים משותפים עם שני האבות, אבל המאפיינים המיוחדים של התולדה אינם זהים לאלו של האבות.

תולדות של שני אבות

עד כאן עסקנו באבות ותולדות, ובתכונות שלהם. והנה, בסוגיא בב״ק ו ע״א הגמרא דנה בשאלה מדוע המשנה מסיימת את דבריו בתיאור המאפיינים הכלליים של כל האבות? מה היא באה ללמד אותנו? הגמרא שם מביאה ארבעה מקרים של תולדות שלא ניתן ללמוד אותן מאב אחד, וכדי לחייב בהן אנחנו זקוקים לשני אבות לפחות. כאן נביא רק את הדוגמה הראשונה:

הצד השוה שבהן. לאתויי מאי? אמר אביי: לאתויי אבנו סכינו ומשאו שהניחן בראש גגו ונפלו ברוח מצויה והזיקו.

הדוגמה הראשונה שהגמרא מביאה היא חפצים שאדם הניח על ראש הגג, והם נפלו למטה והזיקו. ההנחה היא שמקרה זה לא ניתן להילמד מאב נזק אחד. הגמרא כעת מנסה להבין מדוע אי אפשר ללמוד זאת מאב אחד :

היכי דמי? אי בהדי דקא אזלי קא מזקי, היינו אש! מאי שנא אש? דכח אחר מעורב בו וממונך ושמירתו עליך, הני נמי כח אחר מעורב בהן וממונך ושמירתו עליך! ואלא בתר דנייחי, אי דאפקרינהו, בין לרב בין לשמואל היינו בור! מאי שנא בור? שכן תחילת עשייתו לנזק וממונך ושמירתן עליך, הני נמי תחילת עשייתן לנזק וממונך ושמירתן עליך! אלא דלא אפקרינהו, לשמואל דאמר כולם מבורו למדנו, היינו בור!

אם מדובר שהם הזיקו תוך כדי הנפילה, אזי ההיזק הזה הוא ממש תולדה של אש. זה לא יכול להיות חמקרה של ונולדה של שני אבות. ואם לאחר שהם נחו על הקרקע הם הזיקו – שוב מדובר בתולדה של בור בלבד (לא ניכנס כאן למחלוקת רב ושמואל לגבי בור שאינו מופקר).

לכן הגמרא מעמידה במצב שהוא הפקיר אותם (והזיקו אחרי שנחו) :

לעולם דאפקרינהו, ולא דמו לבור, מה לבור שכן אין כח אחר מעורב בו, תאמר בהני שכח אחר מעורב בהן? אש תוכיח! מה לאש שכן דרכו לילך ולהזיק; בור תוכיח! וחזר הדין.

כאן כבר לא ניתן ללמוד זאת מאף אחד מאבות הנזק לבד : מבור אי אפשר ללמוד אותם, שהרי בבור אין כוח אחר מעורב ואלו הגיעו אל הקרקע בעזרת הרוח (ולא בגלל כרייה שלו עצמו, כמו בבור רגיל). ומאש לא ניתן ללמוד

אותם, שכן דרכה של אש לילך ולהזיק, ואלו אחרי שנחו כבר לא הולכים ומזיקים.

זהו מבנה של לימוד שקרוי בספרות חז"ל 'הצד השווה', וכעת נפרט יותר לגביו. בהסברים נסתייע בדוגמה מאבות הנזיקין שהוצגה כאן.

המכניזם של הצד השווה

לימוד של צד שווה בנוי תמיד באופן הבא: יש שני מלמדים (=אבות) שמהם אנחנו רוצים ללמוד את הלמד, כלומר ללמוד דין שלישי (=תולדה). לכל אחד מהמלמדים יש תכונות מיוחדות שלא קיימות בלמד, ולכן אף אחד מהם לחוד לא יכול ללמד אותנו לגביו. אבל הצירוף של שניהם מצליח לעשות את מה שכל אחד מהם לחוד לא מצליח. זהו פירוש הביטוי "וחזר הדין" בסוף הסוגיא הקודמת. בסופו של דבר אנחנו חוזרים מאחד לשני ולומדים משניהם יחד את הדין המבוקש (הלמד).

באופן סכמטי ניתן להציג זאת כך:

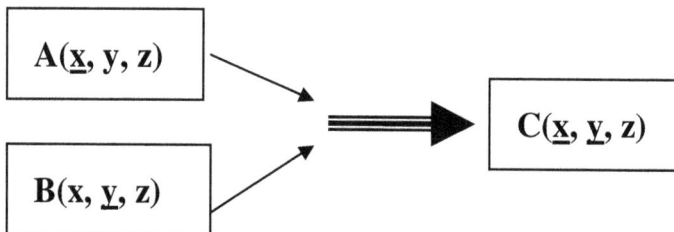

$A(\underline{x}, y, z)$

$B(x, \underline{y}, z)$

$C(\underline{x}, \underline{y}, z)$

שני האבות (המלמדים) הם A ו-B. הלמד הוא C. בדוגמה שלמעלה A הוא אש ו-B הוא בור. C הוא אבנו סכינו ומשאו שנפלו מראש הגג והזיקו אחרי שנחו.

כפי שהגמרא מציגה זאת, אנחנו מתחילים בלימוד ישיר מ-B ל-C, כלומר מאש לאסו״מ, שאם באש חייבים אז גם באסו״מ חייבים :

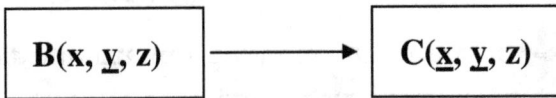

B(x, y, z)
C(x, y, z)

למעשה, זהו בניין אב מכתוב אחד (שכנראה מבוסס על הדמיון בפרמטר המשותף z).

אלא שלימוד כזה אינו אפשרי, שכן יש עליו פירכא. יש ל-B תכונה מיוחדת, x (אין כוח אחר מעורב בו), שלא קיימת ב-C (שכן שם היה כוח אחר, הרוח, שהיה מעורב ביצירת המכשול). אנחנו רואים כאן שהתכונה x היא תכונה שמהווה חומרא, כלומר תכונה שגורמת ליתר חיוב בתשלומי נזיקין. בגלל זה ניתן לתלות בה את העובדה שב-B יש חיוב. לכן ב-C שלא ניחן בתכונה הזו יש צד לומר שלא יהיה בו חיוב.

בשלב זה אין לנו אפשרות ללמוד שגם אסו״מ חייבים בתשלום, כי הלימוד מבור נכשל. השלב הבא הוא להוכיח מהאב השני, A, שהתכונה x אינה הגורם הרלוונטי לחיוב (זהו שיקול האלימינציה שהוזכר למעלה). איך רואים זאת? הרי ב-A אין את התכונה הזו (אש כוח אחר מעורב בה, ובכל זאת חייבים על

נזקיה). זוהי הוכחה על דרך האלימינציה שהתכונה x אינה גורם הכרחי לחיוב. אם כן, בשלב זה ניתן ללמוד את C מ-B, שכן הוכחנו שהתכונה x אינה מפריעה (היא לא הגורם לחיוב).

המשמעות של המצב אליו הגענו היא שהאב B הוא המלמד האמיתי, ו-A משמש רק כדי לסלק הפרעה ללימוד מ-B. בסופו של דבר אנחנו לומדים את C מ-B.

הייצוג של המצב הזה הוא הבא:

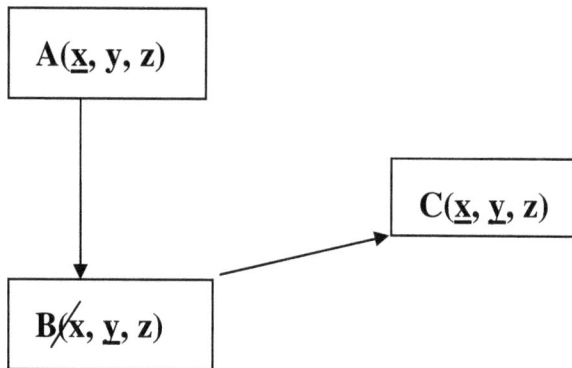

כעת כבר לא ניתן לפרוך את הלימוד הזה דרך התכונה x, שכן הוכח שהיא אינה רלוונטית לגביח תשלומי נזיקין.

אלא שכעת הגמרא עוברת לברר מדוע אנחנו נזקקים ללימוד כה מסובך, ולא לומדים את C ישירות מ-A לבדו, באופן של בניין אב מכתוב אחד כך:

$$A(\underline{x}, y, z) \longrightarrow C(\underline{x}, \underline{y}, z)$$

גם כאן נראה שמדובר באנלוגיה על בסיס הדמיון בפרמטר z. התשובה לכך היא שגם ל-A (אש) יש תכונה ייחודית לחומרא שניתן לתלות בה את החיוב בתשלום. זוהי התכונה y, שבדוגמה שלנו פירושה: דרכה לילך ולהזיק. ל-C אין התכונה הזו (אחרי שהאסו״ימ נחו על הקרקע הם לא הולכים ומזיקים), ולכן זוהי פירכא על הלימוד של C מ-A.

כמובן שגם את הפירכא הזו ניתן לתקן באותה דרך בדיוק: ניתן להוכיח מ-B שהתכונה y אינה חשובה לחיוב, שהרי B חייב על אף שאין לו את התכונה y. כעת עולה האופציה ללמוד את C ישירות מ-A, כאשר B הוא מסייע צדדי (מסלק הפרעה):

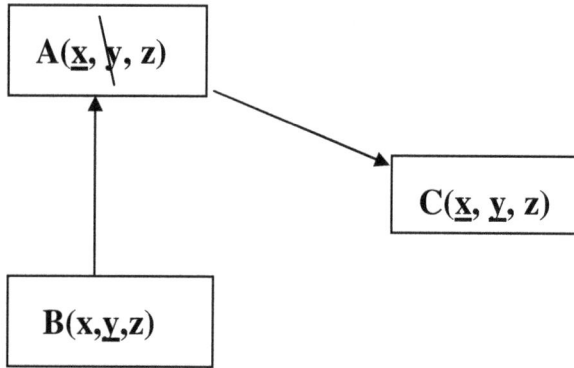

כעת כבר לא ניתן לפרוך דרך התכונה y, שכן הוכח שהיא אינה רלוונטית להקשר של תשלומי נזיקין.

אם כן, בסופו של דבר ניתן ללמוד את C או מ-B (בסיוע מהצד של A) או מ-A (בסיוע מהצד של B).

אבל משהו בכל זאת חסר בכל המבנה הלוגי הזה. לא התייחסנו לזהותו ואופיו של המאפיין z שמשותף לכל ההקשרים המעורבים (שני האבות והתולדה). מיהו המאפיין הזה? בדוגמה שלנו, ברור שזהו המאפיין שקובעת המשנה בתור 'הצד השווה': שהם ממונך ושמירתן עליך. זוהי התכונה המשותפת לשני האבות וגם לתולדה.

הלימוד מכל אחד מהאבות ל-C חייב להתבסס על דמיון כלשהו ביניהם. למעלה הצענו שהמאפיין הזה הוא כנראה z. לכן ברור שהמאפיין הזה חייב באב המלמד ובתולדה (אחרת לא היינו מתחילים את הלימוד בבניין אב הפשוט). ללימוד מהאב השני יכול להיות פרמטר דמיון אחר בינו לבין התולדה, 'z. כאן אנחנו מניחים שזה אותו פרמטר (z'=z), ואכן זהו הכרח לוגי שאותו פרמטר דמיון יופיע בשני המלמדים. מדוע? מפני שאם בכל אחד מהאבות היה מופיע פרמטר אחר, אזי היינו יכולים להוכיח בדרך האלימינציה על כל אחד מהם שלא הוא המאפיין הרלוונטי לחיוב. בדיוק כמו שעשינו ל-x ול-y, יכולנו לעשות גם ל-z. במצב כזה לא ניתן 'להציל' את הלימוד באופן שעשינו כאן. לכן ברור שכאשר לומדים בצד שווה מדובר במצב בו יש פרמטר דמיון לשני האבות ולתולדה.

אולם כעת עולה בפנינו מסקנה חדשה: בסופו של דבר מה שלמדנו מהאלימינציה הוא שהמאפיינים x ו-y אינם רלוונטיים לחיוב בתשלום. מהו, אם כן, המאפיין שכן אחראי לזה? על כורחנו יש כאן מאפיין שלישי, ומסתבר שזהו z, שהוא אשר מחולל את החיוב בנזיקין. זהו "הצד השווה" שקיים בשני המלמדים, ולכן סביר להניח שהוא המחייב בתשלומי נזיקין. זה בדיוק גם מה שקובעת המשנה שראינו.

אם כן, אין סיבה להעדיף ללמוד את C דווקא מ-A או מ-B. בשני האבות יש z, וגם בתולדה יש z. ואם z הוא הגורם לחיובי נזיקין, אז ברור שגם C מחייב בנזיקין. כאן הלימוד לא נעשה מ-A וגם לא מ-B, אלא מתכונת הדמיון המשותפת לשניהם (הצד השווה): z. הטענה היא שמשני האבות למדנו שכל

מי שיש לו את z חייב בתשלומי נזיקין, גם אם אין לו את המאפיינים המיוחדים של אחד מהאבות או שניהם.

זוהי בעצם אפשרות נוספת, שלישית במספר, להבין את לימוד הצד השווה. אנו נייצג אותה בציור הבא:

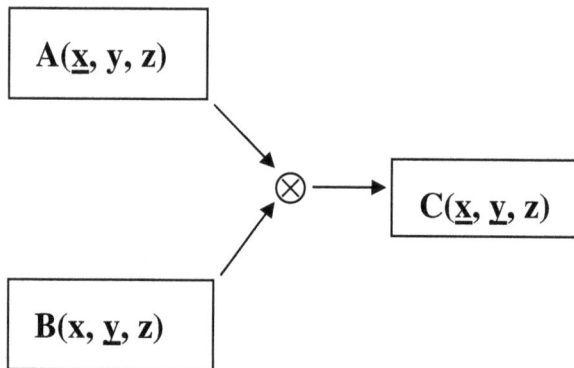

```
┌─────────────┐
│             │
│  A(x̲, y, z) │
│             │              ┌─────────────┐
└─────────────┘              │             │
          ╲                  │  C(x̲, y̲, z) │
           ╲        ⊗ ──────▶│             │
           ╱                 └─────────────┘
          ╱
┌─────────────┐
│             │
│  B(x, y̲, z) │
│             │
└─────────────┘
```

שני המלמדים יחד מלמדים אותנו בדרך האלימינציה שמה שמחולל את התוצאה ההלכתית הוא המאפיין z, ולא אף אחד משני המאפיינים האחרים. לכן הצירוף של שני המלמדים הוא שמביא אותנו למסקנה שלנו שגם C מחייב בתשלום.

מדוע בחרנו בסימון של כפל, ולא של חיבור? כאן נאמר בקצרה שאין כאן צירוף של המלמדים אלא אלימינציה של מה שמשותף לשניהם, וסילוק השונה. זוהי פעולה של חיתוך לוגי, שבדרך כלל מיוצגת על ידי כפל. זוהי נקודה מאד חשובה, ואנחנו נרחיב לגביה בהמשך הספר.

תערו של אוקאם

השאלה המתבקשת כעת היא הבאה. ישנה עוד אפשרות להסביר את החיוב בשני המלמדים, מבלי להיזקק לצד השווה. ייתכן שהחיוב בתשלומי נזיקין קיים בכל מצב בו יש למזיק או את המאפיין x או את המאפיין y, אבל אין צורך שיהיה שם z. האלימינציה שלנו שתולה הכל בפרמטר z אינה הכרחית, שכן גם התיאוריה הזו תצליח להסביר את התמונה ולעבור את מבחן האלימינציה.[8] אם נניח שכל מזיק שניחן בתכונה x או בתכונה y מחייב בתשלום, גם אם אין בו z, הדבר יסביר בצורה הולמת את החיוב בשני המלמדים.

מהי המשמעות של הצעה זו? אם התיאוריה הזו נכונה, כי אז יש חיוב בתשלום רק אם מדובר במזיק שדרכו לילך ולהזיק (y) או שאין כוח אחר מעורב בו (x). ההשלכה היא לגבי אסו״מ, שבהם אין את שני המאפיינים

---

[8] זוהי למעשה גירסה בלוגיקה התלמודית של בעיית ה‎underdetermination בפילוסופיה של המדע, של קוויין ודיוהם: ישנן כמה תיאוריות חלופיות המסוגלות לתת הסבר המספק את כל התוצאות הנצפות, עם דרגות שונות של מורכבות וסיבוך במודלים המוצעים. ראו: Stanford, Kyle. 2009. "Underdetermination of Scientific Theory." In *The Stanford Encyclopedia of Philosophy*, ed. Edward N. Zalta. Winter 2009. http://plato.stanford.edu/archives/win2009/entries/scientific-underdetermination/.

הללו. אם התיאוריה האלטרנטיבית נכונה כי אז עולה המסקנה שאסו״מ אינם מחייבים בתשלומי נזיקין, שהרי אין בהם לא את x ולא את y. זוהי ההשלכה המעשית להבדל בין שתי התיאוריות.

על השאלה הזו ענינו בספר הראשון. ראינו שם שהפתרון נעוץ בעקרון התער של אוקאם, כלומר בכך שאנחנו מעדיפים תמיד את התיאוריה הפשוטה ביותר (כלומר זו המכילה מינימום של הנחות וגורמים). תיאוריה א היא: הגורם לחיוב התשלום הוא z. תיאוריה ב היא: הגורם לתשלום הוא x או y. כלומר אין גורם אחד, אלא אחד מתוך שניים אפשריים. התיאוריה השנייה היא מורכבת ומסובכת יותר, כלומר פחות אלגנטית, ולכן אנחנו מעדיפים את הראשונה.

משמעותו של הדבר היא שהיסק 'צד שווה' מבוסס על ההנחה שלקיומה של ההלכה בשני המלמדים ישנה סיבה אחת בלבד. ובאופן כללי יותר: לכל הלכה ישנה אך ורק סיבה אחת ולא שתיים. התיאוריה שמציעה שתי סיבות לאותה הלכה היא פחות סבירה, ולכן היא נדחית לטובת מודל חד-סיבתי. זה יסודו הלוגי של היסק 'הצד השווה'.

ובדוגמה שלנו כאן, לחיוב תשלומי נזיקין יכולה להיות אך ורק סיבה אחת. לכן ההצעה לתלות את החיוב בכך שאין כוח אחר מעורב או בכך שדרכו לילך ולהזיק נדחית בפני ההצעה שיש רק סיבה אחת: כל שהוא ממונך ושמירתו עליך.

הקשר להכללה המדעית

הבאנו שם דוגמה לכך מהכללה מדעית. אנחנו רואים שאם נעזוב כדור באויר, הוא לא יישאר לעמוד שם אלא ייפול לקרקע. מכאן ננסה ללמוד שגם קרש שנעזוב אותו באויר ייפול לקרקע. אלא שיש לפרוך על כך שהכדור הוא עגול והקרש לא. על כן נלמד מספר שכשעוזבים אותו באויר הוא נופל, על אף שהוא לא עגול. אבל בספר אולי הוא לא ייפול בגלל שהוא עשוי מנייר, שלא כמו הקרש. את זה אנחנו חוזרים ומוכיחים מהכדור שאינו עשוי מנייר ובכל זאת הוא נופל. בשורה התחתונה הראינו שהתכונות x (צורה עגולה) או y (עשוי מנייר) אינן רלוונטיות לתופעה הנדונה (הנפילה לכדור הארץ). המסקנה על דרך האלימינציה היא שיש מאפיין שלישי, z, שהוא הגורם לנפילה. הגורם הזה הוא המסה.[9] כל העצמים המעורבים כאן, שני האבות (הכדור והספר) והתולדה (הקרש) הם בעלי מסה. לכן אנחנו מסיקים משני האבות שגם התולדה (הקרש) תיפול לקרקע.

והנה, גם כאן ניתן היה להעלות את אותו קושי של הסבר אלטרנטיבי: אולי מה שגורם לנפילה הוא או צורה עגולה או להיות עשוי מנייר? אם ההסבר הזה נכון, שוב לא ניתן להסיק שספר ייפול גם הוא לקרקע. גם כאן התשובה היא

---

[9] זאת במונחים של המדע הניוטוני. הצד השווה במונחים של מדע עתיק יותר (אריסטוטלי) הינו יסוד האדמה המשותף לגופים הנופלים.

שאנחנו מעדיפים את התיאוריה הפשוטה ביותר, כלומר זו שנתלית בכמה שפחות גורמים.[10] זו מהות האלימינציה המדעית[11], והמכניזם של הצד השווה דומה לה מאד. מסקנתנו היא שהצד השווה אינו אלא הכללה (אינדוקציה) הלכתית.

המאפיינים ההלכתיים בתולדה של שני אבות

עד כאן ראינו דוגמה של היסק הכללה, שלוקח שני אבות שכתובים בתורה, שלכל אחד מהם יש מאפיין שונה (x,y), ולשניהם יש מאפיין משותף (z). ההיסק גוזר מהם את הדין לגבי תולדה, שמאופיינת רק במאפיין המשותף, ולא באף אחד מהמאפיינים הספציפיים.

הגמרא בעצם מסבירה שהמשפט המסיים של המשנה, שמתאר את הצד השווה (המאפיין המשותף) של כל אבות הנזק: "הצד השווה שבהן שהן ממונך ושמירתן עליך", הוא הבסיס שגורם לתוצאה ההלכתית: "וכשהזיק חב המזיק לשלם תשלומי נזק בימיטב הארץ". מסקנת המשנה היא שמה

---

[10] עקרונית ניתן לבדוק זאת על עצמים נוספים שאין להם את שתי התכונות. אבל הבעייה העקרונית לא נפתרת כאן, שכן לכל קבוצת עצמים ניתן להציע תיאוריה מורכבת שהנפילה לקרקע תהיה תלויה באחת מכל התכונות של כולם. בסופו של דבר התער של אוקאם – בהפעלתו על מבנה התיאוריה הראוי - הוא שסוגר את הפינה הזו.

[11] הבדיקות ההשוואתיות שמציע בייקון (*Novum Organum*) למציאת גורמים יסודיים של תהליכים ותכונות בטבע, הינם הגירסא הניסויית של הניתוח הרעיוני המוצע כאן.

שקובע את חיוב תשלומי הנזיקין הוא רק המאפיין המשותף, ולא אף אחד מהמאפיינים המיוחדים.

כאן המקום להזכיר שעוד לפני הניתוח המפורט הסקנו בדרך האלימינציה שתי מסקנות:

א. החיוב בתשלום נקבע רק על ידי המאפיין המשותף (ממונך ושמירתו עליך).

כעת למדנו שזוהי בדיוק מטרתו של המשפט המסוים את המשנה.

ב. הפטורים ההלכתיים המיוחדים של כל אחד מהאבות נקבעים על ידי המאפיינים העובדתיים המיוחדים שלו.

דווקא המסקנה השנייה היא המעניינת יותר ביחס לתולדה של שני אבות. בתולדה כזו עצם החיוב נלמד בדרך של הצד השווה שתוארה למעלה, משני האבות גם יחד. זאת מפני שעצם החיוב תלוי רק במאפיינים המשותפים, ואלו קיימים גם באבות וגם בתולדה. אך מה באשר למאפיינים המיוחדים של כל אחד מהאבות שלא קיימים בתולדה? הרי המאפיינים הללו הם שגורמים לכך שיש לכל אב פטור הלכתי מיוחד. מה יהיה הדין לגבי התולדה? מי משני הפטורים המיוחדים יהיה גם בתולדה, אם בכלל?

בדוגמה שלנו, שני האבות הם אש ובור. ראינו שבאש יש פטור על טמון, ובבור יש פטור על כלים. האם באסו״מ שהוא תולדה שנלמדת משניהם יהיה הפטור של אש, של בור, שני הפטורים, או אף אחד מהם? מתברר שנחלקים בזה הראשונים בסוגיא.

הרא״ש בב״ק שם בסי׳ א כותב:

הצד השוה שבהן לאתויי מאי אמר אביי לאתויי אבנו סכינו ומשאו וכו׳... ומסקינן דילפינן אבנו וסכינו ומשאו שהניחן בראש הגג ונפלו לרה״ר ברוח מצויה והזיקו בתר דנייחי מבור ומאש.

ויש מן הגדולים שכתבו דלא מחייב אלא מה שחייב בשניהם ופטירי מנזקי כלים וממיתת אדם כמו בור ומטמון [כמו באש דכיון] דאתו במה הצד יהבינן להו הקל שבשניהם ויש שנסתפקו בדבר ולי נראה דכל דין בור יש להם.

הרא״ש מביא כאן דעה שבאסו״מ יהיו הפטורים של שני האבות: גם טמון (הפטור של אש) וגם כלים (הפטור של בור). לאחר מכן הוא מביא שיש שהסתפקו בדבר. מתוך דבריו לא ברור מה הצד השני של הספק. על פניו נראה שהצד השני הוא שבאסו״מ כלל לא יהיו פטורים מיוחדים, לא בטמון ולא בכלים.[12] ולבסוף הוא מביא את דעתו שלו, שלאסו״מ יש דין בור לכל דבר. כלומר לדעתו הם פטורים על כלים ולא על טמון.

מייד לאחר מכן הוא מוכיח את דעתו מהסוגיא, וכותב כך:

[12] לא סביר שכוונתו לספק בין העמדה הראשונה לזו שלו (שמובאת שלישית), שכן אם אכן זו היתה כוונתו הסדר היה צריך להיות הפוך: קודם להביא את עמדתו שלו (כאלטרנטיבה שנייה) ולבסוף לומר שיש שהסתפקו בדבר. אמנם יש מקום לומר שהוא הביא את עמדתו שלו אחרונה כיון שהוא מצדד בה ורוצה להוכיח כך גם ממהלך הסוגיא (כפי שהוא אכן עושה שם). זה לא ממש חשוב לנו, שכן עניינו כאן הוא לנתח את העמדות השונות, וברור שיכולה להיות עמדה שלא נותנת אף אחד מהפטורים הללו לאסו״מ. בין אם זו כוונת בעלי הדעה שמובאת בראש ובין אם לאו.

הלכך נראה דעיקר תלמודא הוא מבור לחודיה דבור גמור הם אבנו וסכינו ומשאו לבתר דנייחי... אלא דלא מצינו למילף מבור לחודיה משום דלא דמי לגמרי לבור בתחלת עשייתו לנזק או משום דכח אחד מעורב בהן בעשייתן... הוצרך להביא יוכיח משאר נזיקין שאין לחלק ביניהם ובין בור משום הני פירכות שאינם מונעות חיוב בהם. הלכך גם אלו לא יצאו מכלל בור בשביל אלו פירכות ובור גמור הוא וכל דין בור להם קולות וחומרות שבהן ולא יהבינן להו קולות של אש...

מסקנתו היא שבעצם מדובר בלימוד מבור בלבד, ותפקידה של האש הוא לסלק את הפירכא שבבור אין כוח אחר מעורב (y), ולהוכיח שזה לא מאפיין רלוונטי. התיאור הזה נותן לנו יותר מרמז מהי נקודת המחלוקת בין הדעות השונות, ונסביר זאת כעת.

הדעה השלישית: דעת הרא"ש עצמו

הרא"ש עצמו מסביר בפירוש את עמדתו. מדבריו עולה שהוא רואה את ההיסק באופן השני שהבאנו למעלה:

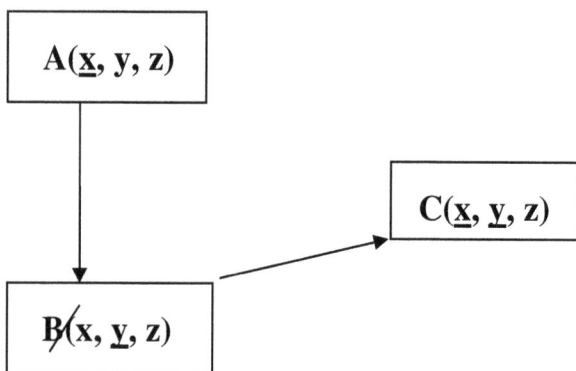

מהסכימה הזו עולה שהמלמד הוא בור, והאש רק מסלקת פירכא פוטנציאלית (כלומר מוכיחה את חוסר הרלוונטיות של x). אם כן, סביר של־C יהיו הפטורים של בור (B), שהרי באופן בסיסי הוא דומה לו.

ברור שעקרונית יכלה לעלות כאן גם תפיסה הפוכה, שהמלמד הוא רק אש, והבור מסלק פירכא שאש דרכה לילך ולהזיק ואסו״מ לא. מבחינת הדוגמה הזו פרשנות כזו אינה סבירה, שכן אסו״מ באמת דומים מאד לבור. מדובר במכשולים שמונחים ברשות הרבים ומזיקים, בדיוק כמו בור. מה שנזקקנו לאש הוא רק מפני שהיה כוח אחר שהיה מעורב ביצירת המכשול, בניגוד לבור. אבל אין שום דמיון אמיתי בינם כמזיקים לבין אש. להלן נשוב למקרים נוספים כאלה.

הדעה השנייה: המסתפקים

ראינו שהדעה השנייה מסתפקת אולי לא יהיו כאן כלל פטורים או שיהיו שני סוגי הפטור. העמדה שיש שני סוגי פטור תובהר להלן. כאן ננסה להסביר את הצד השני של הספק - שבתולדה אין כלל פטורים. כיצד ניתן להבין עמדה כזאת? לכאורה התולדה יוצאת חזקה יותר משני האבות שלה. איך ייתכן שיש בתולדה חיובים הלכתיים שלא קיימים באף אחד מהאבות?

מסתבר ששיטה זו מבינה את ההיסקים מאב לתולדה כמורכבים משתי קומות: ראשית, לומדים מהצד השווה שכל מה שהוא ממוני ושמירתו עליי מחייב אותי בתשלום. זאת בלי קשר לשום מאפיין ספציפי של אחד מהאבות. אבל לגבי הפטורים המיוחדים מתנהל תהליך בשלב ב: אם יש לצורת ההיזק הנדונה מאפיינים של אחד האבות, יהיה לה את הפטור המיוחד של אותו אב. זהו לימוד שבא לפטור אחרי שיש חיוב. ההנחה היא שפטור טמון אין פירושו שאין חיוב. יש חיוב שהרי גם בממון טמון המזיק חייב מפני שהוא ממוני ושמירתו עליי. אלא שיש חידוש מיוחד של התורה שפוטר אותו. כדי שהחידוש הזה ייאמר גם בתולדה, היא חייבת להיות בעלת התכונות המיוחדות של אש. תולדה שאין לה את התכונות המיוחדות של אש, לא יהיה בה פטור על טמון.

ההשלכה היא לתולדה שנלמדת משני אבות, ובדוגמה שלנו לימוד מאש ובור. ראינו שהחיוב נלמד מהצד השווה. אבל כשאנחנו רוצים ללמוד את הפטור של טמון או כלים, עלינו לשאול האם בתולדה יש את המאפיינים המיוחדים של אש או של בור. אם לא – כי אז לא ניתן ללמוד לגביה את הפטור המיוחד, והיא תהיה חייבת בטמון ובכלים.

אם כן, דעה זו כנראה מבינה את ההיסק באופן השלישי:

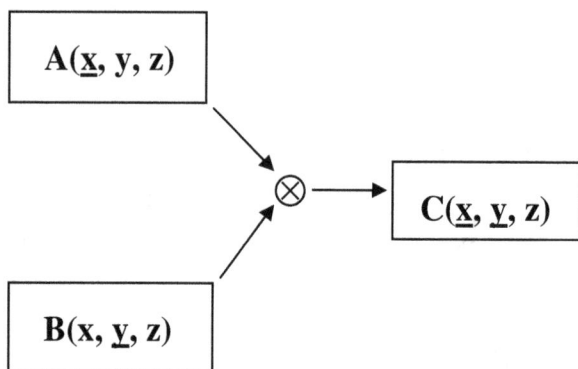

אנו רואים שהלימוד הוא מהצד השווה של שני האבות, כלומר כל מי שיש לו את התכונה z (ממונך ושמירתו עליך) חייב בתשלום. הפטורים המיוחדים של אש או בור, הם תוצאה של התכונות המיוחדות של האבות (x או y). אבל ל-C אין אף אחת מהתכונות המיוחדות, ולכן אין לו אף אחד משני הפטורים.

אלא שמבט נוסף מעלה שהמסקנה הזו אינה כה פשוטה. עמדנו על כך שהתכונות המיוחדות הן חומרות, כלומר תכונות שגורמות ליתר חיוב. כאשר אנחנו שואלים את עצמנו מה גורם לכך שבאש יש פטור על טמון, לא סביר לתלות זאת בתכונה המיוחדת לחומרא y, שדרכה לילך ולהיזק. סביר יותר שזוהי תוצאה של התכונה המיוחדת לקולא, שכוח אחר מעורב בה (x). בה במידה, הפטור של בור על כלים אינו תלוי בחומרא שיש לו (x) אלא בקולא שיש לו, אין דרכו לילך ולהזיק (y). אבל שתי הקולות הללו קיימות גם

בתולדה (C) הוא גם בעל התכונה x וגם בעל התכונה y). אם כן, מדוע שלא ניתן לתולדה את שני הפטורים? לשון אחר: האם יש ל-C תכונה מסויימת שהופכת אותו לחמור יותר משני האבות שמלמדים עליו? מהסכימה שבפנינו לא נראה כך.

מסתבר להבין את הדעה הזו בכך שמעבר למה שמופיע בסכימה הכללית יש עוד קולא לכל אחד מהאבות שלא קיימת בתולדה. קולא כזו אינה פורכת את הצד השווה, שהרי רואים מהאבות שהיא אינה מונעת את עצם החיוב הנזיקי. לכל היותר היא גורמת לפטור המיוחד של האב הזה. אם אכן זה המצב, עלינו לתקן את הסכימה כך (יש לזכור שהנחתנו היא שכל פרמטר הוא לחומרא, והיעדרו היא קולא. לכן את הקולות המיוחדות סימנו עם קו תחתי):

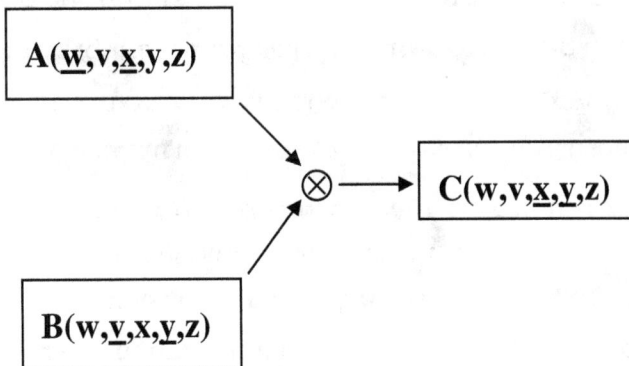

לאב A יש את הקולא <u>w</u>, ולאב B יש את הקולא <u>v</u>. כל אחת מהן היא ייחודית, ולכן אינה קיימת בשאר האבות (שהרי באש אין פטור על טמון שנגרם מהקולא <u>v</u>).

מהן אותן קולות בדוגמה שלנו? אולי בבור יש קולא שהוא אינו רכוש הבעלים (כי הוא ברשות הרבים ולפחות לחלק מהדעות גם מופקר). ובאש יש קולא שהכוח האחר מעורב בה בעת ההיזק ולא רק בדרך להיווצרות המזיק (כמו באסו״מ). ייתכן שדי לנו בהצבעה על האפשרות לקיומן של שתי קולות כאלה, כדי לטעון שב-C לא אמורים להיות הפטורים המיוחדים, שכן הפטורים המיוחדים נלמדים על גבי עצם החיוב, וקיומן של קולות כאלה היא פירכא.

נעיר כי לפי הצעה זו, שני הלימודים חלקיים, C מ-A ו-C מ-B, יכולים להיות קו״ח ולא בניין אב. לדוגמה, הלימוד של אסו״מ מבור :

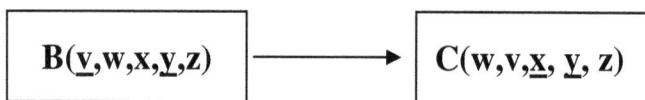

$$\boxed{B(\underline{v},w,x,\underline{y},z)} \longrightarrow \boxed{C(w,v,\underline{x},\ \underline{y},\ z)}$$

לעיל העלינו את האפשרות שמדובר בבניין אב על בסיס הדמיון ב-z. כעת נוכל לראות שיש גם אפשרות שזהו קו״ח על בסיס התכונה v (אם B שאין לו את התכונה v חייב בתשלום, אז קו״ח ש-C שיש לו את התכונה הזו חייב בתשלום).

למען השלימות, עלינו לציין שייתכן שבאמת אין דעה כזו, כלומר שלא באמת עולה בדברי הרא״ש האפשרות שלאסו״מ לא יהיו בכלל פטורים. הספק שמופיע ברא״ש הוא ספק בין הדעה הראשונה לשלישית.

הדעה הראשונה: שיטת ה״גדולים״

הדעה הראשונה סוברת שלאסו״מ (C) יש את שני סוגי הפטור משני האבות המלמדים.

עקרונית ניתן להבין את הדעה הזו בזיהוי של הקולות המיוחדות עם התכונות x ו-y. מה שגורם לקולא של בור הוא התכונה y, ומה שגורם לקולא של אש הוא התכונה x. לכן באסו״מ, שם יש את שתי התכונות הללו, יהיו שני הפטורים של שני האבות.

אלא שאפשרות זו היא קשה, מפני שהקולא שאין כוח אחר מעורב קיימת גם בשאר האבות, ובהם לא מצאנו פטור על כלים. והקולא שאין תחילת עשייתו לנזק מאפיינת את שאר האבות, ובכל זאת אין בהם פטור על טמון. לכן די ברור שמדובר בקולות ייחודיות לשני האבות.

אפשרות שנייה היא להניח שאכן יש קולות מיוחדות לשני האבות, v ו-w. אלא שמדובר במצב בו גם לתולדה C יש את שני המאפיינים הללו, ולכן יש לה את הפטורים המיוחדים של שני האבות. הציור הוא הבא:

A(w,v,x,y,z)
C(w,v,x,y,z)
B(w,v,x,y,z)

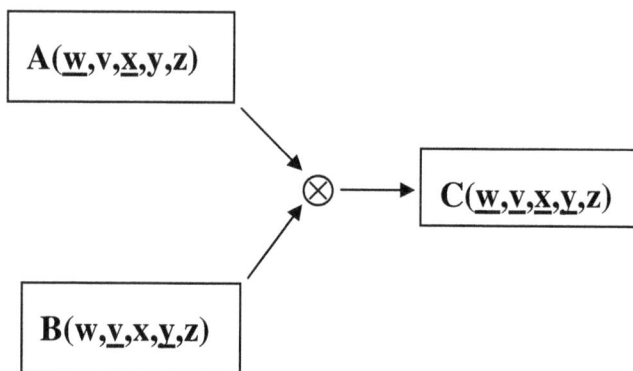

כעת יכולה לעלות השאלה מהו ההבדל בין התכונות (x,y) לבין התכונות (v,w), הרי הן מופיעות בדיוק באותה צורה בסכימה של ההיסק? ההבדל הוא בשאלה האם התכונות הללו קיימות בשאר האבות. התכונה x ייחודית לבור, ולכן היא לא קיימת בכל שאר האבות. הוא הדין לגבי התכונה y שהיא ייחודית לאש. אלו תכונות שייחודיות לחומרא, לכן היעדרן (שמאפיין את כל האבות למעט אחד) לא יכול להיות הסיבה לפטור המיוחד. אם היעדרן היה הסיבה לפטור המיוחד כי אז הפטורים המיוחדים היו צריכים לאפיין את כל האבות למעט אחד. לעומת זאת, התכונות v ו-w הן ייחודיות לקולא ולא ייחודיות לחומרא. לכן הן יכולות להוות הסבר לקולות הייחודיות של כל אב.

אלא שגם הסבר כזה הוא בעייתי, מפני שעולה ממנו שהתוצאה אינה נגזרת של מבנה ההיסק אלא של התכונות המיוחדות לבעייה בה אנחנו עוסקים. מדובר בבעייה מיוחדת שבה לכל אב יש תכונות ייחודיות לקולא ולחומרא.

לא נראה שהשיטות המובאות ברא״ש תולות זאת במקרה המיוחד שכאן, ובשום מקום לא בודקים האם יש תכונה מיוחדת לקולא לכל אב (כלומר שהקולא הזו אינה מאפיינת את שאר האבות). מהראשונים הללו נראה שקיומן של הקולות בתולדה הוא תוצאה של מבנה ההיסק עצמו, שלא יהיה תלוי בקיומן של תכונות מיוחדות. הטענה שלתולדה C יש את שני הפטורים המיוחדים אמורה לעלות מהסכימה הכללית שמופיעה בציור של הצד השווה הרגיל (שכולל את x ו-y, בלי v ו-w) כשלעצמה, בלי הנחות נוספות.

לכן נראה שדעה זו תופסת את ההיסק כצירוף מתמיד של שני המלמדים. למעלה תיארנו את ההיסק כמורכב משתי קומות: בשלב א אנחנו לומדים לחומרא את עצם החיוב מתוך המאפיין המשותף (הצד השווה) z. לאחר מכן אנחנו לומדים לקולא בפטור מיוחד, וזאת על סמך מאפיינים מיוחדים נוספים. כעת אנחנו מציעים שהלימוד אינו בנוי על שתי קומות. הפטור של אש בטמון או בור על כלים, אינו פטור אלא היעדר חיוב. התורה לא פוטרת אש במקרה של היזק לטמון, אלא לא מחייבת אותה.[13]

לפי ההסתכלות הזאת, כל מקרה בו אנחנו עוסקים, צריך להילמד לגופו. לדוגמה, אם אנחנו שואלים האם אסו״מ שהזיקו חמור מחייבים את הבעלים לשלם, יש ללמוד זאת מאש ובור. אז ובור שניהם מחייבים בחמור, לכן גם C

---

[13] הצגה זו נמצאת כבר באחרונים. הביטוי החד ביותר עבורה נמצא בחידושי הגרי״ז על הרמב״ם, בהל׳ נזקי ממון. שם הוא תולה בזה מחלוקת ראשונים (רי״ף ורש״י). הוא עצמו מזכיר שם את מחלוקת הראשונים ברא״ש ומסביר שגם היא תלויה בשאלה זו.

מחייב בו. בה במידה, כאשר נרצה לבחון האם אסו״מ מחייבים על כלים, עלינו לוודא שגם במקרה כזה קיימים שני מלמדים שמחייבים (בור ואש). רק אם שני אלו אכן מחייבים, ניתן להסיק שגם באסו״מ יהיה חיוב. אבל בכלים הרי בור אינו מחייב, ולכן יש לנו רק מלמד אחד. אבל מלמד אחד אינו מספיק, שהרי אם נבוא ללמוד מאש לבדה על אסו״מ נוכל לפרוך שאש דרכה לילך ולהזיק (יש לה תכונה y). אנחנו צריכים את האב השני (בור) כדי להציל את ההיסק (כי אין דרכו לילך ולהיזק ובכל זאת הוא מחייב), אבל בכלים אין לנו את האב השני. כך גם לגבי טמון, שבו אש אינה מחייבת ולכן שוב יש לנו רק מלמד אחד (בור). כאן ניתן לפרוך שאין כוח אחר מעורב בו (יש לו תכונה x). לכן אין לנו אפשרות לחייב אסו״מ שהזיקו טמון או כלים, כי ספציפית לגבי זה אין לנו שני מלמדים.

ניתן להציג את ההיסק לפי דעה זו כהרכבה של C (אסו״מ) מתוך שני המלמדים (A ו-B). אנחנו לא לומדים מהצד השווה (z), אלא דווקא מהצירוף של שתי התכונות הייחודיות של המלמדים (x,y), ולכן ברור שלא יהיה בתולדה מעבר למה שיש בשני האבות.

ההצגה של ההיסק לפי הפרשנות הזו היא מעט שונה:

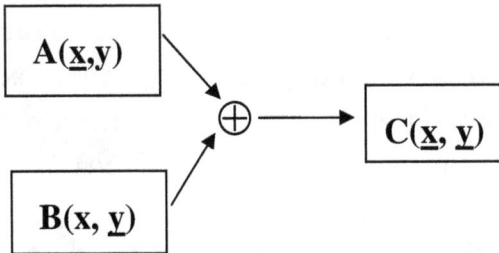

יש לשים לב שבשרטוט הזה התולדה היא צירוף של שתי הקולות ולא של שתי החומרות. לכן מסתבר שיהיו בה שני הפטורים המיוחדים.

שני האבות המלמדים בסכימה הזו, לא מוכפלים אלא מחוברים. הסיבה לכך היא שאנחנו לא עושים חיתוך, כמו במקרה הקודם, אלא איחוד. החיתוך נותן את המשותף המינימלי לשני המלמדים: x,y,z. ואילו כאן אנחנו עושים איחוד, שנותן את ההיקף של שני המלמדים: x,y. ברגע שהמכניזם מבוסס על איחוד, אין צורך לצרף את הצד השווה, כלומר את z. מה שמחייב הוא כל מזיק, ואפילו אם כוח אחר מעורב בו ואין דרכו לילך ולהזיק. נכון שקבוצת המזיקים הכללית היא כל הדברים שהם ממוני ושמירתם עליי, אבל הפרמטר הזה לא לוקח חלק בהיסק. אנחנו לא לומדים מהצד השווה אלא מהצירוף של הצדדים השונים של שני האבות.

בניסוח בשפה פשוטה אנחנו בונים את אסו"מ מאש ובור באופן הבא: אש מלמדת אותנו שגם אם יש כוח אחר שמעורב בהיזק זה אינו פוטר. בור מלמד אותנו שגם אם אין דרכו ללכת להזיק זה לא פוטר. אם כן, אנחנו מרכיבים את שני האבות ויוצרים מהם תולדה, שהיא צורת היזק שמורכבת משניהם

יחד : שגם לא דרכה ללכת ולהזיק וגם כוח אחר מעורב בה, ומניחים שגם כאן אין פטור מתשלום.

חשוב להבין שגם כאן ישנו ברקע המאפיין z אצל שני האבות והתולדה. הרי אנחנו לא מחייבים בנזק את מי שמגדל עשב. שאלת החיוב בתשלום עולה רק כאשר ממוני שמחייב אותי בשמירה הלך והזיק. אבל ההנחה היא שלא בכל המקרים הללו אנחנו מחייבים, אלא רק אם יש לנו מלמד או שניים לבין האבות. הלימוד לא נעשה מהצד השווה, z.z רק קובע את מסגרת הדיון, היכן מתעוררת שאלת החיוב בנזיקין. החיוב עצמו נלמד מאב אחד או משני אבות באופן פרטני. כשאין לנו שני אבות שיוכלו ללמד את החיוב בהקשר הנדון (כמו בטמון או בכלים), לא נוכל לחייב.

זהו הרמז הראשון לקיומו של מכניזם שיכונה בהמשך 'הבנייה מושגית'. המופעים התלמודיים שלו דומים מאד לאלו של הצד השווה, אך כפי שנראה בהמשך דברינו מדובר בהיסק בעל אופי לוגי שונה, ובמידה מסויימת הפוך לצד השווה הרגיל.

פרק שלישי
'צד שווה' כאנלוגיה: המקרה של חופה

מבוא

בפרק זה נציג את המכניזם של הצד השווה לפי המודל שפיתחנו בספר
הראשון בסדרה. אנו נשווה זאת למה שעשינו בפרק הקודם, ונראה את
הדומה והשונה. מתוך כך נצא לדיון על סיטואציות ומכניזמים שונים של
היסקים תלמודיים.

סוגיית חופה בקידושין במונחי הפרק הקודם

המשנה בתחילת קידושין מונה שלושה 'אבות קידושין', כלומר שלוש דרכים
להחלת קידושין שנלמדות מהתורה: כסף, שטר וביאה. אמנם כאן המשנה
אינה מזכירה את הצד השווה של כולן, ולכל אורך הסוגיות במסכת קידושין
אין שום דיון בשאלה מהו אותו צד שווה, אם בכלל ישנו כזה, ומדוע נכתבו
שלושת הדרכים הללו.

ומה לגבי תולדות קידושין? גם בהקשר של קידושין אנחנו מוצאים תולדות
שנלמדות מכסף (דין ערב, דין עבד כנעני ועוד. ראה על כך בחלק האחרון של
הספר), אבל אנחנו לא מוצאים תולדות שכדי ללמוד אותן עלינו לצרף שני
אבות שונים, כפי שנעשה בסוגיית ב"ק שתוארה בפרק הקודם.

יוצא הדופן היחיד שמצאנו הוא סוגיית קידושין ה שעוסקת בקידושין על ידי חופה. חופה היא פעולה שמחילה נישואין, והגמרא דנה האם ניתן גם לקדש בחופה. היא מנסה ללמוד את דין חופה בקידושין משני אבות שונים (כסף וביאה, ולאחר מכן היא מצרפת גם את שטר). בספר הראשון הצענו ניתוח מלא של מהלך הסוגיא. לצרכינו כאן, די לנו בקטע הראשון שלה:

אמר רב הונא: חופה קונה מקל וחומר... ומה כסף שאינו גומר – קונה, חופה שגומרת – אינו דין שתקנה.

בהתחלה אנחנו לומדים את חופה מכסף בקו"ח:

$$M(\underline{v}) \longrightarrow H(v)$$

התכונה v היא גמירה (=החלת נישואין). ברור שזו תכונה לחומרא, שכן הנחת הגמרא היא שמי שיש לו את התכונה הזו הוא בעל יותר כוח להחיל קידושין. אם כן, חופה שמצליחה לגמור את הנישואין היא חזקה יותר מכסף שאינו מצליח לעשות זאת. לכן אם כסף מחיל קידושין ודאי שגם חופה יכולה לעשות זאת.

יש לשים לב לנקודה חשובה: התכונה v היא תכונה הלכתית ולא עובדתית. בפרק הקודם עסקנו בתכונות שמאפיינות את המזיקים השונים ברמה העובדתית: דרכו ללכת ולהזיק, כוח אחר מעורב בו וכדו'. אלו היו הנתונים שעליהם התבסס ההיסק. התכונות ההלכתיות היו מסקנות של ההיסק ולא נתונים שלו. לעומת זאת, בסוגיית חופה אנחנו יוצאים מתכונות הלכתיות

(הצלחה להחיל נישואין), ומסיקים מהן תכונות הלכתיות אחרות. אין לנו שום מידע, או אפילו השערה, מהן התכונות העובדתיות של הפעולות הללו (כסף או חופה) שגורמות לתכונות ההלכתיות שלהן. זה כלל לא עולה במהלך הסוגיא. בהמשך דברינו נשוב לנקודה החשובה הזו.

כעת הגמרא פורכת את ההיסק הראשוני הזה:

מה לכסף שכן פודין בו הקדשות ומעשר שני!

לכסף יש תכונה לחומרא (שוב, מדובר בתכונה הלכתית) שמצביעה על כוח שיש לו מעבר לכוח שיש בחופה: הוא יכול לפדות מעשר שני והקדש, מה שחופה לא יכולה לעשות. התמונה כרגע היא הבאה:

$$M(\underline{v}, w) \nrightarrow H(v, \underline{w})$$

היסק כזה הוא בטל, שכן הפירכא מראה שאין יחס פשוט של קולא-חומרא בין המלמד (האב), שהוא הכסף, לבין הלמד (התולדה), כלומר החופה. זוהי פירכא טיפוסית על קו"ח.

כעת הגמרא מנסה ללמוד את חופה מאב אחר, ביאה:

ביאה תוכיח.

מה הביאה מוכיחה? הביאה מחילה קידושין אף שהיא לא פודה הקדש ומעשר שני. כלומר הסכימה חוזרת להיות דומה לזו הראשונה. אלא שכאן יש

לקחת בחשבון את העובדה שביאה כן מחילה נישואין. לכן הסכימה הזו היא בניין אב (אנלוגיה) ולא קו"ח:

$$B(v,\underline{w}) \longrightarrow H(v,\underline{w})$$

כאן כמובן כבר אי אפשר לפרוך שיש חומרא הלכתית בביאה שלא קיימת בחופה.

אלא שכאן הגמרא מוצאת פירכא אחרת:

מה לביאה שכן קונה ביבמה!

ביאה יש לה כוח הלכתי לקנות ביבמה, מה שחופה לא יכולה לעשות. אם כן, התמונה כרגע היא הבאה:

$$B(\underline{w},v, x) \nrightarrow H(\underline{w},v, \underline{x})$$

המסקנה היא שגם בין ביאה לחופה אין יחס פשוט של קולא-חומרא, ולכן גם ההיסק הזה בטל.

כעת הגמרא פונה לאחור, ומביאה את שני האבות גם יחד:

כסף יוכיח. וחזר הדין: לא ראי זה כראי זה ולא ראי זה כראי זה, הצד השוה שבהן – שקונין בעלמא וקונין כאן, אף אני אביא חופה – שקונה בעלמא וקונה כאן.

התמונה כעת היא הבאה (כשלוקחים בחשבון שכסף גם הוא לא קונה
ביבמה) :

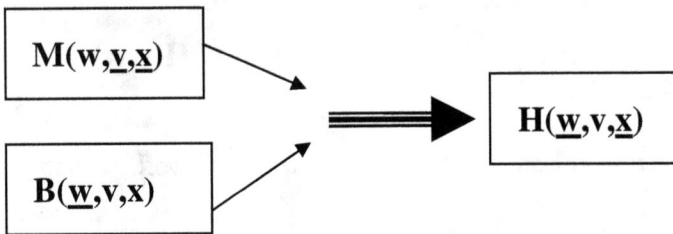

גם כאן יש לכל אחד משני האבות תכונה ייחודית שלא קיימת באב השני
ובתולדה. לכסף יש את התכונה שהוא פודה הקדש ומעשר שני (w). לביאה יש
את התכונה שהיא קווה ריבמה (x). אבל כאן אין תכונה שמשותפת לשני
האבות ולתולדה. התכונה השלישית (v) לא קיימת בכסף (M).

לאור מה שראינו בפרק הקודם, ניתן להבין את ההיסק הזה לפחות בשתי
דרכים :

א.   מדובר בהיסק מכסף לחופה, והביאה רק מוכיחה שהעובדה שכסף
פודה מעשר והקדש אינה רלוונטית לעניין החלת קידושין.

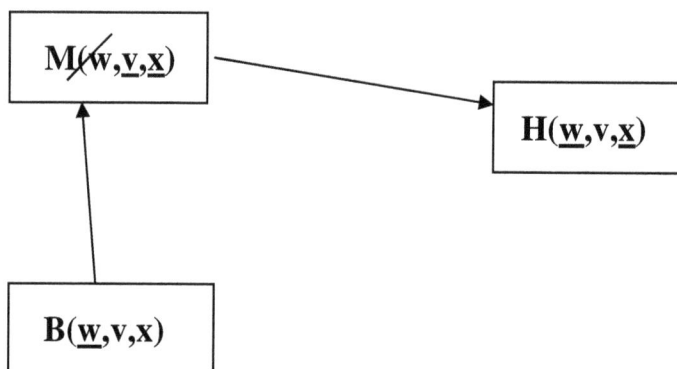

ביאה מוכיחה שהתכונה w אינה חשובה, ולכן מנטרלת את הפירכא. כעת אפשר ללמוד מכסף לחופה.

ב. לומדים מביאה לחופה, וכסף רק מוכיח שקנייה ביבמה אינה רלוונטית לעניין החלת קידושין.

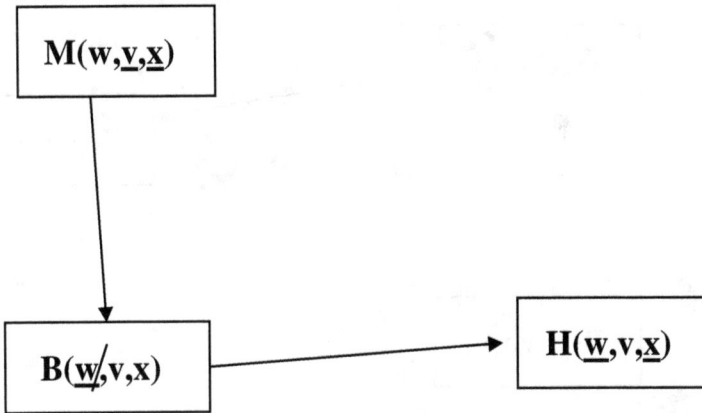

כאן הכסף מנטרל את הפירכא בכך שהוא מוכיח שהתכונה המיוחדת v אינה רלוונטית, ולכן אפשר ללמוד מ-B ל-H.

היחס להיסק של 'הצד השווה'

בפרק הקודם ראינו גם דרך שלישית להבין את ההיסק הזה:

ג. לומדים מהצד השווה של שני המלמדים, שמשותף להם ולתולדה גם יחד.

אלא שכאן הגמרא כלל אינה מציגה צד כזה. מהי אותה תכונה משותפת לשני האבות ולתולדה? אמנם בנוסח הגמרא מופיע מינוח של הצד השווה, ששני המלמדים קונים בעלמא וקונים כאן. כלומר ביאה מצליחה לקנות ביבמה,

וכסף מצליח לפדות מעשר והקדש, ושניהם קונים בקידושין. לכן גם חופה שקונה בעלמא (בנישואין) תקנה כאן (בקידושין). זהו צד שווה מוזר, שכן הוא מחבר את כל התכונות המיוחדות שיש לכל אחד מהגורמים כאן, ויוצר מהם צד שווה (שקונים בעלמא, כלומר שהם קונים בהקשר כלשהו).

אם נשווה את הסכימה הזו לסכימה השלישית מהפרק הקודם, ניתן לראות בתכונה v את הצד השווה (שמקביל ל-z שם). אמנם ביאה קונה בנישואין וכסף לא, אבל נראה שהגמרא מתייחס לזה כאילו יש כאן רמות שונות של תכונה משותפת כלשהי, ולא תכונה והיעדרה. מהי ההצדקה לזה?

חשוב להבין שכאן מדובר בתכונות הלכתיות ולא עובדתיות. אנחנו לא עוסקים בשאלה מה מאפיין חופה, כסף או ביאה (שיש בהם הנאה, העברת ערך כספי וכדומה), אלא בתכונות ההלכתיות (קונים בנישואין, ביבמה וכדומה). הנחה סבירה היא שאם נחפש את המאפיינים העובדתיים של כסף, ביאה וחופה, נראה שיש מאפיין משותף לכסף וביאה שבזכותו הם מצליחים להחיל קידושין, והמאפיין הזה קיים גם בחופה.

אלא שכאן מתעוררת שאלה: בפרק הקודם ראינו שהתכונות העובדתיות (דרכו לילך ולהיזק, כוח אחר מעורב בו וכדומה) מסבירות את התכונות ההלכתיות (חיוב בפיצוי נזיקי, פטור בטמון, בכלים וכדומה). אבל כאן אנחנו רוצים לעשות את הדרך ההפוכה: להגיע מתכונות הלכתיות (מחיל נישואין, פודה מעשר, קונה ביבמה וכדומה) למאפיינים העובדתיים של כסף חופה וביאה. כיצד מגיעים מהתכונות ההלכתיות לתכונות העובדתיות?

כאן עלינו להשתמש בניתוח הלוגי של ההיסק הזה, שפותח ונעשה בספר הראשון. שם למדנו שביסוד התכונות ההלכתיות בהיסקים הללו עומדים

פרמטרים מיקרוסקופיים, שמתארים תכונות עובדתיות ולא הלכתיות, שהם שמחוללים את התכונות ההלכתיות. אנחנו מצפים שהניתוח הזה יראה לנו את קווי הדמיון בין ההיסק הזה לבין ההיסק בפרק הקודם שהתבסס ישירות ובמפורש על תכונות עובדתיות.

ניתוח לוגי של היסק הצד השווה לגבי חופה

כל ניתוח כזה מתבסס על טבלת נתונים הלכתיים. בדוגמה שלנו הטבלא היא הבאה:

	v	a	w	x
M	0	1	1	0
H	1	?	0	0
B	1	1	0	1

יש לשים לב שהתכונות בהן השתמשנו בניתוח הקודם, מהוות בניסוח הזה כותרות לעמודות של הטבלא. הטבלא מציגה את המאפיינים ההלכתיים שראינו. ישנו הבדל אחד, שכאן ישנה עוד עמודה, שמייצגת את התוצאה ההלכתית המבוקשת (החלת קידושין), שמסומנת באות a. בניסוח הקודם התוצאה ההלכתית לא הופיעה בפירוש.

ראינו שם שמדובר בטבלא טיפוסית של היסקי צד שווה מכל הספרות התלמודית.[14] הניתוח של טבלא כזו נעשה על ידי הצבת ערך 0 או 1 במשבצת הריקה (הדין אותו אנחנו מעוניינים ללמוד). לאחר ההצבה אנחנו מחפשים מודל אופטימלי (הפשוט ביותר, במובנים שהוגדרו שם) לכל אחת מהטבלאות. מבין שני המודלים שמתקבלים הפשוט יותר הוא המודל שנבחר. התוצאה שהוא ייתן לגבי המשבצת הריקה היא היא מסקנת ההיסק.

כאשר נציב 1 במשבצת הריקה, נקבל את הגרף הבא:

---

[14] הדבר היחיד שמשתנה בין סוגיות שונות הוא המשבצות העליונה והתחתונה של העמודה הימנית. הדבר נקבע על פי היחס בין כל אחד מהמלמדים לחוד לבין התולדה. במקרה שלנו מדובר ביחס של קו"ח בין כסף לחופה, ולכן במשבצת ששייכת לכסף הנתון הוא 0. והיחס בין ביאה לחופה הוא אנלוגיה, ולכן במשבצת ששייכת לביאה יש 1.

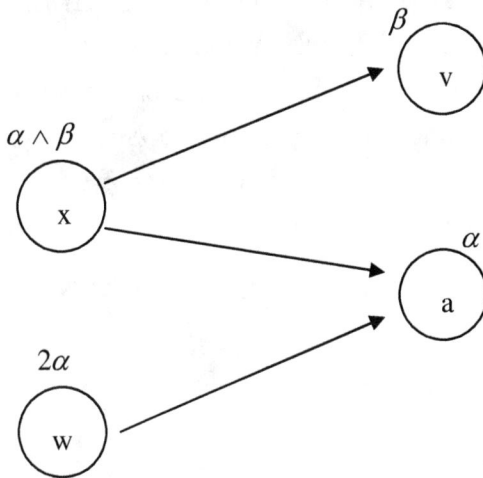

הפתרון עבור אבות הקידושין הוא הבא :

M : 2α

H : β

B : $\alpha \wedge \beta$

השוואה בין שני הפתרונות נותנת שבשניהם דרושים שני פרמטרים מיקרוסקופיים, אבל מבחינה טופולוגית הפתרון העליון הוא הפשוט יותר, ולכן המסקנה היא שהמילוי הנכון בטבלא הוא 1, כלומר שחופה מחילה קידושין.

משמעותם של הפתרונות הללו: השוואה לפרק הקודם

כדי להבין את משמעותם של שני הפתרונות הללו, עלינו לזכור שהפרמטרים הללו הם לא בהכרח בעלי משמעות בעולם הממשי. אלו הם פרמטרים תיאורטיים מופשטים. בהחלט ייתכן שתכונה מהעולם הממשי תהיה קומבינציה כלשהי של הפרמטרים הללו. זה אפילו סביר אם לוקחים תכונה בעולם הממשי שמאפיינת את כסף או את ביאה או את חופה.

לדוגמה, ביאה וחופה יוצרות קשר (ביאה קשר פיסי, וחופה זהו קשר בדרך החיים שהוא מכניסה לביתו ולרשותו) בין האישה לבעל, ואילו כסף לא בהכרח עושה זאת. מתן כסף מבטא זיקה אחרת בין הבעל לאישה. אולי מדובר בהעברת הנאה. אם זו אכן הזיקה, היא קיימת גם בביאה.

כיצד כל זה בא לידי ביטוי בפרמטרים שמצאנו? לא ברור. הקשר הזה הוא קומבינציה לא פשוטה של הפרמטרים, שאולי כוללת גם פרמטרים נוספים. בפתרון שהוצג למעלה אי אפשר לזהות מיהו הפרמטר שמבטא קשר בין הבעל לאישה, שמופיע רק בחופה וביאה ולא בכסף. נראה שניתן לזהות אותו עם הרמה השנייה של α. כלומר α מבטא תכונה שאינה קשר, אבל עוצמה כפולה, 2α, מבטאת קשר. עוצמה שלישית, 3α, מבטאת קשר עם עוד משהו. אנחנו רואים שהפרמטרים הללו לא מייצגים תכונות שיש להן משמעות בעינינו. זהו מבנה מתמטי שמייצג את היחס בין התכונות העובדתיות, ודי לנו בזה כדי לתקף את ההיסק.

אם נסמן קומבינציות שמאפיינות כל אחד מהם כתכונה, נוכל לראות מבנה שיש לו משמעות בעולם המושגים שלנו. הפרמטר היסודי α הוא הצד השווה לכל הפעולות הללו, וניתן לכנות אותו זיקה כלשהי (פיסית, ממונית, או צורת

החיים) בין הבעל לאישה. זה קיים בכל הפעולות הללו, ולכן זה שקול למה שכינינו בפרק הקודם הצד השווה, z. הרמה הבאה 2α היא זיקה בדרך החיים שאין בה הנאה. היא מכילה את הזיקה, אבל חסר בה מימד שקיים בכסף (β) שאולי משמעותו היא ההנאה הלא פיסית. העוצמה השלישית 3α היא זיקה שיש בה הנאה מקשר פיסי. היא מסומנת בעוצמה שונה של α כי ההנאה כאן מופקת מקשר פיסי בין הגבר לאישה, ולכן היא מבוטאת במונחי קשר. לעומת זאת, ההנאה הלא פיסית שבמתן כסף, לא מבטאת הנאה שבאה מקשר פיסי, ולכן היא מצויינת בפרמטר שונה, β.

אם מאמצים את הזיהוי הזה, שהוא כמובן רק הצעה אפשרית אחת למשמעותם של הפרמטרים התיאורטיים שמצאנו, ניתן לראות שהצד השווה שדרוש להחלת קידושין היא קיומה של זיקה כלשהי. זה קיים הן בביאה הן בכסף והן בחופה. הצד שווה לכל המלמדים ולתולדה (α), הוא גם מה שמחיל את הקידושין. התכונות הייחודיות שלהם (בכסף יש גם β, ובביאה יש עוצמות נוספות של α) אינן רלוונטיות להחלת קידושין. אם היו תכונות מיוחדות לקידושי ביאה או כסף, סביר היה לתלות אותן בתכונות המיוחדות הללו.

מה קורה בפתרון עבור המילוי 0? שם המצב הוא שונה. ניתן לראות את המשמעות אם מתייחסים לדרישה להחלת קידושין כצירוף של אחת משתי אפשרויות: או מה שיש בכסף או מה שיש בביאה, אבל לא הצד השווה שקיים גם בחופה. אנחנו רואים ששם אין צד שווה לכל המלמדים ולתולדה, או לפחות שהצד השווה לא הוא שמחיל את הקידושין.

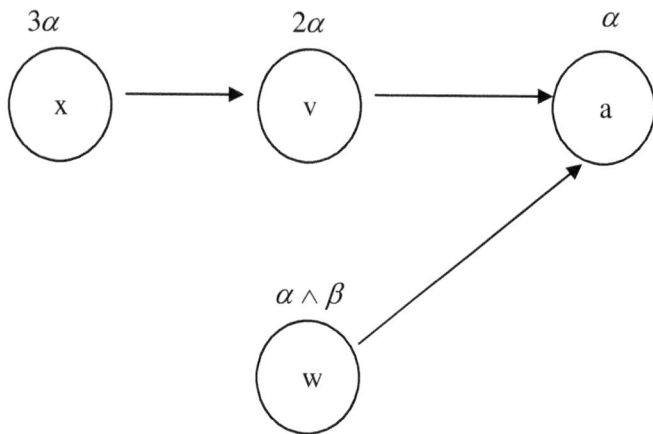

אם מיישמים זאת לגבי אבות הקידושין מקבלים את המודל הבא :

M : $\alpha \wedge \beta$

H : 2α

B : 3α

כעת נציב 0 במשבצת הריקה ונבחן את המודל שמתקבל :

במונחי הפרמטרים בעולם הממשי, בעצם מדובר כאן בתיאוריה מורכבת ופחות פשוטה, שמה שמחיל קידושין הוא או מה שמאפיין כסף או מה שמאפיין ביאה, אבל לא משהו משותף. ניתן לומר שבמקום הפתרון α עבור הקידושין עלינו לרשום שם שכדי להחיל קידושין צריכה להתקיים אפשרות אחת מתוך שתיים: $2\alpha \vee (\alpha \wedge \beta)$.

אם כן, הפתרון עבור המילוי 1 מציע מודל פשוט יותר מזה של מילוי 0, ולכן זהו המילוי הנכון. התיאוריה שיש רק מאפיין רלוונטי אחד ולא אחד משניים, היא פשוטה יותר, בדיוק כפי שראינו זאת בפרק הקודם.

מה שקיבלנו מהניתוח הלוגי הזה הוא שאם אנחנו יוצאים מהמאפיינים ההלכתיים של הפעולות השונות, ניתן לגזור מהם מאפיינים עובדתיים. כעת נראה שאת הפתרון המועדף לבעייה הזו ניתן להציג בדיוק כמו הסכימה שהופיעה בפרק הקודם:

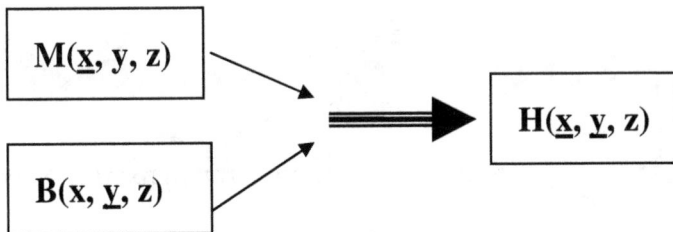

כאשר x הוא התכונה הייחודית של ביאה (3α), y היא התכונה הייחודית של כסף ($\alpha \wedge \beta$), ושתיהן לא קיימות בחופה (2α). ואילו z הוא הצד השווה שקיים בכולם (α), והוא הפרמטר הרלוונטי להחלת קידושין. נזכיר כי

(x,y,z) הם המאפיינים בעולם הממשי, וכעת אנחנו רואים שניתן לבנות אותם במונחי הפרמטרים המיקרוסקופיים (α , β).

הפרמטר y הוא $\alpha \wedge \beta$, הפרמטר x הוא 3α , והצד השווה z הוא α (כי הוא המכנה המשותף לשניהם, ובעצם לשלושתם). כעת ניתן לראות שלחופה (H) אין את x וגם לא את y, אבל יש לה את הצד השווה z.

אם כן, ניתן לתרגם את הבעייה של חופה שיוצאת ממאפיינים הלכתיים, לבעייה של אבות הנזיקין שיוצאת ממאפיינים עובדתיים. הניתוח הלוגי בספר הראשון בסדרה הוא שקושר את שני המכניזמים הללו זה לזה.

נציין שבאופן עקרוני הקשר אמור להתקיים גם בכיוון ההפוך. אם נצא מהמאפיינים ההלכתיים של אבות הנזיקין, נוכל לבנות טבלת צד שווה, ואם נפעיל עליה את המכניזם שביצענו כאן נקבל כתוצאה שלו את המאפיינים העובדתיים. אמנם בסוגיא שם נראה שהפטור מטמון ובכלים אינם מאפיינים שנוכל להשתמש בהם, שכן אפריורי לא ידוע לנו מה הדין באסו"מ לגביהם (לכן הטבלא כאן תהיה עם שורה ריקה). לכן בבעייה של אבות הנזק לא מועיל כיוון ההיסק מההלכות לעובדות. לא פלא שחז"ל עושים את הכיוון ההפוך – מהעובדות להלכות. לעומת זאת, בחופה יש לנו את כל הנתונים ההלכתיים, ולכן אין צורך להניח מאפיינים עובדתיים. אנחנו יכולים לגזור אותם מהמאפיינים ההלכתיים, כפי שראינו כאן.

האם בהקשר של קידושין מדובר בהכללה?

הבדל נוסף הוא שבהיסק לגבי אבות הנזק התוצאה של הצד השווה היא הגדרה כללית לגבי החיוב בתשלומי נזיקין: כל מה שממונך ושמירתו עליך מחייב בתשלום. האבות השונים הם דוגמאות מסויימות, עם מאפיינים ייחודיים שאינם חשובים לגבי עצם חיוב התשלום. כפי שהסברנו בפרק הקודם, ההיסק ההוא מתאר הכללה הלכתית.

לעומת זאת, ההיסק לגבי חופה לא הניב הגדרה כללית כזאת. קשה לראות בו הכללה. גם אחריו אין בידינו כלל גורף שנותן לנו קריטריון מה מחיל קידושין ומה לא. אם ננסח שכל מה שיש לו α מצליח להחיל קידושין, לא אמרנו מאומה כל עוד לא הגדרנו מהו α. אם כן, אנחנו נשארים צמודים לאבות הקידושין ולמה שדומה להם. לכן אופי ההיסק בפרק הקודם הוא הכללה הלכתית, ואילו כאן מדובר באנלוגיה, השוואה בין ביאה ו/או כסף לחופה. אין כאן עיקרון כללי שהוא תוצר של הכללה.

ההשלכה היא שכל פעם שנרצה לבחון עוד צורת קידושין נצטרך לחזור ולבדוק האם אפשר ללמוד אותה משלוש הדרכים הללו. לעומת זאת, באבות הנזיקין אין צורך בכך. כשנרצה לדון האם תולדה כלשהי מחייבת בתשלומי נזיקין, די לנו בכך שהתולדה הזו היא ממונו של האדם ושמירתה עליו. לא צריך לבדוק דמיון ספציפי לאב או אבות מסויימים.

ניתן שוב לדמות את הדבר להכללה מדעית. לאחר שלמדנו שכל דבר בעל מסה נופל לקרקע, כשנרצה לדון לגבי ספר או מנורה, לא נצטרך לשאול האם הם דומים לשני המלמדים שלנו. די לנו בכך שיש להם מסה. זוהי עוצמתה של הכללה. היא נוצרת על ידי כמה מלמדים, אבל לאחר שהיא נוצרה אין לנו

צורך במלמדים המקוריים. בהשוואה לא זה המצב, והתוצאה תלויה בביצוע ההשוואה כל פעם מחדש.

באופן עקרוני גם ביסודה של השוואה מונחת הכללה. כשאני משווה צפרדע א לצפרדע ב ומסיק שאם א היא ירוקה אז גם ב היא ירוקה, הנחתי במובלע שיש כאן תכונה של צפרדעים. ההשוואה מבוססת על הכללה סמויה. אבל במקרה של הצפרדעים ההכללה היא פשוטה לניסוח, מדובר בתכונה של צפרדעים. לכל כל עצם חדש שנרצה לדון על צבעו, אין צורך לערוך השוואה בינו לבין צפרדע א, אלא די לנו בכך שהוא צפרדע. אנחנו משתמשים בהכללה. ישנן השוואות שהבסיס ההכללתי הסמוי שלהם אינו ניתן לניסוח מפורש. במצבים אלו אין לנו מנוס מעריכת השוואה כל פעם מחדש.

במקרה של חופה, ניתן לומר שכל פעולה בעלת התכונה α תוכל להחיל קידושין. אלא שאיננו יודעים לפרש מהי אותה α. אנחנו יכולים לנסות ולשער זאת, על ידי התבוננות בכסף ובביאה, אבל אין לנו מידע ברור ביחס לזה. לכן אי אפשר לראות בתוצאה זאת הכללה.

סיכום: שני סוגי 'הצד השווה'

המסקנה שהגענו אליה עד כאן היא שאם היסק של "הצד השווה" מבוסס על נתונים עובדתיים, כי אז מדובר בהכללה. ואם הוא מבוסס על נתונים הלכתיים אז ייתכן שמדובר באנלוגיה (השוואה בין הקשרים הלכתיים). בהמשך דברינו נראה דוגמאות שבהן חומרות הלכתיות מוליכות להכללה ולא לאנלוגיה.

סוגיית חופה עושה אנלוגיה בין כסף או ביאה לבין לחופה : כמו שכסף/ביאה מחילים קידושין כך גם חופה. כל צורת קידושין אחרת תצטרך להיבחן באתה צורה, האם ניתן לערוך אנלוגיה בינה לבין צורות הקידושין הרגילות. אין לנו כלל שנוכל לגזור ממנו ישירות את המסקנה ההלכתית לגבי המקרה החדש.

ואילו סוגיית ב״ק עושה הכללה : מהאבות לומדים שמי שניחן במאפיין העובדתי z (ממונך ושמירתו עליך) חייב בתשלומי נזיקין. אחרי שיצרנו את ההכללה אנחנו זורקים את הסולם שעליו בנינו אותה. הדין בכל צורת היזק חדשה יכול להיות מוכרע על ידי העיקרון שיצא מההכללה, ואין צורך לחזור לאבות הנזיקין. אמנם בסוף הפרק הקודם ראינו שהדבר כנראה תלוי במחלוקת ראשונים, שכן יש שרואים גם את ההיסק שם כאנלוגיה שצריכה להיעשות בכל פעם מחדש, ולא כהכללה.

פרק רביעי
בין מאפיינים הלכתיים ומאפיינים
עובדתיים: פירכת צד חמור

מבוא

בשני הפרקים הקודמים ראינו שני סוגים של היסקי 'צד שווה': אם ההיסק
מבוסס על מאפיינים הלכתיים אז מדובר באנלוגיה, ואם הוא מבוסס על
מאפיינים עובדתיים כי אז מדובר בהכללה. בפרק זה נראה שתי השלכות
מעניינות של ההבחנה בין היסקי צד שווה שמבוססים על מאפיינים הלכתיים
לבין כאלו שמבוססים על מאפיינים עובדתיים.

הבחנה בין התשתית לבין התוצאה של היסקי צד שווה

היסק של הצד השווה מבוסס על תכונות עובדתיות של המלמדים שקיימת גם
בלמד. הטענה היא שהתכונות המיוחדות שלהם שלא קיימות בלמד אינן
חשובות לצורך הדין הנלמד, ומה שמחולל אותו הוא התכונה המשותפת
שקיימת גם בלמד.

והנה, אם הצד השווה לשני המלמדים וללמד הוא צד הלכתי, עשויה להתעורר
בעייה. נמחיש אותה על ידי דוגמה, מסוגיית קידושין טז ע"ב.

המשנה שם יד ע"ב קובעת:

עבד עברי נקנה בכסף ובשטר, וקונה עצמו בשנים וביובל ובגרעון כסף; יתירה עליו אמה העבריה, שקונה את עצמה בסימנין. הנרצע נקנה ברציעה, וקונה את עצמו ביובל ובמיתת האדון.

עבד עברי קונה את עצמו בשנים (כשחלפו שש שנים ממכירתו לעבדות), וביובל (כשמגיע יובל), ובגירעון כסף (כשפודים אותו מהעבדות בתשלום לפי מספר השנים שעוד נותרו לו עד שש השנים). באמה עברייה יש גם יציאה בסימנים (כשהבת מגיעה לבגרות פיסית).

והנה, בדף טז ע״א שם ר״ל מנסה ללמוד בקו״ח שגם מיתת האב מוציאה אמה עברייה מאדונה:

אמר ר״ל: אמה העבריה קונה את עצמה במיתת האב מרשות אדון, מק״ו: ומה סימנין שאין מוציאין מרשות אב - מוציאין מרשות אדון, מיתה שמוציאה מרשות אב - אינו דין שמוציאה מרשות אדון.

בע״ב שם הגמרא דוחה את זה בטענה:

קל וחומר פריכא היא, משום דאיכא למיפרך: מה לסימנין שנשתנה הגוף, תאמר במיתת אב שכן לא נשתנה הגוף?

במיתת האב לא משתנה הגוף, ולכן אי אפשר ללמוד זאת מסימנים.

ובתוד״ה ׳מה׳, שם, הקשו:

וא״ת תיתי מבינייהו דמאי אמרת מה לסימנים שכן נשתנה הגוף שנים ויובל יוכיחו מה לשנים ויובל שכן מוציאין בע״ע סימנין יוכיחו וחזר הדין לא ראי זה כו׳ הצד השוה שבהן שמוציאין בעלמא שנים ויובל בע״ע וסימנין נמי מוציאין בעלמא שהרי מוציאין האיש

מידי קטנות ומוציאין כאן אף אני אומר כו׳ וי״ל דאיכא למיפרך מה להצד השוה שבהן שמוציאין מעבדות תאמר במיתת האב שלא מצינו שמוציאה מעבדות.

תוס׳ מקשה שנלמד משנים סימנים ויובל שמוציאים (סימנים ויובל מוציאים מעבדות, ושנים מוציאות מגיל קטנות), כך גם מיתת האב מוציאה. הוא עונה שאי אפשר ללמוד זאת, כי המלמדים מוציאים מעבדות ומיתת האב לא מוציאה.

כעת מוסיף התוס׳:

ואף על גב דהיא גופא בעי למילף מ״מ כל כמה דלא ילפינן פירכא היא.

טענתו היא שאת זה גופא אנחנו רוצים ללמוד, שמיתת האב תוציא גם היא מעבדות, אז מדוע להניח שבזה שונים המלמדים מהלמד? על כך הוא עונה שזו אינה טענה, שהרי הדמיון בין המלמדים ללמד אמור להתקיים עוד לפני ההיסק. לא ייתכן שהדמיון ייווצר כתוצאה מההיסק. נפרט כעת מעט יותר.

מה שתוס׳ טוען הוא הטענה הבאה: היסק צד שווה מבוסס על תכונה משותפת לשני המלמדים (אמנם לכאורה כאן מדובר בשלושה, אבל שנים ויובל הם מלמד אחד וסימנים הם המלמד השני), שקיימת גם בלמד. על בסיס הדמיון הזה אנחנו מסיקים שאם יש הלכה בשני המלמדים היא צריכה להיות קיימת גם בלמד. מהו הצד השווה של המלמדים כאן? שהם מוציאים מעבדות. אבל זהו צד שווה שלא קיים בלמד לפני ההיסק. אנחנו רוצים לגזור אותו מההיסק הזה גופו. לכן בשלב ההיסק עצמו התכונה הזו לא יכולה להוות הבסיס המשותף למלמדים וללמד. משל למה הדבר דומה, שבהיסק

שבפרק השני, מבור ואש לאסו״מ, היינו מבססים את ההיסק על כך שכולם חייבים בתשלומי נזיקין. הרי זה אבסורד, כי החיוב בתשלומי נזיקין באסו״מ הוא תוצאת ההיסק, ולכן ברור שלא ניתן לבנות עליו את ההיסק עצמו. צריכה להיות תכונה שקיימת במלמדים ובלמד גם בלי ההיסק (שהם ממונך ושמירתן עליך), ומכוחה ניתן להסיק את הדמיון ההלכתי ביניהם.

אם ההיסק מתבסס על צד שווה עובדתי, כמו במקרה של הפרק השני, הטענה היא פשוטה לגמרי. מכיון שהתכונות המשותפות הן עובדתיות, אזי ממילא הן ידועות גם לפני שעשינו את ההיסק עצמו. אבל בפרק השלישי ראינו היסק צד שווה שמתבסס על צד שווה של הלמד והמלמדים שהוא בעל אופי הלכתי (שבכולם יש מלקות וממון). שם עלינו להקפיד על כך שהצד השווה ההלכתי שמהווה בסיס להיסק, יהיה ידוע לנו עוד לפני שעשינו את ההיסק.

אם נשוב כעת לדברי התוס׳, נראה שהדברים תמוהים. הרי סימנים לא מוציאים מעבדות, וזה בדיוק ההיסק של הצד השווה, להראות שלא צריך הוצאה מעבדות דווקא אלא די בהוצאה בעלמא? היה על תוס׳ לומר בפשטות שיש צד שווה לשלושת המלמדים שהם מוציאים בעלמא (לאו דווקא מעבדות), וזה לא קיים בלמד (לפני ההיסק עצמו). לכן הצד השווה כאן מופרך. מדוע תוס׳ נכנס ללימוד משנים ויובל?

על כך מסביר מהרש״א שם:

בא״ד מה להצד השוה שבהן שמוציאין מעבדות כו׳ ואף על גב דהיא גופא בעי למילף מ״מ כל כו׳ עכ״ל הקשה בספר לחם אבירים דא״כ בטלת הצד השוה שבכולי תלמודא ואפשר כו׳ עכ״ל תירוצו אינו מבורר ולי נראה דהכא כיון דהך פירכא גופא צד עבדות איכא פירכא

גמורה בחדא מחדא לגבי שנים ויובל דהיינו דאיתנהו גם בע"ע ובהך מלתא ודאי דליכא למילף מנייהו מיתת אב פרכינן לה נמי שפיר גבי חדא מתרתי אף על גב דהיא גופה בעי למילף מנייהו משא"כ בעלמא דליכא למיעבד מה הצד בכה"ג ודאי דליכא למיעבד מה הצד במלתא גופה דבעי למילף מנייהו ודו"ק:

כוונתו כנראה לומר שהתוס' מסבירים שאותה בעייה קיימת כבר בלימוד הראשוני של מיתת האב משנים ויובל. שני אלו מוציאים מעבדות, ומיתת האב לא. ולכאורה הרי זה גופא רצינו ללמוד, ואם נלמד אז גם מיתת האב מוציאה מעבדות ואז היא כן דומה לשני המלמדים הללו (שנחשבים כאן לוגית כמלמד אחד). אבל גם שם יש לדחות זאת בטענה שלא ייתכן שיהיה צד שווה שהוא תוצאה של ההיסק. הצד השווה צריך להיות ידוע לפני שעושים את ההיסק. וכעת כשמוסיפים את הסימנים נוצר צד שווה אחר: שהם מוציאים בעלמא (לאו דווקא בע"ע). אלא שגם הצד השווה הזה לא קיים בלמד (מיתת האב) לפני ההיסק, ולכן יש כאן פירכא על ההיסק.

סיכום התופעה הראשונה

לסיכום, כאשר אנחנו מבצעים היסק של צד שווה, יש לוודא שהדמיון בין הלמד למלמדים ידוע לפני ביצוע ההיסק. הדמיון שנוצר מכוח ההיסק לא יכול לשמש כצד שווה שההיסק מבוסס עליו. הדרישה הזו רלוונטית בהיסקים שמתבססים על צד שווה הלכתי. בצד שווה עובדתי, לא אמורה להתעורר הבעייה, כי העובדות תמיד ידועות לנו בלי קשר להיסק.

הדבר דומה לתופעה אחרת שקיימת בקו״ח, ונעיר עליה כאן בקצרה.[15] בהיסק של קל וחומר אנחנו לומדים מהלכה שקיימת בהקשר הלכתי א להקשר הלכתי ב שגם בו קיימת אותה הלכה. יש לדעת שהלכה שנלמדת מקו״ח היא במעמד נמוך יותר מהלכה שכתובה בתורה עצמה. אחת ההשלכות היא שלא עונשים את מי שעובר על הלכה שנלמדת בקו״ח (אין עונשין מן הדין).

והנה, הנחת הקו״ח היא שהקשר ב הוא חמור מהקשר א, ולכן אם הלכה א קיימת בהקשר א היא ודאי קיימת בהקשר ב. אבל כעת עלינו לשים לב לתוצאת הקו״ח: בהקשר א ההלכה כתובה בפירוש בתורה. בהקשר ב היא נלמדת מכוח קו״ח. אם כן, לאור מסקנת הקו״ח יוצא שיש אספקט שמבחינתו הקשר א דווקא חמור יותר מהקשר ב, מה שפורך את הנחת הקו״ח עצמה (שב׳ חמור מא׳). גם כאן עלינו להבחין בין הידע שקיים בידינו לפני ביצוע הקו״ח לבין תוצאת הקו״ח. הקו״ח מבוסס על יחסים שנגזרים מהידע שקיים לפני ביצועו. נכון שלאחר ביצוע הקו״ח יכול להיווצר מצב בו ההיררכיה נשברת, אבל כעת אנחנו לא חוזרים אחורה וכורתים את הענף עליו התיישבנו.

[15] ראה במאמר **מידה טובה** לפרשת שמיני, תשסה.

האם יש הבנייה מושגית בהיסקים עם מאפיינים הלכתיים?

ראינו בפרק השני שבמקרים מסויימים ניסוח תלמודי שנראה כמו צד שווה בעצם מבטא סוג אחר של מכניזם היסקי, אותו נכנה מכאן והלאה הבנייה מושגית. צד שווה הוא לימוד ממאפיין משותף שיש לשני המלמדים וללמד. הבנייה מושגית היא **חיבור של מאפיינים מיוחדים שיש לשני המלמדים, שהצירוף שלהם נמצא בלמד**.

הבנייה מושגית היא בנייה של מושג הלכתי חדש מתוך שני מושגים קיימים. ברוב ככל המקרים זה יכול להופיע אך ורק בהיסקים שמבוססים על מאפיינים עובדתיים של המלמדים. לדוגמה, בור ואש, שהם המלמדים בהיסק שבפרק השני, יש להם מאפיינים עובדתיים שונים לקולא (אין דרכו לילך ולהזיק וכוח אחר מעורב בו). אסו״מ הוא הקשר הלכתי שיש לו את שתי הקולות. אנחנו בונים מבור ואש את ההקשר השלישי, שמאופיין בשתי הקולות הייחודיות. מה היה קורה אם המאפיינים המיוחדים של בור ואש היו הלכתיים? במקרה כזה, נראה שאין אפשרות לפרש את ההיסק כהבנייה מושגית. *אי אפשר לבנות מושג חדש דרך מאפיינים הלכתיים בלבד*. בהבנייה מושגית, המושג החדש הוא צירוף של שני המושגים המלמדים. צירוף כזה יכול להיות מוגדר רק דרך המאפיינים העובדתיים.

באופן תיאורטי ניתן היה לחלץ את המאפיינים העובדתיים הרלוונטיים מתוך המאפיינים ההלכתיים, ואז לעשות צירוף שלהם למושג חדש. ניתן אולי לחשוב על מקרים בהם אפשר לדלג על שלב הזיהוי של המאפיינים העובדתיים, ולהתייחס אליהם באופן אנונימי וכללי, ולעשות את ההבנייה על

ידי המאפיינים ההלכתיים. אך מטבע הדברים המקרים הרגילים בהם נעשית הבנייה מושגית הם מקרים שבהם המאפיינים הם עובדתיים.

כעת נעבור לבחון את ההשלכה העיקרית של ההבחנה בין מאפיינים עובדתיים והלכתיים: פירכת צד חמור.

הצד השווה בסוגיית כתובות

בכמה מקומות בש״ס אנחנו מוצאים שהגמרא פורכת היסק של צד שווה בפירכת צד חמור. לדוגמה, בסוגיית כתובות לב ע״א אנו מוצאים דיון בשאלה מהו המקור לדין שאם אדם מחוייב ממון ומלקות הוא רק משלם ולא לוקה:

> ***אלמא קסבר עולא: כל היכא דאיכא ממון ומלקות - ממונא משלם, מילקא לא לקי, מנא ליה לעולא הא?***

כעת הגמרא מציעה שעולא לומד זאת מחובל:

> ***גמר מחובל בחבירו, מה חובל בחבירו דאיכא ממון ומלקות - ממונא משלם, מילקא לא לקי, אף כל היכא דאיכא ממון ומלקות - ממונא משלם, מילקא לא לקי.***

יש לשים לב שמדובר כאן בלימוד ממאפיינים הלכתיים ולא עובדתיים: כמו שחובל משלם ולא לוקה, כך גם בכל מקום אחר. אמנם הניסוח הוא ניסוח של הכללה ולא של השוואה. מדובר בהכללה הלכתית שכל מקום שיש חיוב ממון ומלקות חייבים לשלם ולא לוקים. כעת כשיבוא לפנינו מקרה מסויים, לא נצטרך להשוות אותו לחובל, אלא נשתמש ישירות בעיקרון הכללי. זוהי

דוגמה ברורה לכך שגם בהיסק שמבוסס על חומרות הלכתיות לא בהכרח מדובר באנלוגיה.

כעת הגמרא פורכת:

מה לחובל בחבירו שכן חייב בחמשה דברים! ואי ממונא לקולא, שכן הותר מכללו בבית דין!

שוב מדובר בפירכא הלכתית: חובל ניחן במאפיין הלכתי מיוחד. הוא לא חייב רק בתשלום הנזק, אלא בחמישה תשלומים שונים (נזק, צער, שבת, בושת וריפוי). זוהי תכונה לחומרא, ולכן אי אפשר ללמוד מחובל להקשרים אחרים שלא ניחנו במאפיין הזה.

אמנם הדברים לא ברורים. נראה שכאן אנחנו מנסים ללמוד קולא ולא חומרא. הרי הגמרא מנסה ללמוד שכשיש חיוב ממון ומלקות, חייבים רק בממון ופטורים מהמלקות. אם כן, מדוע תכונה שהיא חומרא מהווה פירכא? להיפך, אם בחובל שהוא חמור יש פטור ממלקות – אז בכל הקשר אחר שהוא קל יותר ודאי שיהיה פטור ממלקות.

רש"י כאן מסביר:

מה לחובל בחבירו – דין הוא לידון בממון שהוא חמור ממלקות שכן יש בו חומר אחר.

כלומר השאלה אינה מדוע הוא פטור ממלקות. ההנחה היא שאין כפל ענישה, ולכן ברור שהוא ייענש רק בעונש אחד. השאלה היא האם זה יהיה ממון או מלקות. הגמרא רוצה ללמוד מחובל שזה יהיה דווקא ממון, כי הוא חמור יותר מהמלקות. ועל כך היא פורכת בחובל יש חומרא מיוחדת של חיוב

הממון, שכן משלמים חמישה דברים. לכן אולי דווקא שם העונש הוא רק העונש הממוני ולא המלקות.

אמנם הגמרא מייד מוסיפה גם את האפשרות שהממון הוא קל יותר ולכן דנים דווקא בו. ומסביר רש״י:

ואי ממונא לקולא הוא - וא״ת ממון קל מן המלקות ואין זו תשובה שהשבנו דכ״ש בעלמא מה זה שחמור להתחייב בחמשה דברים נדון בקלה שבשני חיובין שבהן ק״ו לשאר חייבי ממון הקלין שידונו בממון הקל איכא למיפרך מה לחובל בחבירו שכן הותר מכללו בב״ד דניתן רשות לב״ד להלקותו תאמר בשאר חייבי ממון כגון קנס דאונס ומפתה שלא הותרו מכללן בב״ד.

הוא מסביר שהאפשרות שהגמרא מעלה היא שממון הוא דווקא קל יותר, ולכן דנים דווקא בו ולא במלקות. ואם כך, אז ניתן ללמוד מחובל, שאם בחובל שהממון הוא חמור יותר ודנים בו ולא במלקות, אז בכל הקשר אחר שהממון עוד יותר קל – ודאי שידונו בו ולא במלקות. הגמרא דוחה ואומרת שגם בהנחה שנדונים בממון כי הוא הקל, בכל זאת לא ניתן ללמוד מחובל לשאר הקשרים, מפני שבחובל יש קולא מיוחדת שהותר מכללו בבי״ד (לבי״ד מותר לחבול בנדון ולהלקות אותו עד 39 מלקות). אם כן, לחובל יש קולא ויש חומרא, ואי אפשר ללמוד ממנו לשום כיוון.

כעת הגמרא מנסה ללמוד זאת מעדים זוממים:

אלא, גמר מעדים זוממין, מה עדים זוממין דאיכא ממון ומלקות - ממונא משלם, מילקא לא לקי, אף כל היכא דאיכא ממון ומלקות - ממונא משלם, מילקא לא לקי.

גם בעדים זוממים משלמים ולא לוקים, ונלמד משם לכל ההקשרים האחרים.

ושוב הגמרא פורכת:

מה לעדים זוממין שכן אינן צריכים התראה! ואי ממונא לקולא הוא, שכן לא עשו מעשה!

מעדים זוממים אי אפשר ללמוד כי יש בהם חומרא מיוחדת שהם לא צריכים התראה, ולכן שם נענשים בעונש ממון החמור. ואם נאמר שעונש ממון הוא דווקא הקל יותר, כי אז גם אי אפשר ללמוד מעדים זוממים כי יש בהם קולא שהעבירה שלהם היא בדיבור בלבד (אין בה מעשה).

כעת הגמרא עוברת ללמוד משניהם יחד בצד השווה:

אלא גמר מתרווייהו, מה הצד השוה שבהן דאיכא ממון ומלקות - ממונא משלם, מילקא לא לקי, אף כל היכא דאיכא ממון ומלקות - ממונא משלם, מילקא לא לקי.

כעת לומדים מעדים זוממים וחובל ביחד, שבשניהם יש עונש ממון ומלקות ונענשים רק בממון ולא במלקות. שתי הפירכות מסולקות בדיוק כמו שראינו לגבי חופה, ולומדים משניהם יחד.

פירכת צד חמור

כעת הגמרא פורכת פירכא מפתיעה:

מה להצד השוה שבהן - שכן יש בהן צד חמור! ואי ממונא לקולא הוא, שכן יש בהן צד הקל!

הגמרא טוענת שלא ניתן ללמוד משניהם לחומרא – כי בכל אחד מהם יש צד חמור, וגם לא לקולא – כי בכל אחד מהם יש צד קל. הגמרא דוחה את ההיסק בגלל פירכא זו, ומציגה מקור אחר לדעת עולא.

זוהי פירכא מפתיעה, שכן לכאורה בכל היסק של 'הצד השווה' ניתן להעלות אותה. ראינו בפרק השני שתמיד יש אפשרות להציע הסבר מורכב יותר, שמה שגורם לדין הוא אחת משתי התכונות המיוחדות שיש באבות המלמדים ולא קיימות בתולדה. דחינו זאת מכוח עקרון התער של אוקאם. אם אנחנו מוכנים להעלות פירכא כזו, אזי כל צורת ההיסק של 'הצד השווה' אינה תקפה, וניתן למחוק מרשימת המידות את בניין אב (לפחות משני כתובים. ראה בפרק הראשון).

ואכן, בתוד"ה 'שכן', בכתובות שם, מקשים את הקושיא הזו:

שכן יש בהן צד חמור - קשה דא"כ לא נלמד עוד מהצד השוה בשום מקום דאכולהו איכא למיפרך או צד חמור או צד קל.

ועל כך עונה ר"י:

ונראה לר"י דהכא פריך הכי שכן יש בהן צד חמור משונה כי ההיא דבפרק ד' מיתות (שם דף סו.) מה להצד השוה שבהן שכן משונין גבי דיין נשיא וחרש, דהכא חמשה דברים שאין צריכין התראה הוי צד חמור יותר משאר דברים וצד הקל נמי הוי קולא יתירא בחובל שהותר מכללו שמותר לחבול בחבירו וכן עדים זוממין לא עשו מעשה הוי קולא יתירא ואפילו למ"ד עקימת שפתים הוי מעשה הא אמרי' בסנהדרין (דף סה: ושם) שאני עדים זוממין הואיל וישנן בראיה.

ר״י טוען שבצדדים המיוחדים בעדים זוממים וחובל הם מיוחדים ומשונים במיוחד, ולכן ניתן לפרוך פירכת צד חמור. הוא מביא דוגמה לכך מסוגיית סנהדרין שפורכת בפירוש פירכא כזו.

מייד לאחר מכן תוס׳ מביא סוגיא נוספת שבה עולה פירכת צד חמור, ומסביר אותה בצורה דומה:

> ***ובפרק כשם (סוטה כט:) יש לפרש נמי דפריך גבי טבול יום וכלי חרס מה להצד השוה שבהן שכן צד חמור דקרי צד חמור משונה כלי חרס שמטמא באוירו וטבול יום נמי יש לפרש בדוחק שקורא צד חמור מה שנעשה אב הטומאה במגע שלא היה נראה שיהיה שום דבר אב הטומאה אלא אם כן טומאה יוצאה מגופו ועוד יש לומר דצד חמור דהתם היינו דאיכא למפרך שכן במינו אב הטומאה דנהי דכלי חרס אינו נעשה אב מכל מקום.***

ניתן לראות כאן שהפירוש הזה הוא דחוק כבר בעיני ר״י עצמו. ואכן קשה להציע קריטריון ברור מתי הצדדים הללו הם חמורים ומשונים במיוחד. יתר על כן, בסוגיית סנהדרין הגמרא עצמה אומרת בפירוש שמדובר בצדדים משונים במיוחד, אבל כאן זה מובא בניסוח של פירכא רגילה.

דיון מפורט יותר בפירכות צד חמור עולה בראשונים סביב סוגיית מכות ד ע״ב, ולכן נעסוק בה כעת.

סוגיית מכות

הגמרא במכות ד ע"ב דנה בשאלה האם לוקים על לאו אין בו מעשה. היא מביאה מחלוקת ר"ע ור' יהודה בנושא זה: ר' יהודה סבר שלוקים ור"ע סבר שלא לוקים. מקורו של ר' יהודה מוצג שם כך (מעניין לשים לב שגם כאן הדובר הוא עולא, כמו בסוגיית כתובות):

מכלל דר' יהודה סבר: לאו שאין בו מעשה לוקין עליו, מנא ליה?
אמר עולא: גמר ממוציא שם רע, מה מוציא שם רע לאו שאין בו
מעשה לוקין עליו, אף כל לאו שאין בו מעשה לוקין עליו.

בהתחלה לומדים ממוציא שם רע שזהו לאו שאין בו מעשה (כי הוא רק בדיבור) ולוקים עליו, אז בכל לאו שאין בו מעשה לוקים.

כעת הגמרא פורכת:

מה למוציא שם רע - שכן לוקה ומשלם!

ישנה במוציא שם רע חומרא מיוחדת שהוא גם לוקה וגם משלם, ולכן אין ללמוד ממנו לכלל הלאוין. כאן אין בעייה כמו זו שראינו בכתובות, כי כאן התכונה אותה לומדים היא חומרא מובהקת (שלוקה), ולכן קיומה של חומרא באב פורכת את הלימוד לתולדה.

כעת בא ר"ל ומציע לימוד מעדים זוממים:

אלא אמר ריש לקיש: גמר מעדים זוממין, מה עדים זוממין לאו
שאין בו מעשה לוקין עליו, אף כל לאו שאין בו מעשה לוקין עליו.

ושוב הגמרא פורכת:

מה לעדים זוממין - שכן אין צריכין התראה!

גם בעדים זוממים יש חומרא מיוחדת, ולכן אי אפשר ללמוד מהם.

כעת הגמרא מציעה ללמוד בצד השווה משניהם:

מוציא שם רע יוכיח. וחזר הדין, לא ראי זה כראי זה ולא ראי זה כראי זה, הצד השוה שבהן - לאו שאין בו מעשה ולוקין עליו, אף כל לאו שאין בו מעשה לוקין עליו.

ההיסק הזה כבר מנוסח בפירוש כהכללה: כל לאו שאין בו מעשה לוקים עליו. שוב יש לזכור שעל אף שמדובר בחומרות הלכתיות, ההיסק כאן מוביל להכללה ולא לאנלוגיה.

כעת עולה כאן בגמרא פירכא רגילה:

מה להצד השוה שבהן - שכן קנס! הא לא קשיא, רבי יהודה לא סבר לה כרבי עקיבא.

זוהי פורכא רגילה, שכן אם יש מאפיין חומרא אחד ששני האבות ניחנו בו, זה ודאי פורך את הלימוד. אך הפירכא הזו נדחית, וכעת עולה בגמרא פירכת צד חמור:

אלא מה להצד השוה שבהן - שכן יש בהן צד חמור! ורבי יהודה? צד חמור לא פריך.

הגמרא אומרת שרבי יהודה לא פורך פירכת צד חמור. אבל ר״ע שחולק עליו כן פורך אותה. להלכה אנו פוסקים שלאו שאין בו מעשה לא לוקים עליו, ולכן נראה שלהלכה פורכים צד חמור. כך גם ראינו למעלה בסוגיית כתובות.

כאמור, פירכא כזו שומטת את הקרקע מתחת ללימוד 'הצד השווה' כולו, שהרי על כל לימוד בסכימה זו ניתן לפרוך כך. ואכן הראשונים כאן מקשים את הקושיא הזו, וכפי שנראה הם עונים עליה תשובות שונות.

ברש"י ד"ה 'צד חמור' מסביר את דעת רבי יהודה שלא פורך פירכת צד חמור:

צד חמור לא פריך - הואיל וחומרו של זה אינו חומרו של זה אין טעם המלקות תלוי בו.

הוא מסביר שהואיל וחומרו של זה אינו חומרו של זה אז בהכרח זו אינה הסיבה המחייבת ואין טעם המלקות תלוי בו. כלומר הוא מסביר שזו גופא היתה תשובתו של ר' יהודה. אולם, כפי שכבר הערנו, שיטת ר"ע היא שנתקבלה להלכה, והרי ר"ע כנראה כן פורך פירכת צד חמור.[16] אם כן, לא ברור כיצד להלכה ניתן ללמוד מן הצד השווה' בכלל?

הריטב"א כאן, בד"ה 'רבי יהודה', מקשה זאת:

מה להצד השוה שבהן שכן יש בהן צד חמור. הקשו בתוספות אי פרכינן צד חמור אף על גב דלא דמו חומרי אהדדי בטלת כל הצד שוה שבעולם.

אם הצד החמור של שני האבות הוא אותו צד זוהי פירכא רגילה, וכפי שראינו למעלה מהקנס היא אכן מפילה את הצד השווה. לכן הריטב"א כאן מקשה

---

[16] אמנם הריטב"א כאן מעלה את האפשרות שגם רבי יהודה לא פורך צד חמור, והפירכא שלו היא בגלל שלדעתו עדים זוממים הם קנס.

רק על מצב שבו פורכים צד חמור כששני הצדדים של שני האבות הם שונים. במצב כזה פירכת צד חמור קיימת בכל לימוד של 'צד שווה'. הוא מביא לכך כמה יישובים, שנסקור אותם כעת אחד לאחד.

שיטת התוס'

הריטב"א כאן מתחיל בשיטת תוס' (זוהי שיטת ר"י שראינו למעלה בתוס' כתובות, וכך גם כותבים תוד"ה 'אלא', בסוגיית מכות, בתירוץ הראשון):

ותירצו דלא פרכינן הכי אלא כשהחומרות משונות מאד שאין כיוצא בהן בכל התורה דעדים זוממין לוקין בלא התראה ומוציא שם רע לוקה ומשלם, ובפרק אלו נערות (ל"ב א') דפרכינן הכי למה הצד דחובל בחבירו ועדים זוממין, חובל בחבירו חייב בחמשה דברים, ובמס' סוטה (כ"ט ב') גבי טבול יום וכלי חרס שהטבול יום אב הטומאה וכלי חרס מטמא מאוירו, ודומה קצת למאי דאמרינן בסנהדרין (ס"ו א') מה לנשיא וחרש שכן משונין.

כאן ישנה תוספת לדבי ר"י בכתובות. הקריטריון אותו חיפשנו הוא שהצד החמור הוא ייחודי להקשר הזה לבדו. אם שתי התכונות קיימות כל אחת רק באחד משני האבות שבהיסק הזה, או אז פורכים פירכת צד חמור.

בתוד"ה 'אלא', בסוגיית מכות מביאים עוד הסבר:

ועוד יש לומר שכן יש בהם צד חמור שהן לוקין על דיבורם שלא עוו אלא במוצא פיהם דהכי נמי פריך בירושלמי לעיל גבי ההיא דגמרינן ממוציא שם רע ופריך מה למוציא שם רע שכן דיבור הוא ור' יהודה

סבר צד חמור לא פריך לפי' דירושלמי דעדים זוממין בדיבורן איתעביד מעשה.

הם מסבירים שהפירכא היא כן מתכונה משותפת לשני המלמדים, ולכן זוהי פירכא רגילה על 'צד שווה': גם מוציא שם רע וגם עדים זוממים עברו את העבירה בפיהם. מדוע לדעת תוס' זוהי פירכא, הרי לכאורה מדובר בקולא ולא בחומרא, שכן שניהם לאו שאין בו מעשה? נראה שכוונת התוס' היא לומר שבשני המלמדים לוקים על דיבור, כלומר לא מדובר כאן בלאו ללא מעשה בכלל. לכן ייתכן שדיבור נחשב כמעשה לעניין מלקות, ואין ללמוד מכאן ללאו שאין בו מעשה כלל (אפילו לא בדיבור) שגם שם ילקה.

תוס' מוסיפים שרבי יהודה שלא פורך זאת, גם הוא אינו מבטא עמדה מתודולוגית כללית, אלא הפירכא הספציפית הזו לא מקובלת עליו כי הוא סובר שעדים זוממים כן עושים מעשה, שכן 'בדיבורם אתעביד מעשה'. לשיטתו אם יש תוצאה מעשית לדיבור זה נחשב לאו שיש בו מעשה, ולכן פשוט אין כאן צד שווה. הלימוד מעדים זוממים יוצר מעשה ולכן מזה שלוקים שם אין ללמוד ללאו שאין בו מעשה. ומוציא שם רע הרי אין ללמוד ממנו מפני שהוא לוקה ומשלם, כפי שהגמרא עצמה אומרת.

תירוץ זה של תוס' מרוקן לגמרי את פירכת צד חמור מתוכן, והופך אותה לפירכא רגילה. לא פלא שלשיטתם גם רבי יהודה לא חולק על כך שעקרונית פורכים פירכא כזו, שהרי זוהי פירכא רגילה.

שיטת הרמב"ן

כעת מביא הריטב"א את תירוץ הרמב"ן:

ורבינו הרמב"ן ז"ל פירש דלא פרכינן צד חמור אלא היכא שיש
בשני המלמדים חומרות שאין אחד מהם בלמד ואין בלמד שום
חומרא שלא תהא במלמדין כגון הא דהכא וכן אידך דאמרינן לעיל,
אבל בעלמא דלא פרכינן צד חמור יש בלמד צד חומרא שאינה
במלמדין, ומדברי רש"י ז"ל למד כן שכתב בסנהדרין גבי ההיא
דאמרינן מה לנשיא וחרש שכן משונין וצד חמור לא פרכינן דאביו
נמי אית ביה צד חמור שהוקש כבודו לכבוד המקום.

הרמב"ן מסביר שפורכים פירכת צד חמור במקום שבו בתולדה (הלמד) אין
שום חומרא מיוחדת משום סוג. לימוד של 'הצד השווה' קיים רק במקום בו
לשני המלמדים יש חומרות מיוחדות וגם ללמד יש חומרא מיוחדת ביחס
אליהם.

בייצוג הגרפי שלנו, היסק צד שווה לפי הרמב"ן נראה כך:

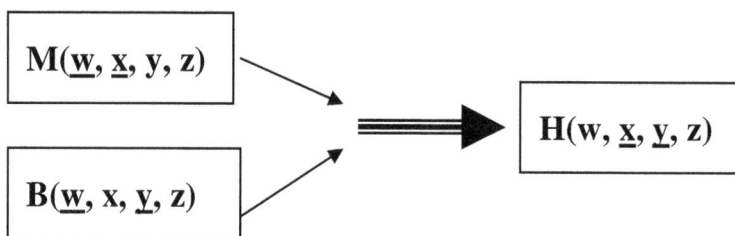

$$M(\underline{w}, \underline{x}, y, z)$$

$$B(\underline{w}, x, \underline{y}, z)$$

$$H(w, \underline{x}, \underline{y}, z)$$

אנו רואים שבכל אחד משני המלמדים יש חומרא שאין בשאר (x או y), וגם
בלמד יש חומרא שאין בהם (w). במצב כזה אי אפשר לפרוך צד חמור, שכן גם
לשני האבות וגם לתולדה יש צד חמור. אבל כאשר לתולדה אין צד חמור

(הפרמטר w לא קיים, או שהוא מקוקוו מלמטה בכל הגורמים שבגרף) ,
במקרה הרגיל שציירנו עד עתה, *תמיד* תעלה פירכת צד חמור.

משמעות הדבר היא שהרמב"ן אינו מקבל את ההסבר אותו הצענו עד כאן
להיסק של הצד השווה. לשיטתו שיקול האלימינציה והתער של אוקאם אינם
מוליכים למסקנה שהדין קיים גם בתולדה C. הוא מוכן לקבל שייתכן מצב
שבו כל אחד משני גורמים חמורים שונים יכול ליצור את הדין, על אף
שההסבר הזה הוא מורכב יותר מההסבר שתולה זאת בצד השווה.

ואולי כוונתו לומר זאת רק במצב בו אין לשני המלמדים צד שווה (כלומר אין
פרמטר z). במצב כזה אין אפשרות להסבר פשוט, ולכן אנחנו מוכנים לקבל
הסבר מורכב. הציור כעת הוא הבא:

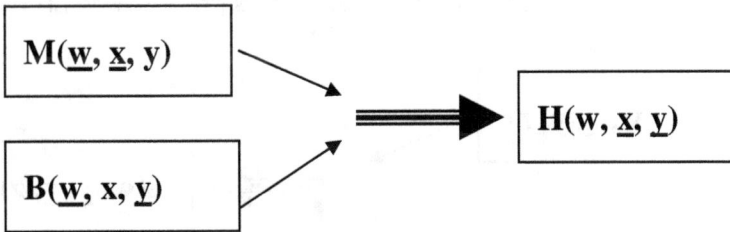

האם זה אכן המצב כאן? במקרה שלנו נראה שיש צד שווה, ששני המלמדים
הם לאו שאין בו מעשה, וכך גם התולדה. ייתכן שזה לא צד שווה אלא זהו
גופא הדין שאותו אנחנו רוצים ללמוד.

שיטת הרא"ה

כעת מביא הריטב"א את תירוצו של הרא"ה:

ומורי הרא"ה ז"ל היה פרש דלא פרכינן צד חמור אלא כשהחומרות הן בעיקר אותו דבר שאנו באין ללמוד מהן, כגון בכאן שאנו באים ללמוד לענין המלקות, ומוציא שם רע חמור שלוקה ומשלם ועדים זוממין שלוקה בלא התראה, וחובל בחבירו דפ' אלו נערות שחייב חמשה דברים שהוא עיקר הממון שאנו באין ללמוד שם לחייב תשלומין במקום מלקות, אבל בהצד השוה דעלמא אין החומרות באותו דבר שאנו באין ללמוד מהם, ופי' נכון הוא אם היה מתקיים זה בכל השמועות.

הרא"ה טוען שבמקרה הזה שתי החומרות המיוחדות נוגעות לדין המלקות שהוא נשוא הדיון, ולכן כאן פורכים פירכת צד חמור. אמנם הריטב"א מעיר על כך שזה נשמע הגיוני אבל הוא מפקפק אם זה מתקיים בכל הסוגיות שאנו מוצאים בהן פירכת צד חמור.

שיטת מהר"ם

כעת מביא הריטב"א את שיטת מהר"ם מרוטנבורג:

וראיתי להרב ר' מאיר ז"ל האשכנזי שכתב דבר חמור היינו משום דזימנין דבעדים זוממין איכא חומרא דמוציא שם רע להיות לוקה ומשלם כגון שהעיד על האדם שהוציא ש"ר ונמצא חומרא שוה בשניהם, ור' יהודה לא חשיב לה פירכא כיון שרוב עדים זוממין אינו

כן, וכן בפרק אלו נערות עדים זוממין משלמין חמשה דברים כשהעידו על אחד שחבל בחבירו, ולשון צד חמור אינו מתיישב לפי' זה, גם אין זה נמצא יפה באותן מקומות שהקשו צד חמור, ואף שמצינו שפירשו כן בתוס' בשם ר"ת ז"ל דבר שאמרו שם [א"ה כנראה חסר ההמשך].

הוא מסביר שישנם מצבים שבהם החומרא של עדים זוממים תימצא במוציא שם רע, ולכן זה כאילו חומרא מסוג אחד בשני המלמדים.

הפירוש הזה לא מובן מצד עצמו, והריטב"א כותב שהוא גם לא נכנס היטב במונח 'צד חמור', וגם אינו מתקיים בכל המקומות שבהם מצאנו פירכת צד חמור.

הסבר אחר: בין מאפיינים עובדתיים והלכתיים

אם כן, התמונה הכללית היא שקשה למצוא פירוש סביר לפירכת צד חמור, והראשונים עצמם נראים נבוכים בעניין זה. אך כעת נראה שאפשר להבין זאת די בקלות.

למעלה ראינו שהיסק 'הצד השווה' מבוסס על ההנחה שלא סביר שלאותה תוצאה הלכתית תהיינה שתי סיבות שונות. אם ניתן לתלות אותה בסיבה אחת, זהו הסבר עדיף מבחינת התער של אוקאם. הבעייה בפירכת צד חמור היא שהפירכא הזו מעדיפה את ההסבר המורכב, שבכל אחד מהאבות הצד החמור המיוחד שלו הוא הגורם לדין.

נתבונן כעת במקרה בו דנה סוגיית מכות. שני הצדדים הייחודיים של עדים זוממים ומוציא שם רע אינם תכונות עובדתיות של העבירות הנדונות, אלא הלכות שנוגעות אליהן (בעדים זוממים – שהם לא צריכים התראה, ובמוציא שם רע – שלוקה ומשלם). למעלה עלו גם תכונות עובדתיות, כגון שהעבירה נעשית בדיבור, שזו תכונה עובדתית של שני המלמדים. אבל פירכת צד חמור מתייחסת למאפיינים הלכתיים ולא עובדתיים של שני האבות.

כאשר לאב A יש תכונה עובדתית x ולאב B יש תכונה עובדתית y, ההנחה היא שהתכונות הללו אינן הגורמות לדין (כמו חיוב תשלום בב״ק), בדרך האלימינציה. עדיף לנו להניח שהתכונה המשותפת z (ממונך ושמירתו עליך) היא הגורמת לדין. אך כאשר x ו-y הן תכונות הלכתיות, השיקול הזה לא קיים. הרי התכונה ״לוקה ומשלם״ של מוציא שם רע, היא בודאי לא הסיבה לכך שלוקים. לכל היותר יש כאן אינדיקציה הלכתית לכך שמוציא שם רע הוא חמור מאיזה אספקט עובדתי כלשהו. הוא הדין לגבי התכונה ההלכתית של עדים זוממים שהם אינם צריכים התראה. ברור שאף אחד לא מנסנ לטעון שהתכונה הזו היא הסיבה שמחוללת את חיוב המלקות בעדים זוממים. לכל היותר יש כאן אינדיקציה לכך שיש בהם חומרא עובדתית כלשהי.

כפי שראינו בסיכום הפרק הקודם, התכונות העובדתיות הן שמחוללות את ההלכות. התכונות ההלכתיות הן נתונים שניתן ללמוד מהם על דרך האנלוגיה, אבל ברור שלא מדובר ביחס של סיבה ומסובב בינן לבין ההלכות שנלמדות מהן. זוהי בדיוק ההבחנה עליה עמדנו כאן.

אם כן, כאשר אנחנו מוצאים שלכל אחד משני האבות שלנו יש תכונה עובדתית שונה, זה מעלה אפשרות שיש שני גורמים לדין הנדון, ואנחנו דוחים

אותה באלימינציה בגלל עקרון התער. אבל אם אנחנו מוצאים שלכל אחד משני האבות שלנו יש תכונה הלכתית מיוחדת, תיתכן תיאוריה ששתי התכונות המיוחדות הללו נובעות מאותה חומרא עובדתית, שנכנה אותה α. במוציא שם רע החומרא הזו גורמת לתכונה ההלכתית שלוקה ומשלם, ובעדים זוממים היא גורמת לכך שלא דרושה התראה כדי להלקות.

אם כך, בהיסק חדא מתרתי שלשני האבות יש תכונות הלכתיות מיוחדות, קיימת אפשרות תיאורטית שלשני האבות יש מאפיין עובדתי ייחודי זהה, ואולי הוא גם הגורם לדין (שלוקים אף שאין בהם מעשה). לכן אי אפשר ללמוד משני האבות הללו לתולדה, שכן לה אין שום חומרא הלכתית מיוחדת, ולכן אצלה כנראה אין את המאפיין α. אם כך, הדין שקיים בשני האבות לא יהיה קיים בתולדה.

זוהי הסיבה לכך שכאשר אנחנו מעלים שתי פירכות שעוסקות בתכונות הלכתיות של המלמדים, שם ניתן לפרוך צד חמור. שתי התכונות (שלוקה ומשלם, ושלא צריך התראה) אינן סיבות לחיוב המלקות אלא אינדיקציה לכך שיש כאן חומרא יתירה, וזהו מאפיין עובדתי, שיכול להיות משותף לשני המלמדים, והוא לא קיים בלמד. לכן פורכים כאן פירכת צד חמור.

כעת ניתן לשער שזו גם היתה כוונת הרמב״ן שהובא למעלה בריטב״א. הרמב״ן טען שאם גם בתולדה יש חומרא מיוחדת אז לא פורכים פירכת צד חמור, שכן במצב כזה גם לתולדה יש את אותה תכונה α, ולכן שוב אפשר

ללמוד משני האבות בצד השווה ($z=\alpha$).[17] כעת האלטרנטיבה לתיאוריה של 'הצד השווה' שתולה את הדין במאפיין העובדתי z אינה פשוטה יותר מהתיאוריה שתולה את הדין במאפיין העובדתי α. בשני המקרים יש מאפיין עובדתי אחד שמחולל את הדין, ולכן התיאוריה הזו מתחרה בתיאוריית 'הצד השווה', והופכת אותה ללא הכרחית. גם התיאוריה האלטרנטיבית מציעה הסבר שמעמיד את הדין על סיבה אחת בלבד, כמו תיאוריית 'הצד השווה'.

כעת נוכל לשער שגם הרא"ה שמובא בריטב"א שם מתכוין להסביר את ההסבר הזה. הוא עוד מקצין זאת באומרו שכאן הפירכות הן בעיקר אותו דבר שאנו באים ללמוד מהן. פירוש: הרי הפירכא במוציא שם רע היא מכך שהוא לוקה ומשלם, אולם המלקות הן גופא מה שאנחנו רוצים ללמוד ממנו. וכוונתו לומר שישנה תכונה עובדתית כלשהי שנוגעת לחומרא לגבי מלקות, והיא משותפת לשני המלמדים (עובדה שבשניהם יש לה ביטוי בחיוב מלקות), ולכן יש חשש שהיא הגורם לחומרא ההלכתית המיוחדת שלהם, מה שלא קיים בתולדה. לכן במצב כזה פורכים פירכת צד חמור.

---

[17] אמנם יש לדחות, שהרי כדי שתהיה לנו פירכא די בהעלאת אפשרות. והרי קיימת אפשרות שהמאפיין העובדתי של שני המלמדים הוא זהה, ושל התולדה הוא אחר. אבל כנראה הרמב"ן סובר שהאפשרות הזו רחוקה ממילא (שאותה תכונה עובדתית מחוללת שתי תכונות הלכתיות שונות), ואם אנחנו מוצאים בתולדה תכונה הלכתית שלישית זה כבר לא סביר שגם היא תוצאה של אותה תכונה עובדתית עצמה.

רבי יהודה שלא פורך פירכת צד חמור כנראה סובר שההנחה שאותה תכונה עובדתית גורמת לשתי תוצאות הלכתיות שונות היא בלתי סבירה. אבל כפי שראינו במקרים בהם עסקנו מקובל להלכה שכן פורכים פירכא כזו.

משמעותן של הבחנות הראשונים

כאשר עוברים על כל הדוגמאות בתלמוד שבהן עולה פירכת צד חמור, מגלים שבכולם המאפיינים המיוחדים הם הלכתיים ולא עובדתיים. במובן זה, הצעתנו עומדת במבחן העובדות.

אולם ישנה בחינה הפוכה שכן מעוררת בעייה. ישנן לא מעט דוגמאות ללימוד של צד שווה (חדא מתרתי) שבהן החומרות הן הלכתיות ובכל זאת לא פורכים פירכת צד חמור. דוגמה אחת פגשנו בפרק השלישי, כאשר לומדים את חופה מביאה וכסף. החומרות של ביאה (קונה ביבמה) וכסף (פודה מעשר והקדש) הן הלכתיות ולא עובדתיות, ובכל זאת לא דוחים את ההיסק מכוח פירכת צד חמור. לכאורה לפי הצעתנו בכל המקומות הללו היו אמורים לדחות את הצד השווה בפירכת צד חמור, שכן מהצעתנו עולה שרק כאשר החומרות הן עובדתיות ניתן לבצע היסק של צד שווה.

ראינו שפירכת צד חמור עולה רק כאשר החומרות הן הלכתיות ולא עובדתיות. הסברנו זאת בכך שאם החומרות הן הלכתיות יש מקום להעלות אפשרות שישנה סיבה עובדתית אחת שמחוללת את שתי החומרות הללו, ולכן יש כאן פירכא. אבל ישנם מקרים שבהם הצעה זו היא פחות סבירה. לדוגמה, אם החומרות של שני האבות הן בהקשרים שונים מאד זה מזה, פחות סביר לתלות אותן באותה סיבה עובדתית. אבל אם שתיהן באותו הקשר הלכתי

שבו אנחנו עוסקים (למשל מלקות), שם סביר יותר שיש להם בסיס עובדתי אחד. זהו בדיוק תירוצו של הרא״ה. אפשרות אחרת היא שיש גם בתולדה חומרא הלכתית מיוחדת, ואז ניתן לתלות גם אותה באותה סיבה הלכתית. במצב כזה שוב אין פירכא על ההיסק. זהו תירוצו של הרמב״ן. אפשרות שלישית היא הצעתם של תוס׳ שאם החומרות ההלכתיות הן יחידאיות, כלומר החומרא x מאפיינת אך ורק את האב A ולא שום הקשר הלכתי אחר, והחומרא y מאפיינת אך ורק את האב B, אז יש מקום לחשד שלשתיהן יש בסיס עובדתי זהה α. בחומרות שמופיעות במקומות נוספים בהלכה, פחות סביר לתלות שתי חומרות שונות באותו מאפיין עובדתי.

אם כן, בסוגיות שבהן על אף שהחומרות הן הלכתיות לא עולה פירכת צד חמור, אנו נזקקים לכל תירוצי הראשונים שתוארו למעלה. הם רק משלימים את הצעתנו ונגזרים ממנה.

סיכום

הנחתנו כאן, בעקבות הספר הראשון בסדרה, היא שהלכות תמיד נגזרות מעובדות. ההוראה ההלכתית שאש חייבת בתשלום או פטורה על טמון נובעת מהתכונות העובדתיות שמאפיינות את ההיזק באש. ההוראה ההלכתית שחופה מחילה נישואין ושכסף פודה הקדש או מעשר שני, גם היא נובעת מתכונות כלשהן של הכסף. כלומר לעולם ביסוד המאפיינים ההלכתיים של הסיטואציה (ההלכות שחלות עליה) מונחים המאפיינים העובדתיים שלה.

מכאן עולה שאם בהיסק 'הצד השווה' אנחנו משתמשים בחומרות עובדתיות (כמו בסוגיית ב"ק שנדונה בפרק השני), הנחה סבירה היא שאלו הן הסיבות להלכות הנדונות. לעומת זאת, כאשר אנחנו עוסקים בחומרות הלכתיות (כמו בסוגיית חופה שנדונה בפרק השלישי), סביר שביסודן מונחים מאפיינים עובדתיים סמויים. אנחנו מוצאים את הקשרים ביניהם באמצעות הניתוח שפותח בספר הראשון בסדרה, אם כי זה לא מאפשר לנו זיהוי ודאי שלהם. כפי שראינו, זיהוי כזה גם לא נדרש כדי לבדוק את ההיסק.

המסקנה היא שהחומרות ההלכתיות הנתונות אינן הסיבות להלכות שנלמדות מההיסק. לדוגמה, הנתונים ההלכתיים שחופה וביאה מחילות נישואין וכסף מחיל קידושין אינם הסיבות לכך שחופה תחיל קידושין. לכל היותר הן ביס לאנלוגיה שמוליכה למסקנה זו. נתונים הלכתיים אלו מהווים אינדיקציות לכך שיש לכל אלו וגם לחופה מאפיינים עובדתיים כלשהם, שהם הסיבות לכל ההלכות הללו.

לכן כדי להבין את התמונה על בוריה, לא די לנו בשרטוט היחסים בין ההלכות, שאינם אלא אנלוגיות, אלא בחשיפת התשתית העובדתית שעומדת ביסוד ההלכות הנדונות. אם הצלחנו לחשוף אותה, כי אז תמיד ניתן לנסח את המסקנה של ההיסק כהכללה. אם הגענו למאפיין העובדתי (α) שעומד ביסוד הדין הנדון (תשלומי נזיקין, החלת קידושין, מלקות וכדומה), כי אז ניתן לנסח הכללה: כל הקשר הלכתי שמאופיין ב-α יחולו בו התכונות ההלכתיות הנדונות. לדוגמה, כל מזיק שהוא ממונך ושמירתו עליך מחייב בתשלומי נזיקין.

גם בסוגיית חופה שמבוססת על מאפיינים הלכתיים, ניתן לנסח מסקנה של הכללה: כל פעולה שיש לה מאפיין α מחילה קידושין. אמנם בסוגיית חופה לא הגענו לזיהוי של המאפיין הזה, ולכן אנחנו נשארים במישור של הקשרים בין ההלכות. זוהי אנלוגיה, לפעמים מורכבת, שמסיקה הלכה אחת מתוך הלכות אחרות. מאחוריה טמונה אינדוקציה, אבל היא לא מפורשת. לכן המסקנה בסוגיא שם נוגעת רק לחופה ולא לקבוצת פעולות גדולה יותר.

אמנם בפרק הנוכחי ראינו היסקים שמבוססים על נתונים הלכתיים ובכל זאת מוליכים להכללה ולא לאנלוגיה. לדוגמה, בסוגיית כתובות הסקנו את ההכללה: כל מקום שבו מתחייבים ממון ומלקות משלמים ולא לוקים. זוהי הכללה ולא אנלוגיה. אמנם זו הכללה על מצבים הלכתיים (=מצבים שבהם יש חיוב ממון ומלקות) ולא על מצבים עובדתיים. ההכללה קובעת שכל סיטואציה שיש לה מאפיין הלכתי מסויים יחול בה הדין הנדון (חיוב ממון ולא מלקות). ברקע מונחים כמובן מאפיינים עובדתיים סמויים (הגורמים לכך שמשלמים ולא לוקים). גם בסוגיית מכות הגענו מתוך נתונים הלכתיים להכללה: כל לאו שאין בו מעשה לוקים עליו. גם כאן המאפיינים הם הלכתיים, אבל המסקנה היא הכללה, כמו בסוגיית כתובות. אבל כאן ההכללה נעשית על מצבים עובדתיים. המאפיין של קבוצת העבירות שלא כרוכות במעשה הוא מאפיין עובדתי ולא הלכתי.

בפרק זה ראינו שלוש השלכות להבחנה בין צד שווה שמבוסס על מאפיינים הלכתיים לכזה שמבוסס על מאפיינים עובדתיים. בתחילת הפרק ראינו שבהיסקים שמבוססים על צד שווה הלכתי, אסור להשתמש בתכונה הלכתית שנלמדת מהיסק הצד השווה עצמו. הצד השווה אמור להתבסס על הלכה שהיתה ידועה עוד קודם לביצוע ההיסק הזה.

השלכה שנייה שראינו היא שלעולם היסקי צד שווה שמבוססים על מאפיינים הלכתיים אינם היסקים של הבנייה מושגית. הבנייה כזו נעשית תמיד באמצעות חיבור של *מאפיינים עובדתיים* ויצירת *מושג חדש* שיש לו את שני המאפיינים המיוחדים המתלווים לעובדות הנ״ל. כאשר המאפיינים הנידונים הם הלכתיים, ראינו שהמאפיינים העובדתיים הם נסתרים, כלומר לא מזוהים, ולכן אין לנו אפשרות לחבר ביניהם.

השלכה נוספת שפגשנו בחלקו האחרון של הפרק היא התופעה שבהיסקים שבהם החומרות של שני האבות הן הלכתיות ולא עובדתיות, ישנם מקרים שהאפשרות שביסוד שתי החומרות מונח מאפיין עובדתי יחיד שגורם להן שקולה לאפשרות שהצד השווה הוא הגורם לדין. לכן להלכה פורכים במקרים כאלה פירכת צד חמור, לפחות כאשר מתקיימים כמה תנאים (לפי הרמב״ן שבלמד אין חומרא מיוחדת, או לשיטות אחרות שהחומרות שבמולמדים הן ייחודיות וכדומה).

משמעות הדברים היא שבפורמליזם הלוגי שנציג בהמשך דברינו יהיה עלינו להבחין בכל הקשר הלכתי בין מאפיינים עובדתיים (שיסומנו באותיות יווניות: α,β,γ) לבין מאפיינים הלכתיים (שיסומנו באותיות אנגליות: x,y,z).

פרק חמישי

שני כתובים הבאין כאחד:

משמעותן של החומרות המיוחדות

מבוא

ראינו עד כאן שהיסק של 'צד שווה' מבוסס על שני אבות שלכל אחד מהם יש חומרא מיוחדת שאין בחברו (וגם לא בתולדה), ומשניהם יחד אנחנו מסיקים מסקנה לגבי תולדה כלשהי (ואז ההיסק הוא אנלוגיה), או שאנחנו מסיקים חוק כללי כלשהי (ואז זהו היסק הכללה). תיארנו זאת באופן סכמטי בצורה הבאה:

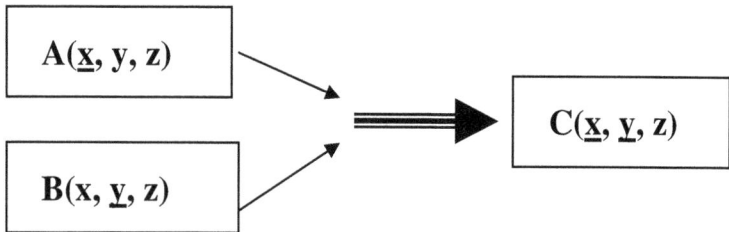

בפרק זה נבחן מזוויות נוספות את תפקידן של החומרות המיוחדות (x,y) של שני האבות (A,B). אנו נראה שייתכן הבדל בין תפקידן של החומרות הללו בהיסקים של צד שווה לבין תפקידן בהיסקים של הבנייה מושגית.

ראשית, נדון ביחס בין היסקים של 'הצד השווה' לבין הכלל התלמודי "שני כתובים הבאים כאחד אין מלמדים". לאחר מכן, נראה שיש לחומרות הללו כמה תפקידים בהכללה ההלכתית.

הכלל "שני כתובים הבאים כאחד אין מלמדים"

בפרק הראשון ראינו שמידת בניין אב מכתוב אחד, או 'מה מצינו', מורה לנו ללמוד מכל הלכה שכתובה בהקשר מקראי כלשהו, חוק כללי שרלוונטי לכל ההקשרים שדומים לאותו הקשר מקראי. מה קורה כאשר יש לנו שני הקשרים מקראיים שונים שבהם התורה מלמדת אותנו את ההלכה הנדונה? במצב כזה ישנו כלל תלמודי שקובע כי "שני כתובים הבאים כאחד אין מלמדין". כלומר אם יש עיקרון הלכתי שמופיע בשני הקשרים מקראיים שונים, אין להכליל ולהסיק מכאן חוק כללי.

מקובל לחשוב שההיגיון שמאחורי הכלל הזה הוא שאם התורה היתה רוצה ללמד אותנו את החוק הכללי, די היה לה לכתוב אותה בהקשר מקראי אחד. אם היא כתבה זאת בשני הקשרים שונים, כנראה מדובר כאן בהלכה שהיא רלוונטית אך ורק לשני ההקשרים הללו.

מכאן עולה שאם ישנה סיבה לכתוב את ההלכה הזו בשני ההקשרים הללו, למשל אם מסיבה כלשהי לא ניתן היה ללמוד את ההלכה בהקשר ב מזה שהיא קיימת בהקשר א (כי בהקשר א יש חומרא מיוחדת שלא קיימת בב׳), וגם להיפך (שגם כתיבתה בהקשר ב לבדו לא היתה מלמדת על הקשר א), אזי אין שאלה מדוע התורה כתבה זאת בשני ההקשרים הללו. אם כן, על אף

שההלכה הזו מופיעה בשני הקשרים, במקרה כזה כן ניתן להכליל מהם
ולקבוע חוק כללי.

נדגים כעת את הדברים דרך סוגיית קידושין לד-לה, שעוסקת במקור הדין
שפוטר נשים ממצוות עשה שהזמן גרמן.

הדגמה: סוגיית 'מצוות עשה שהזמן גרמן'

במשנת קידושין כט ע"א אנו מוצאים את העיקרון הכללי שקובע את
מחוייבותם של אנשים ונשים במצוות השונות:

וכל מצות עשה שהזמן גרמא - אנשים חייבין, ונשים פטורות, וכל
מצות עשה שלא הזמן גרמא - אחד האנשים ואחד הנשים חייבין.
וכל מצות לא תעשה, בין שהזמן גרמא בין שלא הזמן גרמא - אחד
האנשים ואחד הנשים חייבין, חוץ מבל תקיף ובל תשחית ובל
תטמא למתים.

אם כן, כל מצוות עשה שתלוייה בזמן, נשים פטורות ממנה.

והנה, בסוגיית קידושין לד ע"א מובא מקור ראשוני לדין הזה:

ומצות עשה שהזמן גרמא - נשים פטורות. מנלן? גמר מתפילין, מה
תפילין - נשים פטורות, אף כל מצות עשה שהזמן גרמא - נשים
פטורות.

ובדף לד ע"ב – לה ע"א, הגמרא ממשיכה לדון בכלל הזה. ראשית, היא מקשה
על המקור הזה ומביאה מקור אחר:

וניל״ף מהקהל!

נלמד ממצוות הקהל שהזמן גרמא ונשים חייבות בה, שכל המצוות שתלויות בזמן נשים חייבות.

הגמרא עונה:

משום דהוה מצה והקהל שני כתובים הבאים כאחד, וכל שני כתובים הבאין כאחד אין מלמדים.

מצה והקהל הן שתי מצוות עשה שתלויות בזמן, ובשתיהן נשים חייבות. אם כן, לפי הכלל שראינו למעלה, אין ללמוד מכאן לכל מצוות העשה שתלויות בזמן. מה שנותר הוא המקור מתפילין שמלמד שהן פטורות.

כעת הגמרא מקשה:

אי הכי, תפילין וראיה נמי שני כתובים הבאים כאחד, ואין מלמדים!

גם לכיוון שמלמד שנשים פטורות יש שני מקורות מקראיים, תפילין וראייה. בשני אלו מדובר במצוות עשה שהזמן גרמן ונשים פטורות. אם כן, לפי אותו כלל אין להכליל מכאן חוק כללי שפוטר נשים מכל המצוות שהזמן גרמן. כעת המצב שקול: יש לנו שני כתובים שמלמדים שנשים חייבות (מצה והקהל) ושני כתובים שמלמדים שהן פטורות (תפילין וראיה).

כעת הגמרא דוחה זאת וקובעת ששני הכתובים שפוטרים נשים הם נצרכים (אי אפשר היה לכתוב את אחד מהם):

צריכי, דאי כתב רחמנא תפילין ולא כתב ראיה, הוה אמינא נילף
ראיה ראיה מהקהל; ואי כתב רחמנא ראיה ולא כתב תפילין, הוה
אמינא אקיש תפילין למזוזה, צריכא.

כפי שהסברנו למעלה, ברגע שיש צריכותא בין שני המלמדים, עובדת היותם
שניים אינה מפריעה לנו להכליל.

בהמשך הגמרא מקשה:

... הניחא למאן דאמר אין מלמדין, אלא למאן דאמר מלמדין מאי
איכא למימר?

רואים שיש דעה תלמודית שסוברת ששני כתובים כן מלמדים, ואז המצב
לשני הצדדים נותר שקול.

לאחר מו"מ ארוך שלא ניכנס אליו כאן, נותרת דעת רבי יהודה שסובר ששני
כתובים הבאים כאחד מלמדים, והגמרא מסבירה שלשיטתו יש שלושה
כתובים, ושלושה ודאי אינם מלמדים גם לשיטתו:

... ולר׳ יהודה, דאמר: שני כתובים הבאים כאחד מלמדין, ותפילין
מ״ע שלא הזמן גרמא, מאי איכא למימר? משום דהואי מצה שמחה
והקהל שלשה כתובים הבאים כאחד, ושלשה כתובים הבאים כאחד
אין מלמדין.

למדנו מכאן את הדברים הבאים:

- לשיטת ההלכה: כשיש שני כתובים שמלמדים את אותה הלכה בשני
  הקשרים שונים, אין להכליל אותם לחוק כללי. לעומת זאת, אם יש

צריכותא ביניהם לשני הכיוונים (אף אחד מהם אינו מיותר) אז כן מכלילים אותם.

- לשיטת רבי יהודה: גם אם יש שני כתובים שונים שאין צריכותא ביניהם ניתן להכליל אותם, אבל אם יש שלושה אז ודאי שאינם מלמדים.

וכך מסכם זאת ר׳ ישועה הלוי מתלמיסאן, בספר הכללים הידוע שלו, **הליכות עולם**, שער רביעי פ״ד אות ב:

דין שני כתובים הבאים כאחד ומלמדין פלוגתא היא בכולי גמרא איכא מאן דאמר אין מלמדין ואיכא מאן דאמר מלמדין אבל (שני כתובים) [שלשה כתובים הבאין כאחד לכולי עלמא אין מלמדין. פירוש] הבאים כאחד דמצי גמיר חד מחבריה בבנין אב כלומר דליכתוב רחמנא חד מנייהו ולגמור אידך מיניה ומדאיצטריך למכתב תרווייהו גלי לך קרא דדוקא הני אבל אחריני לא שלכך טרח וכתב את שניהם הילכך אין מלמדין פירוש לעלמא. ולמאן דאמר מלמדין סבירא ליה דאע״ג דאתיא חד מחבריה מכל מקום מילתא דאתיא בבנין אב טרח וכתב ליה קרא כמ״ש בריש קידושין גבי קל וחומר מילתא דאתיא בקל וחומר טרח וכתב לה קרא הילכך שפיר קאמר ליה דמלמדים. אבל שלשה כתובים הבאים כאחד דכל האי לא טרח קרא לדברי הכל אין מלמדים דודאי גלי לך קרא בהני שלשה לאפוקי כולהו אחריני דעלמא כך הטעם בכריתות.

ויש לך לדעת דאין צורך דאיזה משניהם יהיה מיותר וגמיר מחבירו אלא אפילו אחד לבד מיותר והאחד צריך ואין יכול ללמוד מחבירו אפילו הכי שפיר חשיב שני כתובים הבאים כאחד משום דסוף סוף ליכתוב הצריך

וליתי חבריה מיניה. והכי מוכח בפרק שני דקידושין גבי המקדש בערלה וכלאי הכרם דקתני מכרן וקדש בדמיהן מקודשת ופריך בגמרא ולילף מע״ז דתופסת דמיה וכו׳ ומשני משום דהוי ע״ז ושביעית שני כתובים הבאים כאחד ואין מלמדין, כלומר מדגלי רחמנא בע״ז ושביעית מכלל דבכל איסורין שבתורה הדמים מותרין, ואף על גב דשביעית לא יליף מע״ז דאיכא למיפרך מה לע״ז שכן אסורה בהנאה אפילו הכי כיון דע״ז יליף משביעית חשיב שני כתובים הבאים כאחד. וכן אומר הגמרא בהדיא התם פרק קמא גבי מצה והקהל דאפילו בכהאי גוונא חשיב שני כתובים הבאים כאחד:

הוא גם מסביר כאן את דעתו של רבי יהודה שסובר ששני כתובים כן מלמדים. לדעתו, התורה לפעמים כותבת משהו מיותר (כמו שמצאנו לגבי קו״ח, שדבר שנלמד מקו״ח התורה טורחת וכותבת אותו)[18]. אבל לעולם היא לא כותבת שלושה דברים כששניים מהם מיותרים.

מקור אפשרי לכלל הזה

בסוגיית סנהדרין לד ע״א, מצאנו קביעה הלכתית מאד מעניינת:

---

[18] הראיה הזו שלו היא בעייתית, שכן מה שנלמד בקו״ח הוא בעל מעמד הלכתי נמוך יותר מדבר שמפורש בתורה (לדוגמה, לא עונשים עליו: אין עונשין מן הדין. בנוסף לכך, הרמב״ם מסווג אותו כ׳דברי סופרים׳), ולכן יש טעם לכתוב אותו במפורש. אבל כאן זה ממש דבר מיותר. ראה **מידה טובה**, פ׳ תולדות, תשסו.

כדבעא מיניה רבי אסי מרבי יוחנן: אמרו שנים טעם אחד משני
מקראות מהו! – אמר ליה: אין מונין להן אלא אחד.

מהגמרא עולה שאם שני דיינים בבי"ד מביאים שני מקורות לאותו טעם
הלכתי, מבחינת מניין הקולות בבי"ד שניהם נספרים כטעם אחד. לכאורה
זוהי רק שאלה של מנייה, כלומר עלינו למנות את הטעמים ולא את המקורות.
אולם בהמשך הסוגיא עולה שלא זהו הבסיס לקביעה זו:

מנהני מילי? – אמר אביי: דאמר קרא: (תהלים ס"ב) אחת דבר
אלהים שתים זו שמעתי כי עז לאלהים – מקרא אחד יוצא לכמה
טעמים, ואין טעם אחד יוצא מכמה מקראות. דבי רבי ישמעאל
תנא: (ירמיהו כ"ג) וכפטיש יפצץ סלע, מה פטיש זה מתחלק לכמה
ניצוצות – אף מקרא אחד יוצא לכמה טעמים.

וברש"י על אתר כותב (בד"ה 'אין מונין להן'):

דחד מהנך קראי לאו להכי אתא, דקיימא לן לא נכתבו שני מקראות
לטעם אחד – הלכך חד מינייהו מטעא טעי.

כלומר הסיבה שלא מונים אותם כשני טעמים היא לא הכפילות. הסיבה היא
שברור לנו שאחד מהם טועה, כי התורה לא כותבת שני פסוקים שונים
שמלמדים אותנו את אותה הלכה (טעם).

אם כן, הגמרא כאן קובעת שלא ייתכן שייצא טעם אחד משני מקראות. מה
משמעותו של 'טעם' בסוגיא זו? הגמרא עוסקת בכך בהמשך:

היכי דמי טעם אחד משני מקראות? – אמר רב זביד, כדתנן: מזבח
מקדש את הראוי לו. רבי יהושע אומר: כל הראוי לאשים, אם עלה –

לא ירד. שנאמר (ויקרא ו') העלה על מוקדה, מה עולה שהיא ראויה לאשים אם עלתה לא תרד - אף כל שהוא ראוי לאשים אם עלה לא ירד. רבן גמליאל אומר: כל הראוי למזבח - אם עלה לא ירד, שנאמר היא העלה על מוקדה על המזבח, מה עולה שהיא ראויה לגבי מזבח - אם עלתה לא תרד, אף כל שהוא ראוי למזבח - אם עלה לא ירד. ותרוייהו מאי קמרבו - פסולין, מר מייתי לה ממוקדה ומר מייתי לה ממזבח.

אם כן, 'טעם' בהקשר זה הוא דין, ולא סברא או נימוק. מכאן עולה שמשמעות הכלל ההלכתי הזה היא שאין שני מקורות שונים לאותו דין.

במילים אחרות, המסקנה היא שישנו יחס חד חד ערכי בין המקורות בפסוקי התורה לבין ההלכות הנלמדות מהם. ייתכן שממקור אחד תילמדנה כמה הלכות (=טעמים),[19] אך לא ייתכן שמכמה מקורות תילמד הלכה אחת. הגמרא קובעת את היחס הפונקציונלי עליו עמדנו לעיל בדיון אודות היחס בין סיבות למסובבים, אלא שהיא מיישמת זאת על היחס בין המקורות לבין ההלכות.

המסקנה המתבקשת מכאן היא שאם יש שני מקורות לאותו דין, ברור שהם לא באו ללמד אותנו את הדין הכללי הזה, שהרי לשם כך די היה במקור בודד.

---

[19] גם זה לא פשוט, שכן ההנחה המקובלת בתלמוד היא שממקור אחד נלמדת אך ורק הנחה אחת. אולם ראה לדוגמא בריטב"א מכות ד ע"א ד"ה 'מתני' מעידין'. המושג 'לאו שבכללות' גם הוא מתאר פסוק אחד שמלמד אותנו כמה איסורים שונים. ראה על כך בחלקו השני של השורש התשיעי שלפני **ספר המצוות** לרמב"ם ועוד.

על כורחנו הם באים ללמד שהדין קיים רק בשני ההקשרים הללו, ואל לנו לבצע משניהם הכללה לכלל ההלכה.

היחס בין 'הצד השווה' לבין 'שני כתובים הבאין כאחד'

כמה מבעלי הכללים מתקשים בשאלה כיצד מתיישבים שני הכללים הללו זה עם זה. מחד, למדנו שכשיש שני כתובים שונים שמלמדים את אותה הלכה אין להכליל ולהסיק מהם חוק כללי. מאידך, מידת בניין אב משני כתובים (ואולי גם מכתוב אחד) מורה לנו שכשיש שני הקשרים מקראיים שונים שמלמדים את אותה הלכה אזי אנחנו כן מכלילים אותם לחוק כללי.

לדוגמה, בספר **הליכות עולם** לר' ישועה הלוי מתלמיסאן, בשער הרביעי פ"ב אות כד הוא עוסק במידת בניין אב, ושם הוא כותב את הדברים הבאים:

> *והדבר ידוע לכל דחדא מתרתי אי לאו דהנהו תרתי מיצרך צריכי*
> *ושהאחד לא יוכל ללמוד מחבירו לא הוה גמרינן מינייהו לעלמא*
> *משום דהוו להו שני כתובים הבאים כאחד וכל שני כתובים הבאים*
> *כאחד אין מלמדים כמו שמפורש בפרק אחרון מזה השער בס"ד.*
> *הילכך צריך לומר בכל חדא מתרתי לא הרי זה כהרי זה.*

הוא מסביר שההבדל הוא בשאלה האם יש צריכותא ביניהם או לא. אם יש צריכותא ביניהם אז מכלילים, וזוהי מידת בניין אב משני כתובים (=הצד השווה). ואם אין צריכותא ביניהם ואחד הוא מיותר, אז מדובר בשני כתובים הבאין כאחד שלא מלמדים, כלומר שאז לא מכלילים מהם.

גם בדבריו שהובאו למעלה הוא רומז שהכלל שני כתובים הבאין כאחד קיים רק כשאין צריכותא ביניהם, כלומר שאפשר ללמוד לפחות אחד מהם מחברו (גם אם זה לא הדדי, שכן די בכך שאחד מהם מיותר).

השלכה: תפקידן של החומרות המיוחדות של האבות

בפרקים הקודמים הכרנו את המבנה של היסק הצד השווה (חדא מתרתי). ראינו שם שבכל היסק כזה יש לכל אחד משני המלמדים (האבות) תכונה מיוחדת לחומרא שלא קיימת במלמד השני ובלמד. אמנם מההצגה עד כאן עלה שאין לחומרות הללו תפקיד כלשהו בהיסק. להיפך, הן בדרך כלל מפריעות להיסק, והחידוש המיוחד של היסקי הצד השווה הוא ששיקולי אלימינציה מאפשרים לנו להתעלם מההפרעות (הפירכות) הללו.

מזווית שונה ניתן לראות משמעות אחרת לחומרות המיוחדות שבכל אב, שכן תפקידן להראות שהאב השני נצרך גם הוא להיכתב, שהרי אי אפשר ללמוד אותו מהאב הראשון. החומרות מונעות את היות אחד האבות מיותר. גם כאן לכאורה מדובר בתפקיד נגטיבי של החומרות. אין להן תצפקיד בהיסק, הן רק לא מפריעות לנו להגיע למסקנה שלו.

אולם לאור מה שראינו לגבי מידת 'שני כתובים הבאין כאחד', עולה תפקיד נוסף לשתי החומרות הללו, והפעם דווקא נראה שיש להן תרומה פוזיטיבית להיסק: לולא הן היו קיימות לא יכולנו להסיק את המסקנה המתבקשת משני המלמדים, שכן היתה כפילות של שני האבות, והכלל הוא ששני כתובים כפולים אינם מלמדים. כלומר, לולא החומרות המיוחדות ההיסק לא היה

תקף, ורק בזכותן הוא מתקיים. הן לא מפריעות לו אלא דווקא מאפשרות אותו.

כעת נציג הסבר שלישי למעמדן של החומרות המיוחדות בהיסקי 'הצד השווה'.

הקושי בדרשת הירושלמי

כדי להמחיש את הצורך בהסבר נוסף, נביא כאן שתי נוסחאות שונות לדרשת הצד השווה שמופיעה בברייתא דדוגמאות. הדוגמה המובאת שם כדי להדגים את מידת בניין אב משני כתובים היא הדרשה הבאה:

(ו) 'מבנין אב משני כתובים' כיצד? לא פרשת הנרות כהרי פרשת שלוח טמאים, ולא פרשת שלוח טמאים כהרי פרשת הנרות, הצד השוה שבהן שהם בצו מיד ולדורות אף כל דבר שהוא בצו יהא מיד ולדורות.

עד כאן מדובר בהיסק צד שווה רגיל. בפרשת הנרות ובפרשת שלוח טמאים מופיע הביטוי המקראי "צו" במשמעות של מייד ולדורות, ומשם לומדים שכל הציוויים בתורה הם גם לדורות. אמנם לא מתפרשות כאן החומרות המיוחדות של שני האבות (כמו גם עוד מרכיבים של ההיסק), אך מפרשי הברייתא משלימים את התמונה (ראה פירוט במאמר **מידה טובה** הנ"ל).

לעומת זאת, בירושלמי ב"ק פ"א ה"א מופיעה גירסה אחרת של ההיסק הזה:

לא פרשת נירות כהרי פרשת שילוח טמאין ולא פרשת שילוח טמאין כהרי פרשת נירות אילו לא נאמר פרשת שילוח טמאין הייתי למד

פרשת שילוח טמאין מפרשת נירות ולמה תנינתה הכא דאית לתנוייה סגין מילין כן הצד השוה שבהן שהן בצו מיד ולדורות אף כל שהוא בצו מיד ולדורות.

הירושלמי הולך כאן במהלך הפוך לכל הלוגיקה של הצד השווה שבתלמודים. פרשת שילוח טמאים היא מיותרת, וניתן היה ללמוד אותה מפרשת נרות. כלומר אין לפרשת נרות חומרא מיוחדת שהיתה פורכת את הלימוד ממנה לפרשת שלוח טמאים. אם כן, כעת עולה השאלה מדוע באמת נכתבה הפרשה השנייה אם אפשר היה ללמוד אותה מהראשונה? ההיגיון של "שני כתובים הבאין כאחד" אומר לנו שכתיבתה מלמדת שאין עיקרון כללי שכל "צו" הוא מייד ולדורות. להיפך, העובדה שכתבו את הפרשה המיותרת הזאת מלמדת שהפרשנות של "צו" כמייד ולדורות נכונה רק בשני ההקשרים הללו ולא בכל שאר ההקשרים.

אך הירושלמי מסיק מכאן מסקנה הפוכה: מכיון שפרשת שלוח טמאים היא מיותרת ובכל זאת התורה טרחה לכתוב אותה, זה מלמד אותנו שיש כאן עיקרון כללי לכל "צו" שבתורה, שבכל מקום משמעותו היא מייד ולדורות. כלומר הירושלמי לומד בצד השווה מנרות ושילוח טמאים לכל התורה, על אף שאין חומרא מיוחדת בנרות. לכאורה זה מנוגד לכללים אותם ראינו כאן. כמה מהמפרשים מנסים להציע הסבר לדרשת הירושלמי (ראה **ספר הכריתות**, חלק 'בית מידות' בית ד, וכן **תורה שלימה**, פ' תצוה אות קיז), אך דבריהם לא מספקים.

הקדמה אודות הכללות מדעיות

כבר עמדנו על היחס בין היסק של 'הצד השווה' לבין הכללות מדעיות. כדי להבין את דרשת הירושלמי ומתוכה משמעות נוספת של החומרות המיוחדות, עלינו להקדים הקדמה קצרה לגבי מעמדן ומשמעותן של הכללות מדעיות.

כידוע, המדע המודרני נשען דרך קבע על הכללות. אנו פוגשים במציאות (הטבעית, או בניסוי) כמה עובדות פרטיות, ומסיקים מתוכן חוק כללי. הכללה מן הפרט אל הכלל בהקשר המדעי מכונה 'אינדוקציה מדעית'.[20]

התהליך האינדוקטיבי מעורר שאלות רבות. מהו הבסיס לתקפותה של הכללה כזו? לדוגמה, אם ראינו כמה פעמים שהכוח הפועל על גוף הוא פרופורציוני לתאוצתו, כיצד נוכל לדעת שזהו מאפיין מהותי של היחס בין כוחות לבין התאוצות שהם גורמים (=החוק השני של ניוטון)? אולי מדובר במאפיין מקרי של הסיטואציה בה צפינו ולא בחוק כללי? נתבונן בדוגמה נוספת. אם ראינו כמה עורבים שחורים, כיצד נוכל לדעת שהצבע השחור מאפיין את כלל העורבים?[21] מניין לנו להסיק מסקנות ספקולטיביות מסוג

---

[20] זאת להבדיל מאינדוקציה מתמטית, שאינה אינדוקציה בכלל אלא סוג של דדוקציה (למעט הפילוסופים בעלי הגישה האינטואיציוניסטית למתמטיקה, שאינם רואים זאת כך). על ההבדל העמוק שבין אינדוקציה ודדוקציה והמחלוקת שבין אנשי הדדוקציה (הנשארים תמיד עם סך ההנחות שלהם ולא אומרים דבר על המציאות) ואנשי האינדוקציה (המנסים לקבוע כללים על המציאות אך בכך חורגים מן הלוגיקה הטהורה) ראו ספרו של זאב בכלר, **שלש מהפכות קופרניקניות**, הוצאת אונ' חיפה, כינרת זמורה ביתן, 1999.

[21] לניתוח הפילוסופי של הבעיה בהקשר של הלוגיקה של המפעל המדעי, ראו קרל המפל, **פילוסופיה של מדע הטבע**, תל אביב: הוצאת האוניברסיטה הפתוחה, 1979.

זה, העוסקות בקבוצה שלמה של אירועים, תופעות, או עצמים, בהם כלל לא צפינו? יותר מכך, מדוע אנו מתייחסים להכללות מסויימות כתקפות (אם כי, לא לגמרי הכרחיות), בעוד הכללות אחרות באמת נראות לנו ספקולטיביות לגמרי? מה מבחין בין המקרים הללו?

פילוסופים של המדע מרבים לעסוק בשאלות אלו, וניתן לחלק את העמדות שעלו בסוגיא זו לשני מחנות עיקריים: אקטואליזם ואינפורמטיביזם.[22]

הגישה *האקטואליסטית* מתייחסת אך ורק לעובדות שנוכחות באופן אקטואלי לעינינו כתקפות. לפי גישה זו, ההכללות אינן אלא פרי דמיוננו הקודח. הן אמנם כלי מועיל כדי לסדר את מכלול העובדות ולהפוך אותו לשימושי ונגיש, אולם אין הן אומרות מאומה על העולם כשלעצמו (אין בהן כשלעצמן אינפורמציה, מעבר לעובדות הפרטיות בהן צפינו). לפי גישה זו, חוקי הטבע אינם אלא צורות אלגנטיות לסדר את מכלול העובדות הפרטיות הידועות לנו. לדוגמה, התיאוריה המדעית הקובעת שכל העורבים הם שחורים אינה אלא אמירה שכל העורבים שראינו עד היום הם שחורים. הניבוי שהעורב הבא שנפגוש יהיה גם הוא שחור, אינו אלא כלי משחק שפירושו הוא משפט התנאי: אם העורב הבא לא יהיה שחור אחליף את ההכללה בה אני

---

[22] המינוח שאוב מספרו של זאב בכלר (**שלש מהפכות**, לעיל, שם בכלר אינו מנתח לעומק או מפריך ישירות את הגישה האקטואליסטית אך מנסה דרך התיאור ההיסטורי של יחסי הכוחות בין המחנות להגחיך את האקטואליזם), אשר עוסק בעיקר בשאלות אלו ובנגזרותיהן ראה על כך גם בספרו של מיכאל אברהם, **את אשר ישנו ואשר איננו**. מוצעת שם השלמה נחוצה לספרו של בכלר, אשר תוקף את האקטואליזם אך אינו מציע לו אלטרנטיבה, וגם לא מענה לקושיותיו הטובות.

משתמש, שכן היא כבר לא תתאים למכלול העובדות אותן פגשתי בפועל. אקטואליסט אמיתי (למעשה, די ברור שאין באמת טיפוס כזה) אינו יכול לנבא בשום צורה שהיא מה באמת יהיה צבעו של העורב הבא אותו הוא יפגוש.[23]

לעומת זאת, הגישה ה*אינפורמטיביסטית* גורסת כי ההכללות אכן מכילות אינפורמציה על העולם. האינפורמטיביסט טוען שהמשפט שכל העורבים הם שחורים טוען טענה על העולם, כלומר מבחינתו הכלל הזה אינו רק אמירה עלינו (סידור יעיל של העובדות בהן צפינו), אלא היפותזה שעוסקת בעורבים שבעולם עצמו. לשיטתו הוא אמור להמר שגם צבעו של העורב הבא אותו נפגוש יהיה שחור.

האקטואליזם הוא גישה בעייתית מהרבה בחינות. כאן נסתפק בהצבעה על כך שהוא מנוגד לחלוטין לאינטואיציה של כל אדם סביר. אולם ישנה בעיה בסיסית באינטואיטציה הזו: לאחר מעט מחשבה האקטואליזם דווקא נראה צודק יותר. מניין נוכל לאושש מסקנות שעוסקות באירועים או עצמים אותם כלל לא ראינו? זוהי המוטיבציה העיקרית לדבוק בגישה שכל כך מנוגדת לאינטואיציה שלנו. העורבים אותם ראינו היו שחורים. על כן כל מה שנוכל לומר הוא שאותם עורבים הם שחורים. המשפט שכל העורבים הם שחורים הוא ספקולציה לא מבוססת. מאידך, המדע עובד. כל אחד מוכן להמר ביחס גבוה על כך שצבעו של העורב הבא שהוא יפגוש יהיה שחור. זו אינה רק

---

[23] ראה על כך במאמרו של מיכאל אברהם, "עוד בעניין תערו של אוקהאם", **בד"ד** תשעג.

פרדיקציה (=ניבוי העומד לבחינה אמפירית), אלא טענה שאנחנו מאמינים בה.

כדי לפתור את הבעייה הקשה הזו עלינו להניח (בעקבות משנתו הפנומנולוגית של הוסרל) שיש לנו יכולת להבחין, או לצפות, בחוק הכללי דרך העובדות הפרטיות.[24] ההתרחשויות הפרטיות הן כאילו 'שקופות' בפנינו, ודרכן אנו רואים את החוק הכללי שעומד מאחוריהן. השכנוע שלנו בחוק הכללי נובע מכך שאנו פשוט רואים אותו.

אמנם ראייה זו אינה מתבצעת באמצעות העיניים, אלא באמצעות יכולת תפיסה אינטואיטיבית כלשהי. יכולת זו היא עמומה משהו, ולכן היא דורשת חיזוק ואישוש. אישוש כזה נעשה באמצעות העמדת החוק הכללי בו אנו דנים בניסיונות שונים. ככל שהוא עומד ביותר ניסיונות הוא נחשב בעיני האינפורמטיביסט כמאושש יותר.

עד כאן ראינו שכמותן של הראיות היא עדות ראשונה במעלה לתקפותה של ההכללה. אספקט נוסף שמסייע לאישוש הוא הגיוון בראיות. ככל שהראיות מגוונות יותר, משקלן הסגולי גבוה יותר. הרבה מאד ראיות מאותו סוג עצמו, מסייעות לחזק את ההכללה אך ורק באותו תחום שנבדק. לדוגמה, אם ערכנו תצפיות אך ורק באוסטרליה ומצאנו שכל העורבים שם הם בעלי צבע שחור, קשה יהיה להסיק מכאן שכל העורבים בעולם הם שחורים. ייתכן שזו תכונה

---

[24] ראה בספרו של אדמונד הוסרל, **הגיונות קארטזיאניים**, בתרגומו של אברהם צבי בראון, מאגנס, ירושלים תשנא, ובמבואו של העורך שם.

ייחודית של העורבים באוסטרליה. בדיקה של כמה עורבים ביבשות אחרות, חשובה יותר עבור ההכללה הזו מאשר תצפית על כמות גדולה מאד של עורבים נוספים באוסטרליה.

אם כן, אחת הדרישות החשובות מאוסף של תצפיות שמתיימר להוות בסיס להכללה היא שהוא יהיה מגוון.

תפקיד נוסף של החומרות המיוחדות של האבות[25]

פעולתו של הדרשן והפרשן בתורה דומה במובנים רבים לזו של המדען ביחס למציאות.[26] הדרשן בוחן את הדוגמאות שניתנות לנו בתורה ומנסה לחלץ מתוכן חוק כללי. זוהי תמצית הפעולה של מידת 'בניין אב משני כתובים', אשר מנסה למצוא את ה'אב' המשותף לשני המלמדים (האבות). לדוגמה, הדרשן רואה שבפרשת הנרות ובפרשת שילוח טמאים מופיע העיקרון שהן נאמרו מייד ולדורות, והוא רוצה להכליל ולקבוע זאת כחוק כללי שיהיה תקף לכל המצוות.

כעת נוכל להבין שישנו צורך אקוטי בגיוון של הדוגמאות שמבססות את ההכללה המדרשית. אם נשתמש בשני מלמדים בעלי אותו אופי בדיוק, תמיד

---

[25] ראה על כך בשני מאמרי **מידה טובה**, פ' תצוה, תשסה-ו.

[26] עמדנו על כך למעלה. כמו כן, ראה על כך גם בספרו של מנחם פיש, **לדעת חכמה**, הקיבוץ המאוחד ומכון ון ליר, 1994.

נוכל לדחות את ההכללה ולומר שהיא תוצאה מלאכותית (=Artifact) של המקרה המיוחד בו 'צפינו'. ככל שהדוגמאות יהיו מגוונות, ההכללה תהיה תקפה יותר.

יש לשים לב לכך שבהלכה אין אפשרות לאמץ השקפה אקטואליסטית. כל עוד לא פגשנו פירכא (='ניסוי', כלומר תצפית על עובדה הלכתית, שתפריך את ההכללה) אנחנו מסתמכים עליה וקובעים הלכות שיכולות להיות כרוכות בחילול שבת, בכרת, בעונשים שונים (כולל עונש מוות) וכדומה. אם כן, האינפורמטיביזם ההלכתי דורש אישוש סביר. לשם כך, נחוץ לנו גיוון בראיות. שני המלמדים שלנו, אשר מהווים את הבסיס להכללה ההלכתית, צריכים להיות שונים זה מזה על מנת להגביר את האמון שלנו בהכללה שעשינו (=בניין אב).

ב**ספר הכריתות** מסביר שהמונח "בניין אב" נבחר מפני ששני האבות המלמדים נחשבים כתולדות של אותו אב משותף, והלמד (=התולדה) גם הוא בנו של אותו אב. אם בור ואש הם שני המלמדים בהיסק שהוצג בפרק השני, הרי שניהם 'בנים' של האב המשותף 'ממונך ושמירתו עליך'. זוהי הגדרת האב שעומדת ביסוד החיוב הנזיקי. אותו אב ניצב על שתי הרגליים של הבנים, וכדי שהוא יהיה מבוסס (יציב) הרגליים צריכות להיות מרוחקות זו מזו. שתי רגליים צמודות (=דומות) אינן מייצבות את האב שעומד על גביהן, כלומר לא מבססות את ההכללה.

אם כן, זוהי סיבה נוספת, שלישית במספר, מדוע נחוצה לנו צריכותא בין שני המלמדים כדי לעשות את ההכללה של הצד השווה. ראינו שהחומרות המיוחדות הן פירכות אפשריות שמנוטרלות על ידי שיקול אלימינציה. לאחר

מכן ראינו שהחומרות הללו נחוצות באופן פוזיטיבי להיסק, כדי שלא תחול כאן מידת 'שני כתובים הבאים כאחד'. כעת אנחנו פוגשים עוד תפקיד פוזיטיבי שלהן: להוות גיוון בראיות.

בעצם זהו ביטוי אחר לשיקול האלימינציה שתואר בפרקים הקודמים. אם נשוב רגע לדוגמת העורבים, שם ראינו שהעורבים באוסטרליה הם שחורים. כאן עלתה פירכא שכל העורבים הללו חיים באוסטרליה, ואולי יש שם סיבה מיוחדת לצבע השחור שלהם, ואין ללמוד מהם לשאר עורבי העולם. לכן עלנו לצפות על עורבים בקנדה, ולראות שגם הם שחורים. שוב יכולה לעלות כאן פירכא, שלקנדה יש מאפיינים מיוחדים שגורמים לצבע השחור. שיקול האלימינציה אומר לנו שהמיקום אינו הגורם הרלוונטי לצבע השחור, שכן ראינו את התופעה הזו גם בקנדה וגם באוסטרליה (כמו שראינו את החיוב הנזיקי גם בבור וגם באש, לכן התכונות המיוחדות של בור, או של אש, כנו אה אינן הגורם לחיוב הנזיקי). זו בדיוק משמעותו של הגיוון בראיות. הוא שעומד ביסוד שיקול האלימינציה שתיארנו למעלה. אלא שכעת אנחנו מבינים שהחומרות המיוחדות שיש בכל אחד מהאבות אינן רק הפרעות אפשריות שנדחו, אלא ברגע שהן נדחו הן הופכות לבסיס שמחזק את ההכללה שבנויה עליהן.

הסבר דרשת הירושלמי

הטעם של גיוון בראיות אינו מצריך אותנו דווקא לצריכותא במובנה ההלכתי המקובל. לצורך הגברת הגיוון בראיות מספיק שנוכל להראות את הדין הנלמד בכמה הקשרים שונים, שההבדל ביניהם מספיק מגוון כדי לאושש טוב

יותר את ההכללה. אין צורך דווקא בצריכותא פורמלית, כלומר במציאת מאפיין ייחודי לכל אחד מהאבות, כך שלא ניתן יהיה ללמוד את האחד מהשני. אם הצריכותא נדרשת רק כאינדיקציה לגיוון בראיות, כלומר כבסיס להכללה טובה יותר, אז די לנו בכך ששני ההקשרים הם שונים, גם אם זו אינה צריכותא פורמלית.

מתי בניין אב משני כתובים ידרוש צריכותא ומתי הוא דורש רק גיוון לא פורמלי? אם ההכללה היא סבירה, וכל הבעיה היא רק פירכות אפשריות כנגדה, או אז אנו משתמשים במבנה פורמלי של הצד השווה, וזה דורש את קיומה של צריכותא פורמלית בין המלמדים. אולם כאשר ההכללה דורשת חיזוק, לאו דווקא בגלל פירכא אלא מחמת חשיבותה, או מחמת אי הבטחון שלנו בתקפותה, או אז ניטה יותר לחזק אותה במלמדים מגוונים.

כעת נוכל לחזור ולהבין את הירושלמי. הירושלמי מנסה לבצע הכללה שכל ציוויי התורה הם מייד ולדורות. ההכללה הזו עוסקת בעיקרי האמונה וביסודות ההלכה ועבודת ה'. היא מורה לנו שכל ציווי בתורה הוא בעל משמעות נצחית, ואי אפשר לפרש אותו כאילו הוא נאמר רק לזמנו ומקומו (ראה על כך בשורש השלישי לרמב"ם). אם כן, הכללה כזו דורשת חיזוק. לאו דווקא בגלל פירכא שעלולה להתעורר כנגדה, אלא כדי לבסס ולחזק קביעה כה מרכזית ויסודית.

ייתכן שזוהי הסיבה לכך שהירושלמי מביא שני מלמדים שאינם נצרכים במובן הפורמלי. שתי הפרשיות הללו לא ניחנו בייחודיות כזו שאינה מאפשרת ללמוד את האחת מהשנייה, אולם בכל זאת השוני ביניהן הוא כזה שבהחלט יכול לחזק את ההכללה שלנו. שילוח טמאים והדלקת נר אינם נראים

קשורים זה לזה בשום מובן שהוא. לאו דווקא בגלל מאפיין ייחודי כזה או אחר, אלא עצם ההבדל ביניהם יוצר גיוון שהופך את ההכללה לאמינה יותר. נראה שזוהי כוונת הירושלמי. אם מדובר על הצד השווה במובן הלא פורמלי הזה, או אז העיקרון של ׳שני כתובים הבאים כאחד׳ לא יכול לפרוך אותו. שני הכתובים נצרכים שכן הכללה יסודית וחשובה כל כך דורשת גיוון בראיות, וממילא לא ניתן לומר שאחד מהם מיותר ולהפעיל את הכלל של ׳שני כתובים הבאין כאחד אין מלמדים׳.

ייתכן שנוכל להבין כך גם את הברייתא דדוגמאות. ראינו למעלה שהברייתא אינה מפרטת את הייחודיות של כל אחד מהמלמדים. לאור דברינו ייתכן שגם הברייתא הבינה כמו הירושלמי, ולכן היא אינה נזקקת לפירוט של הייחודיות של כל מלמד. מספיק לנו לראות ששני ההקשרים אינם קשורים זה לזה בשום מובן כדי לחזק את ההכללה. לשם כך די לנו באמירה:

לא פרשת הנרות כהרי פרשת שלוח טמאים, ולא פרשת שלוח טמאים כהרי פרשת הנרות.

אין כאן חשיבות לתיאור האספקט המדוייק במה שני אלו שונים זה מזה, שכן כאן לא מדובר על שיקול שמיועד למנוע את הפעלת הכלל ׳שני כתובים הבאים כאחד׳. השיקול כאן הוא רק להראות שהציוויים בתורה הם מייד ולדורות ללא כל קשר לתכונה ייחודית כלשהי שיש להם.

מקורות לחידוש זה בספרות הכללים

הזכרנו בפרק הראשון שישנה סיעה בראשונים שמבינה את שתי המידות של 'בניין אב' כמבוססות על 'הצד השווה'. ההבדל בין שתי המידות הוא רק בשאלה האם שני המלמדים לקוחים מאותו פסוק (או אותו הקשר מקראי), או שהם שאובים משני הקשרים שונים. מה פשרו של ההבדל הזה? מדוע זה חשוב ששני המקורות הם משני הקשרים שונים? אם המדובר הוא שיש ביניהם צריכותא, כי אז זה נכון גם לבניין אב מכתוב אחד (שאם לא כן לא ניתן היה לבצע לימוד של הצד השווה בבניין אב מכתוב אחד). על כן ברור ששמה שחשוב שזה לקוח משני הקשרים שונים, ללא קשר לצריכותא ביניהם.

לדברינו נראה שזוהי גופא כוונתם. בבניין אב מכתוב אחד החומרות המיוחדות הן הכרחיות, שכן הן יוצרות צריכותא שמיועדת למנוע את הפעלת הכלל 'שני כתובים הבאים כאחד אין מלמדים'. לכן מה שחשוב הוא שתהיה צריכותא פורמלית, כלומר שלכל מלמד יהיה מאפיין ייחודי שמונע את האפשרות ללמוד את האב השני ממנו לבדו. אולם בבניין אב משני כתובים, שני האבות שייכים לשני הקשרים מקראיים והלכתיים שונים. במקרים כאלה נדרשת צריכותא מסוג אחר, לא פורמלית: נדרש רק גיוון בראיות. שני הכתובים נלקחים משני הקשרים כדי להראות שהיסוד הנלמד תקף ללא תלות בהקשר ספציפי, ולא כדי למנוע פורמלית את הפעלת הכלל של 'שני כתובים אין מלמדים'.

כעת נוכל להבין מדוע נבחרה דווקא דרשה כל כך שונה בניסוחה ועם כל כך הרבה בעיות, כדוגמא קאנונית לבניין אב משני כתובים. מכיון שנלמד כאן יסוד שהוא עיקר אמונה, יסוד ההלכה ועבודת השם כולה, עלינו להשתמש

בהכללה מבוססת. לשם כך אנו מביאים שני כתובים משני הקשרים שונים. לאו דווקא כאלו שיש צריכותא פורמלית ביניהם, אלא להיפך: כדי להראות שהנקודה העיקרית כאן אינה הצריכותא הפורמלית אלא הגיוון בראיות. זוהי בדיוק הדוגמה שמראה זאת בצורה הטובה ביותר.

הערה על 'פירכת צד חמור'

בפרק הקודם הזכרנו שבסוגיות מכות ד ע"א וכתובות לב ע"א מובאת פירכא על 'הצד השווה', שמכונה 'פירכת צד חמור'. הגמרא דוחה את ההיסק של 'הצד השווה' בטענה שלשני המלמדים יש צד חמור כלשהו. ראינו שהראשונים בשתי הסוגיות מקשים שהעלאת פירכא כזו סותרת את ההיגיון העקרוני של היסקי 'הצד השווה'.

והנה, ההסבר הראשון שהצענו לחומרות המיוחדות באבות הוא הסבר נגטיבי: הן לא מפריעות להיסק. פירכת צד חמור מציינת שהן בכל זאת מפריעות להיסק. אך לפי ההסברים הבאים (גיוון בראיות, או מניעת יישום הכלל 'שני כתובים הבאין כאחד אין מלמדים') יש לחומרות הללו תפקיד פוזיטיבי בהיסק. אם כן, לפי הסברים אלו פירכת צד חמור היא עוד יותר בעייתית. לוקחים את המנוף העיקרי של ההיסק ורואים בו פירכא עליו.

בפרק הקודם הסברנו את ההיגיון שיש בפירכא כזו, ולא נשוב לכך כאן. מטרתה של הערה זו היא רק להראות שלאור דברינו כאן לגבי נחיצות החומרות המיוחדות של האבות להיסקי 'הצד השווה', ההסבר שהצענו שם חיוני הרבה יותר.

חלק שני
המודל הפורמלי

בחלק זה נציג את המודל הפורמלי שלנו. לאחר שהוא יוצג, נשתמש בו כדי לתאר ביתר דיוק את המהלך אותו עשינו בפרקים הקודמים. בין היתר, מטרתנו כאן היא להבחין בין הצד השווה לבין הבנייה מושגית.

פרק שישי

המודל הפורמלי: תיאור ראשוני

מבוא

בפרק זה נשתמש בכל מה שתיארנו עד כאן כדי להציע מודל פורמלי להיסקי 'הצד השווה', ואולי להיסק הלכתי בכלל.

אבני הבניין

כפי שראינו, כל הוראה הלכתית חלה על מצב, פעולה, או יש מסויימים. לדוגמה, חיוב תשלום נזיקי (=הוראה הלכתית) קיים במצבים שונים, כמו היזק בור, קרן, אש וכדומה. חלות של קידושין (=הוראה הלכתית) קיימת אם נעשית פעולה כלשהי: מתן כסף, ביאה, כתיבה והעברת שטר.

קרן, בור, חופה, כסף, או ביאה, הם מצבים או יישים הלכתיים, ואנו מסמנים אותם באותיות $\{\varphi_i\}$. כך φ_1, φ_2 ו-φ_3, הם מושגים הלכתיים (שמסמנים ישים – כסף, בור וכדומה, או מצבים/פעולות - ביאה, העברת כסף וכדומה).

את ההוראות ההלכתיות אנחנו מסמנים באותיות $\{x_i\}$, כך ש-x_1, x_2 ו-x_3 הן הוראות הלכתיות ספציפיות. ההוראה ההלכתית חלה על מושגים, ולכן באופן

עקרוני הסימון המתבקש הוא: $x(\varphi)$, שמשמעותו היא: ההוראה ההלכתית x חלה על מצב או יש הלכתי φ. זוהי תכונה הלכתית של המושג φ. לדוגמה, ההוראה ההלכתית הזו יכולה להיות: הקידושין חלים, והמצב הוא העברת כסף. נציין כי זהו סימון מקביל לתחשיב הפרדיקטים בלוגיקה, שם מסמנים ב-$P(x)$ את הטענה שהפרדיקט P חל על (או: הוא תוצאה של) האובייקט x.[27]

אך מכיון שענייננו כאן אינו בתיאור היחס בין הוראות הלכתיות למצבים, אלא בדיוק העניין ההפוך: תיאור המושגים (היישים או המצבים) ההלכתיים כתלות בהוראות ההלכתיות, אנחנו בוחרים בסימון ההופכי, שיסומן: $\varphi(x)$. משמעותו של הסימון הזה היא שלהעברת כסף (ובקיצור: המושג כסף, φ) יש את התכונה ההלכתית שהוא מחיל קידושין (x). זה אינו היפוך בתוכן הטענה. מדובר באותה טענה עצמה, אבל אחנו הופכים בין הנושא לנשוא. כאילו היינו כותבים בתחשיב הפרדיקטים את הטענה $P(x)$ עצמה באופן הבא: $x(P)$. מבחינת התחשיב שלנו, ההוראה ההלכתית היא תכונה הלכתית של מושג (הלכתי).

ראינו שכל הוראה הלכתית תלויה במאפיינים העובדתיים של אותו יש או מצב. לדוגמה, לביאה או כסף יש תכונה עובדתית (ולא הלכתית) שכרוכה

---

[27] חלות הקידושין היא על האישה, אבל לענייננו אנחנו מייחסים אותה לפעולה שמחילה אותה, ולא לאובייקט שעליו היא חלה. הבחירה הזו תלויה כמובן בנושא העיון שלנו. כאשר אנחנו מתעניינים בפעולות של החלת קידושין או שמחייבות תשלומי נזיקין, אזי נשתמש בסימון הזה במשמעות הזאת.

בהם הנאה. לעומת זאת, לחופה אין תכונה כזאת. ניתן להסיק מכאן שחלות הקידושין (שהיא הוראה הלכתית) על ידי ביאה או כסף (שהם מצבים, או מושגים הלכתיים) קשורה לכך שיש בהם הנאה (שהיא מאפיין עובדתי). באופן דומה, בהיזק על ידי קרן יש לבהמה כוונה להזיק. הכוונה להזיק היא מאפיין עובדתי של המושג ההלכתי קרן, וכנראה הוא שעומד ביסוד חיובה של הקרן בתשלומי נזיקין. בה במידה, בור מאופיין עובדתית בכך שתחילת עשייתו לנזק. ואש מאופיינת בכך שדרכה לילך ולהזיק וגם שכוח אחר מעורב בה. כל אלו תכונות עובדתיות של המזיקים השונים (אבות הנזיקין), שמכוננות את ההוראות ההלכתיות הספציפיות אליהם (החיוב בתשלום והפטורים המיוחדים של כל אחד מהם). להלן נראה הבדל בין התכונות ההלכתיות המשותפות לכולם לבין אלו המיוחדות לכל אחד מהם.

את המאפיינים העובדתיים נסמן באותיות: $\{\alpha_i\}$, כלומר α_1, α_2 ו-α_3, הם מאפיינים עובדתיים שונים.

המאפיינים העובדתיים מחוללים את ההוראות ההלכתיות, אבל הם מאפיינים דווקא את המושגים (ולא את ההוראות ההלכתיות). לכן היחס הבסיסי הוא: $\varphi(\alpha)$. כיצד נוכל למצוא את ההוראות ההלכתיות x שחלות על המושג φ? אלו תלויות גם הן במאפיינים עובדתיים כלשהם. לדוגמה, חיוב קרן בתשלום תלוי במאפיינים העובדתיים של קרן (מדובר במאפיינים המשותפים לכל אבות הנזק, שהם: ממונך ושמירתה עליך). גם הפטור של קרן מחצי מהנזק תלוי במאפיינים העובדתיים שלה (מדובר במאפיינים הייחודיים של קרן, שהם: כוונה להזיק ונזק משונה).

לכן הסימון הכללי ביותר שמתייחס למושג φ, הוא הבא:

$$\varphi \, [\mathrm{x} \, (\alpha)]$$

משמעותו של הסימון הזה היא הבאה: המושג ההלכתי φ, הוא בעל התכונה העובדתית α, ולכן הוא גם מאופיין בתכונה ההלכתית x שמתחוללת על ידי α. לדוגמה, למושג קרן (φ) יש מאפיינים עובדתיים שונים (α). כוונתה להזיק, היזקה משונה, אין כוח אחר מעורב בה, ממונך ושמירתה עליך). לכן חל עליה החיוב לשלם פיצויי נזיקין x. החיוב בתשלומי הנזק נגרם מהתכונות העובדתיות של קרן.

אם נרצה הצגה כללית יותר, נוכל לרשום:

$$\varphi \, [\mathrm{x} \, (\alpha), \, \alpha, \, \beta]$$

משמעותו של הסימון הזה היא שלמושג φ יש תכונות עובדתיות α ו-β ותכונה הלכתית x (שבעצמה נגרמת על ידי α).

לעומת זאת, אם נתבונן על המצב הבא:

$$\varphi \, [\mathrm{x} \, (\gamma), \, \alpha, \, \beta]$$

נראה מייד שהוא אינו אפשרי. התכונה ההלכתית x דורשת תכונה עובדתית γ כדי שההלכה הזו תחול במצב הנתון. אבל התכונה הזו לא קיימת במצב (המושג) φ. אם כך, לא ייתכן שלמושג φ יש את התכונה ההלכתית x. המושג חופה אינו מחיל קידושין, שכן אין בו את התכונות העובדתיות הנדרשות כדי שהקידושין יחולו.

ברור שהצורה הכללית ביותר להציג יחס כזה היא לייחס לכל מושג רשימה
של מאפיינים עובדתיים, וכתוצאה מהם אוסף של תכונות הלכתיות:

$$\varphi \left[\{ x_i(\{ \alpha^i_k \}) \}, \{ \alpha_j \} \right]$$

משמעותו של הסימון הזה היא שלמושג φ יש אוסף תכונות עובדתיות
$\{ \alpha_j \}$, ואוסף תכונות הלכתיות $\{ x_i \}$. כל תכונה הלכתית מסויימת x_i תלויה
באוסף תכונות עובדתיות $\{ \alpha^i_k \}$. בגלל הסירבול של הסימון הזה, מכאן
והלאה נשמיט מהסימון שלנו לשם הפשטות את התלות של ההוראות
ההלכתיות בקבוצת המאפיינים העובדתיים (על אף שהיא כמובן תמיד
קיימת).

ניתן לסכם את המבנה המתואר כאן דרך מיפויים בין שלושה עולמות
מושגיים שונים: מושגים, תכונות עובדתיות והוראות הלכתיות. התמונה
הכללית מתוארת בסכימה הבאה:

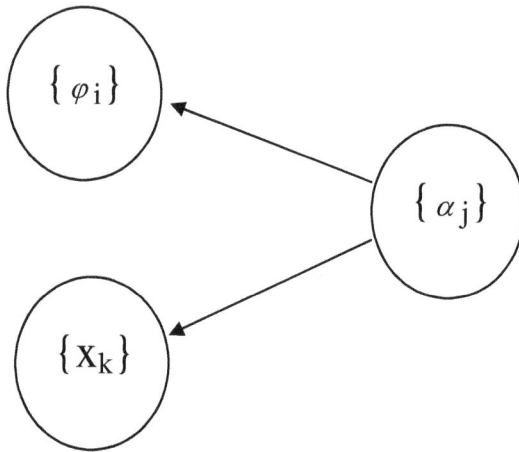

הסכימה הזו משקפת את המצב שתואר למעלה: ישנה רשימת תכונות עובדתיות. תת קבוצות של התכונות העובדתיות הללו נמצאת בתוך כל אחד מהמושגים ההלכתיים השונים (כלומר מאפיינת אותם). כך גם כל הוראה הלכתית נגזרת מאוסף כלשהו של תכונות עובדתיות (שנדרשות כדי שהיא תחול).

תיאור מלא של היחס בין מושגים לעובדות והלכות

כעת נוכל לסיים בתיאור מלא יותר של המצב השורר בין שלושת העולמות המושגיים. למושג φ_i יש את אוסף התכונות העובדתיות $\{\alpha^i_j\}$. מתוך התבוננות באוסף המלא של ההוראות ההלכתיות $\{x_l\}$ שכל אחת מהן תלויה

בתת קבוצה אחרת של התכונות העובדתיות $\{\alpha^1_k\}$, נוכל להסיק מיהם המאפיינים ההלכתיים של המושג φ_i.

הנוסחה היא הבאה: נתון המושג φ_i. אנחנו רוצים לאתר את התכונות ההלכתיות שלו. לשם כך עלינו לסרוק את קבוצת כל ההוראות ההלכתיות (את כל המכלול ההלכתי), ועבור כל הוראה x_l לבדוק האם התכונות העובדתיות שלה מקיימות את התנאי:

$$\{\alpha^1_k\} \subseteq \{\alpha^i_j\}$$

אם התנאי מתקיים, אזי x_l חלה על המושג φ_i, כלומר היא תכונה הלכתית שלו.

הוראות הלכתיות שאינן מקיימות את הדרישה הזו, לא חלות על המושג φ_i. לצרכינו בהמשך נוח יהיה להציג גם את זה בסימון שלנו, ולכן אנו נסמן הוראה הלכתית שלא חלה (כלומר שהתכונות העובדתיות שלה לא מקיימות את דרישת ההכלה של φ) בקו תחתי. כלומר הביטוי $\varphi(\underline{x})$ מבטא את העובדה שהתכונה ההלכתית x לא חלה על המושג φ. באותה צורה נסמן את הטענה שתכונה עובדתית כלשהי לא קיימת במושג φ, באופן הבא: $\varphi(\underline{\alpha})$.

כעת נוכל לרשום את הצורה הכללית ביותר של תיאור המושג φ_0 באופן הבא:

$$\varphi_0\,[\,\{x^0_i\}, \{\underline{x}^0_j\}, \{\alpha^0_k\}, \{\underline{\alpha}^0_l\}\,]$$

בסימון הזה כל אינדכס בארגומנט רץ על פני האיברים שמשתייכים לקבוצת המאפיינים הרלוונטית (העובדתיים או ההלכתיים, שנמצאים או לא נמצאים במושג). כל הוראה הלכתית בכל קבוצה תלויה כמובן במאפיינים העובדתיים שדרושים לקיומה.

באופן אחר, ניתן להתייחס לכל המשתנים, העובדתיים וההלכתיים, כמשתנים בינאריים. אם המאפיין ההלכתי a לא נמצא במושג φ_0, משמעות הדבר היא: $x_a = 0$. אם הוא כן נמצא במושג הנ״ל, כי אז ערכו הוא: $x_a = 1$. הוא הדין לגבי המאפיין העובדתי b, שהימצאותו או אי הימצאותו קובעת בהתאמה את ערכו של α_b. בתמונה הזו, ניתן לוותר על שתיים מקבוצות המאפיינים בארגומנט של הפרדיקט, ולכתוב:

$$\varphi_0 [\{x_i\}, \{\alpha_k\}]$$

בסימון הזה, בניגוד לקודמו, כל אינדכס רץ על פני כל המפה כולה (i רץ על כל המאפיינים ההלכתיים ו-k רץ על כל המאפיינים העובדתיים). אלו שמאפיינים את המושג φ_0 – ייתנו ערך 1, ואלו שלא – יתנו 0.

גם כאן, כמובן, כל הוראה הלכתית בקבוצה $\{x_i\}$ תלויה במאפיינים עובדתיים, אבל הפעם לאו דווקא בקבוצה $\{\alpha^0_k\}$. רק אלו שתלויים במאפיינים שהקבוצה הזו כלולה בהם, יקבלו את הערך 1. אחרים יופיעו כאן עם ערך 0.

לעומת זאת, הסימון הזה שונה מקודמו בכך שקבוצת המאפיינים ההלכתיים והעובדתיים בנוסחא הזו אינה מכילה את האינדכס העליון 0. הסיבה לכך

היא שבסימון הזה האינדכסים רצים על הקבוצה המלאה של כלל המאפיינים שקיימים בהלכה, ולא רק על המאפיינים של φ_0. הצגה זו תיקרא בהמשך ההצגה המלאה של המאפיינים.

בהקשר ההלכתי יש רק לאקונות הלכתיות ולא עובדתיות

התמונה שתוארה עד כה זוקקת קבוצה נתונה של הוראות הלכתיות (שולחן ערוך), כשלכל אחת מהן יש רשימה של מאפיינים עובדתיים שדרושים כדי שהיא תחול (פרשנות לשולחן ערוך הנ"ל).

אבל כל התמונה שתיארנו אינה רלוונטית אם השולחן הערוך הוא מלא, כלומר אם אנחנו יודעים את כל ההלכות כולן. במצב כזה, אין סיבה שנתעניין בתלות של המושגים וההוראות ההלכתיות במאפיינים העובדתיים. התלות הזו מעניינת אותנו רק בגלל שהשולחן ערוך שלנו אינו מלא, כלומר יש לנו לאקונות הלכתיות.

ישנם מצבים שבהם התורה לא כותבת את ההוראה ההלכתית לגביהם. ואז אנחנו שואלים: האם קיים $\varphi(x)$? למשל, אבנו סכינו ומשאו שנפלו מראש הגג והזיקו בהקשר של נזקי ממון (או חופה בהקשר של תחולת קידושין). במקרים כאלה, ניתן ללמוד מהתבוננות במציאות את המאפיינים העובדתיים של המושגים הנדונים (לגבי חופה – אין בה הנאה אבל יש בה הכנסה לרשות, וכן לגבי אבנו סכינו ומשאו – אין דרכם לילך ולהזיק, וכדומה). אבל מה לגבי המאפיינים ההלכתיים? האם קידושין חלים על ידי חופה או לא? האם אסו"מ שנפלו והזיקו מחייבים בתשלום או לא?

מה גורם ללאקונה כזאת? מדוע לא נוכל למלא אותה באופן מיידי? המאפיינים העובדתיים שיש לכל מושג הלכתי זהו נתון שנלמד מהמציאות. העובדה שלקרן יש כוונה להזיק, ושבור תחילת עשייתו לנזק, ושבכסף וביאה יש הנאה, כל אלו הן עובדות פשוטות שנלמדות מהתבוננות במציאות. אם כן, המידע היסודי שחסר לנו הוא רק מידע אודות המאפיינים העובדתיים שדרושים כדי לחולל הוראה הלכתית כלשהי. מידע כזה לא ניתן לאסוף מהתבוננות על המציאות. אם נרצה לדעת אלו תכונות עובדתיות צריכה לקיים פעולה שמחילה קידושין, על מה עלינו להתבונן? זה לא כמו התבוננות בתכונות עובדתיות של פעולה או מצב הלכתי. כאן התלות עובדתית רחוקה מלהיות מובנת מאליה.

מתוך הלאקונה לגבי המאפיינים העובדתיים שדרושים כדי להחיל הוראה הלכתית, נגזרת הלאקונה ההלכתית. אנחנו גם לא יכולים תמיד לדעת אילו הוראות הלכתיות יחולו על כל מושג φ_0, שכן כדי לבחון את יחס ההכלה שמובא למעלה, עלינו להיות מצויידים בקבוצות המאפיינים העובדתיים של הפעולות (שזה קיים מתוך התבוננות) ושל ההוראות ההלכתיות (שזה יכול להיות חסר).

אם איננו יודעים את הקבוצה $\{\alpha^i_j\}$, שהיא קבוצת המאפיינים העובדתיים שמחוללים את ההוראה ההלכתית x_i, לא נוכל לבדוק את התקיימות הדרישה: $\{\alpha^i_j\} \subseteq \{\alpha^0_k\}$, ולכן לא נוכל לדעת האם ההוראה x_i חלה על המושג φ_0.

המסקנה העולה מכאן היא שבניגוד למקרה של איסוף מידע והיסק בהקשר המדעי, בהקשר ההלכתי לאקונות קיימות רק ביחס להוראות הלכתיות (לא ברור מהם המאפיינים העובדתיים הנדרשים כדי שההוראה תחול) ולא ביחס לתכונות עובדתיות של מושגים. את אלו ניתן ללמוד מהתבוננות פשוטה.

הקביעה של ההוראות ההלכתיות שחלות על המצב החדש הזה (מילוי הלאקונה) תלויה בידיעת המאפיינים העובדתיים של כל ההוראות ההלכתיות, וזה, כפי שראינו למעלה, לא מצוי בידינו. כאן אנחנו נזקקים להיסק הלכתי שישלים את הלאקונה הזאת. כאן אין לנו מנוס משימוש בנתונים שאותם כותבת התורה לגבי המצבים הידועים. ניתן ללמוד מהם משהו על המאפיינים העובדתיים החסרים שלנו.

בפרקים הקודמים תיארנו כמה היסקים כאלה, ובפרקים הבאים נציג וננתח אותם במסגרות המודל שלנו. כדי להבין את הסוגיות השונות, עלינו להתייחס במודל שלנו למרכיב נוסף: ההיסק ההלכתי.

שני סוגי היסק

כאמור, בהקשר ההלכתי המאפיינים העובדתיים של המושגים (מצבים ויישים) ידועים מהתבוננות. בכל זאת ישנן לאקונות הלכתיות, כלומר מצבים שבהם איננו יודעים האם הוראה הלכתית x חלה על מצב/מושג φ או לא.

ראינו שהדבר לעולם נובע מלאקונה שיש לנו ביחס למאפיינים העובדתיים של ההוראה ההלכתית הנדונה (אם היינו יודעים אותם היינו יכולים לבדוק את יחס ההכלה ולקבוע האם ההוראה חלה על המושג או לא).

אם כן, כדי לקבוע האם ההוראה x חלה על המושג φ , אנחנו נזקקים להיסק.

כיצד יכול להיות בנוי היסק כזה? נניח שיש לנו הוראות הלכתיות לגבי חיובי נזיקין בנזקי קרן, בור ואש. אנחנו לא יודעים את הדין, האם חייבים לשלם גם במצב של אסו"מ שנפלו מראש הגג והזיקו, או לא. כיצד נוכל למלא את הלאקונה הזו?!

ממה שתיארנו בפרק זה עולה אפריורי שקיימות שתי צורות שונות לנסות ולהסיק זאת. מתברר ששתי אלו הן בדיוק שתי הצורות שעלו במהלך הפרקים הקודמים (הצד השווה והבנייה מושגית) :

א. הצד השווה. זהו תהליך היסק שלוקח אותנו מההלכות לעובדות ובחזרה להלכות. אנחנו מתחילים בהתבוננות על ההוראות ההלכתיות הנדונות (חיוב התשלום), ובודקים באילו מושגים הלכתיים התורה קובעת בפירוש שהן חלות (למשל : אש, בור וקרן). אלו הם **האבות**. ההנחה היא שהמאפיינים העובדתיים שקיימים בכל האבות (אש, בור וקרן), הם המאפיינים העובדתיים שדרושים כדי לחולל את חיוב התשלום הנזיקי.

באילו מהמאפיינים של אש בור וקרן מדובר? סביר שזה אמור להיות קבוצת המאפיינים העובדתיים שמאפיינת את כולם. זהו החיתוך של קבוצות המאפיינים העובדתיים של שלושת הנתונים שכתובים בתורה (אש, בור וקרן). ההנחה הכי פשוטה היא שתת הקבוצה הזו (ממונך ושמירתו עליך, כמו שכבר קובעת המשנה בתחילת ב"ק), היא שקובעת את חיוב התשלום הנזיקי.

אמנם יש לזכור שגם החיתוך הזה נותן לנו רק חסם עליון על קבוצת המאפיינים שקובעים את חובת התשלום הנזיקי, שכן היחס בין המאפיינים העובדתיים של ההוראות לאלו של המושגים הוא יחס של הכלה.

לאחר שחילצנו בדרך של היסק את המאפיינים העובדתיים שדרושים כדי לחייב בהוראה ההלכתית הנדונה (תשלומי נזיקין), עלינו לבדוק האם הם קיימים גם במושג החדש (אסו״מ), כלומר לבדוק שוב את יחס ההכלה, והפעם כלפי המושג החדש. אם הוא מתקיים (כלומר המאפיינים של המושג החדש מכילים את מאפיינים שדרושים כדי ליצור חיוב תשלום) – אזי ההוראה ההלכתית חלה גם לגבי המושג החדש. אם לא – ההוראה ההלכתית לא חלה לגביו.

זהו בעצם ההיסק אותו כינינו הצד השווה, או בניין אב משני כתובים. הוא מורכב מיישום של יחס ההכלה בשני שלבים של התהליך: בשלב הראשון אנחנו משתמשים בו כדי לחלץ את קבוצת המאפיינים העובדתיים של ההוראה ההלכתית מתוך המאפיינים של המושגים שבהם היא חלה (האבות), ובשלב השני אנחנו משתמשים בו כדי לקבוע האם ההוראה ההלכתית חלה על המושג החדש (התולדה).

ב. <u>הבנייה מושגית</u>. ראינו, ועוד נראה בהמשך, שישנה דרך אחרת, שבה אנחנו מדלגים על המעבר מההלכות לעובדות ובחזרה, ובעצם גם לא משתמשים באופן מפורש ביחס ההכלה. מה שאנחנו עושים הוא לבנות את המושג החדש מתוך כמה מושגים קיימים. ההנחה היא

שאם ניתן לבנות אותו מהם, אזי ההוראה ההלכתית שחלה עליהם ודאי תחול גם עליו. אם לא – אז עלינו לבחון את המצב בדרך הראשונה (שמתוארת בסעיף א למעלה).

הבנייה הזו נעשית על ידי כך שהמאפיינים העובדתיים של המושג החדש ניתנים להצגה כאיחוד של המאפיינים של שני המושגים שמהם הוא נבנה. אבל הפעם אנחנו מאחדים את המאפיינים ולא חותכים אותם. כפי שנראה בהמשך, אנו עושים זאת עם מאפיינים שאמורים היו להפריע לתחולת ההוראה. אם במושג A יש תכונה עובדתית a שאמורה להפריע לתחולת ההוראה אבל היא לא מפריעה, ובמושג B אין את התכונה הזו, אזי גם במושג C שהוא דומה ל-B אבל יש בו את התכונה a, יחול הדין הנדון.

ההבחנה בין תכונות מפריעות לתכונות מועילות היא חשובה מאד להבנת מערכת ההיסק ההלכתית. כיצד זה נכנס למודל שלנו? יש לשים לב שכל תכונה עובדתית יכולה להילקח בחשבון בשתי צורות: היא או שלילתה. לדוגמה, לקרן יש את התכונה שכוונתה להזיק, ולבור אין את התכונה הזו. האם במודל שלנו נגדיר את התכונה כוונה להזיק כ- α, ואי כוונה להזיק תהיה $\underline{\alpha}$? או שמא נגדיר ההיפך: התכונה שאין כוונה להזיק תסומן α, ושיש כוונה להזיק תסומן כ- $\underline{\alpha}$?

מכיון שהדיון שלנו הוא על חיוב התשלום, אנחנו לוקחים את התכונה שתורמת לחיוב כזה, כלומר את הכוונה להזיק, בתור

התכונה α, ואי כוונה להזיק תהיה $\underline{\alpha}$. לעומת זאת, כאשר אנחנו
דנים בפטור מתשלומי נזיקין, יש היגיון בסימון הפוך. אם יש סוגיא
שעוסקת גם בחיוב גם בפטור, עלינו לבחור את אחד הסימונים. בדרך
כלל התכונה הזו תשפיע רק על החיוב ותהיה לא רלוונטית לפטור, או
להיפך, ולכן ניתן לקבוע את הסימון באופן שנוח לנו.

עד כאן תיארנו את אבני הבניין של המודל שלנו, כלומר את הסימונים
היסודיים. החל מהפרק הבא, נראה כיצד מיישמים אותו לגבי סוגי ההיסק
השונים. לשם כך, נעבור שוב על הפרקים הקודמים, ונראה כיצד ההיסקים
המופיעים בהם מתוארים בפורמליזם שהוגדר כאן.

פרק שביעי

סוגיית נזקי ממון בראי המודל הפורמלי

מבוא

למעלה בפרק השני עסקנו בסוגיית נזקי ממון שבתחילת מסכת ב״ק. בפרק זה ננתח אותה במונחי המודל שהגדרנו בפרק הקודם.

הצרנה

ראינו שם בפרק השני שמשנת ב״ק מציגה ארבעה אבות נזק: קרן (=שור), שן ורגל (=מבעה), בור, הבער (אש). אנחנו נתייחס לאלה כחמישה אבות נזק שכתובים בתורה. במונחי המודל שלנו, אלו הם המושגים שכתובים בתורה, כלומר האבות: $\{\varphi_1; \varphi_2; \varphi_3; \varphi_4; \varphi_5\}$.

הסוגיא עוסקת בפירוש גם במאפיינים העובדתיים של כל אב נזק כזה. תשעת המאפיינים הרלוונטיים לסוגיית נזקי ממון, הקבוצה $\{\alpha\}$, הם:

יש כוונה להזיק – α_1

נזק לא משונה – α_2

דרכו לילך ולהזיק (מזיק לא סטטי) – α_3

אין כוח אחר מעורב בו – α_4

תחילת עשייתו לנזק – α_5

יש הנאה להיזקו – α_6

היזקו מצוי – α_7

המזיק הוא ממונך – α_8

שמירתו של המזיק עליך – α_9

טבלא 1 : המאפיינים העובדתיים הרלוונטיים לחיובי נזיקין

יש לשים לב שהגדרנו את המאפיינים באופן שתורם לחיוב בנזק. לדוגמה, כוח אחר מעורב בו ונזק משונה הן תכונות לקולא (כלומר שמפריעות לנו לחייב בתשלום). לכן הגדרנו כאן דווקא את היפוכן כתכונות העובדתיות הרלוונטיות.

כעת נוכל לקבוע את חלוקת המאפיינים העובדתיים לפי המושגים. קבוצת המאפיינים $\{\alpha^i_j\}$ היא הקבוצה שמאפיינת את המושג φ_i :

הצגה מלאה של המאפיינים העובדתיים	האידנכס j של קבוצת המאפיינים העובדתיים	סימון קבוצת המאפיינים העובדתיים	סימון מתאים על ידי האינדכס i	המזיק (המושג)
(1,0,1,1,0,0,0,1,1)	$\{1,3,4,8,9\}$	$\{\alpha^1_j\}$	φ_1	קרן
(,0,1,1,1,0,1,1,1,1)	[28]$\{2,3,4,6,7,8,9\}$	$\{\alpha^2_j\}$	φ_2	שן
(0,1,1,1,0,0,1,1,1)	$\{2,3,4,7,8,9\}$	$\{\alpha^3_j\}$	φ_3	רגל
(0,1,0,1,1,0,1,1,1)	$\{2,4,5,7,8,9\}$	$\{\alpha^4_j\}$	φ_4	בור
(0,1,1,0,0,0,1,1,1)	$\{2,3,7,8,9\}$	$\{\alpha^5_j\}$	φ_5	אש

טבלא 2 : קבוצות המאפיינים העובדתיים לכל אב נזק

---

[28] אנחנו מניחים שדרכה לילך ולהזיק, אבל נציין שזה נכון רק ברשות הרבים.

כמו כן, ראינו בסוגיית ב״ק שבהקשר של תשלומי נזיקין ישנן שש הוראות הלכתיות שונות $\{x_i\}$:

X_1 – עקרונית חיוב בתשלום פיצויי נזיקין (למעט המקומות שבהם יש פטור)
X_2 – פטור מחצי נזק בשלוש הפעמים הראשונות
X_3 – פטור על נזק ברה״ר
X_4 – פטור על נזק של כלים
X_5 – פטור על נזק של בני אדם
X_6 פטור על נזקים של טמון

טבלא 3 : קבוצת המאפיינים ההלכתיים הרלוונטיים לחיובי נזיקין

כל אחת מההוראות הללו תלויה במאפיינים עובדתיים כלשהם (הם צריכים להתקיים כדי שההוראה הזו תחול).

זוהי הלאקונה העקרונית שיש לנו : איננו יודעים אלו הוראות דרושות כדי להחיל כל הוראה הלכתית. מה שנתון לנו מן התורה הוא איזו הוראה הלכתית מאפיינת איזה אב. נביא כאן את הנתונים :

המזיק (המושג)	סימון מתאים על ידי האינדכס i	סימון קבוצת המאפיינים ההלכתיים	האידנכס j של קבוצת המאפיינים ההלכתיים	הצגה מלאה של המאפיינים ההלכתיים
קרן	φ_1	$\{x^1_j\}$	{1,2}	(1,1,0,0,0,0)
שן	φ_2	$\{x^2_j\}$	{1,3}	(1,0,1,0,0,0)
רגל	φ_3	$\{x^3_j\}$	{1,3}	(1,0,1,0,0,0)
בור	φ_4	$\{x^4_j\}$	{1,4,5}	(1,0,0,1,1,0)
אש	φ_5	$\{x^5_j\}$	{1,6}	(1,0,0,0,0,1)

טבלא 4 : קבוצת המאפיינים ההלכתיים לכל אב נזק

מסקנה ראשונה במונחי המודל שלנו

המסקנה הראשונה שמופיעה כבר במשנה נוגעת למאפיינים העובדתיים שעומדים בבסיס עצם החיוב בתשלומי נזיקין. המשנה עוסקת בשאלה מהם המאפיינים שדרושים כדי שיהיה חיוב עקרוני (x_1)? אנחנו מחפשים את

הקבוצה $\{\alpha^1{}_k\}$. מסקנת המשנה היא שאלו הם שני המאפיינים העובדתיים האחרונים, 8 ו-9 (ממונך ושמירתו עליך). מדוע? מפני שרק הם מופיעים בכל האבות, וההנחה היא שמה שמופיע בכל האבות הוא מה שגורם לחיוב תשלומי הנזיקין. אם כן, קיבלנו: $\{8,9\} = \{\alpha^1{}_k\}$.

המהלך הלוגי של ההיסק הזה מבוסס על הלוגיקה של הצד השווה, ואנו נציג אותה ביתר פירוט בהמשך. בקצרה, הלוגיקה היא הבאה: אם יש חיוב תשלום בכל אבות הנזיקין, אזי מתקיים יחס ההכלה לגבי כל קבוצות המאפיינים העובדתיים שלהם. כלומר הקבוצה $\{\alpha^1{}_k\}$ אמורה להיות מוכלת בכל אחת מהקבוצות $\{\alpha^i{}_j\}$. כלומר זה אמור להתקיים עבור $i=1\ldots5$. התוצאה חייבת להיות מוכלת בקבוצה: $\{8,9\}$, שהיא קבוצת החיתוך של חמש קבוצות המאפיינים העובדתיים של האבות. כן כל מאפיין אחר פרט לשני אלו אינו מוכל בכל הקבוצות העובדתיות של כל האבות, ולכן אינו שייך לחיתוך.

יש לציין שהתוצאה עבור $\{\alpha^1{}_k\}$ לא בהכרח זהה לקבוצת החיתוך הזו, אלא רק מוכלת בה. הסיבה לכך היא שהקבוצה $\{\alpha^1{}_k\}$ צריכה לקים יחס הכלה עם החיתוך ולא יחס של שוויון. לדוגמה, ייתכן שמה שדרוש לחיוב התשלום הוא רק תכונה 8 (ממונך) או רק 9 (שמירתו עליך). גם שני הפתרונות הללו הם עקביים עם כל הדרישות. לכן נראה שמה שהמשנה קובעת כאן הוא חסם, ולא קביעה מוחלטת: לכל היותר שני המאפיינים הללו נדרשים.

ובאמת הקביעה הזו, כפי שכבר הערנו, היא רלוונטית אך ורק ליישום לגבי תולדות. אם נרצה לבחון האם אסו״מ שנפלו והזיקו חייבים בתשלום, עלינו

לבדוק האם המאפיינים העובדתיים של אסו"מ שנפלו כלולים בקבוצה הזו או לא. אם נמצא שלגבי אסו"מ רק 9 מאפיין אותו, או רק 8 מאפיין אותו, אי אפשר להוכיח שאכן יש שם חיוב, שהרי ייתכן שדרושות שתי התכונות. לכן הגיוני להבין שהמשנה קובעת כאן את התנאי המספיק לחייב בתשלום, ולא בהכרח את האמת המלאה. כדי שנוכל בוודאות לחייב בתשלום צריכות להתקיים שתי התכונות הללו גם יחד.

מהניסוח במשנה יש מקום להבין שהיא בכל זאת דורשת את שני המאפיינים גם יחד (לא משמע מהמשנה שכוונתה רק לקבוע חסם). ייתכן שהמשנה רואה את שני המאפיינים הללו כתלויים זה בזה, שהרי רק מה שהוא ממוני יש לי חובה לשמור עליו. כלומר לא מדובר במאפיין אחד אלא בשניים.

אמנם ההיפך לא נכון: לא כל מה שהוא ממוני יש לי חובה לשמור עליו. לדוגמה, קרן לפני שהזיקה שלוש פעמים (קרן תמה) היא בחזקת שמורה – ראה ב"ק טו ע"א. וכן שן ורגל ברה"ר, שאין לי חובה לשמור עליהם אלא החובה היא על הניזקים הפוטנציאליים. אלא ששני אלו הם פטורים מיוחדים. הוא הדין לגבי ממון שלי שמופקד אצל שומר, ואז אין לי אחריות שמירה עליו. אמנם גם כאן רואים את השומר כמי שמחליף את הבעלים, ולכן חובת ואחריות השמירה מוטלת עליו.

לסיום, נחזור ונציין שההיסק הזה אינו חשוב לנו, אלא אם נוכל ליישם אותו במקום כלשהו. לגבי כל חמשת אבות הנזק, התורה עצמה כבר כתבה שהם מחייבים בתשלום, ולכן אין למסקנה שלנו חשיבות שם. המסקנה הזו יכולה לבוא לידי ביטוי רק במצב חדש שאינו נכלל בין חמשת האבות. מדובר בסוג

מזיק (=מושג) חדש, שאנו תוהים לגביו האם הוא מחייב בתשלומי נזיקין. במצב כזה נעסוק כעת.

היסק לגבי חיובי תשלום בתולדות: המקרה של אסו״מ

ראינו בפרק השני שהגמרא בב״ק דף ו מביאה כמה מצבים חדשים כאלה. בפרק השני הבאנו אחד מהם לדוגמה: אסו״מ שנפלו מראש הגג והזיקו. זהו מזיק (=מושג) חדש, שנסמן אותו כ-φ_6. אנחנו רוצים לדעת האם זוהי תולדה של אבות הנזק, כלומר האם גם למושג הזה יש את המאפיין ההלכתי x_1 (שהוא חייב עקרונית בתשלום), או לא?

כפי שהסברנו למעלה, כדי שנוכל לדעת האם במצב (=מושג) חדש ניתן ליישם הוראה הלכתית כלשהי, עלינו לדעת מהם המאפיינים העובדתיים שגורמים להוראה הזו לחול. ברגע שנדע אותם, נוכל לבדוק את יחס ההכלה ולדעת האם באסו״מ תחול ההוראה הזו, שכן כבר עמדנו על כך שהמאפיינים העובדתיים של מושג ניתנים לנו מהתבוננות ישירה במצב שהוא מתאר.

כעת עולות כמה שאלות שטעונות בירור (לאקונות הלכתיות) לגבי המזיק החדש: בפרק השני ראינו שהגמרא עצמה (שם בדף ו) דנה בשאלה האם יש חיוב עקרוני בתשלום (=ההוראה ההלכתית x_1) במזיק הזה? עוד ראינו שם, שברא״ש על הסוגיא ההיא מופיעות דעות שונות לגבי הפטורים השונים (=ההוראות ההלכתיות x_2-x_6), האם הם קיימים במזיק הזה, ואיזה מהם?

שאלות אלו נוגעות כמובן למאפיינים ההלכתיים של המזיק החדש, שכן המאפיינים העובדתיים שלו ידועים לנו מההתבוננות בו, וכנ״ל.

למעלה כבר הקדמנו שהחיוב העקרוני בתשלום נקבע אך ורק על ידי המאפיינים {8,9}. זה מה שנקבע כבר במשנה, אבל הגמרא בדף ו מגיעה למסקנה הזו בדרך של היסק הצד השווה. היא מציעה ללמוד את התולדה φ_6 משני האבות (בור ואש): φ_4 ו-φ_5.

הצד השווה

כיצד היסק כזה פועל? כבר ראינו בפרק השני שמדובר באלימינציה. ראשית, הבה נתבונן במה שידוע לנו על שני האבות שמהם אנחנו רוצים ללמוד (אש ובור):

$$\{\alpha^4_j\} = \{2,4,5,7,8,9\} \qquad ; \qquad \{\alpha^5_j\} = \{2,3,7,8,9\}$$

מהם המאפיינים העובדתיים של התולדה הנדונה? בפרק השני ראינו שמדובר בהיזק שנגרם אחרי שהאסו״מ נחו על הקרקע. במצב כזה נוכל להתבונן במציאות ולראות שמתקיימים המאפיינים העובדתיים הבאים:

$$\{\alpha^{6}_{j}\} = \{2,7,8,9\}$$ [29]

כלומר מה שחסר לנו כאן הוא המאפיינים {1,3,4,5,6}, שכל אחד מהם הוא גורם פוטנציאלי לחיוב התשלום (אנחנו עוד לא יודעים את ההכללה שהוליכה אותנו לחיתוך {8,9}. כעת הגמרא מסבירה כיצד הגענו לשם). כעת עלינו להוכיח שאף אחד מחמשת המאפיינים הללו אינו שייך לקבוצת המאפיינים העובדתיים שמחייבת בתשלומי נזיקין $\{\alpha^{1}_{k}\}$.

המאפיין 1 אינו נחוץ לחיוב התשלום, שהרי בשני האבות שלנו הוא לא נמצא ובכל זאת יש בשניהם חיוב תשלום. המסקנה היא ש-α_1 אינו איבר בקבוצה $\{\alpha^{1}_{k}\}$. לגבי α_3 המצב סבוך יותר, מפני שהוא כן נמצא בקבוצת המאפיינים העובדתיים של האב 5 אבל לא בזו של האב 4. אבל די שהוא לא נמצא באחת משתיהן כדי להוכיח שניתן לחייב בתשלום גם בלעדיו, כלומר שגם הוא לא כלול בקבוצה $\{\alpha^{1}_{k}\}$. הוא הדין לגבי α_4, שכלול רק במאפיינים העובדתיים של האב 4 ולא באלו של האב 5. α_6 לא נמצא בשני האבות ו-α_5 נמצא רק באחד מהם (של האב 4). אם כן, הוכחנו שחמשת המאפיינים החסרים אינם נחוצים כדי לחייב בתשלומי נזיקין, ולכן היעדרם ב-φ_6 (אסו״מ) אינו מונע את החיוב שלו בתשלום.

---

[29] כך עולה בפירוש ממהלך הגמרא ב״ק ו. לא ניכנס כאן לדיונים מדוע הגמרא סוברת שכוח אחר מעורב במזיק הזה (הכוח האחר היה מעורב בהיווצרות המזיק, אבל לא בפעולת ההיזק עצמה שמתבצעת כשהאסו״מ כבר מונחים על הקרקע).

זוהי ההוכחה בדרך של הצד השווה לכך שקבוצת המאפיינים העובדתיים של φ_6, כלומר {2,7,8,9}, חייבת לקיים את יחס ההכלה:

$$\{\alpha^6_j\} \subseteq \{\alpha^1_k\}$$

המסקנה היא ש-φ_6 (אסו״מ) הוא תולדה של אבות הנזיקין, כלומר שהוא מחייב בתשלום. ליתר דיוק הוא תולדה של אש ובור (φ_4 ו-φ_5).

זהו היסק של הצד השווה במינוח של המודל שלנו, כלומר היסק מהסוג הראשון מהשניים שמובאים בסוף הפרק למעלה. יצאנו מכמה מושגים (אש ובור) שמקיימים את ההלכה הנדונה (חיובי תשלום נזיקין), חילצנו מהם חסם על קבוצת המאפיינים העובדתיים שדרושה להחיל את ההלכה הזו, וחזרנו לבחון מושג חדש שאנחנו יודעים את המאפיינם העובדתיים שלו, וכך הוכחנו שהוא אכן תולדה, כלומר שיש לו את המאפיין ההלכתי הנדון (שגם הוא מחייב בתשלומי נזיקין).

באמצעות ההיסק הזה הוכחנו שהקבוצה {2,7,8,9} חייבת לקיים את יחס ההכלה. האם אכן זה נכון? אנחנו כבר יודעים מהמשנה את אברי הקבוצה: $\{\alpha^1_k\} = \{8,9\}$. אם כן, ברור שיחס ההכלה אכן מתקיים. ההיסק הזה אכן הוביל אותנו לתוצאה הנכונה.

המסקנה בשפת המודל שלנו

אם נסכם, הטענה אותה הוכחנו כאן היא הבאה[30]:

$$\varphi_6 \, [x_1 \, (\{8,9\}), \, \alpha_2, \, \alpha_7, \, \alpha_8, \, \alpha_9]$$

ובמילים: לתולדה φ_6 יש את התכונות העובדתיות $\{2,7,8,9\}$, ולכן גם את התכונה ההלכתית x_1, שבעצמה תלויה בתכונות העובדתיות $\{8,9\}$ בלבד.

מדוע נבחרו דווקא שני האבות הללו?

ראינו למעלה ששני האבות הללו מספיקים כדי להוכיח את החיוב באסו"מ. השאלה הקשה יותר היא מדוע הגמרא בוחרת דווקא את שני האבות הללו? לכאורה כל צמד אבות יכול היה ללמד אותנו את החיוב באסו"מ. לשון אחר: מדוע אסו"מ הוא תולדה של אש ובור דווקא, ולא של קרן ואש, או בור ורגל (להלן נראה את ההשלכות של הקביעה מיהם האבות של התולדה הנדונה)?

למעלה ראינו שקבוצת המאפיינים העובדתיים של אסו"מ היא:

$$\{ \alpha^6_{\,j} \} = \{2,7,8,9\}$$

---

[30] נעיר כי בנוסחה מופיעה התוצאה שההוראה ההלכתית x_1 (=חיוב עקרוני בתשלומי נזיקין) תלויה במאפיינים $\{8,9\}$. אנחנו יודעים זאת מהמשנה (שמסבירה בפירוש שזה מבוסס על הוכחת צד שווה מכל האבות). ההוכחה שהבאנו כאן לגבי אסו"מ התבססה על שני אבות בלבד, ולכן היא לא הראתה זאת, אלא רק מצאה חסם.

כלומר עלינו למצוא שני אבות שמהם בלבד ניתן להוכיח שדי במאפיינים הללו כדי לחולל חיוב בתשלומי נזיקין. כלומר אנחנו צריכים לנטרל את כל המאפיינים מלבד {2,7,8,9}, בדרך שתיארנו אותה למעלה.

איזה צמד אבות יכול לעשות זאת? ראשית, כל אחד משני האבות צריך להכיל את {2,7,8,9}. שנית, לא אמור להיות להם שום מאפיין עובדתי משותף נוסף, שכן אם יש מאפיין כזה אז לא ניתן להוכיח שהוא לא נחוץ לחיובי נזיקין. אם נתבונן בטבלא 2 למעלה, נראה מייד שאין שום צמד אחר של אבות שמקיים את שתי הדרישות הללו.[31]

זוהי תוצאה מיידית שמתקבלת מהמודל שלנו.

הערה: מהי המשמעות של היחס אבות-תולדות?

למעלה ראינו שהיסק של צד שווה (אלימינציה) מכל האבות נותן לנו שדי במאפיינים {8,9} כדי לחייב בתשלום. אם כן, נראה שניתן להסיק כבר מכאן שגם אסו"מ מחייב בתשלום, שכן שני המאפיינים העובדתיים הללו אכן מאפיינים גם את אסו"מ. לכאורה אין כל צורך בהיסק המפורט יותר שתיארנו כאן.

---

[31] הוכחה פשוטה: שלושת האבות האחרים מכילים, בין היתר, את {3,4}. לכן כל חיתוך שלהם ביניהם, או של אחד מהם עם אחד משני האבות הנכונים, ייתן לפחות אחד מהקבוצה {3,4}, ולכן לא יספיק כדי להוכיח חיוב של φ_6.

הגמרא כאן עושה היסק זהיר יותר, בלי להיזקק לעיקרון הכללי יותר (שכל שהוא ממונך ושמירתו עליך מחייב בתשלום). לשון אחר: התוצאה של ההיסק שעושה כאן הגמרא נותן רק חסם על הקבוצה $\{\alpha^1_k\}$, ולא את הקבוצה עצמה. כמובן שאם נעשה את אותו מהלך לוגי על כל הצמדים, ולבסוף נחתוך את כל התוצאות, נקבל כמובן את קבוצת החיתוך הקטנה ביותר $\{8,9\}$. אז מדוע באמת לעשות זאת בכלל? למה לא ללכת ישירות לתוצאה הכללית ביותר? בהסתכלות הזאת, ניתן לקבל החלטה ישירה על כל תולדה האם היא מחייבת בתשלום או לא. אם יש לה את $\{8,9\}$ אז כן, ואם לא – אז לא. שאר המאפיינים אינם רלוונטיים לשאלת חיוב התשלום. מדוע בכל זאת הגמרא טורחת לבחון האם יש צמד אבות ספציפי שמוליד את φ_6 ?

נראה שהסיבה לכך היא שאר המאפיינים ההלכתיים (x_2-x_6). ראינו בטבלא 3 שיש 6 מאפיינים בסך הכל, ועד עתה עסקנו רק בראשון $(x_1$ חיוב התשלום העקרוני). כאשר נרצה לבחון האם לתולדה φ_6 יש פטור מיוחד, כלומר האם יש לה מאפיין הלכתי אחר (פרט ל-x_1 שבו עסקנו כאן), אזי יהיה עלינו לשאול מיהם האבות שלו. ראינו שכאן ישנה חשיבות לשאלה המפורטת יותר (ראה טבלא 4 שמלמדת על כך שלכל מאפיין הלכתי דרושות תכונות עובדתיות מסויימות מעבר לשתי התכונות הכלליות), ולזה לא די לנו במסקנה הכללית.

אם כן, הסיבה לכך שאנחנו טורחים בשאלת האבות והתולדות הוא שאלת החלת הפטורים המיוחדים בתולדה שלמדנו. בשאלה זו נעסוק עוד מעט.

סיכום ביניים: אלגוריתם להיסק 'הצד השווה'

לסיכום דברינו עד כה, נציג כעת את האלגוריתם שמצאנו לצורת ההיסק א שהוצגה בסוף הפרק הקודם: הצד השווה. לשם כך עלינו לחזור תחילה לפרק השני, שם ראינו שהיסק של הצד השווה נראה כך:

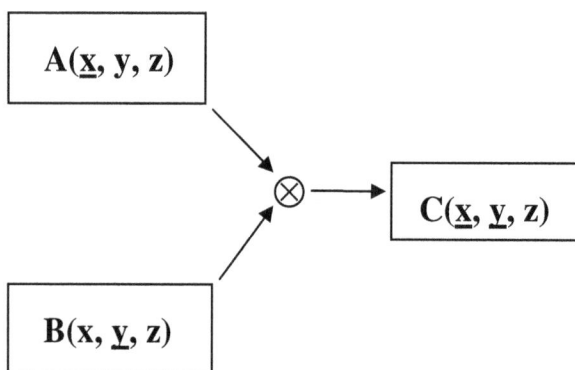

על מנת לקבל את הסכימה שתיארנו כאן, עלינו להציב את התכונות העובדתיות במקומות המתאימים בסכימה (במקום x,y,z):

$A = \varphi_4$; $B = \varphi_5$; $C = \varphi_6$; $\underline{x} = \{1,3,6\}$; $x = \{2,3,7,8,9\}$; $\underline{y} = \{1,4,5,6\}$; $y = \{2,4,5,7,8,9\}$; $z = \{2,7,8,9\}$

התכונות z הן המשותפות לשני המלמדים וללמד, ולכן ניתן להוכיח שדי בתכונות הללו כדי להתחייב בתשלומי נזיקין. כלומר הצד השווה הוא חיתוך בין קבוצות המאפיינים של שני האבות. אם יש יותר אבות, כמו במקרה של

חיובי נזיקין, ניתן לעשות צד שווה בין כולם יחד (על ידי חיתוך כל קבוצות המאפיינים).

ראינו בפרק השני שכל לימוד חלקי, כלומר ללמוד את C (φ_6) רק מ-A (φ_4) או רק מ-B (φ_5), אינו אפשרי בגלל התכונות המיוחדות לחומרא של A ו-B. לכן היסק כזה מתחייב רק אם יש לכל אחד משני המלמדים (האבות) תכונה או תכונות לחומרא שאינן קיימות בתולדה. אם אין תכונות כאלה, ניתן ללמוד את התולדה מאחד משני האבות בלבד.

נזכיר עוד שראינו בפרק השני שלוש צורות להבין את היסק הצד השווה. מעבר לצורה שהוצגה כאן, יש שני אופנים נוספים: א. התולדה נלמדת רק מ-A, ו-B הוא מסייע צדדי (מוכיח שהתכונות x אינן רלוונטיות, כלומר שחסרונן לא מפריע). ב. היא נלמדת רק מ-B, ו-A הוא מסייע צדדי (מוכיח שהתכונות y אינן רלוונטיות, כלומר שחסרונן לא מפריע).

לענייננו אין הבדל בין שתי אלו לבין ההצגה שלנו, שכן בכל הצורות הללו התוצאה היא שמה שנחוץ לחיוב בתשלום אינו x וגם לא y, אלא אך ורק z, כלומר החיתוך בין מאפייני האבות. המודל שלנו משתמש בהצגה שהובאה כאן למעלה, ולא בשתי האחרות מפני שהצגה זו מייצגת בצורה הטובה ביותר את התוצאה הסופית.

משמעות השרטוט שלמעלה במונחי המודל שלנו היא שאנחנו חותכים את שתי קבוצות המאפיינים העובדתיים של שני האבות (זוהי הצומת עם סימון המכפיל), ובודקים האם התוצאה שמתקבלת מוכלת בקבוצת המאפיינים העובדתיים של התולדה. אם כן, אז אכן מדובר בתולדה.

נסכם כעת את דרך ההיסק של הצד השווה כאלגוריתם שעוסק בקבוצות
מאפיינים עובדתיים:

א. איתור המאפיינים העובדתיים של האבות. ראשית, עלינו לאתר את
קבוצות המאפיינים של כל המושגים הרלוונטיים שמופיעים בתורה. קבוצת
המאפיינים העובדתיים של מושג φ_i תסומן $\{\alpha^i_k\}$.

ב. מציאת החיתוך. קבוצת המאפיינים העובדתיים של הוראה הלכתית x_1
שהמושג הזה מאופיין בה, תסומן: $\{\alpha^1_j\}$, ואותה אנחנו מחפשים. זו
התוצאה הראשונית שנקבל מההיסק שלנו. כיצד נמצא אותה?

אנחנו יוצאים מיחס ההכלה שהוצג למעלה. ברור ממנו שחייב להתקיים בין
הקבוצה הזו לבין כל קבוצה של מושג שמקיים את ההוראה ההלכתית הזאת
יחס ההכלה הבא:

$$\{\alpha^1_j\} \subseteq \{\alpha^i_k\}$$

אם יש n מושגים שונים (=אבות), שניים או יותר, שכולם מקיימים את
ההוראה ההלכתית x_1, אזי יחס ההכלה הזה אמור להתקיים בכולם. מכאן
ברור שאם נתונים לנו כמה אבות עם מאפיינים עובדתיים של כל אחד מהם,
נוכל למצוא מתוכם חסם עליון על הקבוצה $\{\alpha^1_j\}$. זה נעשה על ידי חיתוך בין
קבוצות המאפיינים של כולם. במונחי המודל שלנו:

$$\{\alpha^1_j\} \subseteq \bigcap_{i=1}^{n}\{\alpha^i_k\}$$

משמעות הנוסחה הזו היא שקבוצת המאפיינים העובדתיים של ההוראה ההלכתית 1 נחסמת על ידי החיתוך בין קבוצות המאפיינים של אוסף המושגים שמקיימים את ההוראה הזו (כלומר שהיא מאפיין הלכתי שלהם).

בדוגמה שלנו, $n=5$ (יש שני אבות). אנחנו עוסקים במאפיין ההלכתי $l=1$, כלומר בהוראה ההלכתית x_1, שהיא החיוב העקרוני בתשלומי נזיקין. קבוצת המאפיינים העובדתיים שמחוללת אותה, מתקבלת מחיתוך של קבוצות המאפיינים של כל האבות. כפי שראינו, התוצאה היא:

$$\{ \alpha^1_j \} \subseteq \{8,9\}$$

כלומר: כל מושג שקבוצת המאפיינים העובדתיים שלו כוללת את $\{8,9\}$, הוי אומר: ממונך ושמירתו עליך, בודאי חייב בתשלומי נזיקין.

אם כן, השלב הבא באלגוריתם הוא מציאת החיתוך בנוסחה שלמעלה. החיתוך הזה ייתן לנו חסם על הקבוצה המבוקשת.

ג. מציאת מאפיינים עובדתיים של התולדה. כעת יש לנו חסם, ואנחנו רוצים ליישם את התוצאה הזאת על התולדה φ_{n+1} (בדוגמה שלנו: φ_6, כלומר אסו״מ). אנחנו רוצים לבדוק האם היא אכן תולדה או לא.

לשם כך עלינו לאתר את קבוצת המאפיינים העובדתיים שלה $\{ \alpha^{n+1}_k \}$, על ידי התבוננות בה עצמה.

ד. בדיקה האם אכן מדובר בתולדה. כעת עלינו לבדוק האם הקבוצה הזו כוללת את החיתוך הנ״ל, כלומר:

$$\bigcap_{i=1}^{n}\{\alpha^{i}_{k}\} \subseteq \{\alpha^{n+1}_{k}\}$$

אם זה מתקיים, אז מתוך התחשבות ביחס ההכלה הקודם, ברור ללא ספק שמתקיים יחס ההכלה הבא:

$$\{\alpha^{1}_{j}\} \subseteq \{\alpha^{n+1}_{k}\}$$

אבל זהו בדיוק התנאי לכך שההוראה 1 (x_1) חלה על המושג החדש, ולכן המסקנה היא ש-φ_{n+1} הוא תולדה של האבות הללו.

בדוגמה שלנו $\{\alpha^{6}_{k}\} = \{2,7,8,9\}$, והחיתוך של כל האבות הוא $\{8,9\}$. לכן יחס ההכלה מתקיים, ומזה מוכח שאסו״מ הוא אכן תולדה של אבות הנזיקין, כלומר שהוא מחייב את בעליו בתשלום.

ה. משמעותו של היסק חלקי. שימוש בהיסק שמבוסס רק על חלק מהאבות (כלומר שימוש בחלק מהנתונים שכתובים בתורה) הוא אפשרי לכיוון אחד: אם הוא נותן שהמושג החדש הוא אכן תולדה, כי אז הוא ודאי תולדה. אם הוא נותן שהמושג החדש אינו בהכרח תולדה, אין זה אומר שהמושג הזה לא יימצא תולדה על ידי התחשבות בשאר המושגים (האבות).

לדוגמה, ההיסק שעושה הגמרא על אסו״מ נותן לנו רק חסם רחוק יותר, שכן הוא משתמש רק בשני אבות (בור ואש) ולא בכולם. הקבוצה שקיבלנו מהחיתוך בין המאפיינים העובדתיים של שני האבות הללו היא: $\{2,7,8,9\}$. ברור שזוהי קבוצה רחבה יותר מהחיתוך בין כל האבות, $\{8,9\}$, ולכן אם קבוצת המאפיינים של אסו״מ מכילה את זה (כאן במקרה היא בדיוק שווה

לזה), אז היא ודאי מכילה את החיתוך של כל האבות, ובודאי שהיא מכילה את הקבוצה $\{\alpha^1_j\}$ שמוכלת ב-$\{8,9\}$. לכן די בזה כדי להוכיח שאסו״מ היא תולדה. אולם אם היינו מקבלים מההיסק החלקי שאין הוכחה שאסו״מ היא תולדה – עדיין אין זה אומר שהיא באמת אינה תולדה. עלינו לצרף ולבדוק את כל הנתונים כדי להשתכנע שאי אפשר להוכיח זאת מנתוני התורה.

ואכן, במקרה של אסו״מ כתולדת נזיקין, הוכחנו למעלה ששימוש בקרן ורגל (כמו בכל צמד אחר, שאינו בור ואש) כאבות לא היה מצליח להוכיח שאסו״מ הוא תולדה. ובכל זאת כשמוסיפים את בור ואש מקבלים שזוהי אכן תולדה.

אלו פטורים מיוחדים חלים על אסו״מ?

עד עתה מצאנו תולדה (אסו״מ, φ_6) שיש בה חיוב עקרוני של תשלומי נזיקין. כעת אנחנו מתעניינים בשאלה אלו פטורים מיוחדים חלים על התולדה שאותה מצאנו, כלומר האם מתקיים $\varphi^6(x_i)$, עבור כל אחד מהערכים הבאים: $i=2…6$ (כל אחד מייצג הוראה הלכתית אחרת). מכיון שהמסקנה הזו לא ידועה (זוהי לאקונה), עלינו להיזקק להיסק שימלא אותה. גם את ההיסק הזה נבסס על הנתונים לגבי האבות כפי שלמדנו מהתורה.

שני האבות שלנו הם אש ובור. הסתכלות על טבלא 4 למעלה מראה שהמאפיין ההלכתי המשותף לשניהם הוא עצם החיוב העקרוני בתשלום

(תכונה x_1 שאנחנו מסמנים כאן: 1), בו עסקנו עד עכשיו. התכונות ההלכתיות {2,3} אינן קיימות בשני האבות הללו, ולכן אין טעם לדון בקיומן בתולדה. המאפיינים הייחודיים שלהם הם: בור – פטור בכלים ובאדם {4,5}. אש – פטור על טמון {6}. רק באלו יש טעם לדון. השאלה היא האם אסו״מ פטור בטמון, והאם הוא פטור באדם וכלים.

ראינו שם שלוש דעות בעניין זה:

א. הדעה הראשונה (״הגדולים״) סוברת שיש לאסו״מ את הפטורים של שני האבות, כלומר: $\varphi_6(x_1,x_4,x_5,x_6)$.

ב. הדעה השנייה כפי שהסברנו אותה שם, מסתפקת שמא הדין הוא שלאסו״מ אין כלל פטורים, כלומר: $\varphi_6(x_1)$.

ג. דעת הרא״ש עצמו היא שיש לאסו״מ רק את הפטורים של בור ולא את אלו של אש, כלומר: $\varphi_6(x_1,x_4,x_5)$.

בפרק השני תיארנו את המחלוקת לאור שלוש הדרכים שהוזכרו כאן בהבנת היסקי הצד השווה. אולם במונחי המודל שלנו אין כל הבדל ביניהן, שהרי כולן מתמפות לביצוע חיתוך בין קבוצות המאפיינים העובדתיים של האבות. מהי, אם כן, נקודת המחלוקת לגבי הפטורים המיוחדים במסגרת המודל שלנו?

כדי לבחון זאת באופן שיטתי, נבדוק את שאלת הפטורים המיוחדים כאילו שיש כאן שאלה חדשה לגמרי. יש לנו שני אבות, שלכל אחד מהם יש פטורים מיוחדים. יש לנו תולדה שנלמדת משני האבות, והשאלה היא אלו פטורים

מיוחדים יהיו לה? התכונה ההלכתית x_1 (החיוב העקרוני בתשלום) אינה רלוונטית כאן, שכן היא זו שמגדירה את המסגרת לדיון. כל המושגים הללו מחוייבים בתשלום, ולכן בכלל נפתח הדיון הזה. אבל לאחר שהוא נפתח, עלינו לנהל אותו בתוך המסגרת העובדתית בלבד (בלי להתחשב בכלל במאפיינים הלכתיים).

ראשית, עלינו לשים לב לכך שעד כאן הנושא שלנו היה חיוב בתשלום (המאפיין ההלכתי x_1). במצב כזה התכונות הרלוונטיות הן התכונות שמחייבות בתשלום. לעומת זאת, כשאנחנו דנים בשאר המאפיינים ההלכתיים (x_2... x_6) הנושא הוא פטור מתשלום, ולא חיוב בו. משמעות הדבר שהתכונות הרלוונטיות { α_i } צריכות להיות מוגדרות כהיעדרן של כל התכונות הקודמות. לחילופין, התכונות צריכות להיות מוגדרות הפוך: (תכונות של חיוב ולא של פטור : $\underline{x_2}$... $\underline{x_6}$).

קבוצות המאפיינים העובדתיים של שני האבות והתולדה שלנו הן (ראה טבלא 2, ולגבי התולדה ראה כאן למעלה) :

$$\{ \alpha^4_j \} = \{2,4,5,7,8,9\} \; ; \; \{ \alpha^5_j \} = \{2,3,7,8,9\} \; ; \; \{ \alpha^6_j \} = \{2,7,8,9\}$$

מכיון שאנחנו עוסקים בפטור ולא בחיוב, נמיר את התכונות למסגרת הדיון של פטורים, כלומר התכונות הרלוונטיות הן דווקא התכונות הנעדרות. משמעות הדבר היא להשתמש בהצגה המלאה ולהפוך כל 0 ל-1 ו-1 ל-0. מה שמתקבל הוא :

$$\{ \alpha^4_j \} = \{1,3,6\} \qquad ; \{ \alpha^5_j \} = \{1,4,5,6\} \quad ; \{ \alpha^6_j \} = \{1,3,4,5,6\}$$

יש לשים לב שיחס ההכלה התחלף כעת. אם למעלה הקבוצות של האבות φ_4 ו-φ_5 היו מוכלות בקבוצה של התולדה φ_6, כעת המצב התהפך. התולדה כלולה בשתיהן. זהו בדיוק הבסיס לכל התוצאות שנראה כעת.

התכונה הראשונה שנבחן את קיומה באסו״מ היא פטור של טמון, כלומר x_6. מטבלא 4 ניתן לראות שהתכונה הזו קיימת רק באב φ_5 (אש). השאלה היא האם אנחנו יכולים ללמוד מקיומה באב הזה לגבי קיומה בתולדה (שלו ושל בור) φ_6. מכיון שלבור אין את התכונה הזו, אנחנו יכולים ללמוד אותה רק מאש. לכן בעצם אנחנו שואלים האם היא תולדה של אש לבדה לעניין הפטור הזה. לפי הקריטריון שלנו, עלינו לבחון את יחס ההכלה בין קבוצות המאפיינים העובדתיים הרלוונטיים.

ראשית עלינו לשאול מהם המאפיינים העובדתיים שמחוללים את התכונה ההלכתית x_6. אין לנו דרך ישירה לדעת זאת (התבוננות לא נותנת מאפיינים עובדתיים של הוראה הלכתית). זוהי לאקונה, ולכן עלינו לבצע היסק כדי להשלים אותה (או לקבל עליה חסמים). כאמור, רק אש ניחנה בתכונה ההלכתית הזו (פטור בטמון), ולכן התכונות העובדתיות שמחוללות אותה כלולות בתכונות העובדתיות של אש:

$$\{\alpha^6{}_k\} \subseteq \{\alpha^5{}_j\}$$

כעת עלינו לבחון את קיומו של יחס ההכלה בין המאפיינים של התולדה לבין אלו של אש. מתוך התבוננות בקבוצות שהוגדרו למעלה, נקבל:

$$\{\alpha^5{}_j\} \subseteq \{\alpha^6{}_j\}$$

משני יחסי ההכלה האחרונים נוכל מייד להסיק:

$$\{\alpha^{6}{}_{k}\} \subseteq \{\alpha^{6}{}_{j}\}$$

משמעות היחס הזה היא שגם לתולדה φ_6 יש את התכונה ההלכתית x_6, כלומר:

$$\varphi_6\,[x_1, x_6, \alpha_2, \alpha_7, \alpha_8, \alpha_9]$$

כאשר התכונות העובדתיות הן המקוריות (ההחלפה של ההגדרה שלהן נעשתה רק לצורך ההיסק). אם נרצה שהסימון יהיה עקבי, עלינו לסמן את התכונה של פטור בקו מתחתיה (אין לו את התכונה של חיוב בטמון)[32]:

$$\varphi_6\,[x_1, \underline{x}_6, \alpha_2, \alpha_7, \alpha_8, \alpha_9]$$

---

[32] יכולנו לעשות את כל ההיסק במסגרת הזו (בלי הלחליף את התכונות), ואז היינו מגלים שלא ניתן ללמוד מאף אחד מהאבות, וגם לא משום צירוף שלהם, את החיוב של אסו"מ בטמון. הסיבה לכך היא שכל האבות פרט לאש חייבים בטמון, אבל למעלה הוכחנו (בסעיף שמראה מדוע הגמרא בחרה ללמוד את אסו"מ דווקא מאש ובור. שם ראינו ששניהם הכרחיים) ששום קומבינציה של אבות שאינה כוללת את אש (שפטורה בטמון ולכן לא יכולה להצטרף) לא תוכל לתת את אסו"מ. לכן הלימוד על חיוב אסו"מ בטמון היה נכשל. זוהי בדיוק התוצאה שקיבלנו שאסו"מ פטור מטמון.

בחרנו לעשות זאת בצורה של היפוך המאפיינים העובדתיים ולא על ידי היפוך המאפיינים ההלכתיים, מפני שבצורה האחרת היה עלינו לבדוק את היחס בין התולדה לבין חמש הקבוצות של כל האבות (למעט אש), וכאן די היה לנו לבדוק את היחס שלה לאש בלבד. אבל כאמור שתי הצורות הללו הן שקולות לגמרי זו לזו.

באותה צורה[33] בדיוק אנחנו יכולים ללמוד מבור שאסו״מ אינו חייב על אדם וכלים (x_4 ו-x_5, ראה טבלא 3), כלומר:

$$\varphi_6 [x_1, \underline{x}_4, \underline{x}_5, \underline{x}_6, \alpha_2, \alpha_7, \alpha_8, \alpha_9]$$

המסקנה היא שלתולדה יש את הפטורים של שני האבות.

על פניו נראה שזהו משפט כללי, שכן לא הנחנו מאומה בהוכחה הזו מעבר להיפוך יחסי ההכלה בין תכונות הלכתיות של פטור לתכונות הלכתיות של חיוב. לכן התוצאה הזו מתקיימת תמיד: תכונות לחומרא של אחד האבות לא יתקיימו בתולדה (רק אם הן תכונות של שני האבות), אבל תכונות לקולא של כל אחד מהאבות מתקיימות גם בתולדה.

כעת גם ברור מאליו מדוע היה חשוב לגמרא ללמוד את אסו״מ באופן מפורש דווקא מבור ואש, והיא לא הסתפקה בלימוד מהתוצאה הסופית של חיתוך כל האבות (שהוכחנו שהיא חסומה על ידי הקבוצה {8,9}), שהייתה נותנת את התוצאה הזו באופן מיידי. מדברינו עד כאן עולה שאת קיומם או אי קיומם של הפטורים לא ניתן היה ללמוד בדרך זו. הדיון בפטורים זוקק

---

[33] בעצם בשתי הצורות השקולות (עם או בלי להחליף את הגדרת המאפיינים). ראה עליהן בהערה הקודמת.

התייחסות לאבות הספציפיים המינימליים שנותנים את התולדה.[34] זוהי תוצאה נוספת שעולה מיידית מן המודל שלנו.

הבעייה היא שקיבלנו כאן כמשפט מתמטי את המסקנה של שיטת ה״גדולים״ (שיטה א מלמעלה), שלתולדה יש את כל הפטורים שקיימים בשני האבות. זו כנראה הדעה המתבקשת, כפי שגם ראינו בניתוח שלנו. אך הרא״ש שם מביא עוד שתי דעות, שחולקות עליה. כיצד, אם בכלל, נוכל להסביר במסגרת המודל שלנו את שתי הדעות האחרות? בכך יעסוק הסעיף הבא.

שיטה ב: כיצד מגיעים לכך שלתולדה אין אף פטור?

כאמור, הדעה השנייה היא שלתולדה אין אף אחד מהפטורים שיש לאבות. בפרק השני הצענו מכניזם שמסביר זאת כך: לתולדה יש מאפיינים נוספים לחומרא (כלומר לאבות יש מאפיינים נוספים לקולא) שלא מופיעים ברשימת המאפיינים הכללית. מאפיינים כאלו לא יפריעו להיסק הראשוני של החיוב העקרוני (x_1), ואפילו יחזקו אותו (שכן לפעמים הם הופכים אותו מבניין אב לקו״ח), אבל הם כן יפריעו להיסק לגבי הפטורים.

[34] יש לציין שהדיון בפטורים של התולדה עולה רק בראשונים (ראינו אותו ברא״ש), ולא בגמרא עצמה. ובכל זאת, טענתנו היא שהגמרא היתה מודעת לו, ולכן נקטה דווקא בדרך ההיסק הזו.

161

במונחי המודל שלנו, הטענה היא הבאה: למעלה הנחנו שהמאפיינים העובדתיים של כל המושגים ניתנים לגזירה מתצפית ישירה עליהם. אנחנו יכולים לראות שנזקי קרן מאופיינים בכך שיש כוונה להזיק ושזה היזק משונה, או שנזקי אש מערבים כוח אחר וכדומה. אולם, אומרת לנו כעת השיטה השנייה, גם אם מתבוננים במושגים שמופיעים בתורה (האבות), לא בהכרח אנחנו מוצאים בהם תמיד את כל המאפיינים העובדתיים הרלוונטיים. ייתכן שפיספסנו משהו, וקיימים בהם או בחלקם עוד מאפיינים לקולא שלא הבחנו בהם. אם אכן זה כך, אזי ייתכן גם שדווקא הקולות הללו הן שגורמות לפטורים המיוחדים באבות הנזק. לכן כשאנחנו באים לדון על קיומם של הפטורים בתולדה, עלינו להתחשב גם באפשרות שלתולדה לא יהיו המאפיינים לקולא הללו, ולכן אי אפשר ללמוד מהאבות לתולדה את הפטורים ההלכתיים.

יש לציין שהמסתפקים שמביא הרא"ש אינם מעלים נימוקים ספציפיים לשיטתם. כלומר הם לא טוענים טענה ספציפית לסוגיא הזו (שיש מאפיין כזה או אחרת לקולא במי מהאבות), אלא מנסחים את עמדתם כטענה כללית. נראה כי לשיטתם עלינו לחשוש תמיד לקיומם של מאפיינים כאלה, והחשש הזה מובנה בלוגיקה של ההיסק עצמו. אין צורך להצביע בפירוש על קיומם של מאפיינים כאלה כדי לשלול את קיומם של הפטורים בתולדה.

כיצד נכנסת ההנחה הזו במודל? כדי לברר זאת, עלינו לשים לב לכך שאותם פטורים מיוחדים יכולים לאפיין את כל האבות, או את חלקם. כדי לקיים את שיטה ב, הם חייבים לאפיין לפחות את האב הרלוונטי שממנו לומדים את הפטור, ולא להימצא בתולדה.

נניח שאנחנו דנים בפטור טמון באסו״מ. מבין האבות, הפטור הזה קיים רק באש. אם אכן גורמים לו מאפייני קולא מיוחדים (אולי בנוסף למאפיינים בהם הבחנו והגדרנו כבר למעלה), אזי בהכרח הם קיימים רק באש ולא באף אב אחר (שאם לא כן, גם הוא היה פטור על נזקי טמון). מאידך, אם הם מאפיינים רק את אש, אזי בבור הם לא קיימים. צדו השני של המטבע היא שבבור ישנה חומרא (=היעדר המאפיינים הללו) שאינה באש. בנוסף, החומרא הזו (=היעדר המאפיינים לקולא הללו) בהכרח ישנה באסו״מ (שאם לא כן שוב ניתן היה ללמוד את פטור טמון באסו״מ מאש לבדה). הוא הדין לגבי מאפייני קולא מסויימים שקיימים בבור וגורמים לפטור באדם וכלים, ולא קיימים באש וגם לא באסו״מ.

אם כן, המצב לשיטה ב הוא הבא. במקום הקבוצות אותן הגדרנו למעלה עבור בור ואש, עלינו להוסיף עוד מאפיין שונה לחומרא לכל אחת מהן (α_{10} ו-α_{11}), ושני המאפיינים צריכים להיכלל גם בקבוצת המאפיינים העובדתיים של אסו״מ. התמונה המתקבלת היא הבאה:

$$\{\alpha^4{}_j\} = \{2,4,5,7,8,9,10\}\ ;\ \{\alpha^5{}_j\} = \{2,3,7,8,9,11\}\ ;$$

$$\{\alpha^6{}_j\} = \{2,7,8,9,10,11\}$$

כעת עלינו לבדוק מה מכל ההיסקים שלנו משתנה. המחייב הכללי בנזקי ממון (x_1) לא משתנה, שכן עדיין החיתוך של כלל הקבוצות הוא {8,9}. לכן ברור שהתולדה φ_6 (אסו״מ) גם היא חייבת בתשלומי נזיקין. כלומר מסקנת המשנה לא השתנתה (המאפיינים החדשים לא מפריעים להיסק לגבי עצם החיוב). אמנם כפי שראינו בגמרא מתבצע היסק צד שווה מפורט יותר, משני

אבות בלבד, אבל קל לראות שגם ההיסק הזה נשאר תקף. החיתוך של קבוצות החומרא החדשות של שני האבות הללו הוא עדיין אותו חיתוך: {2,7,8,9}. החיתוך הזה נכלל בקבוצת החומרא של התולדה (שרק התרחבה. ראה כאן למעלה). אם כן, גם בתמונה הזו מוכח שהתולדה חייבת בתשלומי נזיקין, כלומר שהיא תולדה של אש ובור.

השאלה היא, כמובן, מה קורה לגבי ההיסקים לפטור (הפטורים המיוחדים)? ראינו שהדרך היעילה ביותר לטפל בהיסק הזה היא להפוך את המאפיינים הרלוונטיים של שני האבות והתולדה, ולראות את יחס ההכלה. קבוצות המאפיינים העובדתיים המהופכים הן:

$$\{\alpha^4_j\} = \{1,3,6,11\} \;;\; \{\alpha^5_j\} = \{1,4,5,6,10\} \;;\; \{\alpha^6_j\} = \{1,3,4,5,6\}$$

כעת שני יחסי ההכלה שהתקיימו קודם כבר לא מתקיימים:

$$\{\alpha^4_j\} \not\subset \{\alpha^6_j\} \quad;\quad \{\alpha^5_j\} \not\subset \{\alpha^6_j\}$$

לכן הפטורים המיוחדים לא קיימים בתולדה, בדיוק כפי שטוענת שיטה ב. זה כנראה המכניזם הלוגי שעומד מאחורי השיטה הזו.

שלוש הערות נוספות על שיטה ב

א. עקרונית ייתכן שהמאפיינים 10 ו-11 יהיו קיימים בעוד אבות, באופן כזה שמה שמחולל את הפטור של אש בטמון הוא לא רק העובדה שאין בה את מאפיין 10, אלא צירוף של זה עם קולות נוספות, באופן כזה שהצירוף הזה קיים רק באש (מטבלא 2 ניתן לקחת דוגמה. אם גם לקרן יהיה חסר 10, אבל

יש לה את 1, אז אפשרי שמה שגורם לפטור של טמון הוא הצירוף של היעדר 1 והיעדר 10, וזה קיים רק באש).

בה במידה, מה שחולל את הפטור בבור הוא היעדר החומרא 11 בצירוף עם עוד קולות שקיימות בבור. מטבלא 2 ניתן לומר שאם בקרן אין את 11, והגורם לפטורים של בור הוא הצירוף של היעדר 1 והיעדר 11, גם אז הכל מתקיים.

כלומר המאפיינים הנוספים לחומרא לא בהכרח קיימים רק באש או רק בבור. אם יכול להימצא צירוף לקולא שיהיה קיים רק בהם, אזי אין להוכיח את קיומם של הפטורים המיוחדים בתולדה (אסו״מ). זהו כנראה טיעונה של שיטה ב, ומכאן היא מסיקה שאין ללמוד את הפטורים המיוחדים מהאבות לתולדה.

ב. כאן מתעוררת השאלה מדוע לגבי ההיסק היסודי שמחייב בתשלומי נזיקין (ההיסק שמתבצע בגמרא עצמה) אנחנו לא חוששים שיש מאפיינים נוספים לחומרא שלא שמנו לב אליהם? ייתכן שכאן המצב הוא שונה, מפני שאם נתחשב בחשש הזה כדי לפרוך את עצם החיוב בתשלומי נזיקין, אזי הוא חייב להימצא בכל אבות הנזק (כדי להימצא בחיתוך שקובע את הקריטריון לחייב

בתשלומי נזיקין), ולפספוס כזה לא חוששים. החשש הוא לפספוס של קולא או חומרא באב או שניים, אבל לא בכולם.[35]

ג. שאלה שלישית שעולה כאן היא שאלה הלכתית-משפטית. הכלל בהלכה הוא שבהיעדר ראיות או במצב של ספק, הממון נותר בחזקתו. במקרה של נזיקין התובע הוא הניזק, וכשאנחנו במצב של ספק הדין צריך להיות שהממון יישאר בחזקתו של המזיק, כלומר שהמזיק יהיה פטור.[36] והנה, אם אכן שיטה ב מבוססת על ספק שמא יש מאפיינים נוספים שלא נלקחו בחשבון, אזי יש לנו ספק האם אסו״מ חייב או פטור על נזקי טמון. אם כן, מבחינה הלכתית

---

[35] אמנם הגמרא לומדת את אסו״מ משני אבות ולא מכולם, ולגבי שני אבות יש חשש שנשמט מאיתנו מאפיין נוסף. אבל כפי שראינו החיתוך של כלל האבות היה מראה שאסו״מ חייב בתשלומי נזיקין מכלל האבות. בכל אופן, לפי שיטה ב אין לנו הסבר מדוע הגמרא נזקקה ללימוד משני אבות (שהוא בעייתי יותר) ולא להיסק הכללי שמופיע כבר במשנה.

[36] אמנם האחרונים חלוקים בשאלה מה הדין במצב של ספק בנזיקין, האם חובת הראיה היא על המזיק או על הניזק: **הפנ״י** (ב״ק נו ע״ב, ד״ה ׳בגמ׳ לימא תיהוי׳) סובר שחובת הראיה היא על הניזק, אך **החזו״א** (ב״ק סי׳ ז סק״ז) סובר שהחובה היא על המזיק. אם כן, קושייתנו קיימת רק לשיטת **הפנ״י**, ושיטה ב סוברת כדעת **החזו״א**, ואז לא קשה עליה מאומה. יתר על כן, אולי שיטת ה״גדולים״ שנדונה למעלה, סוברת באמת כדעת **הפנ״י**, ולכן באמת לפי שיטה זו יש לאסו״מ את שני הפטורים (גם על טמון וגם על אדם וכלים).

אך נראה שכל זה לא נכון. בדרך כלל האחרונים מבינים שהמחלוקת בין **החזו״א לפנ״י** היא בשאלה מיהו המוחזק במקרה של תביעה נזיקית, אך עיון נוסף בדברי **החזו״א** שם מעלה שלא זוהי המחלוקת. **החזו״א** רק סובר שהטענה של המזיק שהוא שמר היטב אינה טענה סבירה, ולכן חובת הראיה היא עליו. לפיכך, במקום בו יש ספק הלכתי, ולא ספק לגבי איכות השמירה של המזיק, גם **החזו״א** יסכים לדברי **הפנ״י** שחובת הראיה היא על הניזק. ראה על כך במאמרו של מיכאל אברהם, המחייב בממון המזיק: למהותן של ה׳חקירות׳ העיוניות, **מישרים** ג, ישיבת ההסדר ירוחם, תשסג. לפי זה, הקושי שהוצג למעלה בשיטה ב הוא לכל הדעות, ושיטת ה״גדולים״ תוסבר כפי שראינו למעלה (הם פשוט לא חוששים שיש מאפיינים עובדתיים נוספים).

הדין היה צריך להיות שיהיה פטור על טמון, וכך גם לגבי נזקי אדם וכלים. מדוע, אם כן, במצב של ספק אנחנו מכריעים שאין פטור של טמון ושל אדם וכלים?

אך מבט נוסף מעלה שהקושי הזה לא באמת קיים. ראינו שההיסק היסודי שמופיע כבר במשנה, שמוכיח שאסו״מ חייב עקרונית בנזקי ממון, הוא ודאי תקף גם אם יש חשש למאפיינים נוספים. כעת עולה השאלה האם לאסו״מ יש פטור על טמון, או על אדם וכלים. כלומר יש לנו ודאי חיוב עקרוני של אסו״מ בתשלום, אלא שיש ספק נוסף על גבי זה האם בכל זאת יש לפטור את האסו״מ מהתשלום במקרה של טמון או אדם וכלים. במצב כזה אין ספק מוציא מידי ודאי, והספק לא יכול להחיל פטור. אם כן, זהו אכן ההסבר בשיטה ב.

שיטת הרא״ש

מה שנותר לנו הוא להסביר את שיטת הרא״ש עצמו, שפוסק שלתולדה יש רק את הפטורים של בור ולא של אש. נראה שלא מדובר כאן במסקנה לוגית טהורה (כלומר מסקנה שיסיק הרא״ש בכל היסק מהמבנה הזה, בלי קשר לתכנים המעורבים בו), שהרי מבחינה לוגית התפקיד של בור ושל אש בהיסק לגבי אסו״מ הוא סימטרי (כלומר הוא תולדה של שניהם בשווה). הרא״ש מוצא הבדל בין בור לאש, וברור שזוהי תוצאה של התכנים הספציפיים הללו, ולא של המבנה הכללי של היסקים כאלה.

ואכן כך אנחנו מוצאים ב**שטמ״ק** ב״ק ב ע״א בשם רבו הרדב״ז:

והוסיף מורי הרב לתרץ למה לא נפרש כאן כמו בשאר מקומות משום דבשאר מקומות שאומר הצד השוה שבהם הוא לוקח הקולא של כולם אבל הכא הוא לוקח הקולא של אחד מהם לבד כמו שאומר בגמרא הצד השוה לאיתויי אבנו סכינו שרוצה ללמוד מבור ואש ובעלמא נותן לנלמד דין שניהם אבל הכא אינו נותן לו אלא דין בור לבד החיוב והפטור שבו אבל לא דין אש ולכן אינו דומה לעלמא ולא נוכל לפרש כמו בעלמא. גליונות.

הוא סובר כרא״ש, ומסביר שזהו מקרה מיוחד ולא היסק רגיל של הצד השווה. ובכל זאת, כיצד ניתן להבין את שיטתו במסגרת המודל שלנו?

הסתכלות במשקפיים רגילות על המושגים (סוגי ההיזק, φ_i) בהם אנחנו עוסקים כאן מעלה שההיזק של אסו״מ נעשה ממש בצורה של בור. האסו״מ מונחים על הקרקע, והנזק שהם גורמים הוא על ידי שמשהו או מישהו עובר מעליהם ונפגע מהם. מדוע, אם כן, היינו צריכים גם את אש כדי לחייב בתולדה? מפני שלבור יש מאפיין לחומרא שאין באסו״מ, שאין כוח אחר מעורב בהיזק (או ביצירת המזיק, גם אם לא ההיזק). אם כן, טוען הרא״ש, מדובר כאן במזיק מסוג של בור, והאש רק מסייעת מן הצד להיסק. נזכיר שכך בדיוק גם הסברנו בפרק השני את שיטת הרא״ש.

לכאורה אנחנו רואים כאן כיצד משפיעים התכנים הספציפיים על מסקנת ההיסק, כפי שהסברנו למעלה. אך ייתכן שבכל זאת ניתן לתלות זאת במבנה ההיסק עצמו. אם נצליח להראות את העדיפות של בור על אש בפרמטרים הפורמליים, אזי ניתן עדיין להעמיד את מסקנת ההיסק על הממד הצורני שלו (בלי להתייחס לתכנים הספציפיים המעורבים בו).

הצעה מתבקשת להסביר את הדומיננטיות של בור היא מידת הדמיון, כלומר להראות שאסו"מ דומה יותר לבור מאשר לאש, ולכן יש לתולדה הזו רק את הפטורים של בור ולא של אש. כיצד נכמת את מידת הדמיון הזו? נבחן כאן שלוש אפשרויות:

א. הצעה מתבקשת היא השוואה של מספר המאפיינים של אש הדומים לתולדה, לעומת אלו של בור. מכיון שאנחנו עוסקים בפטור ולא בחיוב, נראה שעלינו לבחון את המאפיינים לקולא. המאפיינים המהופכים (מאפיינים לקולא) של שלושת המושגים שלנו הם:

$$\{\alpha^4{}_j\} = \{1,3,6\}\ ;\ \{\alpha^5{}_j\} = \{1,4,5,6\}\ ;\ \{\alpha^6{}_j\} = \{1,3,4,5,6\}$$

מייד רואים שלאש יש יותר מאפיינים לקולא שדומים לתולדה (ארבעה) מאשר לבור (שלושה): מהסתכלות בטבלא 1 עולה שבכולם אין כוונה להזיק (α_1) וגם אין הנאה להיזק (α_6). מאידך, בבור אין דרכו לילך ולהזיק (α_3), ובאש כן. ואש כוח אחר מעורב בה (α_4) ואין תחילת עשייתה לנזק (α_5), ובבור לא.

אם כן, ברור שלא מדובר כאן על השוואה כמותית בין מספרי המאפיינים הדומים, לפחות לא המאפיינים לקולא. כבר כאן ניתן לומר שלפי הרא"ש אנחנו לא מפרידים את ההיסק על החיוב העקרוני מההיסק לגבי הפטורים. ההשוואה בין התולדה לאבות נעשית לגבי שני המישורים גם יחד.

ניתן להעלות שתי אפשרויות להסביר את שיטתו:

ב. השוואה של המאפיינים לחומרא. אם מבחינת המאפיינים לקולא יש יותר דמיון לאש, אזי מבחינת המאפיינים לחומרא יהיה דמיון גבוה יותר לבור

169

(המאפיינים לחומרא הם אלו שלא מופיעים למעלה). אם כן, מבחינת הגורמים המחייבים אסו״מ דומה יותר לבור מאשר לאש. מדוע דווקא אלו המאפיינים הרלוונטיים? מפני שבניגוד למה שהנחנו עד עתה, אנחנו לא מפרידים את ההיסק לגבי הפטורים מן ההיסק לגבי החיוב.

ג. אפשרות שלישית היא להגדיר מאפיינים דומיננטיים, או מובהקים, שהדמיון של התולדה לאב מבחינתם גובר על הדמיון מבחינת המאפיינים האחרים. במקרה שלנו, כפי שראינו צורת ההיזק דומה מאד להיזק של בור, ולכן ברור שאסו״מ הוא סוג של בור. אמנם הדמיון לא מושלם כי בבור יש שני מאפיינים לחומרא שלא קיימים בתולדה: תחילת עשייתו לנזק ואין כוח אחר מעורב בו. ולכן נדרשת האש להשלים את ההיסק. אבל עדיין הדמיון היסודי הוא לבור ולא לאש. זהו סיוע צדדי להיסק ולא דמיון של ממש.

המאפיינים המובהקים הללו יכולים להיות חלק מהמאפיינים שהוגדרו למעלה, או משהו שנמצא מעבר לכל אלו: צורת ההיזק. כפי שתיארנו למעלה, אסו״מ מזיקים בדיוק באותה צורה כמו בור. הם מונחים ברה״ר ומי שפוגע בהם ניזוק. האם התיאור הזה קשור למאפיינים מלמעלה? לא לגמרי ברור. אולי למאפיין שאין דרכם ללכת ולהזיק, אלא הניזוקים פוגעים בהם. וגם לכך שאין כוח אחר מעורב בהיזק. אש, לעומת זאת, דרכה לילך ולהזיק (לחומרא) וכוח אחר מעורב בה (לקולא). לכן הרא״ש ממאן לראות באסו״מ תולדה של אש.

כאמור, גם בצורת ההצגה הזו של שיטת הרא״ש אנחנו מוותרים על ההפרדה בין ההיסק לגבי החיוב העקרוני בתשלום לבין ההיסק לגבי הפטורים. הדמיון

לבור קובע גם את החיוב וגם את הפטור. אלא שלצורך קביעת החיוב נדרש סיוע צדדי מאש, ולגבי הפטורים הם נלמדים רק מבור.

כיצד נציג את האפשרויות הללו במודל שלנו? ראשית, ברור שרשימת ההוראות ההלכתיות משתנה. עד כאן הפרדנו בין החיוב העקרוני בנזק (x_1) לבין הפטורים המיוחדים ($x_2... x_6$), וראינו בכל אלו הוראות הלכתיות שונות. אולם לפי הרא״ש ראינו שאין מקום להפריד ביניהם, שכן אנחנו רואים את הפטורים כסייגים על החיוב. לדוגמה, האש אינו חייב בתשלום ופטורה על טמון, אלא חייבת על כל מה שאינו טמון. לכן עלינו להגדיר רק ארבע הוראות הלכתיות (לצורך הפשטות, אנחנו מחברים את הפטור של בור על אדם וכלים לפטור אחד). במקום טבלא 3 אנחנו מקבלים את הטבלא הבאה (הפעם הסימון של ההוראות ההלכתיות הוא ב-X גדול):

X_1 – חיוב נזק עם פטור על חצי נזק בשלוש הפעמים הראשונות (דין תמות).

X_2 – חיוב נזק עם פטור ברה״ר.

X_3 – חיוב נזק עם פטור על נזקי אדם וכלים.

X_4 – חיוב נזק עם פטור על טמון.

טבלא 5 : המאפיינים ההלכתיים לפי הרא״ש

אם נבחן כעת את המאפיינים ההלכתיים של האבות השונים, נקבל במקום טבלא 4 את הטבלא הבאה :

הצגה מלאה של המאפיינים ההלכתיים	האידנכס j של קבוצת המאפיינים ההלכתיים	סימון קבוצת המאפיינים ההלכתיים	סימון מתאים על ידי האינדכס i	המזיק (המושג)
$(1,0,0,0)$	$\{1\}$	$\{x^1_j\}$	φ_1	קרן
$(0,1,0,0)$	$\{2\}$	$\{x^2_j\}$	φ_2	שן
$(0,1,0,0)$	$\{2\}$	$\{x^3_j\}$	φ_3	רגל
$(0,0,1,0)$	$\{3\}$	$\{x^4_j\}$	φ_4	בור
$(0,0,0,1)$	$\{4\}$	$\{x^5_j\}$	φ_5	אש
?	?	$\{x^6_j\}$	φ_6	אסו"מ

טבלא 6 : טבלת המאפיינים ההלכתיים לפי שיטת הרא"ש

כעת עלינו למלא את הלאקונה ההלכתית לגבי אסו"מ. חשוב להבין שלפי הרא"ש אין הפרדה בין ההוראות לחיוב ולפטור, ולכן גם בתולדה לא תהיה הוראה אחרת. בשיטות הקודמות הפרדנו את ההוראות ההלכתיות מפני שלקחנו בחשבון אפשרות שבתולדה יהיה חיוב ולא יהיו פטורים, או יהיו פטורים אחרים. כעת אין אפשרות כזו, והלאקונה בתולדה תצטרך לקבל את

אחד המאפיינים ההלכתיים הללו $X_1...X_4$, שכל אחד מהם כבר כולל גם את החיוב וגם את הפטור.

גם כאן אנחנו עושים זאת בעזרת היסק, אבל כעת ההיסק לגבי החיוב ולגבי הפטורים הוא אותו היסק. ברור שגם לפי הרא"ש אנחנו לומדים את אסו"מ מאש ובור, שכן הדבר מפורש בגמרא. כפי שכבר ראינו למעלה, החיתוך בין התכונות העובדתיות שלהם (שלא השתנו, גם בתמונה של הרא"ש) מוכל בתכונות העובדתיות של אסו"מ. אלא שכעת יש לנו בעייה כי ההוראות ההלכתיות של אש ובור אינן זהות. אם כן, זה לא ממש היסק של צד שווה. אנחנו צריכים לבחור את אחד האבות ללמוד ממנו, ולפי הרא"ש בוחרים את בור, כלומר המסקנה היא X_3.

כיצד זה נעשה? ראינו למעלה שתי אפשרויות: או השוואה של המאפיינים לחיוב, או התחשבות אחרת במאפיינים מובהקים. לפי שתי האפשרויות, הלימוד זוקק שני אבות, כלומר עלינו להחליט שהתולדה בכלל שייכת למשפחה הכללית של סוגי היזק שמחייבים בתשלום (=מזיקים). את זה אנחנו עושים בהיסק של צד שווה כפי שהוא תואר למעלה. לפי הרא"ש, המסקנה שלו אינה מאפיין הלכתי של אסו"מ, אלא שייכות של אסו"מ למשפחה. כלומר זו מסקנה מטא הלכתית, ולא הלכתית ממש.

כעת מגיע שלב ב, בו עלינו לשאול את עצמנו למי מבני המשפחה התולדה הזו דומה (אין אפשרות להוסיף למשפחה מרכיבים אחרים). כאן הדמיון מכריע שהתולדה הזו מסתעפת מבור ולא מאש: או בגלל הדמיון למאפיין המהותי, או בגלל שכאן הדמיון קיים ליותר מאפיינים לחומרא (בתמונה של הרא"ש

אין משמעות לדבר על מאפיינים לקולא, כי ההיסק לגבי הפטורים אינו היסק
נפרד).

סיכום: ההבדל בין השיטות

ההבדל בין שיטת הרא"ש לבין שאר השיטות הוא הבא:

- לפי שאר השיטות, הקבוצה של המזיקים היא מובנת מאליה, כל מה
  ששייך לי ומזיק הוא מחייב פוטנציאלי. ייתכן שזה אפילו נובע
  מהחיתוך של כל האבות שנעשה כבר במשנה, וממנו יוצא שכל שהוא
  ממונך ושמירתו עליך הוא מזיק. כעת היסק הצד השווה הראשון
  (שנעשה בגמרא) מלמד אותנו את עצם החיוב בתשלום (שהוא מסקנה
  הלכתית), וההיסק השני (שנעשה בראשונים, כמו ברא"ש) מלמד
  אותנו את הפטורים (או היעדרם).

- לפי הרא"ש הגדרת קבוצת המזיקים אינה מובנת מאליה. היסק הצד
  השווה שנעשה בגמרא מלמד אותנו שהתולדה שייכת גם היא
  לקבוצת המזיקים. זוהי קביעה מטא הלכתית, שכן היא עדיין לא
  אומרת שיש כאן הוראה הלכתית קונקרטית (מתוך $X_1...X_4$). לאחר
  הקביעה הזו, ישנו היסק אחד של בניין אב (השוואה) שבו אנחנו
  בוחרים את האב הדומה ביותר (או מבחינת מספר המאפיינים הגדול
  יותר, או מבחינת המאפיינים הדומיננטיים). תוצאת ההיסק הזה
  היא הוראה הלכתית של אחד האבות שמועברת גם לתולדה. במקרה
  שלנו X_3.

פרק שמיני

אבות ותולדות בשבת: הבנייה מושגית במודל הפורמלי

מבוא

בפרק הקודם עסקנו בניתוח של היחס בין אבות ותולדות בנזיקין. ראינו שם
שבסיסית היחס הזה נקבע על ידי גזירה של הצד השווה, אבל כאשר מתעורר
דיון לגבי הפטורים המיוחדים, המצב מעט מסתבך. בסוף הפרק הצגנו את
שיטת הרא"ש, שמגדיר את התולדה (אסו"מ) של שני אבות (אש ובור)
כוריאציה של אחד האבות. בפרק זה נראה שבעצם מדובר כאן במכניזם
שאינו בדיוק הצד השווה אלא מה שכינינו כבר למעלה 'הבנייה מושגית'.

הבנייה מושגית: מבט ראשוני

צורה אחרת להציג את שיטת הרא״ש היא לומר שההיסק הזה בונה את התולדה כוריאציה של בור. זהו בור שכוח אחר מעורב בעשייתו, כלומר בור עם תוספת שנלקחת מאש (שכוח אחר מעורב בה).

בסוף הפרק השישי הגדרנו שתי דרכי היסק: א. הצד השווה. ב. הבנייה מושגית. הסברנו שם שהצד השווה מבוסס על חיתוך של התכונות שתורמות לדין אצל כל האבות, והבנייה מושגית מבוססת על איחוד התכונות שיכולות להפריע לדין אצל כל האבות. אולם בדברינו בפרק הקודם ראינו שלמעשה מדובר בשתי דרכים שקולות. הלכות לקולא נמדדות דרך התכונות העובדתיות הפוטרות והלכות לחומרא נמדדות דרך התכונות העובדתיות המחייבות. בכל אחד משני הדיונים הללו (על חיוב או על פטור) במקום לבחון את התכונות שחייבות להתקיים כדי שהדין יחול, ניתן לבחון את כל התכונות שקיומן אינו מפריע לו לחול.

לדוגמה, כשאנחנו לומדים את חיוב התשלום באסו״מ מחיובי התשלום בבור ובאש, ניתן לבחון האם המאפיינים העובדתיים של אסו״מ מכילים את החיתוך של המאפיינים לחומרא של שני האבות. אם זה מתקיים, אזי ניתן להסיק שאסו״מ חייב בתשלומי נזיקין, שהרי כל המאפיינים העובדתיים הדרושים לחיוב הזה קיימים בו. אך בה במידה ניתן לבדוק האם המאפיינים לקולא של אסו״מ מוכלים באיחוד המאפיינים לקולא של שני האבות. אם זה מתקיים, אזי שוב ניתן להסיק שאסו״מ חייב בתשלומי נזיקין, שהרי כל התכונות לקולא שלו אינן מפריעות לחיוב (כי אם הן היו מפריעות החיוב לא היה קיים גם באבות).

נותרנו, אם כן, עם שתי צורות תיאור שקולות של ההיסק של הצד השווה:
דרך חיתוך התכונות לחומרא של האבות, ודרך איחוד התכונות לקולא של
האבות. אבל למעלה הסברנו שטיפול דרך התכונות לקולא הוא הבנייה
מושגית, ולא הצד השווה. כאן עולה לכאורה שהבנייה מושגית אינה אלא צדו
האחר של המטבע של הצד השווה. האם בכל זאת ישנה דרך היסק נוספת,
מעבר לצד השווה?

בצורה בה הסברנו את שיטת הרא״ש לגבי ההיסק, נראה שבכל זאת יש
משמעות להבחנה בין שתי הדרכים הללו. הרא״ש סובר שאסו״מ הוא תולדה
של בור אבל כוח אחר מעורב ביצירתה. לכן נדרש האב של אש כדי להשלים
את ההיסק. אם כן, לאחר השימוש בבור ואש קיבלנו בעצם מזיק שונה שבנוי
משני האבות גם יחד: זהו בור שכוח אחר מעורב בו. האש מוכיחה שהעובדה
שכוח אחר מעורב בבור הזה אינה פוטרת, וכעת כל דין בור לו.

הצד השווה מזקק מתוך שני האבות את מה שמשותף לשניהם, וקובע שאם
המשותף הזה קיים גם בתולדה אז הדין יחול גם עליה. לעומת זאת, הבנייה
מושגית אינה עוסקת בצד השווה בין שני האבות, ולא מוצאת את המכנה
המשותף הזה גם בתולדה. הבנייה מושגית לוקחת מאפיינים שונים של שני
האבת ומאחדת אותם כדי ליצור תולדה ששונה משניהם, ובכל זאת הדין חל
גם עליה. כפי שראינו למעלה, איחוד המאפיינים לקולא הוא שקול לחיתוך
של המאפיינים לחומרא. אז מה טיבו של האיחוד שנעשה בהבנייה המושגית?
כאן אנחנו לוקחים מאפיינים כלליים (צורת ההיזק) או מאפיינים לחומרא
של אחד האבות ומחברים אותם עם מאפיינים לקולא של האב השני כדי
לקבל תולדה. בדוגמה של אסו״מ, אנחנו לוקחים את המאפיינים הכלליים
של בור (שהוא מונח ברה״ר ומזיק למי שפוגע בו), ומחברים אליו מאפיין

לקולא של אש (שכוח אחר מעורב בה), ויוצרים תולדה שמורכבת משניהם. לפי הרא״ש זוהי וריאציה של בור, אבל זה פחות חשוב לענייננו.

בפרק זה נראה דוגמה נוספת לצורת החשיבה הזו, והפעם מהיחס בין אבות ותולדות של מלאכות שבת.

אבות ותולדות בשבת

עד עכשיו פגשנו יחסים בין אבות ותולדות לגבי צורות היזק. אך אבות ותולדות קיימים גם בהקשרים הלכתיים אחרים.[37] הבולט והרווח ביניהם הוא מלאכות שבת.

התורה אוסרת עשיית מלאכה בשבת, אבל היא אינה מפרטת מהן אותן מלאכות אסורות (למעט הוצאה, הבערה, חרישה וקצירה, שכל אחת יצאה ללמד על משהו אחר). האבות הללו מנויים במשנה שבת עג ע״א:

אבות מלאכות ארבעים חסר אחת: הזורע, והחורש, והקוצר, והמעמר, והדש, והזורה, הבורר הטוחן והמרקד, והלש, והאופה.

---

[37] במסכת מו״ק דף ב ע״ב – ג ע״א אנו מוצאים אבות ותולדות בשביעית (אמנם שם ג ע״א יש רמז שהם נלמדים בכלל ופרט וכלל, ולא בבניין אב כמו בשאר המקומות. אנו נדון בכך להלן בפרק התשיעי). במסכת ב״ק ב ע״א אנו מוצאים אבות ותולדות בנזיקין, בטומאה ובשבת. בתוס׳ ורשב״א, שבת סח ע״א (וראה גם מהרש״ל ומהרש״א שם), אנו מוצאים אבות ותולדות בנגעים. בתוס׳ שם עולה דיון על אבות ותולדות במעשר. בתוס׳ בכורות כה ע״א נערך דיון על אבות ותולדות בגזיזת בכור. ב**שעה״מ** הל׳ רוצח פ״י ה״ט וב**מנ״ח** מצווה תקלט נדונים אבות ותולדות באיסור זריעת נחל איתן.

הגוזז את הצמר, המלבנו, והמנפצו, והצובעו, והטווה, והמיסך, והעושה שתי בתי נירין, והאורג שני חוטין, והפוצע שני חוטין, הקושר, והמתיר, והתופר שתי תפירות, הקורע על מנת לתפור [שתי תפירות]. הצד צבי, השוחטו, והמפשיטו, המולחו, והמעבד את עורו, והממחקו, והמחתכו. הכותב שתי אותיות, והמוחק על מנת לכתוב שתי אותיות. הבונה, והסותר, המכבה, והמבעיר, המכה בפטיש, המוציא מרשות לרשות. הרי אלו אבות מלאכות, ארבעים חסר אחת.

כפי שמעירה הגמרא בתחילת ב״ק, עצם השימוש במונח 'אבות' מורה על כך שישנם גם תולדות (ראה על כך הערה גם במסכת שבת בסוף הסוגיא, שם עה ע״ב). לכל אורך מסכת שבת מובאות תולדות של אבות מלאכה רבים. אולם לא מצאנו בכל הש״ס שום תולדה של מלאכות שבת שאינה נלמדת מאב אחד, כלומר לא מצאנו שימוש רצד השווה בהקשר של מלאכות שבת.

לכאורה הרמב״ן שבת עד ע״ב כותב זאת בפירוש. הוא דן שם בגוזז נוצות מעוף לאחר מיתה האם יש בזה איסור מלאכת גוזז או לא:

וליכא למימר דבעוף מחיים אסור משום תולש דבר מגדולו והאי דנקטיה משום גוזז לחייבו לאחר שחיטה נמי, דחדא תולדה לשני אבות ליכא לעולם.

הוא קובע שבמלאכות שבת לא קיימת תולדה של שני אבות, ולכן לא ייתכן שכשהעוף חי מי שתולש ממנו עובר משום גוזז וגם משום עוקר דבר מגידולו

(=קוצר).[38] אמנם נראה שכוונתו כאן לומר שאין תולדה שדומה לגמרי לשני אבות שונים, כלומר שמי שיעשה אותה יתחייב שתי חטאות, כי הוא עבר על שני אבות מלאכה. אנחנו כאן מדברים על תולדה שהדמיון שלה לכל אחד משני האבות אינו מושלם, אבל אפשר ללמוד שחייבים עליה משניהם יחד.

בכל אופן, אבל גם אם לא זו כוונת הרמב״ן, ברור שזה נכון: לא מוצאים בשבת תולדה של שני אבות. במובן הזה מלאכות שבת שונות מאבות נזיקין, ולא ברור מדוע.

הסברים אפריוריים

אפשר אולי לתלות זאת בכך שאבות המלאכה בשבת לא כתובים בפירוש בתורה, ולכן הם לא ממש אבות.[39] אך המינוח השגור בתלמוד הוא אבות מלאכה, ובהחלט מדברים על תולדות. אז מדוע שיהיו תולדות של אב אחד ולא יהיו תולדות של שני אבות שונים.

---

[38] הוא עצמו מעיר שם שהרמב״ם חולק עליו בזה. וראה **שער המלך** פ״ז מהל׳ שגגות ה״ו, שדן לאור דבריו בסוגייה בתחילת מו״ק.

[39] בשאלה מניין הם נלמדים ישנן תשובות שונות בסוגיות שונות. בתחילת ב״ק קיימת ההנחה שהן נלמדות מהמלאכות שהיו במשכן (בגלל הסמיכות של איסור מלאכה בשבת למלאכת המשכן). אמנם ראה שם בתוד״ה ׳הי״ג הד׳, והגירסאות השונות שמובאות במהרש״א ומהר״ם ומהרש״ל על התוס׳ הזה. לעומת זאת, בסוגיית שבת מט ע״ב מובאת הצעה שהמלאכות הללו נדרשות ממספר הפעמים שמופיעה המילה ׳מלאכה׳, ׳מלאכתו׳, או ׳מלאכת׳, בתורה. בפשטות מספר הפעמים מלמד כמה אבות מלאכה ישנם, והמשכן מלמד מהם אותם אבות מלאכה. אבל הגירסאות במפרשי התוס׳ ב״ק הנ״ל מציעות לכך תשובות שונות.

אפשרות נוספת להסביר זאת נתלית בכך שיש הרבה מאד אבות, שלושים ותשעה, לעומת ארבעה בנזקי ממון. לכן פחות סביר למצוא תולדות שלא תהיינה דומות לאב אחד בלבד (שמאפייניהן נמצאים במרווחים שבין האבות השונים. פשוט מפני שיש כאן פחות מרווחים).

אבל דומה כי ההסבר המהותי הוא אחר. בסוגיית ב״ק ראינו שלכל אב נזק יש מאפיינים עובדתיים שונים, לחומרא ולקולא, ולכן ייתכנו צירופים שונים שבנויים מחיתוכים או איחודים שלהם. באבות מלאכה של שבת קשה לחשוב על מאפיינים עובדתיים רלוונטיים של כל אב, שהרי כל אב הוא משהו אחר (צורת יצירה שונה). לכן לא סביר למצוא כאן צירופים של תת קבוצות של מאפיינים וכדומה. כל תולדה דומה לאחד האבות או שאינה דומה לאף אחד מהם. יתר על כן, הצד השווה שמופיע בסוף משנת ב״ק בנוי על חיתוך של כל האבות (כל שהוא ממונך ושמירתו עליך). האם ניתן לעשות חיתוך כזה בין מלאכות שבת? האם יש לכולם מאפיינים משותפים כלשהם? ייתכן שניתן לתלות זאת במחלוקת תורי״ד ורש״י שתובא כעת.

מקור ומשמעות ההבחנה בין אבות המלאכה

הגמרא שבת עב ע״ב משווה את איסור שבת לשאר איסורי התורה, ואומרת שיש בהם חומרא מיוחדת:

אמר מר: חומר שבת משאר מצות, שהשבת עשה שתים בהעלם אחד - חייב על כל אחת ואחת, מה שאין כן בשאר מצות. היכי דמי? אילימא דעבד קצירה וטחינה - דכוותה גבי שאר מצות אכל חלב ודם, הכא תרתי מיחייב, והכא תרתי מיחייב: אלא שאר מצות דלא

מיחייב אלא חדא היכי דמי - דאכל חלב וחלב, דכוותה גבי שבת -
דעבד קצירה וקצירה; הכא חדא מיחייב, והכא חדא מיחייב! לעולם
דעבד קצירה וטחינה. ומאי מה שאין כן בשאר מצות - אעבודה זרה,
וכדרבי אמי. דאמר רבי אמי: זיבח וקיטר וניסך בהעלמה אחת -
אינו חייב אלא אחת.

כלומר במלאכת שבת, אם עושה שתי מלאכות בהעלם אחד (כלומר בשכחת
דבר אחד, כגון אדם ששוכח שהיום שבת ולכן הוא עושה שתי מלאכות
שונות), הוא חייב להביא שני קרבנות חטאת שונים. באיסורים אחרים זה
קיים רק כשעושה זאת בשני איסורים שונים, אבל לא באיסור אחד. כלומר
כל מלאכות שבת הם כאיסור אחד, ובכל זאת הם חלוקות לעניין מניין
החטאות.

ובאמת רש"י שם ד"ה 'חלב ודם', כותב:

חלב ודם - דומיא דטחינה וקצירה, שהן שני גופין.

כלומר רש"י מסביר שהגמרא כאן רואה במלאכות שבת איסור אחד עם גופים
מחולקים, ולא שני איסורים שונים.

כך גם ניתן לראות ברש"י שבת סח ע"א, שכותב:

אב מלאכה דנקט לאו למעוטי תולדות, דהוא הדין לתולדות, ובלבד
שיהו תולדות דשני אבות, אלא למעוטי היכא דהוו שני תולדות דאב
אחד, או אב ותולדה שלו, דאינו חייב אלא אחת, כדקתני סיפא:
העושה מלאכות הרבה מעין מלאכה אחת, שתי תולדות של אב אחד
- אינו חייב אלא חטאת אחת, דהרי הוא כעושה וחוזר ועושה בהעלם

אחד, ואין חילוק חטאות בהעלם אחד אלא בגופי עבירה שאינן דומין, או בחילוק שבתות לענין שגגת שבת.

גם כאן הוא רואה מלאכות שונות בשבת כגופים שונים של מלאכה אחת. וכן הוא ברש״י כריתות יז ע״א לכל אורך הסוגיא.

אם כן, שיטת רש״י היא שמלאכות שבת הן כולם איסור אחד, אלא שיש ביניהן חילוק לחטאות כמו גופים מחולקים בעבירות אחרות.

אך נראה שהתורי״ד חולק על רש״י בזה. הגמרא שבת קלח ע״א דנה במלאכת משמר (מסנן שמרים מיין או משמן). בין היתר היא תוהה שם משום מה מתרים במי שעובר עליה:

משום מאי מתרינן ביה? רבה אמר: משום בורר. רבי זירא אמר: משום מרקד. אמר רבה: כוותי דידי מסתברא, מה דרכו של בורר - נוטל אוכל ומניח הפסולת, אף הכא נמי - נוטל את האוכל ומניח את הפסולת. אמר רבי זירא: כוותי דידי מסתברא, מה דרכו של מרקד - פסולת מלמעלה ואוכל מלמטה, אף הכא נמי - פסולת מלמעלה ואוכל מלמטה.

והתורי״ד שם כותב:

משום מאי מתרינן בין. פי׳ כיון דהבערה לחלק יוצאת כאלו כתיב לאו אכל מלאכה ומלאכה דמי והו״ל כמו לאוין דחלב ודם שהן חלוקין זה מזה וצריך להתרות על החלב משום חלב ועל הדם משום דם וכך על כל מלאכה ומלאכה:

רואים שהוא סובר שכל אב מלאכה בשבת הוא איסור בפנ״ע, כמו איסורי חלב ודם, כאילו שהיה כתוב פסוק נפרד לכל אב מלאכה. לכן לשיטתו מתרים על כל אחד מהם משום האב הספציפי שלו.

נמצא שהראשונים חלוקים ביניהם בדבר היחס בין אבות מלאכה שונים בשבת: לרש״י מדובר באיסור אחד שמתפצל לכמה אופנים, ולתור״ד מדובר בקובץ של איסורים שונים. נעיר שבספר **תוצאות חיים** ס׳ ה-ו תלה את המחלוקת הזאת במקור לחילוק מלאכות (זהו הדין שחייבים עונש או קרבן על כל מלאכה ומלאכה לחוד): אם המקור הוא מ״הבערה לחלק יצאת״ (מזה שמלאכת הבערה נכתבה בנפרד. ראה שבת ע ע״א), אז כל אב מלאכה הוא איסור עצמאי כמו הבערה, וזו שיטת תור״ד. אבל אם המקור הוא הפסוק ״מחלליה מות יומת״ (ראה שבת שם), אזי נראה שזה בא לרבות מיתות הרבה על חילול אחד, כלומר שכל המלאכות הן אב אחד, אלא שהן כגופים מחולקים, וזו שיטת רש״י.

לפי רש״י נראה שיש יסוד משותף לכל אבות המלאכה, והוא היסוד שנאסר בשבת. מקובל לחשוב שמדובר בסוגי יצירה שונים. אבות המלאכה הן הצורות השונות ליצור יצירות משמעותיות, וכל אלו נאסרו בשבת. אך לפי תור״ד נראה שאין יסוד משותף לכל אבות המלאכה, ומדובר בקובץ איסורים שונים שנתקבצו לפסוק אחד.

מסתבר שבזה ניתן לתלות גם את המחלוקת הידועה מדוע הוצאה היא ״מלאכה גרועה״. הזכרנו שמלאכות בודדות הוזכרו בפירוש בתורה, וביניהן הוצאה והבערה. לגבי הבערה יש דיון בין תנאים מדוע היא הוזכרה, אבל לגבי הוצאה לא מצאנו דיון כזה. הראשונים מסבירים שהוצאה חייבת להיות

מוזכרת כי היא מלאכה גרועה, ולכן על אף שהיא היתה במשכן לא היינו יודעים שיש לאסור אותה לולא היא היתה כתובה בפירוש.

באיזה מובן ההוצאה היא מלאכה גרועה? מצאנו בראשונים כמה הסברים לכך שהוצאה היא מלאכה גרועה:[40]

א. **האו"ז** שבת סי' פב כותב: "דמה מלאכה עשה...מעיקרא חפץ והשתא חפץ". וכן נראה ב**סמ"ג** ל"ת סה שכתב: "שאינה נראית מלאכה". וכן משמע מהגהות מרדכי סי' תנ. וכן בחי' ר"מ קאזיס לפרק ראשון, בד"ה 'ובדבר ההוצאה' שכתב: "שכל המלאכות עושות רושם בדבר שעושין בו המלאכה, והוא משתנה ממה שהיה קודם לכן".
הראשונים הללו מסבירים שהוצאה היא מלאכה גרועה מפני שהיא לא עושה שינוי בחפץ אלא רק מעבירה אותו ממקום למקום. במילים אחרות, הוצאה אינה יוצרת משהו חדש ושונה ממה שהיה קודם. זוהי תפיסה שמניחה שהמאפיין ה כללי של מלאכות שבת הוא היצירתיות.

ב. כמה ראשונים אחרים נקטו שהוצאה היא מלאכה גרועה מפני שגדריה אינם הגיוניים או עקביים (ראה רמב"ן בתחילת מסכתות שבת ושבועות, וכן רשב"א ותוס' רא"ש והחידושים המיוחסים לר"ן בתחילת שבת ועוד). ישנם בדברי הראשונים הללו כמה ניסוחים להסביר את היותה של הוצאה מלאכה גרועה. יש שתוהים איך ייתכן

---

[40] המאירי בשבת ב ע"א מביא את שתי הלשונות, ע"ש.

שמשא קל אסור (מרה״י לרה״ר) ומשא כבד מותר (באותה רשות)?
אחרים תולים זאת בהבחנות בין הרשויות – מדוע זה משנה אם הוא
מוציא לרה״ר או לרה״י, או באותה רשות ממש? יש שמציינים
שבשאר המלאכות אין השפעה של המקום בו נעשית הפעולה על
האיסור ועוד. המשותף

לכל אלה הוא שהם אינם נתלים בכך שאין בהוצאה יצירה ממשית.
לראשונים בסיעה הזו כנראה לא מפריע שמלאכת הוצאה אינה
יוצרת מאומה, ושאין בעקבותיה שינוי בחפץ. מסתבר שהם מבינים
כתורי״ד שאין מאפיין כללי לכל אבות המלאכה בשבת, כלומר לא
היצירתיות היא שורש איסורי המלאכה, ולכן מלאכה לא יצירתית
אינה בהכרח גרועה.

כיצד הדברים מתקשרים לדיון שלנו? לשיטת רש״י שיש יסוד משותף, היה
מקום להשוות את אבות מלאכה בשבת לאבות נזיקין בב״ק. בשני המקרים
מדובר ביסוד מחייב אחד שיש לו כמה הופעות (אבות). ואילו לתורי״ד ברור
ששבת שונה מנזיקין, שכן בשבת מדובר באוסף של איסורים שונים ובלתי
קשורים זה לזה.

אך דומה שגם לפי רש״י אין מקום להשוואה. העובדה שבכל המלאכות יש
יסוד משותף של יצירה, עדיין אינה מלמדת שניתן ליצור קבוצות שונות של
מאפיינים מהחיתוכים והאיחודים של המאפיינים העובדתיים של אופני
היצירה הללו. מהסתכלות על אבות המלאכה לא נראה שיש מאפיינים

משותפים ביניהם.[41] אם כן, גם לרש״י וגם לתורי״ד נראה סביר שלא תהיינה תולדות של שני אבות בהקשר של מלאכות שבת.

ובכל זאת חריג

ישנו חריג אחד אותו מצאנו בהקשר של מלאכות שבת. מדובר במלאכה שנראית כמו תולדה של שני אבות שונים. בירושלמי (שבת, פ׳ כלל גדול ה״ב) אנו מוצאים:

רקק והפריחתו הרוח חייב משום זורה, וכל דבר שמחוסר ברוח חייב משום זורה.

הירושלמי קובע שאדם שרוקק בשבת והרוח מפריחה את הרוק חייב חטאת משום זורה. מלאכת זרייה היא זריקת גרגירי התבואה עם המוץ לאויר, כדי שהרוח תפריד אותם והגרגירים ייפלו חזרה למטה כשהם מנופים מהמוץ.

---

[41] ישנן קבוצות של אבות מלאכה שבהן כן ניתן למצוא מבנים דומים לאבות נזיקין. לדוגמה, כבר הזכרנו שזורה, בורר ומרקד, הם מלאכות דומות שיסודן הוא ברירה בין יסודות מעורבבים, וההבדלים ביניהם הם בפרטי הביצוע. כאן היה מקום לצפות לתולדות שייגזרו משני אבות (מלאכה שעניינה הוא בירור בין יסודות, אבל אופן הביצוע משלב יסודות משני אבות שונים). בכל אופן, גם שם לא מצאנו דוגמה שבה התלמוד או הראשונים עושים במפורש היסק צד שווה.

דוגמה נוספת נמצאת במסכת מו״ק ב ע״ב, שם נחלקו אמוראים לגבי מנכש ומשקה זרעים, האם הם תולדה של חורש או של זורע. אמנם הגמרא שם מסבירה שזה לא בגלל דמיון בין חרישה לזריעה, אלא בגלל הבנה שונה לגבי מהות ההשקייה (האם היא באה להטיב את הקרקע או לעשות משהו בזרעים).

כך גם נפסק להלכה ב**אור זרוע** (ח״ב סי׳ נט) וב**רוקח** (סי׳ סב), וגם ברמ״א (או״ח סוס״י שיט), שכותב:

הרוקק ברוח בשבת, והרוח מפזר הרוק, חייב משום זורה.

יש מהמפרשים שביארו שמדובר שהרוח מפורר את הרוק לחלקים קטנים (ראה למשל **קה״ע** על הירושלמי שם), כלומר יש כאן כעין מלאכת טוחן. אולם כבר העירו על כך (ראה **חיי״א בנשמת אדם** כלל טו אות א, ורעק״א תשובה כ, ועי״ע בס׳ **מנוחת אהבה** ח״ב פ״ז הערה 13) שהפירוש הזה דחוק ביותר. מוכח בכמה מקומות שכל עניין זורה הוא בהפרדת אוכל מפסולת, כמו בורר, שהרי הגמ׳ (שבת עג ע״ב) מקשה: ״היינו זורה היינו בורר היינו מרקד?״. ועל כן יש שהגיהו ופירשו שחייב משום ׳זורק׳ ולא משום ׳זורה׳. ועי׳ בהגהות **ערך לחם** למהריק״ש (סוס״י שיט) ובשו״ת **יחוה דעת** (ח״ו סי׳ כה).

ובאמת מפרשים אחרים מסבירים שכוונת הירושלמי לחייב משום זורק (חפץ ד אמות ברה״ר), ולא משום זורה. הם מתקנים את הגירסה בירושלמי, אבל בדברי הרמ״א זה כמובן לא פירוש אפשרי שכן הוא גורס ש״חייב משום זורה״.

והנה, ב**ביאור הלכה** הביא בשם ר׳ מנשה מאילייא, מתלמידי הגר״א (סוס״י שיט, ד״ה ׳מפזר׳):

ובספר אלפי מנשה פירש דכוונת הירושלמי דהוא במעביר ארבע אמות ברשות הרבים ע״י הרוח, והוא ע״ד דוגמא. פי׳: דכמו בזורה אף דהרוח הוא מסייעתו אפילו הכי חייב, כן ברוקק דהעברתו ע״י הרוח ג״כ חייב, והוא נכון.

נראה שר׳ מנשה מאיליא מפרש בכוונת הירושלמי שמדובר דווקא ברה״ר, ומה שהוא מחייב על רקיקה זה משום זורק ד אמות ברה״ר (מסתבר שהירושלמי יחייב גם מרה״י לרה״ר ולהיפך). בעניין זה הוא כמו האחרונים שמפרשים שחייב משום זורק. אולם, שלא כמותם, הוא גורס בירושלמי ״זורה״, ולא ״זורק״, והוא מסביר שמלאכת הזרייה הובאה רק כדוגמה לרקיקה.

מדבריו עולה שרקיקה היא תולדה של שני אבות: זורה, ומעביר ד״א ברה״ר.[42] ממלאכת זורה אנו לומדים שמלאכה אסורה שנעשית באמצעות הרוח נחשבת כאילו עשאה האדם, ועל כן גם העברת ד״א ברה״ר, שהיא בודאי מלאכה אסורה, גם אם היא נעשית ע״י הרוח היא אסורה. יש לציין שזו נראית גם מסקנת ה**ביאוה״ל** עצמו, כפי שמופיע בסוף דבריו. זוהי דוגמה יחידאית לתולדה שנלמדת משני אבות. לכאורה מצאנו כאן לימוד של הצד השווה גם בהקשר של מלאכות שבת. לפני שנמשיך לדון בזה, נעיר על המסקנה הזו ממחלוקת ראשונים בסוגיית ב״ק ס.

---

[42] אמנם הראשונים נחלקו האם העברה וזריקה הם אב מלאכה או תולדה. ראה ברמב״ן שבת עג ע״א שכתב שמעביר הוא תולדה. והריטב״א שם הסתפק בזה. והרמב״ם פי״ב ה״ח מהל׳ שבת כתב שמעביר הוא כמוציא מרה״י לרה״ר, ובה״י כתב שמושיט וזורק הוא תולדה. אם זורק היא תולדה אזי רקיקה היא תולדה דתולדה, ונדון במושג הזה בהמשך.

זורה ורוח מסייעתו

בסוגיית ב"ק ס ע"א, דנים בהיזק שנעשה בסיוע של הרוח (היזק שדומה לאש). הגמרא שם מביאה סתירה בין הדין בנזיקין לבין הדין בשבת:

> ***ת"ר: ליבה ולבתה הרוח, אם יש בלבויו כדי ללבותה - חייב, ואם לאו - פטור. אמאי? ליהוי כזורה ורוח מסייעתו!***

רואים שלעניין נזיקין אם אדם מלבה את האש בעזרה הכרחית של הרוח הוא פטור על הנזקים שהממון הזה גורם. ואילו במלאכות שבת הוא חייב משום מלאכת זורה שנעשית בעזרת הרוח.

בגמרא שם מובאים ארבעה יישובים לסתירה הזו. אותנו מעניין האחרון שבהם, שמוצע על ידי ר' אשי:

> ***רב אשי אמר: כי אמרינן זורה ורוח מסייעתו - ה"מ לענין שבת, דמלאכת מחשבת אסרה תורה, אבל הכא גרמא בעלמא הוא, וגרמא בנזקין פטור.***

ר' אשי מסביר שבמלאכת זורה בשבת הוא חייב מכיון שבשבת מלאכת מחשבת אסרה תורה. אבל בנזקין אין חשיבות לכך שזו היתה מלאכת מחשבת, וכל עוד היה כוח אחר מעורב בו הוא פטור.[43]

מהי מלאכת מחשבת? ההסבר המקובל הוא שהתקיימה מחשבתו. כלומר אדם שמבצע פעולה כלשהי בדרך עקיפה, או בעזרת הרוח, אם מראש הוא תכנן להסתייע ברוח, המעורבות של הרוח אינה פוטרת אותו. מחשבתו התקיימה (תכניתו יצאה אל הפועל), ולכן הוא חייב. לעומת זאת, בנזקי ממון אין כלל של מלאכת מחשבת, ולכן שם המעורבות של הרוח פוטרת.

הראשונים שם נחלקו בכוונת דברי ר' אשי. רש"י שם כותב:

מלאכת מחשבת - נתקיימה מחשבתו דניחא ליה ברוח מסייעתו.

נראה מלשונו שמדובר כאן רעיקרון כללי שתקף לגבי כל מלאכות שבת.

לעומת זאת, הרא"ש בפסקיו על אתר (פ"ו סי' יא), כותב:

ולא אמרינן [אף על פי] שסייעו הרוח בעשיית האש הוי כאילו הוא עשהו לבדו מידי דהוה אזורה ורוח מסייעתו דחשבי' ליה כאילו עשה המלאכה לבדו. דהתם מלאכת מחשבת אסרה תורה אף על פי

[43] הקורא ודאי שואל את עצמו, לאור דברינו בפרקים הקודמים, כיצד מתחייבים על נזקי האש, אע"פ שכוח אחר מעורב בה (הרוח)? התשובה היא שבנזקי אש מתחייבים רק ברוח מצויה, וכאן מדובר ברוח שאינה מצויה. ברוח שאינה מצויה גם אם האדם מתכנן להזיק בעזרת הרוח הוא פטור.

דלא הוי אלא גרמא בעלמא בהכי חייבה תורה כיון דמלאכה זו עיקר עשייתה ע״י רוח. אבל הכא גרמא בעלמא וגרמא בנזקין פטור:

הרא״ש מסביר שהעובדה שהרוח מסייעת אינה פוטרת רק במלאכות כמו זורה, שדרכן להיעשות על ידי הרוח. אבל במלאכות שאינן נעזרות ברוח בדרך עשייתן הרגילה, שם גם אם האדם יתכנן להסתייע ברוח הוא לא יהיה חייב. כלומר לפי הרא״ש לא מדובר בעיקרון כללי, אלא בדין מיוחד לגבי זורה. אי אפשר ללמוד ממנו לגבי שאר המלאכות, שבהן אם הוא יסתייע ברוח הוא יהיה פטור.

הלימוד של ר׳ מנשה מאילייא נראה סביר, ואף מתבקש, לפי הבנת רש״י, שטוען שיש עיקרון כללי בכל מלאכות שבת שכאשר הוא מתכנן להסתייע ברוח הוא חייב. אולם לפי הרא״ש זהו כלל מיוחד למלאכת זורה, ואין ללמוד ממנו לנדון דידן. ואצלנו מדובר בחיוב משום מלאכת זורק ולא משום זורה, ובזורק הדרך הרגילה אינה מסתייעת ברוח (אם כי אפשר לחלוק על כך, ואז דברי ר׳ מנשה יתיישבו גם לדעת הרא״ש).

האם ההיסק הזה הוא הצד השווה?

נתבונן כעת בתולדה של רוקק, שנלמדת מזורה וזורק. האם מדובר כאן בהיסק של הצד השווה? מהו המשותף לזורה וזורק, שיוצר ביחד את רוקק? האם ניתן להציג את ההיסק הזה כחיתוך של שתי קבוצות של מאפיינים עובדתיים של האבות (זורה וזורק), שכלול בקבוצת המאפיינים העובדתיים של התולדה (רוקק)? לא נראה כך. מה משותף לזורה וזורק? מאומה. יתר על כן, למעלה כבר הסברנו שבמלאכות שבת בכלל קשה להגדיר קבוצות

מאפיינים עובדתיים לכל האבות, ובודאי לא למצוא חיתוכים ואיחודים ביניהן.

על כן נראה סביר יותר שבאמת גם הדוגמה החריגה הזו אינה היסק של הצד השווה, אלא היסק אחר: הבנייה מושגית. אנחנו בונים את התולדה (רוקק) על ידי סינתזה בין שני האבות (זורה וזורק), ומסיקים מכאן שהדין שחל עליהם (החיוב במלאכת שבת) יחול גם על התולדה. כיצד זה מתבצע? ברור שיסוד החיוב ברוקק הוא משום זורק ולא משום זורה, שהרי כבר הערנו למעלה שהמהות של המלאכה בזורה היא הפרדה (כמו בורר), וזה כלל לא קיים כאן. ברור שמה שנעשה הוא זריקת משהו ברה״ר. אלא שיש בעייה צדדית כי זה נעשה בעזרת הרוח, ולכן אנחנו צריכים את זורה שיוכיח שסיוע של הרוח אינו פוטר.

נראה כעת את האנלוגיה למה שראינו ברא״ש לגבי אסו״מ. שם ראינו שאסו״מ אינו מבוסס על צד שווה של בור ואש, אלא זוהי וריאציה של בור, כלומר בור שכוח אחר מעורב בו (לכן היינו זקוקים לסיוע מהאב של אש ללמוד את החיוב בתולדה). כך גם לפי הצעת ר׳ מנשה מאיליא וה**ביאוה״ל** בהסבר הירושלמי כאן, רוקק אינו מבוסס על הצד השווה בין זורה וזורק, שהרי אין להם צד שווה. רוקק הוא בעצם וריאציה על זורק, כלומר זורק שכוח אחר מעורב בו (לכן נזקקנו לסיוע מזורה כדי ללמוד את החיוב בתולדה).

בשני המקרים הללו ההשוואה המהותית מבוססת לא על אחד המאפיינים העובדתיים אלא על דמיון במהות המלאכה/המזיק. באסו״מ צורת ההיזק היא כמו בור (ולא כמו אש), וברוקק מהות המלאכה היא זורק (ולא זורה).

הסיוע שנדרש בשני ההקשרים הוא מפני שיש כוח אחר מעורב במלאכה או בהיזק, שזו בעייה צדדית.[44] לכן האב השני בהיסק הוא רק מסייע צדדי ללימוד, אבל הוא לא מותיר את חותמו על התולדה.

נעיר כי הדמיון בין המקרים אינו תלוי במחלוקת רש"י והרא"ש בב"ק, שכן גם לפי הרא"ש שלא מדובר על עיקרון כללי אלא על משהו ייחודי לזורה, זה מפני שהרא"ש טוען שלזורה יש תכונה ייחודית שדרך המלאכה הרגילה היא בעזרת הרוח. כלומר במלאכות שאין דרכן להיעשות על ידי הרוח לא נוכל ללמוד מזורה, אבל זו בעייה צדדית. הלוגיקה היא אותה לוגיקה של הבנייה מושגית.

התיאור של ההבנייה המושגית במודל שלנו

בהיסקים של הבנייה מושגית יש שני אבות ותולדה. אך אין שם מאפיינים משותפים לשני האבות שהחילוץ שלהם מלמד על התולדה. ראינו שישנה כאן *הרכבה* של קבוצות המאפיינים ולא *חיתוך* שלהן. אך זו איננה הרכבה פשוטה של מאפיינים לקולא ששקולה לחיתוך של מאפיינים לחומרא.

---

[44] המפרשים בב"ק ו ע"א מעירים שבאסו"מ הכוח האחר (הרוח) מעורב ביצירת המזיק ולא בביצוע ההיזק, ובמובן הזה התולדה אינה דומה לאש. יש מקום לתלות בזה את הסיבה לכך שהרא"ש בב"ק מבין את המקרה הזה כהבנייה מושגית, ולא צד שווה. הדמיון לאש אינו מושלם, כי באש הכוח האחר מעורב בעצם ההיזק ובאסו"מ הכוח האחר מעורב רק ביצירת המזיק. לכן עוד יותר ברור שמדובר במפריע צדדי לדמיון לבור, ולא בהבדל מהותי בין אסו"מ לבור.

נניח שיש לנו שני אבות, שלכל אחד סט מאפיינים עובדתיים שונה (שמסומנים ב- α). מאפיין אחד לחומרא משותף לשניהם (α_1), מאפיין אחד לקולא משותף לשניהם (α_4), ועוד מאפיין לקולא ומאפיין לחומרא שמיוחדים לכל אחד מהם. בנוסף, יש לכל אחד גדר מהותי (כמו צורת היזק, או מהות המלאכה) שונה (שמסומן ב- β) :

$$\varphi_1(\beta_1 | \alpha_1, \underline{\alpha_2}, \alpha_3, \underline{\alpha_4}) \quad ; \quad \varphi_2(\beta_2 | \alpha_1, \alpha_2, \underline{\alpha_3}, \underline{\alpha_4})$$

מה ניתן להסיק מצמד אבות כזה?

אם יש לנו תולדה שיש לה את המאפיין המשותף לחומרא, או את כל המאפיינים לקולא (ראינו כבר ששני אלו שקולים לגמרי זה לזה) :

$$\varphi_3(\beta_3 | \alpha_1, \alpha_2, \alpha_3, \alpha_4)$$

אזי הדין לחומרא שקיים בשני האבות יחול גם עליה. ברור שכך יהיה גם בתולדות שבהן כל אחד משלושת המאפיינים הללו יהיה לחומרא. במקרה כזה קל וחומר שהדין לחומרא יחול עליהן.

כאשר יש תולדה שיש לה את המאפיין המשותף לקולא, או את כל המאפיינים לחומרא (גם זה כמובן שקול) :

$$\varphi_4(\beta_4 | \alpha_1, \alpha_2, \alpha_3, \underline{\alpha_4})$$

בתולדה כזו יחולו כל הדינים לקולא שקיימים בשני האבות.

זהותו של הגדר המהותי של התולדה אינו משפיע על התוצאה, אלא אם בשני האבות חלים דינים שונים. במצב כזה, יחול הדין שקיים באב שהגדר המהותי

שלו זהה לגדר המהותי של התולדה. אבל עניין זה שייך להבנייה מושגית שתידון מייד, ולא לצד השווה.

מה יקרה כאשר ישנה תולדה שבה יש כמה מהמאפיינים לחומרא של אחד האבות, נאמר φ_1, אבל בנוסף יש לה מאפיין אחד לקולא שלא קיים באב הזה (כלומר שהוא קיים אצלו לחומרא):

$$\varphi_5(\beta_5 |\ \alpha_1, \underline{\alpha_2, \alpha_3, \alpha_4})$$

רואים מייד שזה מחזיר אותנו למקרה של φ_3.

בפרק השני ראינו ייצוג סכמטי של הצד השווה, וכעת נעדכן אותו לאור התוצאות אליהן הגענו באופן הבא:

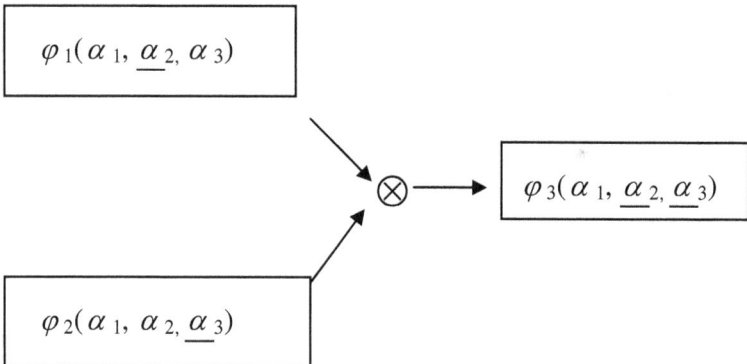

ייצוג סכמטי של הצד השווה

מתי ההיסק המתבקש יהיה של הבנייה מושגית? זה קורה כאשר הגדר המהותי של התולדה הוא כמו של אחד האבות, אבל חסר לה מאפיין כלשהו לחומרא שיש באותו אב (בשתי הדוגמאות שראינו: כוח אחר מעורב בה). נראה כעת את שתי הדוגמאות תולדת נזיקין (אסו״מ) ותולדת שבת (רוקק):

א. במקרה של אסו״מ, מדובר בשני אבות שיש להם מאפיינים משותפים לחומרא (לצורך הפשטות נסמן את כל הקבוצה המשותפת של החומרות בסימון α_1), ואחד מהם יש בו קולא לעומת השני:

$$\varphi_1(\beta_1 | \alpha_1, \alpha_2) \quad ; \quad \varphi_2(\beta_2 | \alpha_1, \underline{\alpha_2})$$

התולדה מכילה את החיתוך של החומרות, וגדרה המהותי הוא כמו של אחד האבות, אבל יש בה קולא של האב השני:

$$\varphi_3(\beta_1 | \alpha_1, \underline{\alpha_2})$$

במקרה כזה ניתן היה לעשות צד שווה וללמוד את ההלכה לחומרא המשותפת של שני האבות, כי החיתוך של המאפיינים לחומרא מוכל בתולדה. אבל ראינו שלפי הרא״ש במקרה זה לשני האבות יש הלכות שונות (בגלל הפטורים המיוחדים שהם שונים: בור חייב בכל למעט אדם וכלים - X_3, ואש חייבת בכל למעט טמון – X_4), ולכן עלינו להחליט איזה משני הדינים הללו תקבל התולדה. הרא״ש סובר שהתולדה מקבלת את הדין של האב הדומה לה, אלא שלא ניתן היה ללמוד אותה רק ממנו (כי יש לו חומרא שאין בה: α_2), וכאן נכנס האב השני שמסייע לנטרל את הקולא הזו.

ב. במקרה של רוקק, מדובר בשני אבות שאין להם מאפיינים משותפים רלוונטיים (זורק וזורה):

$$\varphi_1(\beta_1 | \alpha_2) \quad ; \quad \varphi_2(\beta_2 | \underline{\alpha_2})$$

התולדה (רוקק) היא בעלת הגדר המהותי של זורק (שכן גם היא מעבירה חפץ ד אמות ברה"ר), אבל יש חסר לה מאפיין לחומרא שיש בזורק (שאין כוח אחר מעורב בה):

$$\varphi_3(\beta_1 | \underline{\alpha_2})$$

במקרה כזה אנחנו אומרים שרוקק (φ_3) הוא בעצם וריאציה של זורק (φ_1).

זהו זורק שכוח אחר מעורב בו, וגם העושה אותו בשבת חייב. לכאורה היה עלינו ללמוד אותו מזורק לבדו, אבל זה לא אפשרי בגלל הקולא שיש ברוקק (=התולדה) ואין בזורק. כאן נכנס האב השני (זורה) ומסייע לנטרל את הקולא הזו.

נעיר כי גם במקרה הזה יהיה דין מיוחד שדומה דווקא לזורק (כמו שבבדוגמה הקודמת היה פטור על אדם וכלים כמו בבור), והוא שההתראה על רוקק תהיה משום זורק ולא משום זורה. רוקק הוא תולדה של זורק ולא של זורה ולא של שניהם.

כעת נוכל לעדכן את הייצוג הסכמטי שראינו בפרק השני להבנייה מושגית באופן הבא:

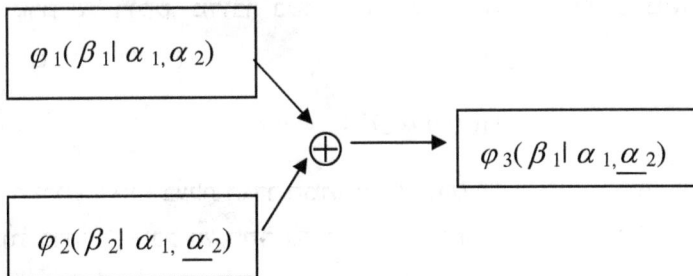

$$\varphi_1(\beta_1 \mid \alpha_1, \alpha_2)$$

$$\varphi_2(\beta_2 \mid \alpha_1, \underline{\alpha_2})$$

$$\oplus \longrightarrow \varphi_3(\beta_1 \mid \alpha_1, \underline{\alpha_2})$$

ייצוג סכמטי של הבנייה מושגית

נציין שהתכונה α_1 לא קיימת במקרים הרגילים של הבנייה מושגית (כמו ברוקק, שם אין שום דבר משותף בין זורה לזורק). במקרה של אסו״מ לפי הרא״ש יש הבנייה מושגית על אף שיש תכונה משותפת (כי מדובר בשתי הוראות הלכתיות שונות).

סיכום

ראינו שהיחס בין אבות ותולדות בשבת מבוסס על הבנייה מושגית (קרי, שילוב תכונות ולא חיתוכן). לעומת זאת, בנזיקין יש גם יחסים של הצד השווה. הסברנו זאת בכך שבנזיקין יש בסיס משותף לאופי של כל האבות, כלומר רעיון בסיסי אחד ביסוד הדין. בפרק הבא נעסוק ביחס בין אבות ותולדות בכלל, ונחזור שוב לדיון על אבות ותולדות בשבת.

פרק תשיעי

יחסים שונים בין אבות לתולדות

מבוא

בפרק הקודם בחנו את היחס בין אבות ותולדות במלאכות שבת, והשווינו אותו ליחס בין אבות ותולדות בנזיקין. בפרק זה נפגוש עוד סוגי יחס בין אבות לתולדות, ונראה שגם לגבי שבת היחס אינו כה פשוט.

תולדה דתולדה

בהקשר של מלאכות שבת אנחנו מוצאים תופעה חריגה: תולדה דתולדה. הגמרא שבת עג ע"ב מביאה ברייתא:

תנא: הזורע והזומר והנוטע והמבריך והמרכיב, כולן מלאכה אחת הן...הזומר חייב משום נוטע והמבריך והמרכיב חייב משום זורע.

המונח "חייב משום" אינו חד משמעי. ניתן להבין אותו כיחס של תולדה לעומת אב, או שזהו האב עצמו. בפירוש הגמרא כאן נחלקו הראשונים, ואנחנו מוצאים ארבע שיטות לגבי המיון של אבות ותולדות של זורע:

1. לרש"י (שם): כל המלאכות הללו הם מלאכות שנחשבות אב של זורע, פרט לזומר שהוא תולדה.

2. לתוס׳ (שם): רק זורע ונוטע הם מלאכת שנחשבות אב, והשאר הן תולדות.
3. לרמב״ם (הל׳ שבת פ״ז ה״ג): כולם כעין אבות של אב אחד – זורע (כלומר כל אלו הם אבות דומים לזורע).
4. לר״ח (שם): רק זורע הוא אב, נוטע הוא תולדה, ומבריך הוא תולדה דתולדה.

הר״ח מחדש כאן את המושג ״תולדה דתולדה״, כלומר תולדות שנלמדות בעצמן לא מאבות אלא מתולדות.

לכאורה דבריו משוללים כל היגיון. בהקשר של שבת מדובר בתולדה של אב אחד (ראינו בפרק הקודם שבשבת אין תולדות של שני אבות). אבל תולדה של אב אחד היא זהה לחלוטין לאב מבחינת כל המאפיינים הרלוונטיים. כפי שראינו, זהו היחס בין אב לתולדה. התולדה אינה פחות אסורה מהאב, אלא היא פשוט לא כתובה בתורה. אם כן, לא ברור מדוע בכלל יש דבר כזה תולדה דתולדה? כל מה שדומה לתולדה מבחינת המאפיינים הללו, דומה באותה מידה גם לאב.

הדברים מתחדדים יותר לאור דברי האחרונים שטוענים שאין לחייב כלל על תולדה דתולדה. בספר **תוצאות חיים** סי׳ ו סק״ח הביא בשם **שביתת השבת** שכתב שאין חיוב על תולדה דתולדה (בניגוד לשיטת הר״ח שראינו). הדברים מבוססים על דברי רעק״א שמוכיח ב**גליון הש״ס** שלו (שבת מח ע״א) מהירושלמי שבתולדה לא מתחייבים על מלאכה שאינה צריכה לגופה (כלומר אותה מלאכה כשהיא נעשית למטרה שונה ממה שהיה במשכן). הוא מסביר שכאשר המלאכה נעשית למען מטרה שונה זוהי תולדה.

201

אם לפי ר״ח השאלה היא בעיקר מושגית: כיצד יש תולדה דתולדה שאינה תולדה של האב עצמו, הרי שלפי האחרונים הללו השאלה קשה יותר: כיצד הוא פטור על תולדה דתולדה, כאשר בעצם זוהי גם תולדה של האב עצמו?

עולה מכאן שהיחס בין אב לתולדה בשבת אינו דומה ליחס בין אב לתולדה בנזיקין. בשבת ישנה ירידה כלשהי בין האב לתולדה. מה שנאסר הוא מה שהיה במשכן, וכל מה שלא היה במשכן, אף שהוא דומה לאב, הוא קצת פחות אסור ממנו. אם יש משהו שדומה לתולדה ולא לאב, אזי הוא דומה לאב פחות מאשר התולדה דומה לו, וזה מה שקרוי תולדה דתולדה.

כך גם עולה משיטת הרמב״ם שראינו, לפיה יש הבדל בין תולדות לבין מעין אבות. מה שממש דומה לאב הוא מעין אב, ומה שפחות דומה לאב הוא תולדה. גם מדבריו רואים שיש רמת דמיון לא מוחלטת בין תולדות לאבות. למעשה, כך גם עולה מדברי רש״י ותוס׳ שם, שהרי גם הם מבחינים בין מלאכות שנחשבות ממש כמו האב לבין כאלה שהן תולדות, ובפשטות מדובר על רמת דמיון שונה.

ראיה נוספת ליחס השונה בין אב לתולדה בשבת

בגמרא שבת ע ע״ב לומדים את חיוב התולדות מהפסוק (ויקרא ד, ב) ״ועשה מאחת מהנה״:

הנה - אבות, מהנה – תולדות.

כלומר החיוב על תולדות בשבת נלמד מפסוק. זה עצמו אמר דרשני, שהרי בנזיקין אין מקור מפסוק לחייב על תולדות. מדוע בשבת נדרש פסוק? **בשטמ״ק** לב״ק ב ע״א, מובאת הקושיא הזאת בשם מהר״י כ״ץ:

עוד שם. תימה לר׳ מאי שנא דתולדה דשבת ילפינן לה מקראי בפרק הבונה דרשינן הנה אבות מהנה תולדות ותולדות דנזקין לא ילפינן מקראי אלא מסברא לקמן בשמעתין. ונראה למהר״י כ״ץ אי לאו קרא הוה ממעטינן תולדות מדנסמכה פרשת שבת למלאכת המשכן כי היכי דממעטינן שאר מלאכות דלא הוו חשיבי. ע״כ.

הוא מסביר שאם לא היה לימוד מפסוק על חיוב של תולדות בשבת היינו פוטרים אותן (בגלל הסמיכות למשכן), ואילו בנזיקין גם בלי פסוק מחייבים. מכאן מוכח בבירור שהתולדות של שבת אינן זהות לאבות, ולכן היה מקום לחייב את האבות ולפטור על התולדות. בנזיקין האבות והתולדות הם זהים מבחינת המאפיינים הרלוונטיים, ולכן לא אפשרי שם לחייב על האבות ולפטור את התולדות.

הגירסאות השונות בתחילת ב״ק

לכאורה התפיסה הזו עולה בפירוש מלשון הגמרא בב״ק, שהרי הגמרא שם מבחינה בין אבות לתולדות לפי החשיבות של המלאכה:

ולרבי אליעזר דמחייב אתולדה במקום אב, אמאי קרי ליה אב ואמאי קרי לה תולדה? הך דהוה במשכן חשיבא - קרי ליה אב, הך דלא הוי במשכן חשיבא - קרי לה תולדה.

לפחות לפי ר״א נראה שישנה הבחנה בין אב לתולדה לפי חשיבות המלאכה. התולדות הן מלאכות פחות חשובות. מכאן עולה בבירור שהדמיון בין האב לתולדה אינו מושלם, והאב הוא מחוייב לגמרי והתולדה מחוייבת בעוצמה פחותה כי היא דומה לו במעט.

אמנם כבר הזכרנו שרבו הגירסאות בסוגיא זו[45]. יש גורסים שההבחנה בין אבות לתולדות היא לפי השאלה האם זה היה במשכן או לא. מה שהיה במשכן הוא חשוב ולכן הוא נקרא אב (״הך דהוה במשכן – חשיבא וקרי לה אב״). לפי גירסה זו החשיבות אינה מהותית. אך ישנן גירסאות שההבחנה מבוססת על הימצאות המלאכה במשכן והחשיבות גם יחד (אלו שהיו במשכן וגם היו חשובות הן אבות). לפי זה החשיבות קיימת רק באבות. גירסה שלישית היא שהחשיבות לבדה קובעת את היותה של מלאכה כלשהי אב, ואז בודאי שישנה הבחנה בין האב לתולדה.

תפיסה דומה לגבי אבות ותולדות נזיקין

בפרק השני למעלה פגשנו את המשנה בתחילת ב״ק שמתארת ארבעה אבות נזיקין. הגמרא מייד אחר כך מדייקת שמלשון ״אבות״ משמע שיש גם תולדות, ותוהה:

---

[45] ראו תוד״ה יה״ג הך׳, ב״ק ב סוע״א, ובפירושי המהרש״ל, המהרש״א והמהר״ם, על התוס׳.

**גמ'. מדקתני אבות - מכלל דאיכא תולדות, תולדותיהן כיוצא בהן או
לאו כיוצא בהן?**

הגמרא תוהה האם התולדות הם כמו האבות או לא כמותם. לא ברור
מהגמרא לעניין מה הדמיון הזה נאמר.

בחידושי מרן רי"ז הלוי על הרמב"ם, בתחילת הל' נזקי ממון, מסביר
שבביאור תהיית הגמרא נחלקו רש"י והרי"ף: רש"י מסביר שהגמרא תוהה
האם יש בכלל חיוב על התולדות או שרק האבות מחייבים בתשלום. ואילו
הרי"ף מסביר שברור שחייבים גם על התולדות, והתהייה היא רק בשאלה
האם לתולדות יש את הפטורים המיוחדים של האבות או לא.

מהסברו של רש"י רואים שמבחינתו עולה אפשרות בגמרא גם לגבי תולדות
נזיקין שיהיה חיוב רק על אבות ולא על תולדות. אמנם לפי הרי"ף נראה שאין
אפשרות כזאת, והדיון הוא רק על הפטורים ולא על עצם החיוב.

לפי רש"י, אנחנו פוגשים כאן גם בהקשר של תולדות נזיקין הבחנה בין
האבות לתולדות. כיצד תיתכן הבחנה כזאת? אין מנוס מהמסקנה שהתולדות
דומים לאבות אך לא זהים להם. לכן עולה האפשרות שהם ייפטרו.

כל הדיון שלנו עד כאן הניח שאין שום אפשרות כזאת בנזיקין. התולדות זהות
לאבות, שהרי יש דמיון בכל הפרמטרים הרלוונטיים לחיוב. לדוגמה, אם
נגיחה בקרן היא אב, והתולדה שלה היא דחיפה באמצעות הגוף (=נגיפה),
הנגיפה אינה פחות מחייבת מהנגיחה. מה שמחייב בנגיחה הוא אוסף
המאפיינים לחומרא: שהיא ממונך ושמירתה עליך וכוונתה להזיק ודרכה
לילך ולהזיק וכדומה (ראה טבלא 2 למעלה בפרק השביעי). כל אלו קיימים גם
בנגיפה, ולכן היא חייבת בתשלום באותה מידה כמו האב. שאר המאפיינים

שקיימים בנגיחה בקרן אינם רלוונטיים לחיוב, ולכן השוני בין נגיחה לבין נגיפה אינו רלוונטי. כעת אנחנו רואים שלפחות לדעת רש"י השינויים הללו יכולים להיות משמעותיים, כלומר דרגת החיוב של תולדה יכולה להיות פחותה מזו של האב שממנו היא נלמדת. הרי"ף סובר שלא.

במילים אחרות: לפי הרי"ף, כשהתורה כותבת "כי יגח שור איש את שור רעהו", ומלמדת אותנו על חיוב תשלום בנזקי קרן, כוונתו רק להביא דוגמה. בעצם המשמעות היא שכל מזיק משונה ובכוונה שדרכו לילך ולהזיק ושמירתו עליי מחייב אותי בתשלום. אין בדוגמה שנכתבה בתורה מאומה חמור יותר מהתולדות שלה. היחס ביניהם הוא לוגי בלבד. ואילו לפי רש"י המזיק שכתוב בתורה עצמה הוא המחייב היסודי, והתולדות רק דומות לו במובן מסויים, ולכן גם הן מחייבות. באופן עקרוני ניתן להעלות כעת אפשרות שגם בנזיקין יהיה פטור על תולדה דתולדה, כי היא רחוקה יותר מהאב שכתוב בתורה.

אבות ותולדות בטומאה

בסוגיא בתחילת מסכת ב"ק אנחנו מוצאים סוג שלישי של יחס בין אבות לתולדות. לאחר הצבת התהייה שתוארה למעלה לגבי היחס בין אבות לתולדות בנזיקין, הגמרא מביאה שתי דוגמאות כדי לחדד את התהייה שלה: תולדות שבת – שהן כיוצא באבות, ותולדות טומאה שהן לא כיוצא באבות.

זהו הקטע שמציג את תולדות שבת:

גבי שבת תנן: אבות מלאכות ארבעים חסר אחת; אבות - מכלל דאיכא תולדות, תולדותיהן כיוצא בהן, לא שנא אב - חטאת, ולא שנא תולדה - חטאת, לא שנא אב - סקילה, ולא שנא תולדה - סקילה. ומאי איכא בין אב לתולדה? נפקא מינה, דאילו עביד שתי אבות בהדי הדדי, אי נמי שתי תולדות בהדי הדדי - מחייב אכל חדא וחדא, ואילו עביד אב ותולדה דידיה - לא מחייב אלא חדא. ולרבי אליעזר דמחייב אתולדה במקום אב, אמאי קרי ליה אב ואמאי קרי לה תולדה? הך דהוה במשכן חשיבא - קרי ליה אב, הך דלא הוי במשכן חשיבא - קרי לה תולדה.

המסקנה היא שהתולדות הן כיוצא באבות, ורמת החיוב עליהן היא זהה. מה שהן קרויות תולדות זה רק לעניין חיוב של תולדה במקום אב, או שמדובר בעניין סמנטי (מה שהיה במשכן וחשוב וקרא אב).

לאחר מכן הגמרא מביאה את המקרה של תולדות טומאה:

גבי טומאות תנן, אבות הטומאות: השרץ, והשכבת זרע, וטמא מת; תולדותיהן לאו כיוצא בהן, דאילו אב מטמא אדם וכלים, ואילו תולדות - אוכלין ומשקין מטמא, אדם וכלים לא מטמא.

כעת התהייה היא היכן עומדות תולדות נזיקין, האם הן דומות לתולדות שבת (שהן כיוצא באבות) או לתולדות טומאה (שאינן כיוצא באבותיהן):

הכא מאי?

ועל כך אומר ר"פ:

אמר רב פפא: יש מהן כיוצא בהן, ויש מהן לאו כיוצא בהן.

כעת הגמרא מתחילה לבחון את כל תולדות נזיקין, כדי לברר מהן אותן
תולדות שלגביהן אמר ר״פ שהן לא כיוצא באבות. בכל אב היא מראה
שהתולדות הן כיוצא באב, ולמסקנה דברי ר״פ נאמרו רק על מזיק מיוחד
(חצי נזק צרורות. ראה שם ג ע״ב). בפרק השני הבאנו כמה דוגמאות
מהרשימות של התולדות לכל אב נזק. הגמרא שם פותחת ברשימת התולדות
של קרן :

תולדה דקרן מאי היא? נגיפה, נשיכה, רביצה, ובעיטה.

כעת הגמרא מבררת בסוגריים מדוע בכלל אלו תולדות של קרן? נשיכה צריכה
להיות תולדה של שן, ורביצה ובעיטה הן לכאורה תולדות של רגל :

**נשיכה - תולדה דשן היא! לא, שן יש הנאה להזיקה, הא אין הנאה
להזיקה. רביצה ובעיטה - תולדה דרגל היא! לא, רגל הזיקה מצוי,
הני אין הזיקן מצוי.**

למסקנה כל אלו תולדות של קרן, מפני שהקשר בין התולדות לאב אינו קשור
לאיבר שבו מבצעים את ההיזק אלא לאופיו המהותי של ההיזק, כלומר
למאפיינים העובדתיים של כל אב. ומבחינת המאפיינים הללו – הם קיימים
בתולדה בדיוק כמו באב.

כעת הגמרא חוזרת לבירור דברי ר״פ, על אלו תולדות הוא אמר שהם לא
כיוצא באבות :

**אלא תולדותיהן לאו כיוצא בהן דאמר רב פפא, אהייא? אילימא
אהני, מאי שנא קרן? דכוונתו להזיק וממונך ושמירתו עליך, הני נמי
כוונתן להזיק וממונך ושמירתן עליך!**

כלומר תולדות קרן הן כיוצא באב, שכן כוונתך להזיק וממונך ושמירתן עליך. מכיון שהתולדות זהות לאב בכל המאפיינים העובדתיים הרלוונטיים, ברור לגמרא שהן כיוצא באב.

מייד אחר כך הגמרא עוברת לדיון דומה לגבי תולדותיה של השן. הגמרא שם ג ע״א קובעת:

תולדה דשן מאי היא? נתחככה בכותל להנאתה, וטינפה פירות להנאתה. מאי שנא שן? דיש הנאה להזיקו וממונך ושמירתו עליך, הני נמי יש הנאה להזיקן וממונך ושמירתן עליך!

שתי צורות ההיזק הללו גם הן לא נעשות על ידי השן, ובכל זאת אלו תולדות של שן. הסיבה לכך היא הדמיון במאפיינים העובדתיים הרלוונטיים. הם אלו שקובעים לגבי כל תולדה לאיזה אב היא דומה.

גם לגבי רגל אנו מוצאים דיון דומה (שם ג ע״א):

תולדה דרגל מאי היא? הזיקה בגופה דרך הילוכה, בשערה דרך הילוכה, בשליף שעליה, בפרומביא שבפיה, בזוג שבצוארה. מאי שנא רגל? דהזיקו מצוי וממונך ושמירתו עליך, הני נמי הזיקן מצוי וממונך ושמירתן עליך!

הגמרא ממשיכה שם להסביר זאת גם לגבי בור ולגבי אש. כאמור, המסקנה היא שדברי ר״פ נאמרו רק על חצי נזק צרורות.

בעל **נחלת דוד** בפירושו על הסוגיא הזאת מסביר שכל מהלך הסוגיא נסוב סביב שני סוגי יחס בין אבות לתולדות. התולדות של שבת הן תולדות לימודיות, כלומר לומדים אותן מהאבות. הבסיס ללימוד הוא הדמיון

במאפיינים הרלוונטיים בין התולדה לאב שלה. לעומת זאת, בטומאה היחס בין אב לתולדה אינו קשור לדמיון ביניהם. שם מדובר על תולדה שנוצרת מתוך האב. התולדה אינה לימודית אלא סיבתית. לדוגמה, האב של טומאת מת הוא מי שנגע במת. התולדה (שנקראת כאן ראשון לטומאה) היא מישהו או משהו שנגע באדם שנגע במת. כלומר התולדה נוצרת סיבתית על ידי האב, ולא דומה לו במאפיינים עובדתיים כלשהם. לכן ברור שבשבת היחס בין תולדות לאב הוא שהן כיוצא בו, שהרי הן זהות לו. האב הוא רק דוגמה שהתורה בחרה לכתוב עבור העיקרון הכללי. לעומת זאת, בטומאה התולדות אינן כיוצא באב (שיש דינים שונים לאב הטומאה ולראשון לטומאה. שם מגדירים גם שני לטומאה, שהוא בעצם תולדה דתולדה, ודיניו קלים יותר מאשר התולדה ובודאי מהאב).

בעל **נחל״ד** שם ממשיך ומסביר שזו גופא התהייה של הגמרא לגבי תולדות נזק: האם התולדות שעליהן רומזת המשנה כשהיא מתארת את האבות, הן תולדות לימודיות (ואז הן כיוצא בהן) או תולדות סיבתיות (ואז הן לא כיוצא בהן). לכן אחרי כל רשימה של תולדות מתחילה התדיינות האם נשיכה היא תולדה של שן (כי השן היא שגורמת לה) או של קרן (כי לה היא דומה במאפיינים העובדתיים הרלוונטיים). למסקנה הדמיון הוא במאפיינים, כלומר מדובר בתולדות לימודיות ולא סיבתיות, ולכן בנזיקין תולדותיהן כיוצא בהן.

מיהו החריג היחיד שעליו מדבר ר״פ? הזכרנו כבר שלמסקנת הסוגיא זהו חצי נזק צרורות. הכוונה היא לבהמה שמתיזה אבנים ברגליה, והאבנים מזיקות את ממון הזולת. הגמרא אומרת שזוהי תולדה של רגל, אבל דיניה שונים מאלו של רגל. זוהי התולדה היחידה שאינה כיוצא באביה. יש לשים לב

שבאמת היחס בין היזק צרורות לרגל הוא יחס סיבתי ולא לימודי, שהרי הצרורות ניתזים על ידי הרגל (כמו שהנשיכה נעשית בשן, והבעיטה ברגל). לכן אין פלא שהתולדה הזו היא לא כיוצא באביה, שכן זו תולדה סיבתית ולא לימודית.

המסקנה היא שתולדות של טומאה (ובנזיקין התולדה של חצי נזק צרורות) הן מכניזם שלישי של יחס בין אבות לתולדות: מכניזם סיבתי. ראינו שבנזיקין היחס הוא לימודי ויש זהות בין התולדות לאב, בשבת היחס הוא לימודי ואין זהות בין התולדה לאב (לכן יש תולדה דתולדה), ובטומאה היחס הוא סיבתי, ולכן אין שום הכרח שתהיה זהות בין התולדה לאב.

סיכום ביניים: היחסים השונים בין אבות לתולדות

כל זה עוסק בתולדות של אב אחד. כאן ראינו שאם התולדה היא לימודית היא בהכרח זהה לאב, ואם היא סיבתית היא לא בהכרח זהה לאב. בתולדות של שני אבות, אפילו כשהתולדות הן לימודיות ייתכן שיהיה הבדל בין האב לתולדה, כי אין זהות ביניהם. ואכן למעלה ראינו בזה מחלוקת ראשונים לגבי תולדות של שני אבות בנזיקין.

וגם בתולדות לימודיות של אב אחד, כמו במלאכות שבת (צד אחד בתחילת הגמרא בב״ק לפי רש״י) ובנזיקין (צד אחד בתחילת סוגיית ב״ק לפי רש״י) שהתולדה לא תהיה זהה לאב, וזאת מפני שהדמיון בין התולדה לאב אינו מבוסס על זהות אלא על דמיון. לשון אחר, לפי האפשרות הזאת, המלאכה שמהווה אב אינה רק דוגמה בעלמא שמדגימה אוסף של מאפיינים עובדתיים,

אלא דוגמה מהותית ואידיאלית. מה שדומה לה אינו אידיאלי כמוה, ולכן גם אינו חייב כמוה אלא מעט פחות.

משמעות הדבר היא שעלינו להכניס למודל שלנו עוד רכיב, והוא מידת הדמיון בין התולדה לאב. לא די בכך שישנם מאפיינים זהים בשניהם, אלא המאפיינים הללו מופיעים במינונים שונים (גבוה יותר באב, ונמוך בתולדה).

אמנם בהקשר של מלאכות שבת ראינו שאין לדבר על מאפיינים עובדתיים ספציפיים. שם מדובר בעיקר על הגדר המהותי של המלאכה (שסומן באות β), ולכן בהחלט אפשר להבין שהתולדות תהיינה דומות אך לא זהות. יש להן אותו יסוד מחייב אבל בעוצמה פחותה. אבל בהקשר של נזיקין, הדמיון בין אב לתולדה היה לפי המאפיינים העובדתיים שלהם, ואם המאפיינים הרלוונטיים מופיעים באב ובתולדה אזי שניהם בהכרח זהים זה לזה.

נזכיר שלפי הרא״ש ראינו שגם בהקשר של נזיקין עלינו להתחשב בגדר המהותי של האב, ולכן לשיטתו אפשר להבין מדוע יכולה להיות אפשרות שהתולדה לא תהיה זהה לאב. לדוגמה, אסו״מ שמזיקים כשהם מונחים על הקרקע, דומים לבור. הדמיון אינו רק במאפיינים שאין דרכם לילך ולהזיק וכדומה, אלא בצורת ההיזק עצמה. אבל כאן ייתכן שאצלם צורת ההיזק הזו מופיעה באופן פחות אידיאלי. יש דמיון לבור אבל זה לא בור מושלם, ולכן החיוב אינו גמור ומלא לגמרי.

ניתן להביא לכך משל מתורת האידיאות האפלטונית, שהאידיאה של הסוסיות המושלמת והאידיאלית קיימת רק בעולם האידיאות. הסוסים הריאליים הם תמיד הופעות חסרות וחלקיות של האידיאה הזו. האב משול לאידיאה, והתולדות הן הופעות חסרות ולא מושלמות שלו.

כאמור, למסקנת הסוגיא בב״ק הירידה בין האב לתולדה לא קיימת בתולדות של אב אחד. ואכן גם לפי הרא״ש חוסר הדמיון הזה מתעורר אך ורק כשמדובר בתולדות של שני אבות.

השלכות לגבי היעדר היסקי 'צד שווה' במלאכות שבת

לאור דברינו עד כאן נראה שיש כאן סיבה נוספת מדוע אנחנו לא מוצאים היסקי צד שווה במלאכות שבת. לימוד של הצד השווה משני אבות נדרש כאשר יש תולדה שאינה זהה לגמרי לאף אחד משני האבות. לכן הלימוד מאב א דורש סיוע מאב ב כדי להשלים את המאפיינים החסרים. במצב כזה, רק השילוב של שניהם יכול ללמוד את התולדה בצד השווה.

אבל כפי שראינו בחולדות שבת הדמיון לאבות אינו מושלם בכל אופן. במצב כזה, גם כאשר יש תולדה שאינה דומה לגמרי לאב, אין צורך באב נוסף כדי להשלים את ההיסק. הרי גם תולדות שכן נלמדות מאב אחד אינן דומות לגמרי לאותו אב. לכן כשהדמיון לא מושלם עדיין ניתן ללמוד את התולדה מאב אחד. ההנחה היא שכל התולדות שצריכות להיאסר דומות מספיק לאחד האבות כדי ללמוד שהן אסורות, ולעולם לא נדרש סיוע של אב נוסף.

לכן הדוגמה היחידה שמצאנו לתולדה של שני אבות בשבת (רוקק) בנויה על הבנייה מושגית ולא על היסק של הצד השווה.

תולדות בדמיון רחוק: המקרה של תולדות שביעית

בסוגיא בתחילת מו"ק עולה דיון על אבות ותולדות של עבודת האדמה בשביעית. מה שכתוב בתורה הוא זריעה וקצירה, שהם האבות, וכתובות גם שתי מלאכות נוספות, זמירה ובצירה, שהגמרא אומרת שהן תולדות. מה שהן כתובות זה ללמד ששאר התולדות לא נאסרות מן התורה אלא רק מדרבנן. כבר מכאן רואים שהתולדות בשביעית אינן זהות לאבות, שאם לא כן ודאי הן היו נאסרות כמו האבות.

והנה, שם בדף ג ע"א מובאת מחלוקת האם לוקים על חרישה בשביעית או לא:

איתמר, החורש בשביעית, רבי יוחנן ורבי אלעזר. חד אמר: לוקה, וחד אמר: אינו לוקה.

הגמרא מעמידה את המחלוקת בשאלה האם ניתן לדרוש 'כלל ופרט' כשהכלל בעשה והפרט בלאו[46]:

לימא בדרבי אבין אמר רבי אילעא קמיפלגי, דאמר רבי אבין אמר רבי אילעא: כל מקום שנאמר כלל בעשה, ופרט בלא תעשה - אין דנין אותו בכלל ופרט וכלל. מאן דאמר לוקה - לית ליה דרבי אבין אמר רבי אילעא, ומאן דאמר אינו לוקה - אית ליה דרבי אבין!

---

[46] על כלל ופרט ראה בספר השני בסדרה שלנו. לגבי כלל בעשה ופרט בלאו וסוגיית מו"ק, ראה שם בפרק שנים-עשר.

רש״י כאן מסביר שמדובר על דרשת ׳כלל ופרט וכלל׳, שמרבה כל מה שכעין הפרט. מי שחולק על רבי אבין ודורש ׳כלל ופרט וכלל׳ במצב כזה, מרבה גם חרישה, ולכן לדעתו לוקים גם עליה. ומי שסובר כרבי אבין אינו מרבה חרישה, ולכן לדעתו לא לוקים עליה.

יוצא שלפי רש״י התולדות בשביעית מתרבות מכוח דרשת ׳כלל ופרט וכלל׳, ובלי הדרשה הזו לא היינו מרבים תולדות. כאן עולה בבירור שלדעתו יש הבדל בין אבות לתולדות, והדמיון אינו מושלם (האב הוא לא רק דוגמה בעלמא). יתר על כן, גם מי שדורש ומרבה את התולדות ב׳כלל ופרט וכלל׳, כפי שראינו בספר השני הריבוי הוא של דברים שדומים רק באופן חלקי לאבות שכתובים בתורה. מיניה וביה מוכח כאן שלדעת רש״י התולדות אינן דומות לאבות: למי שדורש ב׳כלל ופרט׳ וכלל זה ודאי כך, ולמי שאינו דורש כאן ׳כלל ופרט וכלל׳ גם הוא סובר שאין זהות שאם לא כן הוא היה מרבה גם בלי הדרשה הזו.

לעומת זאת, הר״ח על אתר גורס הפוך. לשיטתו מדובר כאן על דרשת ׳כלל ופרט׳, שתוצאתה היא אלא כעין הפרט, כלומר ללא ריבוי כלל. לכן מי שדורש כאן את הדרשה ממעט את התולדות, ולשיטתו לא לוקים על חרישה. ומי שסובר ברבי אבין ולא דורש אותה סובר שחייבים גם על תולדות, ולכן לוקים גם על החרישה. לשיטתו ברור שהתולדות מתרבות גם בלי דרשה, ולכן היחס בין אבות לתולדות כאן הוא היחס הרגיל. אם יש דרשה של ׳כלל ופרט׳ היא ממעטת את התולדות. אבל עדיין כשממעטים את התולדות המשמעות היא

שאין זהות בינן לבין האבות (ראה בספר השני שעמדנו על כך שגם דרשת 'כלל ופרט' מרבה את מה שדומה לגמרי)[47].

למסקנה אמנם הגמרא דוחה וקובעת:

- לא, דכולי עלמא לית ליה דרבי אבין אמר רבי אילעא. מאן דאמר לוקה - שפיר. ומאן דאמר אינו לוקה - אמר לך: מכדי, זמירה בכלל זריעה, ובצירה בכלל קצירה, למאי הלכתא כתבינהו רחמנא? למימר דאהני תולדות הוא דמיחייב, אתולדה אחרינא - לא מיחייב.

- ולא? והתניא: שדך לא תזרע וכרמך לא תזמר אין לי אלא זירוע וזימור, מנין לעידור ולקישקוש ולכיסוח - תלמוד לומר: שדך לא כרמך לא, לא כל מלאכה שבשדך, ולא כל מלאכה שבכרמך. ומנין שאין מקרסמין ואין מזרדין ואין מפסגין באילן - תלמוד לומר: שדך לא, כרמך לא, כל מלאכה שבשדך לא, כל מלאכה שבכרמך לא. מנין שאין מזבלין ואין מפרקין ואין מעשנין באילן - תלמוד לומר: שדך לא כרמך לא, כל מלאכה שבשדך לא, וכל מלאכה שבכרמך לא. יכול לא יקשקש תחת הזיתים, ולא יעדר תחת הגפנים, ולא ימלא נקעים מים, ולא יעשה עוגיות לגפנים - תלמוד לומר: שדך לא תזרע, זריעה בכלל היתה, ולמה יצתה - להקיש אליה, לומר לך: מה זריעה

---

[47] שהרי זה מקביל לריבוי של כל מה שדומה בארבעה צדדים (דומה לגמרי). אבל מה שדומה לגמרי מתרבה גם כאן.

מיוחדת - עבודה שבשדה ושבכרם, - אף כל שהיא עבודה שבשדה ושבכרם! - מדרבנן, וקרא אסמכתא בעלמא.

למסקנה (וכך הוא גם שם בתחילת ג ע״א) רק התולדות שכתובות בפירוש בתורה (זמירה ובצירה) נאסרו מדאורייתא, ושאר התולדות במלאכות שביעית אסורות רק מדרבנן. אם כן, ברור שכאן מדובר בתולדות שאינן דומות לגמרי לאבות, ויש לכך אפילו משמעות הלכתית (הן לא נאסרות). שוב, אם הן היו זהות – אזי ברור שהן היו נאסרות כמו האבות.

בכל אופן, לפי רש״י נראה שמדובר כאן על יחס שונה בין אבות לתולדות. אם הדמיון בין התולדה לאב גורם ללימוד של בניין אב (מכתוב אחד או משני כתובים), אזי מדובר על דמיון כמעט מלא (יש רק פירכות 'כל דהו', כלומר הבדלים לא מהותיים). אבל אם הדמיון הוא מהסוג שמתרבה ב'כלל ופרט וכלל', אזי מדובר בדמיון קלוש יותר. ראינו בספר השני בסדרה שרמת הדמיון של 'כלל ופרט וכלל' חלשה יותר מזו של בניין אב. מדובר בדמיון בשני מאפיינים (צדדים, בניסוח של הגמרא) מתוך שלושה. מכיון שמדובר כאן בתולדות שהן רחוקות למדיי מהאבות, לא פלא שלמסקנה באמת תולדות של מלאכות קרקע בשביעית כלל לא נאסרו מדאורייתא.

שכלול המודל שלנו: תולדות של אב אחד

כפי שראינו, ישנן תולדות לימודיות שאינן דומות לגמרי לאב שלהן. בשבת מדובר על דמיון גבוה יחסית (אבל גם הוא דועך עם המרחק, ולכן לשיטות מסויימות תולדות דתולדות לא נאסרו). בשביעית מדובר בתולדות עם דמיון רחוק יותר מהאבות, ולכן למסקנה הן כלל לא נאסרות מדאורייתא.

משמעות הדבר היא שלא די לקבוע את המאפיינים העובדתיים השונים של האבות והתולדות המעורבות בהיסק, אלא עלינו לקבוע גם את מידת הדמיון (או את העוצמה שכל מאפיין, או גדר מהותי, מופיע בכל אחד מהם). בנוסף ישנו סף של עוצמה שממנו והלאה יש חיוב (ולכן תולדה דתולדה בשבת, או תולדה בשביעית, שרמת הדמיון שלהן לאב כבר נמוכה למדיי, ייתכן שכלל לא תחוייב).

הדרך להכניס זאת למודל שלנו היא להגדיר את המאפיינים העובדתיים באופן לא בינארי. עד עתה כל מאפיין כזה קיבל את הערכים 0 או 1 (או שהוא קיים או שלא). אם רוצים לייצג רמות דמיון מגוונות ועשירות יותר, עלינו לאפשר להם לקבל את כל הערכים בין 0 ל-1, כלומר להשתמש בלוגיקה רציפה.

במסגרת הזאת, המושג φ_1 (שיכול להיות מלאכה בשבת או בשביעית), מקיים את המאפיין העובדתי α ואת הגדר המהותי β באופן הבא:

$$\varphi_1(\beta|\alpha).$$

כדי שיחול עליו הדין X (לדוגמה: חיוב חטאת, או סקילה), המאפיינים העובדתיים חייבים להיות לפחות בעוצמה של 0.5, והגדר המהותי חייב להיות בעוצמה של לפחות 0.7.

נניח ש-φ_1 הוא אב, והעוצמות שלו הן: (1= β ; 1= α). הוא כמובן מקיים את התכונה ההלכתית X: ($\varphi_1(\beta|\alpha,X)$. כעת אנחנו בוחנים תולדה φ_2 שנראית דומה לאב, כלומר יש לה אותו גדר מהותי ואותם מאפיינים,

$\varphi_2(\beta|\alpha)$, אבל המאפיינים העובדתיים מופיעים אצלה בעוצמות נמוכות יותר, למשל: (β =1 ; α =0.7). האם יהיה גם לה המאפיין ההלכתי X?

לפי ההגדרות שלמעלה, φ_2 אכן תקיים את התכונה ההלכתית X, כלומר יתקיים: $\varphi_2(\beta|\alpha, X)$, שכן עוצמת המאפיינים שלה עוברת את 0.5. ומה לגבי תולדה דתולדה φ_3? בהנחה שרמת הדמיון שלה לתולדה דומה לרמת הדמיון בין התולדה לאב (70%), המאפיין שלה הוא בעוצמה: (β =1 ; α =0.49). אם כן, התולדה דתולדה הזו כבר לא תהיה בעלת המאפיין X, כי המאפיין העובדתי שלה הוא בעוצמה נמוכה מ-0.5. באותה צורה ניתן לייצג גם את רמות הדמיון של התולדות מבחינת הגדר המהותי.

שכלול המודל שלנו: תולדות של שני אבות – דיון ראשוני

ומה לגבי תולדות של שני אבות? ראינו למעלה שיש תולדות שמוסקות על ידי הצד השווה ויש שמוסקות על ידי הבנייה מושגית.

עקרונית, בתולדות שמוסקות על ידי הצד השווה אין מצבים שהתולדה לא זהה לאב אלא רק דומה לו. לכן במקרים אלו אין צורך לשכלל את המודל שלנו. גם בתולדות שמוסקות על ידי הבנייה מושגית ייתכן דמיון לא שלם (שאינו זהות) בין התולדה לאב, אבל שם ראינו שקשה להצביע על מאפיינים עובדתיים של כל אב, ושוב אין משמעות גדולה לשכלול המודל.

219

אם כן, המשמעות של זהות לא מלאה בין התולדה לאב מופיעה בעיקר
בתולדות של אב אחד שנדונו למעלה. בכל זאת, ולו רק לשם השלמת התמונה
הלוגית, נדון כעת בכל אחד מהמקרים הללו בנפרד ונראה כיצד המודל
המשוכלל יכול לעבוד גם בהם.

שכלול המודל שלנו: תולדות של שני אבות – צד שווה

נזכיר שבתולדות נזיקין ראינו שהדמיון בין התולדה לאבות הוא מלא, ולכן
אין צורך במודל משוכלל יותר מהקודם. דמיון לא מלא בין תולדה לאב מופיע
רק בשבת ובשביעית, ושם באמת לא מצאנו היסקים של צד שווה. בכל זאת,
למען השלימות נשכלל את המודל גם לגבי היסקים של הצד השווה, כלומר גם
במקרים כמו תולדות נזיקין.

נניח שיש לנו שני אבות, אש ובור. התורה כותבת בפירוש ששניהם מחייבים
בתשלומי נזיקין. מהסתכלות עליהם אנחנו מחלצים את המאפיינים
העובדתיים של כל אחד מהם, וגם את העוצמות של המאפיינים הללו (גם
העוצמה של כל מאפיין עובדתי של מושג נלמדת מהתבוננות במושג).

הלאקונה שלנו היא לגבי החיוב של התולדה (אסו״מ) בתשלומי נזיקין.
ההנחה היא שגם באסו״מ אנחנו יודעים מהסתכלות את המאפיינים
העובדתיים ואת העוצמה של כל אחד מהם. השאלה שעלינו לברר כדי למלא
את הלאקונה היא האם די בזה כדי לחולל את ההוראה ההלכתית X (=חיוב
בתשלומי נזיקין) גם על התולדה או לא.

כלומר הלאקונה במקרה זה היא רשימת המאפיינים העובדתיים והעוצמות של כל מאפיין כזה, כדי שיחול חיוב תשלום נזיקי. את הלאקונה הזו אנחנו ממלאים על ידי היסק, כלומר אנחנו צריכים למצוא מתוך שני האבות חסם על הערכים והמאפיינים שמחוללים את התוצאה ההלכתית (זהו החיתוך המשוכלל), ולאחר מכן להשוות בינו לבין הערכים והמאפיינים של התולדה. אם הם יקיימו את החסם הזה, ניתן יהיה להסיק שהתוצאה ההלכתית חלה גם על התולדה.

נניח כעת שיש לנו שני אבות שונים (אש ובור) ותולדה (אסו״מ). במקרה של היסק של צד שווה - היחס ביניהם הוא כמו בשרטוט הבא (ראה למעלה בסוף הפרק השמיני):

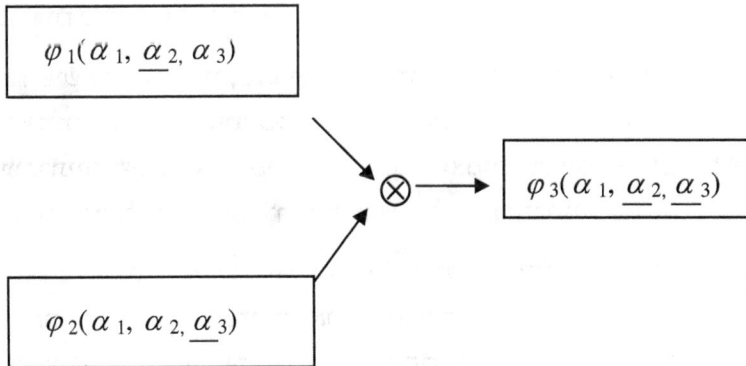

$$\varphi_1(\alpha_1, \underline{\alpha_2}, \alpha_3)$$

$$\varphi_3(\alpha_1, \underline{\alpha_2}, \underline{\alpha_3})$$

$$\varphi_2(\alpha_1, \alpha_2, \underline{\alpha_3})$$

ישנם כאן שני הבדלים לעומת המודל הרגיל שתואר שם: 1. המאפיינים של כל אב ותולדה מקבלים רצף של ערכים, ולא רק שניים. 2. פעולת הכפל

שנעשית בין שני האבות כאן היא חיתוך משוכלל בין קבוצות המאפיינים העובדתיים של שני האבות, ולא חיתוך רגיל.

כיצד מוגדר החיתוך המשוכלל? לגבי כל אחד מהמאפיינים אנחנו לוקחים את הערך המינימלי בין ערכיו בשני האבות (שכן לפי הלוגיקה של הצד השווה די בערך כזה כדי להחיל את התוצאה ההלכתית)[48]. נראה כעת כיצד זה מתבצע בתולדות הנזק.

בשלב ראשון עלינו לקבוע את המאפיינים והערכים של המאפיינים של כל אב. במודל הפשוט מצאנו שהמאפיין המשותף לשני האבות הוא $\{2,7,8,9\}$, ולשם הפשטות כל זה מיוצג בסכימה שלמעלה על ידי α_1. המאפיין לחומרא שמייחד את אש הוא : $\{3\}$, וזה מיוצג בסכימה למעלה על ידי α_2. המאפיין לחומרא שמייחד את בור הוא : $\{4,5\}$, וכל זה מיוצג על ידי α_3. מה שמייחד את התולדה במקרה שלנו (אסו״מ) גם הוא α_1.

יש לשים לב שהמבנה שבסכימה הוא אוניברסאלי, אלא ששלושת המאפיינים הללו יכולים לפעמים להיות קבוצות של מאפיינים אמיתיים.

אבל כאן אנחנו עוסקים במודל המשוכלל. לכן עלינו לקבוע את העוצמות של כל מאפיין ומאפיין, ולא רק של המאפיינים שנמנו למעלה. במודל המשוכלל אנחנו חייבים להיזקק להצגה המלאה ולדון בכל המאפיינים, שכן אין במודל הזה חלוקה חדה בין מאפיינים שישנם ושאינם בכל מזיק. עקרונית, בכל

---

[48] לצורך הפשטות אנחנו מניחים כאן שערך נמוך יותר במאפיין א אינו מתקזז עם ערך גבוה של מאפיין ב. הדרישות נדרשות על כל מאפיין לחוד.

מזיק כל המאפיינים העובדתיים קיימים, אלא שכל אחד מהם קיים במינונים שונים בין 0 ל-1. סביר שאלו שמתוארים במודל הפשוט כלא קיימים, פשוט קיימים במודל המשוכלל במינון נמוך, ואלו שהיו קיימים במודל הפשוט יהיו בעלי מינון גבוה במודל המשוכלל.

קביעת העוצמות של המאפיינים נעשית מתוך התבוננות במושגים השונים. לשם כך עלינו להיזכר במאפיינים הללו (שמנויים בטבלא 1 למעלה), ולנסות להעריך באיזו עוצמה כל אחד מהם מופיע בכל אחד מהמזיקים (שני האבות והתולדה). נעבור על המאפיינים אחד לאחד, וננסה להעריך את העוצמות של כל מאפיין כפי שהוא מופיע בכל אחד משלושת המושגים:

α_1 - כוונה להזיק: לאף אחד משלושת המושגים אין את זה בכלל: 0.

α_2 - נזק לא משונה: אש היא נזק מעט משונה, לכן נקבע לה עוצמה של 0.2. בור הוא נזק לא משונה כלל, ונקבע לו עוצמה של 0. ואסו״מ הוא נזק קצת משונה, כמו אש, ונקבע גם לו עוצמה של 0.2.

α_3 - דרכו לילך ולהזיק (מזיק לא סטטי): אש דרכה ללכת ולהזיק, 0.9. בור אין דרכו, 0. אסו״מ כמעט אין דרכו להזיק (הוא מעט יותר דינמי מבור), 0.1.

α_4 - אין כוח אחר מעורב בו: באסו״מ כוח אחר מעורב ביצירת המזיק, 0.7. באש כוח אחר מעורב בהיזק, 0.2. בבור אין כוח אחר מעורב לא ביצירת המזיק ולא בביצוע ההיזק, 0.

α_5 - תחילת עשייתו לנזק: בור תחילתו לנזק, 0.9. אש אמנם נחשבת כאין תחילתה לנזק אבל בעצם זה כן צפוי, לכן נקבע 0.4. באסו״מ זה יותר מאש אבל פחות מבור, ולכן נקבע 0.6.

α_6 - <u>יש הנאה להיזקו</u>: לאף אחד מהם אין הנאה, 0.

α_7 - <u>היזקו מצוי</u>: אש ובור היזקם מצוי מאד, ולכן נקבע 0.9 ו-0.7 בהתאמה. אסו״מ היזקו מצוי קצת יותר מבור, ולכן נקבע 0.8.

α_8 - <u>המזיק הוא ממונך</u>: הבור אינו ממוני ורק התורה מחשיבה אותו כממוני כדי לחייב על נזקיו, 0.6. האש נחשבת כממוני אבל היא לא ממש משהו ממשי ששייך לי, 0.8. אסו״מ זה ממוני לגמרי אבל מדובר שהפקירו אותו ואז הוא ממוני כמו בור, 0.6.

α_9 - <u>שמירתו של המזיק עליך</u>: כולם שמירתם עליי (כבר הערנו שייתכן שזה אינו מאפיין נפרד מ-8), 1.

נסכם כעת את מה שקיבלנו מההתבוננות במזיקים השונים בטבלא הבאה:

המזיק	הצגה מלאה של המאפיינים העובדתיים
בור	$\varphi_1(0, 0, 0, 0, 0.9, 0, 0.7, 0.6, 1)$
אש	$\varphi_2(0, 0.2, 0.9, 0.2, 0.4, 0, 0.9, 0.8, 1)$
אסו״מ	$\varphi_3(0, 0.2, 0.1, 0.7, 0.6, 0, 0.8, 0.6, 1)$

כעת נבצע את החיתוך המשוכלל בין המאפיינים של שני האבות (בכל מאפיין נרשום את הערך הנמוך יותר מבין שני האבות), ונגיע לווקטור המאפיינים העובדתיים הבא:

$$(0, 0, 0, 0, 0.4, 0, 0.7, 0.6, 1)$$

לפי הלוגיקה של היסק הצד השווה המשוכלל, הווקטור הזה חוסם את הערכים שנדרשים כדי לחולל את התוצאה ההלכתית הנדונה (החיוב בתשלום). לכן עלינו לבדוק האם הוא נכנס לתוך הווקטור שמתאר את המאפיינים של התולדה (אסו״מ), שנמצא בשורה השלישית בטבלא. השוואה רכיב אחרי רכיב נותנת שאכן כל הערכים בווקטור של התולדה גבוהים מהערכים שנדרשים כדי לחולל את התוצאה ההלכתית הנדונה. המסקנה היא שהתולדה חייבת גם היא בתשלום: $\varphi_3(X)$.

שכלול המודל שלנו: תולדות של שני אבות – הבנייה מושגית

גם כאן יש לנו שני אבות ותולדה. אלא שכעת ההיסק שמעביר אותנו מהאבות לתולדה הוא הבנייה מושגית. ההיסק הזה הוצג בסוף הפרק השמיני כך:[49]

---

[49] השמטנו את המאפיין המשותף לחומרא בשני האבות, כי כפי שהערנו שם במקרה הרגיל של הבנייה מושגית הוא לא קיים.

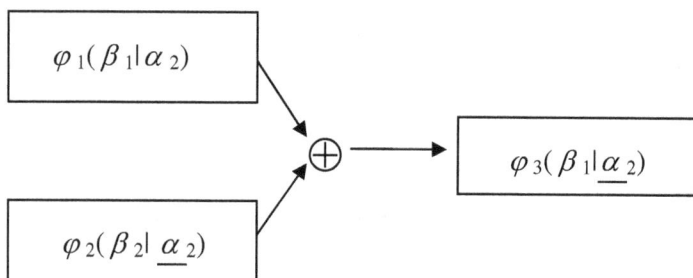

במודל הפשוט ראינו שיש כאן היסק רק מהאב הדומיננטי (שדומה לתולדה בערך β שלו) לתולדה. אלא שיש לאב הזה מאפיין שלא קיים בתולדה (α_2), ולכן הוא מפריע להיסק. כאן בא האב השני ומסלק את הבעייה, כלומר מאפשר להיסק להתרחש.

במודל המשוכלל המשמעות היא מעט שונה. כאמור, הערכים שמקבל כל מאפיין אינם בינאריים, אלא נעים בין 0 ל-1. גם כאן יש פעולה של חיתוך משוכלל, על אף שלא מבוצעת כאן פעולה של צד שווה. אנחנו בודקים את שני ערכי המאפיין α_2 אצל שני האבות. הפעם לא מדובר ב-0 ו-1, אלא בשני ערכים שונים, כאשר בתולדה ובאב השולי הערך הוא נמוך יותר מזה שאצל האב הדומיננטי. במקרה של רוקק, מדובר בתכונה שכוח אחר לא מעורב בעשיית המלאכה. במקרה זה ברור שהן בזורה והן ברוקק כוח אחר מעורב, ובזורק לא. כלומר המקרה הזה הוא כן בינארי, כפי שהערנו למעלה. אבל כאן אנחנו רק מציגים דוגמה איך המודל המשוכלל יכול לתאר גם הבנייה מושגית, ולכן נבחר לצורך הדוגמה: $\alpha_2 = 0.8$, $\alpha_2 = 0.3$.

החיתוך המשוכלל מראה לנו שדי לנו בערך של 0.3 כדי להחיל את התוצאה, כלומר המאפיין הזה אינו מאד חשוב כדי לקבוע חיוב חטאת או סקילה על חילול שבת. כעת עלינו לעבור ולבחון את ערכו של המאפיין הזה בתולדה, וכאן נניח לצורך הדיון שהערך הוא 0.4. במקרה זה ברור שגם התולדה תהיה חייבת, שכן הערך של המאפיין אצלה גבוה מהדרוש להחיל את ההוראה ההלכתית הנדונה (=חיוב חטאת או סקילה).

מקרה של הבנייה מושגית נותן תוצאות שונות מצד שווה כאשר ישנן עוד תוצאות (בדרך כלל לקולא) והן שונות בשני האבות, או כשההוראות ההלכתיות לחומרא הן הוראות שונות (כמו בתולדות נזיקין לפי הרא״ש). במקרים אלו, ההוראות המיוחדות של האב הדומיננטי, גם אם הן לא קיימות באב השני, חלות גם על התולדה.

פרק עשירי

היסקים שבנויים על תכונות הלכתיות

מבוא

עד כאן ניתחנו באמצעות המודל שלנו היסקים שמתבססים על מאפיינים עובדתיים של שני האבות. בפרק זה נשתמש במודל שלנו בכדי לבחון היסקים שמתבססים על מאפיינים הלכתיים. אנחנו חוזרים כאן שוב לפרק השלישי והרביעי למעלה, שם שפגשנו את סוגיית קידושי חופה ואת פירכת צד חמור.

ההבדלים בין סוגיית חופה לסוגיית אבות נזיקין

בפרק השלישי עמדנו על כך שבסוגיית חופה כל הדיון מתנהל על המישור ההלכתי. שני המלמדים, כסף וביאה, מתוארים דרך תכונות הלכתיות שלהם. הסכימה שתיארה את ההיסק היתה הבאה:

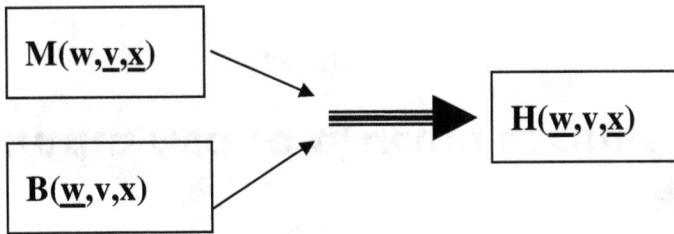

שלושת המושגים הם : M – כסף (אב). B – ביאה (אב). H – חופה (התולדה).

התכונות ההלכתיות הן : w – פודה מעשר שני. v – גומר (מחיל קידושין). x – קונה ביבמה.

כפי שראינו בפרקים האחרונים, כל תכונה הלכתית תלויה בעצמה בתכונות עובדתיות. ישנן סיבות מדוע ביאה קונה ביבמה, ומדוע חופה מחילה נישואין. סיבות אלו הן תכונות עובדתיות רלוונטיות שיש לחופה וביאה.

ההנחה הפשוטה ביותר היא שמאחורי כל אחת מהתכונות ההלכתיות עומדת תכונה עובדתית שונה. ישנן שלוש תכונות עובדתיות כאלה, ולכן בעצם ניתן לתרגם את ההיסק הזה למישור העובדתי כך :

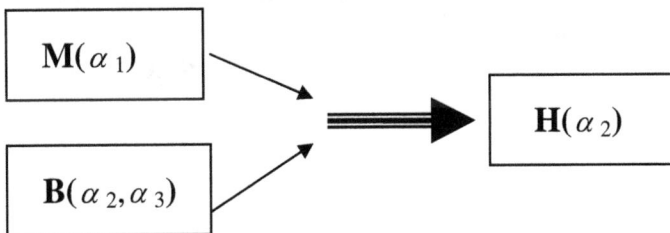

ניתן לראות בבירור שאין כאן צד שווה אמיתי. אמנם מלשון הגמרא נראה שהיא מחברת את שלושת התכונות ההלכתיות (ביאה קונה ביבמה, חופה קונה בנישואין – שלרוב הפוסקים אין בהם כלל ממד של קניין, וכסף קונה בקידושין) לתכונה הלכתית אחת: שהן "קונות בעלמא". אך מכיון שבעצם מדובר בתכונות הלכתיות שונות, אז סביר יותר שגם התכונות העובדתיות שבבסיסן הן שונות.

קביעת מסגרת לדיון

מדברינו כאן עולה שלשון הגמרא שם היא שיגרא דלישנא בלבד. באמת לא מדובר בצד שווה אמיתי לשני האבות והתולדה, אלא בשרטוט מסגרת ההיסק. נסביר זאת מתוך הדוגמה של אבות נזיקין.

נשער לעצמנו שהגמרא שם היתה אומרת: הצד השווה לבור ואש ואסו"מ שכולם פעולות של ממון המזיק. זו ודאי אינה תכונה, אפילו לא תכונה הלכתית, אלא רק קביעה של מסגרת הדיון. הדיון בסוגיא שם יכול להתנהל אך ורק על פעולות היזק. אף אחד לא היה מעלה בדעתו לשאול האם אדם העומד בביתו יהיה חייב לשלם לחברו פיצויי נזיקין. בתוך המסגרת של פעולות היזק, אנחנו דנים אלו מהפעולות מחייבות בתשלום ואלו לא. בתוך המסגרת הזאת, כלומר ביחס לפעולות ההיזק, אנחנו מחפשים תכונות הלכתיות או עובדתיות רלוונטיות של פעולות היזק שונות, כדי לדעת האם ניתן לגזור אותן מהאבות שמופיעים בתורה.

אם כן, ייתכן שגם בהקשר של קידושין סיווג הפעולות הללו כפעולות שקונות, אינו צד שווה אלא קביעת מסגרת הדיון. אלו פעולות שרלוונטי להכניס אותן לדיון שכן כולן פעולות שמחילות חלות הלכתית כלשהי.

ייתכן שהקושי שפגשנו בתחילת הפרק הרביעי הוא דוגמה נוספת לאותו דבר. ראינו שם שהגמרא דנה האם מיתת האב מוציאה אמה עברייה מעבדות. היא לומדת זאת משלושה אבות: שנים, סימנים ויובל בהיסק של הצד השווה. בדיון שלנו שם עמדנו על כך שהצד השווה אינו יכול להיות שהם מוציאים מעבדות, שהרי את זה גופא באנו ללמוד לגבי מיתת האב. הצענו שם צד שווה אחר, שכולם מוציאים בעלמא. לאור דברינו כאן נראה שהוצאה בעלמא אינה באמת צד שווה, שהרי כל אחד מוציא ממשהו אחר (סימנים ויובל מוציאים מעבדות ושנים מוציאות מקטנות. מה עוד שההוצאה כאן היא בכלל במשמעות שונה). על פניו נראה שזה ממש דומה ל׳צד השווה׳ שו אינו בסוגיית חופה, שכולם ״קונים בעלמא״. ייתכן שגם כאן, כמו שם, עלינו להבין שהוצאה בעלמא אינה צד שווה אלא מסגרת לדיון. כל אלו הן פעולות שיש להן משמעות לגבי העברת אנשים מרשות לרשות, ולכן יש מקום לדון לגביהן. אם כן, גם כאן זה לא צד שווה אלא מסגרת לדיון.

בחזרה לקושי לגבי ההיסק

ראינו שבסוגיית חופה הגמרא לא מביאה צד שווה, אלא מדובר בקביעה של מסגרת הדיון. זה כמובן לא פותר את השאלה כיצד מתבצע ההיסק עצמו. אם באמת אין כאן צד שווה עובדתי (ראה בציור למעלה), אז בהכרח שהתמונה אינה מלאה. הגיון האלימינציה של הצד השווה מלמד אותנו שביסוד החיוב

בתשלום לא מונחת אף אחת משלוש התכונות העובדתיות הללו, שהרי צריכה להיות תכונה עובדתית אחת שמחוללת את החיוב בתשלום. אם כך, נראה שיש כאן תכונה רביעית, α_4, אבל אין לנו שום רמז האם היא נמצאת גם בתולדה, ולכן לא ניתן להוכיח שהתולדה גם היא מחייבת בתשלום.

אז כיצד הגמרא הגיעה למסקנה שחופה קונה בקידושין? מדוע שלא נאמר זאת על הפרשה (ש'קונה' גם היא, כלומר מחילה שם של 'תרומה' על התבואה המופרשת), או על כל פעולה הלכתית אחרת?

יש שתי אפשרויות להבין זאת: א. צד שווה עובדתי רגיל. ב. הבנייה מושגית. נדון בהן כעת אחת לאחת.

א. הצד השווה

בפרק השלישי הזכרנו את הלוגיקה של היסקי הצד השווה כפי שהוצגה בספר הראשון בסדרה שלנו. הלוגיקה הזו לוקחת אותנו מהתכונות ההלכתיות הנתונות לתכונות עובדתיות של המושגים המעורבים בהיסק. כך אנחנו מגלים שלא נכון שמאחורי כל תכונה הלכתית יש תכונה עובדתית שונה, ובעצם יש מודל אופטימלי יותר, כלומר מודל שמשתמש בפחות תכונות עובדתיות. המודל הזה מציג תכונות ייחודיות של שני האבות ותכונה משותפת שלהם, שקיימת גם בלמד.

בסופו של חשבון יש כאן תשתית עובדתית בבסיס הצד השווה. נסמן את אותן תכונות משותפות שמהוות את הבסיס לצד השווה ב- α. כפי שראינו שם, אנחנו יכולים להוכיח את קיומה של תכונה כזו, או מכלול תכונות כזה, אך

לא לזהות אותה במציאות הריאלית. איננו יודעים מיהי אותה תכונה (או מכלול תכונות) עובדתית שמסומנת ב- α ושקיימת בשני המלמדים ובתולדה.

ברור שהצד השווה הזה לא יכול להיות התכונה שכולם "קונים בעלמא". ראשית, כפי שהערנו, זו לא באמת תכונה הלכתית אחת, אלא צירוף של כמה תכונות הלכתיות שונות. שנית, מדובר "קונין בעלמא" היא תכונה הלכתית, ותכונה הלכתית לעולם לא יכולה להוות בסיס לצד שווה. כפי שראינו, ביסודו תמיד ניצבות תכונות עובדתיות.

באופן סכמטי ניתן להציג את ההיסק של סוגיית חופה כך:

- אנחנו יוצאים משני אבות ותולדה אחת, ותכונותיהם ההלכתיות, כמו בציור כאן למעלה.
- לאחר מכן, באמצעות הטכניקות הלוגיות שהוצגו בספר הראשון אנחנו מסיקים מכאן שיש מאפיין עובדתי משותף לשלושת המושגים, וגם מאפיינים ייחודיים לכל אחד מהם.
- המבנה שנוצר הוא מבנה של צד שווה עובדתי רגיל (כפי שראינו אותו בפרק הקודם), ולכן ניתן לגזור את התולדה משני האבות.

ב. הבנייה מושגית

דרך אחרת להבין את ההיסק בסוגיית חופה בהיעדר צד עובדתי שווה לשני האבות והתולדה, הוא לראות זאת כהיסק של הבנייה מושגית, ולא כצד שווה. כפי שראינו בפרק השמיני, בהיסק מסוג כזה אין הכרח שיהיה צד שוה

בשני האבות והתולדה. להיפך, אנחנו בונים את התולדה דווקא מתוך צירוף הצדדים הייחודיים של שני האבות זה לזה.

כיצד ניתן להבנות את ביאה וכסף כך שתתקבל חופה? ראשית, חשוב לקבוע את המסגרת: כל אלו הן פעולות הלכתיות שמחילות חלויות. אמנם לביאה יש תכונה ייחודית לקולא, שהרי היא לא פודה מעשר שני, ולכסף יש תכונה ייחודית לקולא שכן הוא לא גומר ולא קונה ביבמה. אלו הן בדיוק התכונות המהופכות לאלו שבתיאור א של ההיסק כצד השווה. אלא שכעת אין צורך שתהיה תכונה רביעית שתהווה צד שווה לשני האבות ולתולדה. די לנו בצירוף של שתי התכונות לקולא בתולדה.

הבעייה שלנו בתולדה (חופה) היתה שהיא לא פודה מעשר ולא קונה ביבמה. העובדה שהיא גומרת אינה בעייה, שהרי זו תכונת חוזק (חומרא). אבל זה שהיא לא פודה מעשר ולא קונה ביבמה אלו חולשות, ולכן אנחנו מצרפים זאת משני האבות, ולומדים מהצירוף שאף אחת משתי החולשות הללו אינה מעכבת את החלת הקידושין. אם כן, גם הצירוף של שתיהן אינו מעכב.

מעניין לציין כי כפי שראינו בפרק השמיני, בשני המקרים בהם פגשנו הבנייה מושגית, היה דמיון מהותי לאחד משני האבות, והשני היה רק מסייע צדדי. הבחנו שם בין הדמיון המהותי, שסומן באות β, לבין שאר התכונות העובדתיות שסומנו באותיות α. והנה, מתברר שגם כאן זהו המצב. נתבונן שוב בציור למעלה: אנחנו רואים שישנה תכונה משותפת לביאה וחופה: α_2. יתר על כן, במקרה של היסק אבות נזיקין לפי הרא"ש התכונה β שמבטאת את הדמיון המהותי בין אסו"מ לבור היתה תכונה לחומרא, על אף שעסקנו בשאלה אילו תכונות הלכתיות לקולא תהיינה לתולדה. מעניין שגם כאן זהו

המצב: הדמיון המהותי בין ביאה לחופה (המאפיין העובדתי שמחולל את הנישואין, כלומר את v), הוא מאפיין לחומרא. התמונה שמתקבלת כעת היא הבאה:

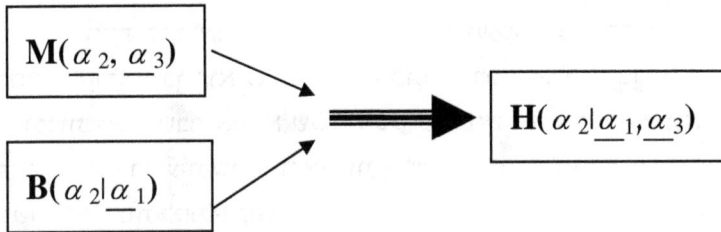

בסוף הפרק השמיני ראינו שהסכימה של הבנייה מושגית במודל שלנו נראית כך:

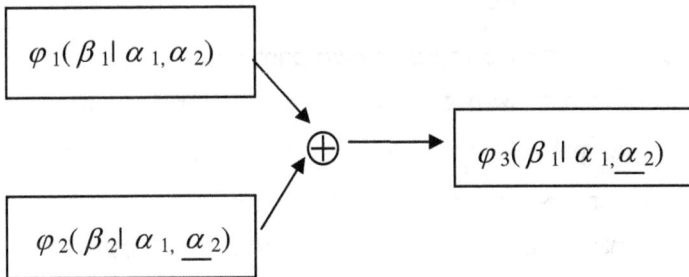

השוואה בין שתי הסכימות מעלה את הזיהויים הבאים: התכונה המיוחדת לחומרא שדומה בין האב הדומיננטי לתולדה (β_1) היא בעצם α_2. אצלנו יש

235

שתי תכונות (לקולא) שעשויות להפריע לחופה להחיל קידושין : α_1, α_3 . לכן אצלנו נדרשים שני האבות כדי להוכיח שאף אחת משתי התכונות הללו לא באמת מפריעה לכך. העובדה שלכסף אין את התכונה α_2 לא אמורה להפריע, שהרי אם היא מצליחה להחיל קידושין בלי α_2 , אזי חופה שיש לה את α_2 – ודאי תצליח להחיל קידושין. תכונה לקולא באב לעולם אינה מפריעה ללימוד.

אם כן, אצלנו מדובר בהבנייה מושגית שונה מעט מאלו שפגשנו בשתי הדוגמאות שבפרק השמיני: כאן יש לתולדה שתי תכונות שעשויות להפריע, ולכן עלינו להשתמש בשני האבות כדי להוכיח שאין הפרעה כזו. ועדיין יש דמיון מהותי רק לאחד מהאבות : ביאה. כלומר חופה היא וריאציה על ביאה, שמסתייעת בצד שקיים בכסף. הדמיון לביאה מראה שחופה יכולה להחיל קידושין, אלא שיש לנו חשש שהקולא (או : החולשה) α_3 עשויה להפריע (שהרי לביאה אין את החולשה הזו). לכן אנחנו מסתייעים בכסף להראות שזה לא מפריע.

בין אנלוגיה להכללה

בפרק השלישי ראינו שלאחר מציאת הפתרון במונחי מאפיינים עובדתיים לכל אחד מהמושגים, קשה לאבחן מהו הגורם המשותף (=הצד השווה) לכל המושגים. זה כמובן מערער את ההצעה לראות בהיסק הזה צד שווה.

עוד הערנו שם, שההיסק בסוגיית חופה נראה יותר כמו אנלוגיה מאשר כמו הכללה. אנחנו משווים בין תכונות עובדתיות של מושגים, בלי להעמיד את

ההשוואה על מאפיינים עובדתיים. לדוגמה, כשאנחנו משווים בין צבעה של
צפרדע א לצבעה של צפרדע ב, אנחנו מניחים שיש קשר בין שתי הצפרדעים.
אנחנו לא עושים השוואה בין צבעה של צפרדגע א לצבעו של שולחן, מפני
שאיננו רואים קשר ביניהם.

ישנם מקרים שבהם המאפיינים העובדתיים של שני צדי האנלוגיה הם
ידועים, ויש מקרים שהם סמויים (אם בכלל קיימים). המקרה הראשון הוא
בעצם הכללה, והמקרה השני הוא אנלוגיה.

לדוגמה: לשתי הצפרדעים יש תכונה פיזיולוגית כלשהי שניתן להצביע עליה,
שיוצרת פיגמנטים ירוקים. במצב כזה, בעצם לא מדובר באנלוגיה אלא
בהכללה, שכן בכל צפרדע יש את התכונה הפיזיולוגית הזאת, ולכן משמעות
הטיעון היא שבכל אחת מהן אנחנו מצפים לצבע ירוק. העובדה שעסקנו
בצפרדע מסויימת (ב) היא מקרה בלבד, שכן באופן עקרוני תכונה עובדתית
מאפיינת קבוצה שלימה של עצמים.

אך ישנם מצבים שבהם האנלוגיה אינה מבוססת על תכונה עובדתית שניתן
להצביע עליה. אם יש לנו אינטואיציה שאם הסוס שבפנינו הוא נוח לרכיבה
אז גם הסוס באורווה השכנה הוא כזה, על אף שאיננו יודעים להצביע על
תכונה מסויימת שקיימת בשניהם ושגורמת להתנהגות נוחה של הסוס. זוהי
אנלוגיה ישירה מאובייקט א לאובייקט ב, בלי לעבור דרך תכונה עובדתית
כללית. במצב כזה המסקנה אינה תקפה לקבוצה של עצמים אלא לעצם (סוס)
אחד בלבד, ולכן מדובר באנלוגיה ולא בהכללה.

ראינו שהמקרה של חופה, ובעצם כל היסק שמתבסס על מאפיינים הלכתיים
ולא עובדתיים, הוא כזה. במהותו מדובר באנלוגיה ולא בהכללה. לעומת זאת,

המקרה של אבות נזיקין מתבסס על תכונות עובדתיות שהוגדרו במפורש, ולכן מדובר בהכללה. לא פלא שהמשנה בתחילת ב"ק מסיימת בניסוח של הכללה: "הצד השווה שבהן שהם ממונך ושמירתן עליך...".

אמנם ראינו למעלה שסביר מאד להניח שבסופו של דבר כל תכונה הלכתית מבוססת על תכונות עובדתיות. גם אם איננו יודעים להצביע על התכונות העובדתיות הללו, ודאי שישנן כאלו. אם אכן יש מקום להשוות בין שני הסוסים, ברקע ההשוואה מונח מאפיין עובדתי כלשהו של שני הסוסים שמחולל את אופיים הנוח. למעלה סימנו את המאפיינים העובדתיים האנונימיים הללו באותיות יווניות, ומשמעות הדבר היא שאנחנו מניחים שבבסיס ההלכות המעורבות בהיסק יש תכונות עובדתיות כלשהן שאיננו מזהים אותן. לכן אנחנו נזקקים לאנלוגיה.

אם כן, ההבדל בין היסקים שמבוססים על תכונות עובדתיות מפורשות (כמו באבות נזיקין) לבין היסקים שמבוססים על תכונות הלכתיות (ועובדתיות סמויות. כמו בחופה)) הוא ההבדל בין הכללה לאנלוגיה.

פירכת צד חמור

בפרק הרביעי פגשנו את הפירכא המיוחדת והבעייתית, שקרויה "פירכת צד חמור", שמופיעה בסוגיות כתובות ומכות ועוד. גם שם ראינו ששורש הבעייתיות הוא בכך שההיסקים מבוססים על תכונות הלכתיות ולא עובדתיות. נראה זאת כעת במונחי המודל שלנו.

התמונה של היסק צד שווה היא הבאה:

```
┌─────────────────┐
│  M(x, y, z)     │ ──────┐
└─────────────────┘       │         ┌─────────────────┐
                          ══════►   │   H(x, y, z)    │
┌─────────────────┐       │         └─────────────────┘
│  B(x, y, z)     │ ──────┘
└─────────────────┘
```

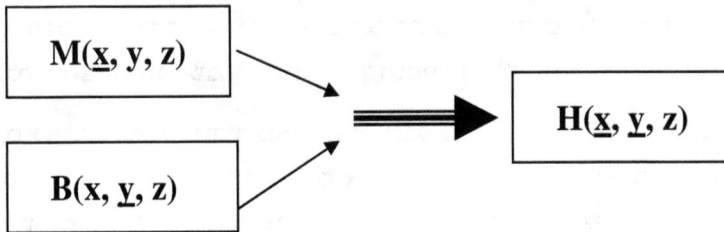

אם הסוגריים מכילות מאפיינים עובדתיים אזי זוהי התמונה כולה, ואם הן מכילות מאפיינים הלכתיים, אזי יש לזכור שכל אחד מהמאפיינים ההלכתיים בתמונה הזו {x,y,z}, תלוי בעצמו במאפיינים עובדתיים כלשהם שאינם ידועים לנו (לכן מדובר באנלוגיה ולא בהכללה, כפי שהסברנו למעלה).

הלוגיקה של הצד השווה היא הבאה: אם הדין בו עוסקים תלוי בקיומה של אחת מבין שתי התכונות לחומרא שיש בשני האבות (x או y), אז הוא לא יחול על התולדה (כי בה אין אף אחת מהתכונות הללו). אבל בגלל עקרון התער של אוקאם סביר ופשוט יותר לתלות את הדין הזה בתכונה המשותפת לשני האבות (z), והיא קיימת גם בתולדה. לכן המסקנה היא שהדין חל גם על התולדה.

פירכת צד חמור היא: מה ל-M ו-B (שני האבות) שכן יש בכל אחד משניהם צד חמור לעומת התולדה H. על כך מקשים הראשונים שפירכא כזו דוחה כל היסק תלמודי של צד שווה, שהרי המבנה הזה הוא המבנה הסטנדרטי של כל היסק צד שווה. לעולם יש בכל אחד מהאבות תכונה לחומרא שלא קיימת באב השני ובתולדה (ראה בפרק החמישי הסברים שונים לתפקידן של

התכונות הייחודיות הללו). במילים אחרות: הפירכא הזו בעצם דוחה את עקרון התער של אוקאם, שהרי היא מציעה להעדיף את ההסבר הפחות פשוט.

הצעתנו להסביר את פירכת צד חמור

בסופו של דבר הצענו את ההצעה הבאה. ראשית, עובדה היא שפירכות צד חמור בתלמוד מופיעות אך ורק בהיסקי צד שווה שמבוססים על תכונות הלכתיות, ולא עובדתיות. עוד ראינו שביסוד כל מבנה הלכתי ניצבת תשתית עובדתית. אם כן, כדי לבחון את ההיסק עלינו לחשוף את התשתית העובדתית שביסוד התכונות ההלכתיות של המושגים השונים.

לכאורה, אם מבטאים את כל המושגים במונחי תכונות עובדתיות, אזי הציור המתקבל הוא הבא:

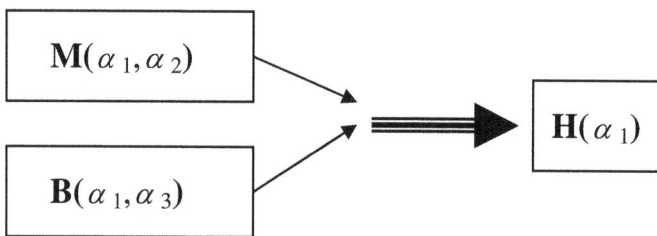

$$M(\alpha_1, \alpha_2) \longrightarrow \quad \Longrightarrow \quad H(\alpha_1)$$
$$B(\alpha_1, \alpha_3) \longrightarrow$$

נציין כי הסימונים של התכונות העובדתיות $\{\alpha_i\}$ יכולים לבטא גם מכלולים של תכונות (ולא רק תכונה בודדת).

ההיסק מניח שמה שמחולל את הדין בשני האבות הוא המאפיין העובדתי α_1, והוא קיים גם בתולדה. אבל זה היה נכון כשאנחנו מבססים את ההיסק על תכונות עובדתיות ידועות ומזוהות. אצלנו התכונות המזוהות הן הלכתיות, והתכונות העובדתיות הן סמויות ואנונימיות. אנחנו משערים שהן קיימות, אבל לא יודעים להצביע עליהן. אבל אם זה כך, אז עולה גם האפשרות שמתקיים: $\alpha_2 = \alpha_3 = \alpha$. במצב כזה התמונה שמתקבלת היא הבאה:

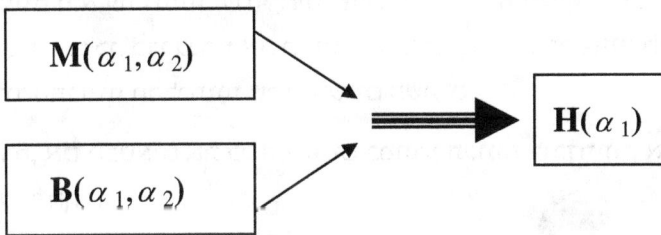

מייד רואים שההיסק אינו תקף, מפני שהדין בו עוסקים אולי תלוי בקיומן של שתי התכונות גם יחד (שהרי הן מאפיינות את שני האבות שבהם ידוע שהדין חל), וזה לא מתקיים בתולדה. זהו הייצוג של ההסבר שהצענו לפירכת צד חמור במונחי המודל שלנו.

כעת יכולה לעלות שאלה אחרת: הרי לשני האבות יש תכונות הלכתיות שונות (x ו-y). האם ייתכן מצב שבשני מושגים שונים שהם בעלי אותה תשתית עובדתית תופענה תכונות הלכתיות שונות? עקרון התער של אוקאם מורה לנו שההיפך לא ייתכן: אם יש אותה תוצאה הלכתית יש את אותה תשתית עובדתית (אין סיבה להניח שלאותה הלכה בשני מושגים שונים תהיינה שתי

סיבות עובדתיות שונות). כאן אנחנו מעלים אפשרות שההיפך כן אפשרי: לתכונות הלכתיות שונות יכולה להיות אותה תשתית עובדתית. ההבדל בין התכונות ההלכתיות נוצר בגלל אופיו השונה של המושג בעל התכונות העובדתיות. לדוגמה, הוצאת שם רע ועדים זוממים יש להם אותן תכונות עובדתיות. ובכל זאת הדינים בהם יכולים להיות שונים, מפני שמדובר בנסיבות שונות. דוגמה אחרת: גם שור וגם אש דרכם לילך ולהזיק. ובכל זאת, לשור יש תכונות הלכתיות שונות מאלו של אש.[50]

---

[50] הערה לעיון. לכאורה נראה שניתן להציג את ההבדלים בנסיבות כתכונה עובדתית, ולצרף אותה לתמונה העובדתית של כל אחד מהמושגים. בדוגמה שהבאנו, לשור ואש יש תכונות עובדתיות נוספות שבאמת מבחינות ביניהם. אלא שאם אנחנו יוצאים מתמונה הלכתית נתונה, אז ההנחה שמזהה את התכונות העובדתיות של שני האבות תאלץ אותנו להכניס לתמונה עוד תכונה עובדתית. תמונה כזו לכאורה אינה הכי פשוטה. כדי להבין זאת, הקורא מופנה לפרק השלישי, שם הצגנו את המודל העובדתי עבור היסק של צד שווה שמבוסס על תכונות הלכתיות. השוני בין הנסיבות בשני המושגים אמור להיות כזה שהוא אינו תכונה עובדתית. בדומה למה שראינו בשיטת הרא״ש, שם הבחנו בין מאפיינים בגדר המושג (שסומנו באות β) לבין מאפיינים עובדתיים רגילים. בור מזיק בכך שהוא מונח ברשות הרבים והניזק מגיע אליו. זו לא תכונה עובדתית רלוונטית לדיני הנזיקין, אבל זהו התיאור של בור. הדמיון בין אסו״מ לבור נקבע דווקא על ידי המאפיין הזה, ללא קשר הכרחי למאפיינים העובדתיים הרגילים (שסומנו ב- α).

בכל אופן יש לזכור שהטיעון הזה מוצע כאן רק כאפשרות היפותטית. אנחנו לא טוענים שזו אכן התמונה, אלא שפירכת צד חמור טוענת שזו יכולה להיות התמונה, ולכן אין אפשרות להסיק מקיום הדין בשני האבות על קיומו של הדין בתולדה.

פרק אחד-עשר

הבנייה מושגית של שבועות[51]

מבוא

בפרק זה נעסוק בסינתזה בין שני סוגים של שבועות דאורייתא, שיוצרת שבועה מסוג חדש. אנו נצא משבועת מודה במקצת ושבועת השומרים, שתי שבועות שמוגדרות בתורה עצמה, ונראה כיצד הגמרא והראשונים בונים מהן שבועה חדשה. זוהי דוגמה לשימוש במודל שלנו כדי להסביר אוסף גדול של קשיים בסוגיא זו שהאחרונים לא מצאו להם מענה מספק.

אין בפרק הזה תוספת לעצם המודל שלנו, אלא רק הדגמה למשמעותו ופוריותו. בנוסף, אנחנו נכנסים כאן בפירוט מה לסוגיא ספציפית. הקורא שאינו מעוניין בכך יכול לדלג לפרק הבא.

---

[51] פרק זה לקוח ממאמרו של מיכאל אברהם, ״שני סוגי ׳מה הצד׳ – הבנייה מושגית״, **מישרים** ב, ירוחם תשסג, עמ׳ 101.

שבועות התורה

ישנן שלוש שבועות מן התורה (בז'רגון ההלכתי הן קרויות "שבועות התורה"): שבועת מודה במקצת, שבועת השומרים ושבועת עד אחד. נגדיר אותן כעת:

- **שבועת מודה במקצת**. כאשר ראובן תובע את שמעון על ממון כלשהו, ושמעון מכחיש לגמרי (=כופר הכל) – הוא פטור משבועה. אבל אם שמעון מודה בחלק מהתביעה וכופר בחלק אחר שלה, הוא חייב להישבע שבועת מודה במקצת.

- **שבועת השומרים**. כאשר ראובן מפקיד אצל שמעון חפץ לשמור, וכשהוא בא ותובע אותו משמעון טוען הלה שהחפץ אבד או נאנס, ולכן הוא פטור מתשלום. חלה על השומר חובה מדאורייתא להישבע שבועת השומרים.

- **שבועת עד אחד**. כאשר ראובן תובע את שמעון על ממון כלשהו ושמעון מוחזק בממון, נטל הראיה הוא על ראובן. אם הוא לא מביא ראיה – שמעון פטור מלשלם. אם הוא מביא ראיה ברורה (כגון שני עדים) הוא יכול להוציא את הכסף משמעון. כאשר הוא מביא עד אחד – הוא מחייב את שמעון שבועה בלבד, וזוהי שבועת עד אחד.

כל שאר השבועות בהלכה הן שבועות מדרבנן: רובן שבועות המשנה (ראה משנת שבועות מד ע"ב), ועוד שבועת היסת – שנקראת שבועת הגמרא. זוהי שבועה שמוטלת מדרבנן על כופר הכל (ראה שבועות מ ע"ב).

מחלוקת ר"מ וחכמים

במשנה שבועות (מב ע"ב) מופיעה מחלוקת תנאים לגבי שבועה על גפנים:

רבי מאיר אומר: יש דברים שהן בקרקע ואינן כקרקע, ואין חכמים
מודים לו. כיצד: עשר גפנים טעונות מסרתי לך, והלה אומר אינן
אלא חמש. רבי מאיר מחייב שבועה, וחכ"א כל המחובר לקרקע הרי
הוא כקרקע.

ר' יוסי בר חנינא מעמיד את המחלוקת בענבים העומדות להיבצר (שם, מג
ע"א):

א"ר יוסי ברבי חנינא: הכא בענבים העומדות להיבצר קמיפלגי.
דרבי מאיר סבר כבצורות דמיין, ורבנן סברי לא כבצורות דמיין.

וכן הוא במקבילות.[52]

ישנה כאן מחלוקת תנאים האם ענבים העומדות להיבצר הן כבצורות או לא.
ההשלכה בה דנים במשנה היא לעניין שבועה, שכן על פי ההלכה בית דין לא
מטיל שבועה כאשר נושא הדיון הוא קרקע. מחלוקת ר"מ וחכמים היא האם

---

[52] אמנם יש מקומות שבהם הגירסא היא יש דברים שהם 'בקרקע', בבי"ת כמו במשנתנו, ויש
מקומות שגורסים 'כקרקע' בכ"ף. ועוד יש מקומות שבהם נראית המימרא של ר' יוסי בר
חנינא כאוקימתא, והמחלוקת המקורית מתפרשת כמחלוקת רחבה יותר שזהו רק הביטוי
שלה במשנה, ויש מקומות שנראה שהוא מעמיד את המחלוקת המקורית בציור של ענבים
העומדות להיבצר גופו. יתכן ששני ההבדלים הללו תלויים זה בזה, ואכ"מ.

הענבים הללו נחשבות כמטלטלין, ואז נשבעים עליהן, או שהן כקרקע, ואז לא נשבעים עליהן.

בסוגיות המקבילות (גיטין לט ע"א, וסנהדרין טו ע"א), מתבאר שר"מ עצמו מחלק בין ענבים שצריכות לקרקע לכאלו שאינן צריכות לקרקע. מחלוקת התנאים היא רק בענבים שאינן צריכות לקרקע.[53] בכל אופן, כשהענבים עדיין צריכות לקרקע – אזי גם ר"מ מודה שהן נחשבות כמחוברות.

הראשונים על אתר מעלים כמה קושיות מסוגיות שבהן נראה שישנה הסכמה שענבים העומדות להיבצר הן כבצורות, ומיישבים בדרכים שונות (ראה תוד"ה 'כבצורות', וברשב"א וריטב"א ושאר ראשונים כאן, ובמקבילות). מה שמשותף לכל הראשונים הללו הוא שכולם מבינים את מחלוקת ר"מ וחכמים כמחלוקת גורפת שעניינה הוא האם דבר שעומד להיתלש הוא כתלוש או לא. מחלוקת זו נוגעת לכמה וכמה עניינים (וכמה מהם מפורשים בסוגיות המקבילות, שקושרות את מחלוקת התנאים הזו לנדונים נוספים). לאור זאת הם מצביעים על היוצאים מן הכלל שמופיעים בסוגיות הסותרות (כלומר דברים שעומדים להיתלש שאינם נחשבים כתלושים), כמקרים יחידאיים.

---

[53] וראה ריטב"א בסוגיין, ובמ"מ פ"ה מהל' טוען ונטען ה"ד, שמעלים אפשרות של שלוש דרגות, ואכ"מ.

שיטת הר"י מיגאש בביאור מחלוקת ר"מ וחכמים

לעומת כל הראשונים הללו, הר"י מיגאש והרמב"ם מפרשים את המשנה אחרת. לשיטתם המחלוקת נוגעת רק לדיני שומרים, ורק שם אומרים חכמים שהענבים לא נחשבות כבצורות. אולם בשאר ההקשרים ההלכתיים לכל הדעות ענבים העומדות להיבצר הן כבצורות.

מקור הדברים מצוי בחידושי הר"י מיגאש לסוגיית שבועות כאן, שכותב כך:

מתני' ר"מ אומר יש דברים שהן כקרקעות ואינם כקרקעו' וכו' אוקימנא דבענבי' העומדות ליבצר איכא בינייהו דר"מ סבר כבצורות דמיין ומש"ה נשבע עליהן ורבנן סברי לאו כבצורות דמיין והו"ל כקרקע ופטור והלכתא כרבנן דקיימא לן יחיד ורבים הלכה כרבים.

ודוקא לענין שומר הוא דאמרינן ענבים העומדות ליבצר לאו כבצורות דמיין דכיון דלשמיר' כשהן מחוברין בקרקע הוא דמסרינהו ניהליה הוו להו כקרקע דהא לאו למיתלשינהו מסרינהו ניהליה אבל מאן דזבין לחבריה ענבים כשהן מחוברין לקרקע למיתלשינהו לנפשיה כיון דלמיתלישנהו זבנינהו ניהליה כבר הגיעו ליבצר הוו להו כבצורין ודיינין בהו דין מטלטלין בכל מידי כגון דין אונאה ושבוע' וכיוצ' בהן דהא קיימא לן כל העומד ליבצר כבצור דמי וכל העומד ליגדר כגדור דמי ואם עדין צריכין הן לקרקע ולא הגיעו ליבצר כקרקע דמי לכולהו אנפי וכבר בירורנו דבר זה בפרק המוכר את הספינה בענין הלוקח פשתן מחובר ותלש כל שהוא קנה.

הר"י מיגאש מסביר שרק לעניין דיני שומרים הענבים לא נחשבות כבצורות, מכיון שכאשר הענבים נמסרו לשומר הוא ודאי לא קיבל רשות לבצור אותן.

מטרת המסירה היא שהוא ישמור עליהן בעודן על העץ. לכן הענבים נחשבים כחלק מהעצים ומהקרקע כל עוד הם ברשות השומר. אבל בהקשרים אחרים, לדוגמה כשיש ויכוח על מכירת ענבים כדי לבצור אותן, שם לפי הר״י מיגאש הענבים הן כבצורות לכל הדעות.

אם כן, הר״י מיגאש בוחר ליישב את הסתירות מהסוגיות המקבילות, בצורה אחרת משאר הראשונים. בעוד הם מחלקים בין רמות שונות של קשר לקרקע, הוא מחלק בין ההקשרים המשפטיים השונים.[54]

הקושי על שיטה זו

לכאורה קשה מאד על שיטת הר״י מיגאש מדברי המשנה עצמה, כפי שהעירו כמה אחרונים (ראה להלן). נקדים ונזכיר שהגדרתה של שבועת השומרים בתורה היא במצב בו יש תביעה של מפקיד שהפקיד חפץ לשמירה אצל שומר, והשומר טוען שהחפץ נגנב או אבד או נאנס, ושהוא עצמו לא פשע. שבועת השומרים רלוונטית רק במצב בו עסקת השמירה היא מוסכמת וידועה, ולכן ישנו שומר שנתבע על פשיעה כלשהי וכופר בה. אולם אם יש ויכוח על עצם השמירה, כלומר מצב בו השומר מכחיש את עצם העיסקה וטוען שהחפץ כלל לא הופקד אצלו, שם הוא ודאי לא חייב בשבועת השומרים. על המפקיד מוטל

---

[54] ולפי זה בשאר ההקשרים שמובאים בש״ס שתלויים במחלוקת ר״מ וחכמים, נצטרך לומר שישנן נסיבות דומות כמו במקרה של שומרים, ועל כן גם שם הענבים הן לאו כבצורות מסיבות אלו, ואכ״מ.

קודם כל להוכיח שהנתבע הוא שומר, ורק אז אפשר לדון האם הנתבע חייב להישבע בשבועת השומרים.

וכך אכן נפסק ברמב״ם בפ״ב משכירות ה״א-יב:

יא. טען שהפקיד אצלו וזה אומר לא אמרתי אלא הנח לפניך ולא נעשיתי לו שומר נשבע היסת שלא קבלו אלא בדרך זו וכולל בשבועתו שלא שלח בו יד ולא אבדו בידים ולא בגרם שגרם לו שיהיה חייב לשלם.

יב. זה אומר השאלתיך או השכרתיך או הפקדתיך והלה אומר לא היו דברים מעולם, או שאמר כן היה אבל החזרתי לך ונסתלקה השמירה ולא נשארה בינינו תביעה הרי הנתבע נשבע שבועת היסת ונפטר...

מה יהיה הדין במצב בו המפקיד טוען שהפקיד אצלו כמות כלשהי של חפצים, והשומר מודה במקצת (כלומר אומר שהופקדה אצלו כמות קטנה יותר של החפצים הללו)? החלק שהופקד כלל אינו שנוי במחלוקת בין הצדדים. הויכוח הוא רק על החלק שהנתבע כופר בו. אם כן, במצב כזה הויכוח הרלוונטי הוא על עצם חוזה השמירה ולא על טענת פטור מתשלום, ולכן לא ניתן לחייב את השומר להישבע שבועת השומרים, כל עוד לא הוכח שהוא היה שומר גם על החלק שבויכוח. במצב כזה לכל היותר ניתן לחייב אותו להישבע שבועת מודה במקצת כמו כל נתבע שהודה במקצת הממון שתבעו ממנו.

והנה, במשנה שצוטטה למעלה מובא שר״מ וחכמים נחלקים במצב שבו התובע בא בטענת הפקדה של עשר גפנים טעונות בענבים, והנתבע טוען שהופקדו בידיו רק חמש גפנים. לאור דברינו כאן, ברור שמצב כזה אינו עוסק

בשבועת השומרים אלא בשבועת מודה במקצת רגילה, שהרי הנתבע כלל איננו מודה שהוא שומר על החמש הנוספות. הוא כופר בעצם השמירה.

מכיון שבמשנה מדובר על המקרה הזה, לא ברור כיצד הר״י מיגאש יכול לטעון שהמחלוקת היא רק לגבי שבועת השומרים. הרי במקרה בו עוסקת המשנה אין כלל שבועת השומרים, ומדובר בשבועת מודה במקצת.

יתר על כן, מלשון המשנה ברור שמדובר בשבועת מודה במקצת, שהרי אם המשנה רצתה ללמד שאין שבועת השומרים על ענבים, היא יכלה להעמיד בשומר שטען שהענבים כולן נאנסו. מדוע המשנה מציירת מצב של הודאה במקצת? על כורחנו זה נעשה מפני שהמשנה עוסקת בשבועת מודה במקצת ולא בשבועת השומרים.

הצעה ראשונה ביישוב הקושי

לכאורה אפשר לומר שהר״י מיגאש לא התכוין לומר שהמשנה עוסקת בשבועת השומרים. ייתכן שגם לשיטתו מדובר כאן על שבועת מודה במקצת. טענתו היא שעל אף שמדובר כאן בשבועת מודה במקצת, בכל זאת מכיון שסו״ס אנו עוסקים בתביעה מכוח טענת שמירה, הענבים הן לאו כבצורות. הסיבה לכך היא שלפחות לפי טענתו של התובע עצמו הנתבע הוא שומר, ומכוח זה הוא תובע אותו. אם כן, לשיטתו שלו הענבים הן לאו כבצורות, ועל כן הוא אינו עצמו ודאי יכול לדרוש מהנתבע שיישבע עליהם. כלומר אופיה של טענת התובע הוא שמגדיר את הדיון כדיון על קרקע (כי לשיטתו אסור לבצור את הענבים, ולכן הן נחשבות כמחוברות לקרקע). לפי הצעה זו, דברי

הר״י מיגאש לא עוסקים בשבועת השומרים אלא בשבועת מודה במקצת מכוח תביעה על עסקת שמירה (להבדיל מתביעה מכוח עסקת מכירה, וכנ״ל).

כך לכאורה נראית כוונת הרמב״ם ב**פיהמ״ש** בשבועות על אתר, שכותב:

מחלוקת ר׳ מאיר וחכמים היא בענבים העומדות להיבצר. והלכה כחכמים. ודווקא אם מסרם לו בתורת שמירה. אבל לעניין מקח וממכר ודיני ההוניה וההודיה במקצת, אם היתה עיקר הטענה שלא בתורת שמירה, הרי הכלל להלכה שהן כמטלטלין.

משמע ברמב״ם שהבעייה לפי חכמים אינה בסוג השבועה אלא במהות הטענה. הבעייה היא לא בכך שהוא שומר אלא בכך שהטענה של התובע היא שמסר לו את הענבים בתורת שמירה.

אמנם לכאורה הסבר זה קשה, שכן לא סביר שהתובע הוא שיקבע את אופי הדיון. אך קושי זה לא אמור להטריד אותנו, שכן אנחנו בסך הכל אומרים לתובע: הרי לשיטתך שלך מדובר בענבים שלא עומדות להיבצר (כי אתה טוען שמסרת אותן לשמירה), אם כן לשיטתך הן נחשבות כקרקע, ולכן אתה עצמך לא יכול לתבוע עליהן שבועה. הנתבע אמנם מכחיש, אבל אתה זה שתובע ממנו שבועה, ולשיטתך שלך אתה אינך זכאי לקבל ממנו שבועת מודה במקצת, כי זו תביעת קרקע.

הרמב״ם והר״י מיגאש מדברים דווקא בהלכות שומרים

אלא שבספרו ההלכתי של הרמב״ם, נראה מלשון הרמב״ם עצמו אחרת (הל׳ שכירות, פ״ב ה״ד):

המוסר לחברו דבר המחובר לקרקע לשמור, אפילו היו ענבים העומדות להיבצר, הרי הן כקרקע בדין השומרין.

משמע מלשונו שהוא מתייחס לענבים כקרקע "בדין השומרים". כלומר לא מדובר רק בתביעה מכוח טענת שמירה בדיני טוען ונטען הרגילים, אלא זהו דין מדיני השומרים. לכן ברור שלשיטתו מדובר כאן בשבועת השומרים ולא בשבועת מודה במקצת. כך גם עולה בבירור מן העובדה שהוא ממקם את ההלכה הזו בהלכות שכירות, כלומר קובץ הלכות שעוסק בהלכות שומרים, ולא בהלכות טוען ונטען שעוסקות בהלכות שבועות וטענות.

ואכן בהל' טונ"ט (פ"ה הי"ד) אנחנו מוצאים שהרמב"ם כותב:

טענו ענבים העומדות ליבצר ותבואה יבשה העומדת להקצר והודה במקצתן וכפר במקצתן הרי זה נשבע עליהם כשאר המטלטלין, והוא שאינן צריכין לקרקע שכל העומד להבצר הרי הוא כבצור לענין כפירה והודייה, אבל אם היו צריכים לקרקע הרי הן כקרקע לכל דבר ואין נשבעין עליהן אלא היסת.

הוא מביא כאן את המקרה של מודה במקצת שמופיע במשנה, אולם הוא אינו מציין בכלל שמדובר על תביעת שמירה. בכל סוגי התביעה ענבים העומדות להיבצר אינן כקרקע. ומה לגבי תביעת שמירה? כפי שראינו, בכך הוא עוסק בהל' שכירות, ושם הוא קובע שהן כקרקע.

הראב"ד בהשגתו על אתר מעיר על דברי הרמב"ם כך:

/השגת הראב"ד/ טענו ענבים וכו' עד ואין נשבעין עליהן וכו'. א"א המחבר פוסק כרבי מאיר והרב פוסק כחכמים ואולי מפני מה

שאמרו בכתובות סוף סוף כל העומד לגדור כגדור דמי והרב ז״ל הלא ראה כל זה ואפשר שאין למדין שבועה לשאר דברים שהרי עבדים של יתומים נדונין כמטלטלין ולענין שבועה אין נשבעין עליהן עכ״ל.

הוא מעיר שהרמב״ם פסק במחלוקת במשנתנו כר״מ, שהענבים הן כמטלטלין. כוונתו לטעון שזה נגד כללי הפסיקה, שהרי הלכה כרבים (חכמים נגד ר״מ). עוד הוא מוסיף שהרי״ף (=הרב) גם הוא פסק כחכמים. יש להוסיף עוד שראינו בהל׳ שכירות בפירוש שהרמב״ם עצמו פסק כחכמים ולא כר״מ.

מכל זה נראה שהראב״ד לא הבין אל נכון את שיטת הרמב״ם. הרמב״ם ודאי פוסק כחכמים במשנתנו, שהענבים הן כקרקע. אלא שהוא הולך בעקבות הר״י מיגאש, ומסביר שזה רק כאשר התביעה היא בדיני שומרים (כלומר לגבי שבועת השומרים). בשאר דיני טונ״ט הענבים הם כמטלטלין, אלא אם הן צריכות לקרקע. לפי זה ברור שבהל׳ טונ״ט מביא הרמב״ם את הדין הכללי, שמוסכם גם על חכמים וגם על ר״מ, שבאופן כללי ענבים שעומדות להיבצר הן כמטלטלין. בהל׳ שכירות הוא מביא את הפסק כחכמים שלעניין דיני שומרים הן כקרקע.

בשורה התחתונה, שיטת הרמב״ם היא שמחלוקת ר״מ וחכמים נאמרה על דיני שומרים, כלומר הוא מפרש את המשנה כעוסקת בשבועת השומרים ולא בשבועת מודה במקצת כפשט המשנה וכהבנת שאר הראשונים, ואפילו לא בשבועת מודה במקצת בטענת שמירה כפי שהצענו לעיל בביאור שיטתו. ומשהגענו לזה, סביר להניח שגם הר״י מיגאש מפרש כך את המשנה, ואין צורך וסבירות להיזקק לפרשנות אחרת בדבריו. נעיר כי הר״י מיגאש הוא תלמיד הרי״ף ורבו של אביו של הרמב״ם, שהרמב״ם כותב עליו דברי הערצה

מופלגים. בדרך כלל הרמב״ם הולך בשיטתו, ולכן אין זה מפתיע שגם כאן הוא עושה זאת. מדברינו סביר להסיק שזוהי גם שיטת הרמב״ם בדבריו שהובאו לעיל מ**פיהמ״ש**, ואין צורך לדייק מלשונו הסבר אחר, כפי שהוצע לעיל. נציין כי ה**ש״ך** סי׳ צה סק״ט מביא עוד חבורת ראשונים שפסקו גם הם כר״י מיגאש והרמב״ם.

אמנם יש לציין שהרמב״ם בהל׳ שכירות לא הביא את דין המשנה עצמו, כלומר הוא הסביר את הדין במקרה של הודאה במקצת על תביעה שמירה, אלא עסק בתביעת שמירה רגילה. לכן דבריו לא מלמדים אותנו בפירוש ששבועת מודה במקצת על הגפנים היא שבועת השומרים. לכאורה זהו קושי על ההסבר הזה ברמב״ם. ייתכן שהוא לא עשה זאת מפני שאין לכך השלכה הלכתית, שכן בין אם זו שבועת השומרים ובין אם זו שבועת מודה במקצת, הענבים נחשבות כקרקע ולא נשבעים עליהן (מדין 'הילד'. ראה להלן את הדיון בדין 'הילד'). בכל אופן, לאור העובדה שהוא הולך בעקבות הר״י מיגאש, ולאור הדיוקים שראינו בדבריו, עדיין נראה שזהו ההסבר בשיטתו.

כך גם הבינו כמה וכמה אחרונים בשיטת הרמב״ם, שהמחלוקת לגבי הענבים תלויה בדיני שומר ממש, ולא בסיטואציה של תביעה מכוח טענת שמירה. זה כמובן מעורר מחדש את שתי הקושיות שהוצגו לעיל על שיטה זו מלשון המשנה. ואכן האחרונים שפירשו כך את הרמב״ם מקשים זאת עליו, כפי שנראה כעת.

קושיות האחרונים על הרמב״ם

בתוי״ט על המשנה הזאת בשבועות כותב כך:

וחכמים אומרים כל המחובר וכו׳ - כתב הר״ב והלכה כחכמים ודוקא בדין השומרים. וכ״כ הרמב״ם והלכה כחכמים. כשימסרם לו בתורת שמירה. ע״כ. וא״ת אמאי בעינן הודאה במקצת והא כי הוא זה דמיניה ילפינן דבעינן הודאה במקצת כתבתי בריש פרקין בדבור וההודאה. דשדינן ליה אפרשת אם כסף תלוה. וי״ל דלאו דעקרינן לגמרי מפרשה שכתוב בה שהיא פרשת שומרים אלא עירוב פרשיות אמרינן וקאי נמי אפרשת אם כסף וכמ״ש התוס׳ והרא״ש ספ״ט דב״ק. אלא שאין זה הפירוש עולה לדעת הרמב״ם דבהדיא פסק בפ״ב מהלכות שכירות שאין אחד מן השומרים צריך להודיה במקצת... א״כ אמאי שנינו במשנתינו והלה אומר אינו אלא חמש. דאפי׳ כפר הכל לחייב. ואנן מסרתי לך תנן דהיינו לשמור...

יש לדעת ברקע שישנה מחלוקת אמוראים האם גם בשבועת השומרים מוטל חיוב שבועה רק אם השומר מודה במקצת (כלומר אומר שחלק נאנס ובחלק הוא פשע). רמי בר חמא (ראה סוגיות ב״ק קז וב״מ צח) סובר שיש חיוב שבועה על שומר רק בהודאה במקצת. אמנם הרמב״ם בפ״ב מהל׳ שכירות פוסק שיש שבועת השומרים בכל מקרה, גם אם השומר טוען לחוסר אשמה גמור (כלומר טוען שהכל נאנס).

התוי״ט כאן מקשה על הרמב״ם, שאם אכן המשנה עוסקת בשבועת השומרים, לא ברור מדוע המשנה דנה דווקא בסיטואציה של מודה במקצת? הרי שבועת השומרים לפי פסק הרמב״ם אינה צריכה הודאה במקצת (לא כרמב״ח).

מקושייתו מוכח שה**תוי״ט** מניח שלפי הרמב״ם מדובר במשנתנו בשבועת השומרים, ובדיוק בגלל זה הוא מקשה על הרמב״ם מדוע המשנה נזקקת למצב של הודאה במקצת, שכן להלכה קי״ל ששומר נשבע גם כשהוא כופר הכל. אם הוא היה מבין שכוונת הרמב״ם היא לפרש שמדובר בשבועת מודה במקצת מכוח טענת שמירה, אין שאלה מדוע העמידו בסיטואציה של הודאה במקצת.

גם רעק״א בתוספותיו על המשנה שם, מקשה על הרמב״ם ומוכיח נגדו שבמשנה כלל לא מדובר בשבועת השומרים אלא בשבועת מודה במקצת. הוא מניח את דברי ה**תוי״ט** בצע״ג.[55]

גם **הש״ך** (סי׳ צה סק״ט) מקשה על הרמב״ם קושיות דומות:

> ***הרי זה נשבע עליהן כו׳ - ולי נראה עיקר דאינו נשבע עליהן דדין קרקע יש להן. ולפי שיש כאן כמה דעות וגם דינים אלו נוגעים בכמה מקומות, לכן צריך אני להאריך קצת. הנה הראב״ד והרב המגיד והגהות מיימוני [אות ד׳] פ״ה מהלכות טוען [ה״ד] הבינו מדעת הרמב״ם שם שפסק כר׳ מאיר [דפרק שבועת הדיינים [שבועות] דף מ״ב ע״ב], וכן נראה שהבין הטור [סעיף ה׳], ולא כיונו***

---

[55] נציין שרעק״א שם מקשה על הרמב״ם קושיא אחרת: מדוע באמת המשנה דנה בחיוב של שבועת מודה במקצת (ולא כ**תוי״ט** שהקשה: מדוע נקטו ציור של מודה במקצת בהקשר של חיוב שבועת השומרים), ולא בחיוב שבועת השומרים הרגיל (לא בציור של הודאה במקצת). המשנה יכלה ללמד אותנו שענבים הן כקרקע גם במקרה פשוט יותר שהשומר טוען טענת פטור על הכל. מכאן עולה שבכל זאת יש לדייק מהמשנה שמדובר כאן בשבועת השומרים.

האמת בדעת הרמב״ם. גם מה שכתב הרב המגיד שם שי״ל שפסק כרבנן וסבירא ליה דפלוגתייהו הוא בצריכים לקרקע, וכן כתב הר״ן פרק שבועת הדיינים [כ״ד ע״א מדפי הרי״ף] בדעת הרמב״ם [וכן נראה דעת הריטב״א פרק נערה [כתובות נ״א ע״א] ודעת השלטי הגבורים [שבועות] דף שכ״ו ע״ב [כ״ד ע״א מדפי הרי״ף]], ליתא, דהא משמע להדיא מדברי הרמב״ם שם דענבים העומדות ליבצר אין צריכים לקרקע, וכן מבואר להדיא מדבריו פ״א מהלכות מכירה דין י״ז, ואמרינן בש״ס התם [שבועות מ״ג ע״א] בענבים העומדות ליבצר קמיפלגי...

עד כאן הוא מביא את ההצעות השונות בביאור שיטת הרמב״ם, ודוחה את כולן. כעת הוא מביא רשימת ראשונים (ר׳ ירוחם, בעל **העיטור** ועוד) שסברו כשיטת הר״י מיגאש, ומחרם שזו גם שיטת הרמב״ם, כלומר שהרמב״ם פוסק כחכמים (ולא כפי שהבין הראב״ד שהרמב״ם פוסק כר״מ):

לכך נראה עיקר בזה כהר״י הלוי והרמב״ם והברטנורה דקי״ל כחכמים, וכן כתב הר״ן פרק הדיינים [כ״ד ע״א מדפי הרי״ף] דקי״ל כרבנן דיחיד ורבים הלכה כרבים, וכן נראה להדיא מדברי הרי״ף והרא״ש פרק שבועת [הדיינים, רי״ף כ״ד ע״א מדפי הרי״ף, רא״ש סי׳ כ״ד], [ובעל התוספות יום טוב פרק יש נוחלין [ב״ב פ״ח מ״ז] ובספר מעדני מלך פרק הדיינים [פלפולא חריפתא שם אות פ׳] כתב דהרא״ש פוסק כר׳ מאיר ותמה על הטור [סעיף ה׳], ואין דבריו נכונים בעיני. גם מה שתמה הב״ח [שם] על הטור דילמא סבירא ליה להרא״ש כהר״י הלוי לחלק בין שומרים, לא קשה מידי לפע״ד וצדקו דברי הטור בזה, דפשט דברי הרא״ש פרק הדיינים משמע

דמחייב שבועה במודה מקצת בלא שומרים, ומה שהקשה על זה ממה שכתב הרא״ש בשאר מקומות, יש לישב ואין להאריך, ודוק] וכן כתב הראב״ד בהשגות [פ״ה מטוען ה״ד] שדעת הרי״ף כחכמים, וכן דעת הראב״ד עצמו, וכן כתב רב האי גאון בספר משפטי שבועות דף ו׳ ע״ב [ח״א שער ה׳], פירות אפילו שהגיעו להקצר ולהבצר הרי הן כקרקע ואין חייבין עליהן שבועה דאורייתא דתנן כו׳ וחכמים אומרים כל המחובר לקרקע הרי הוא כקרקע, וכן כתב ראב״ן פרק הדיינים דף קט״ז ע״ד וז״ל, וכל המחובר לקרקע הרי הן כקרקע ואין נשבעין עליהן, וכן נראה דעת בעל העיטור דף ס״ז סוף ע״ב [הל׳ מלוה על פה].

אך הוא מסיים שם את דבריו בקושיא על הרמב״ם וסיעתו:

אך מה שמחלקין הר״י הלוי והרמב״ם בין שומרים לשאר דברים, אינו נראה. חדא, דלא מסתבר לחלק בכך, ועוד, דא״כ הו״ל למתניתין לפרושי, ועוד, דא״כ ל״ל למתניתין למודה מקצת, וכך הקשה בתוספות יום טוב פרק הדיינים [שם] דל״ל מודה מקצת, וע״ש, ואי אפשר לישב אם לא בדוחק, וגם פשטא דמתניתין משמע דלאו מטעם שומרים אתינן עלה רק מכח מודה מקצת, וכן מדברי הרי״ף והרא״ש [שם] ושאר פוסקים משמע דלחכמים בכל ענין הרי הם כקרקע לענין שבועה.

הוא מקשה כמה קושיות: 1. לא מסתבר לחלק בין שומרים לשאר שבועות. 2. היה על המשנה לחלק בפירוש בין שומרים לשבועות אחרות. 3. לא ברור מדוע המשנה נזקקת לדון דווקא בסיטואציה של הודאה במקצת.

בכל אופן, גם מדבריו עולה בבירור שהוא הבין את שיטת הרמב״ם כדברינו כאן: המשנה עוסקת בשבועת השומרים בלבד.

ההיבט של הילד

ישנו עוד קושי על המשנה שעולה בדברי הראשונים. הראשונים בשבועות (מב ע״ב, מג ע״א) הקשו על ר״מ וחכמים, מדוע הם דנים לפטור את השומר משבועה רק בגלל שענבים העומדות להיבצר הן כקרקע ולא נשבעים על קרקעות, היה עליהם לפטור אותו משבועה גם אם הענבים הללו נחשבות כמטלטלין, בגלל דין 'הילך'.

דין 'הילך' הוא סייג על חיוב שבועת מודה במקצת. כאשר אדם מודה בחלק מהתביעה ומייד מוסר את מה שהודה בו לתובע, הוא נחשב ככופר הכל על השאר, ולכן הוא פטור מהשבועה. לדוגמה, אם ראובן תובע את שמעון 100 ₪, ושמעון מודה בחמישים ומייד נותן לו אותם, נותר כאן ויכוח רק על חמישים. לגבי החמישים הללו הנתבע כופר בכל, ולכן הוא פטור משבועת מודה במקצת.

בגמרא רואים שדין 'הילך' קיים גם במקום בו אותו חלק מהתביעה שעליו הנתבע מודה נמצא בפנינו, למשל אם אלו קרקעות או עצים או כל חפץ שמונח כאן בפנינו. גם במצבים כאלה החפץ שבפנינו נחשב כבר מחוץ לויכוח, ולכן זוהי סיטואציה של כופר הכל ולא של מודה במקצת. שבועת מודה במקצת קיימת בתביעת כסף או בתביעת פיקדון שלא נמצא בפנינו.

דין 'הילך' נדון בסוגיית ב״מ דף ד-ה, ושם בדף ה ע״א אנחנו מוצאים:

ולמאן דאמר הילך פטור, אמאי איצטריך קרא למעוטי קרקע משבועה? הא כל קרקע הילך הוא!

הגמרא קובעת כי לדעת מי שסובר שבמצב של 'הילדך' יש פטור משבועת מודה במקצת, אזי אין כל צורך בפסוק שפוטר קרקעות משבועה, שהרי כל תביעת קרקע יש בה דין 'הילך' (כי הקרקע מונחת כאן לפנינו, ואם הוא מודה בה אז זה כמו שהוא כבר נתן אותה בפועל לתובע, ולגבי מה שנותר בהוא כופר הכל). הגמרא שם מביאה שני תירוצים על הקושיא הזו:

- אמר לך: איצטריך קרא היכא דחפר בה בורות שיחין ומערות. אי נמי: היכא דטענו כלים וקרקעות, והודה בכלים וכפר בקרקעות.

אפשרות ראשונה היא שהפסוק שפוטר קרקע משבועה נדרש רק כאשר התביעה היא על תיקון קלקולים שנגרמו לקרקע (זה לא נמצא בפנינו, ולכן אין כאן פטור של 'הילך'). ובתירוץ השני הגמרא מציעה שמדובר במקרה שהוא מודה בכלים (שאינם בפנינו) וכופר בקרקע. במצב כזה אין דין 'הילך', ולולא הפסוק שפוטר קרקע משבועה היינו מחייבים כאן את הנתבע בשבועה.

בכל אופן, רואים מהגמרא שאם הנתבע מודה בקרקע שנמצאת בפנינו וכופר במטלטלין, יש לו פטור משבועה מדין 'הילך', ואין צורך בפסוק שפוטר אותו משבועה בגלל שמדובר בקרקע. אמנם הגמרא הסבירה שהפסוק הזה נדרש מסיבות אחרות, ולאחר שהוא קיים אז במצב של הודה בחלק מהקרקע וכפר בחלק אחר מהקרקע יהיה פטור משבועה משתי סיבות: גם מדין אין נשבעין על קרקעות וגם מדין 'הילך'. הפטור הוא כפול. אבל אם הוא מודה במטלטלין וכופר בקרקע זהו פטור רק מדין שאין שבועה על קרקע, כי אין כאן מצב של 'הילך'.

מה קורה במחלוקת ר״מ וחכמים במשנתנו? שם מדובר שהשומר מודה בקרקע ובחמש מהגפנים שמחוברות לקרקע, ולכן זהו מקרה של 'הילך' והיה עלינו לפטרו משבועה בין לר״מ ובין לחכמים (בלי קשר לשאלה האם הענבים שעומדות להיבצר הן כקרקע או לא). אם כן, המשנה שרצתה ללמד אותנו שלא נשבעים על ענבים כי הן כקרקע, בחרה בדוגמה לא מוצלחת, שכן כאן יש פטור מדין 'הילך', גם אם ענבים כאלה לא היו נחשבות כקרקע.

ברשב״א וריטב״א כאן הביאו שצריך להעמיד שלפחות חלק מהענבים היו בצורות (עיין שם שני כיוונים בביאור העניין, ואכ״מ). אולם אם נעיין ברמב״ם בהלכות טונ״ט (פ״ה ה״ד), ובודאי בפ״ב מהלכות שכירות, נראה שהוא כלל לא ציין שמדובר בענבים בצורות. משמע בבירור מלשונו שמדובר במדובר גם במצב שהענבים עדיין מחוברות לגפנים. גם הר״י מיגאש בפירושו למשנה ולגמרא אינו עוסק בסוגיא זו כלל.

לאור דברינו למעלה, ברור מאד מדוע הר״י מיגאש והרמב״ם כלל לא נזקקים לשאלת ה'הילך'. לשיטתם לא מדובר כאן בשבועת מודה במקצת אלא בשבועת השומרים, ובשבועת השומרים לא מצאנו פטור של 'הילך'. אם כן, ייתכן שקושיית הראשונים מדין 'הילך' היא גופה אחד הגורמים לפירושם החדשני של הרמב״ם והר״י מיגאש למשנתנו.

זה נותן לנו מוטיבציה להציע פירוש כזה. אולם עדיין נותר לנו ליישב את הקשיים שהעלו **הש״ך** ושאר האחרונים על שיטת הר״י מיגאש והרמב״ם מהמשנה ומסברא.

סיכום ביניים

הנחת כל האחרונים הללו היא שלפי הרמב"ם ור"י מיגאש המשנה אכן עוסקת בשבועת השומרים. לפני שנעבור להצעת שיטתם של הרמב"ם והר"י מיגאש, נסכם. על שיטת הרמב"ם והר"י מיגאש קשות בעיקר שתי קושיות:

1. מדוע המשנה מעמידה את המחלוקת במודה במקצת, על אף ששומרים לא צריכים הודאה במקצת? היה לה להעמיד בשומר שכופר הכל (כלומר טוען שכל הגפנים נאנסו).

2. מלשון המשנה עצמה ברור שאין מדובר בשבועת השומרים, שהרי הכפירה היא בעצם השמירה (לגבי החלק שבויכוח בין התובע לנתבע). כפי שראינו, כאשר יש כפירה בעצם השמירה אין חיוב שבועת השומרים.

הקדמה נחוצה לגבי יסוד החיוב בשבועת מודה במקצת

כדי להבין את שיטת הר"י מיגאש וסיעתו, הבה נבחן כעת מצב של שבועת מודה במקצת בתביעת הלוואה, מול כופר הכל בתביעה כזו.

כאשר ראובן תובע את שמעון מנה, והלה מכחיש הכל, שמעון פטור משבועת התורה. מה הסיבה לכך? נראה שבמצב כזה התובע כלל לא הביא נימוק שגורם לביה"ד לחשוב שהיתה כאן עסקה, ולכן טענתו חסרת בסיס מינימלי. אי אפשר לדרוש מנתבע להתגונן אם התובע לא מביא בדל ראיה ואין שמץ סיבה לחשוב שיש צדק בדבריו. כל אחד יכול לעצור את חברו ברחוב ולטעון שהוא לווה ממנו מיליון דולר. ההלכה מכנה מצב כזה "אין דררא דממונא",

כלומר אין הוכחה לזיקה כלשהי של התובע לממון, ולכן במצב כזה אין סיבה להטיל חיוב שבועה על הנתבע.

מה יקרה אם הנתבע יטען "פרעתי"? גם זו טענת כפירה בכל, אבל ברור שכאן גם הנתבע מודה שהיתה הלוואה. במצב כזה יש "דררא דממונא" לתובע, ולכן הנתבע נמצא בעמדת מגננה. במילים אחרות יש כאן "דררא דהלוואה" (אי אפשר להכחיש שהיתה הלוואה), ולכן כאן יש מקום לדרוש ממנו ראיה לטענתו, או לפחות שבועה. האם עושים זאת בפועל? נחלקו בזה הראשונים (ראה רש"י ותוד"ה 'עירוב פרשיות', ב"ק קז ע"א). אבל גם תוס' שסובר שלא מטילים חיוב שבועה במצב כזה, תולה זאת בסיבה צדדית. ברור שגם לשיטתו כפירה בטענת "פרעתי" חלשה יותר מכפירה בטענת "להד"ם".

כדוגמה לדבר, הרמב"ן אצלנו בשבועות מב ע"ב מביא תוספתא:

> ***ומצאתי בתוספתא רבי אליעזר בן יעקב אומר פעמים שאדם נשבע על טענת קטן כיצד א"ל קטן מנה לאבא בידך אין לו בידי אלא חמישים זוז פטור, אבל אם אמר לו נתתי לו מהם חמישים זוז חייב שכן הוא נשבע על טענת עצמו, ולא מחוורא לן בטעמא.***

התוספתא (שבועות פ"ה ה"י) מחלקת בין אמר להד"ם לבין אמר פרעתי, והרמב"ן לא מבין את החילוק.

ר' נחום פרצוביץ, ב**ספר הזיכרון לר' חיים שמואלביץ** (עמ' תרז), מסביר:

> ***ולולי דמסתפינא הייתי אומר לחלק בין טענת פרעתי ובין אין לך בידי אלא נ' דכשאומר אי"ל בידי אז פטורו משום דטענת התובע אין לו כח להוציא דהמוציא מחבירו עליו הראיה ול"ש לחייב על טענת***

הנתבע דאין פטורו מחמת טענתו אבל כשטוען פרעתי מקצת הרי חייב וכל פטורו ע"י טענת הנתבע פרעתי ושייך לחייב שבועה על כפירת הנתבע לחודה וזהו החילוק דבטענח קטן הבא בטענת אביו בטוען פרעתי מקצת חייב לראב"י כיון דחייב על טענת הכפירה ובטוען אין לך בידי אלא חמישים דפטור לא משום כפירתו רק דבטענת התובע אין בה לחייבו ול"ש שבועה על כפירתו לחוד רק משום טענת התובע והרי הו"ל קטן ואף דבא בטענת אביו וכמש"נ.

הוא מחלק שכשטוען פרעתי חיובו בשבועה אינו מחמת טענת התובע אלא מחמת הודאתו, שכן הוא בא ליפטר. כאן לא רלוונטי שהטוען הוא קטן. אבל כשטוען להד"ם על חמישים, הרי אין כוח בטענת התובע שהוא קטן לחייבו שבועה. רואים שטענתו במקצת מעמידה אותו בחזקת חיוב על הכל, וכעת הוא בא להיפטר.

הרמב"ן כנראה סובר שגם כשהוא טוען להד"ם על חלק, עדיין נוצרת חזקת חיוב על הכל, ולכן גם שם יש חובת שבועה. ובוודאי כשהתובע גדול, שאז התביעה מחייבת והוא רק רוצה להיפטר בטענת להד"ם או פרוע (וכשמודה במקצת אין חזקה שאינו מעיז פניו שתפטור אותו).

עד כאן עסקנו בנתבע שכופר הכל. מה הדין כאשר שמעון מודה לראובן בחמישים מתוך המאה? ראינו שבמצב כזה הוא חייב להישבע שבועת מודה במקצת. מדוע? ההסבר הפשוט לכך הוא שבמצב של הודאה במקצת נוצר מצב שבו ידוע שהיתה הלוואה, והויכוח בין הצדדים הוא רק לגבי שיעורה. מי שמודה במקצת מודה שהיתה הלוואה, אלא שהוא טוען שגובה ההלוואה היה חמישים ולא מאה. במצב כזה שני הצדדים מסכימים שהיתה עסקת הלוואה,

והויכוח הוא רק על גובה סכום ההלוואה. ניתן להבין שבמצב כזה הנתבע מצוי במעמד משפטי דומה לזה של מי שטוען "פרעתי", ולא במצב של כופר בתביעה. כאן יש לתובע "דררא דממונא", כלומר אי אפשר לומר שתביעתו של התובע היא נטולת בסיס. הנתבע מצוי בעמדת מגננה.

יש להדגיש שטענתו של הנתבע בפועל היא, כמובן, כפירה בעצם ההלוואה לגבי החמישים הנוספים. אולם מכיון שאנו יודעים שהיתה הלוואה, התורה מחדשת שהתייחסותנו לטענתו צריכה להיות שמעמדו המשפטי הוא כאילו שהוא היה טוען פרוע, ולא כטוען להד"ם. כלומר הוא בעמדת התגוננות, ולא שהשני הוא 'מוציא מחברו', ועל כן אנו לא פוטרים אותו ללא שבועה. זהו הבסיס ההגיוני-משפטי המקובל להסביר את חיוב שבועת מודה במקצת.[56]

מדוע יש במשנתנו חיוב שבועת השומרים: הבנייה מושגית

לאור האמור כאן נבחן כעת את המצב המתואר במשנת שבועות הנ"ל. ראובן טוען שהפקיד אצל שמעון עשר גפנים לשמירה, ושמעון מודה בחמש וכופר בחמש. לכל הדעות היה כאן חוזה שמירה, אלא שהשומר טוען שקיבל רק חמש גפנים לשמירה, והמפקיד טוען שהפקיד אצלו עשר. אם כן, לפי ההיגיון שהצגנו לגבי מודה במקצת בהלוואה, נאמר גם כאן שאין ויכוח בין הצדדים

---

[56] בסוגיית ב"מ ג ע"א-ע"ב (ר' חייא קמייתא) ובמקבילות יש הסבר מסובך יותר לחיוב השבועה במצב כזה. אך יסודו במה שתיארנו כאן (שבמודה במקצת יש "דררא דממונא" לתובע). הדיון שם מטפל בהיבטים צדדיים אחרים של המצב.

על כך שהנתבע הוא אכן שומר, והויכוח הוא רק על היקף מה שנמסר לו לשמירה. אם כן, מעמדה המשפטי של טענתו, ששאר חמש הגפנים לא הופקדו אצלו כלל, הוא כאילו שהיה טוען "פרעתי", ובמקרה של שומר הכוונה היא "נאנסו", או "החזרתי" (שמקבילים לטענת פרוע בהלוואה). אם כן, במצב כזה יש לתובע כבר "דררא דשמירה", ולכן הויכוח הוא כבר בתוך מסגרת של טענת שומרים. כלומר הנתבע כאן דומה לשומר שרוצה להיפטר מחיוביו, ולא לשומר שמכחיש לגמרי את התביעה.

המסקנה היא שלאור החידוש הזה, שנלמד מפרשת שבועת מודה במקצת, אנו מתייחסים לנתבע כזה כשומר שרוצה להיפטר מחיוביו. אולם כעת נוסף לנו נתון שני: מפרשת שבועת השומרים אנו למדים ששומר שבא בטענת פטור (כלומר בתוך מסגרת השמירה, ולא בטענת להד"ם שמכחישה את עצם עסקת השמירה) אינו יכול להיפטר מחיוביו אלא בשבועה. זהו חידושה של התורה בפרשת שבועת השומרים. אם כן, משתי הפרשיות גם יחד עולה שבמצב שהנתבע מודה על חלק מהגפנים, הוא חייב שבועת השומרים על השאר. משבועת מודה במקצת למדנו שמצב כזה נחשב כאילו מוסכם שיש עסקת שמירה על הכל ומדובר בטענה ששקולה לטענת פרוע ולא לטענת לה"דם. ואילו מפרשת שבועת השומרים למדנו שכשיש עסקת שמירה וטענת נאנסו הנתבע חייב שבועת השומרים.

נמצאנו למדים שמשני המלמדים הידועים, מודה במקצת ושבועת השומרים, אנו לומדים על חיוב שבועה חדש במצב הנדון כאן. חיוב זה הוא סוג של

שבועת השומרים. על פניו נראה שיש כאן מכניזם של הבנייה מושגית, שכן אנחנו לוקחים שתי שבועות שמוגדרות בתורה, והסינתזה ביניהן מניבה שבועה חדשה.[57]

נעיר כי במצב כזה הנתבע יהיה חייב גם שבועת מודה במקצת רגילה על השאר, שכן סוף סוף הוא גם מודה בחלק מהתביעה. אולם לעניין שבועת מודה במקצת אין כאן חיוב שבועה, שכן מדובר כאן בציור של 'הילך' (לפחות לפי חכמים שהענבים הן לאו כבצורות, ועל כן הן כקרקע, אבל בפשטות זה מוסכם גם לדעת ר"מ), וכפי שהעירו הראשונים שהוזכרו לעיל. כזכור, לשיטת הרמב"ם והר"י מיגאש לא נראה שמדובר כאן במצב שהענבים נבצרו. לכן נותר כאן רק חיוב של שבועת השומרים על השאר.

אם כן, במצב שראובן טוען שהפקיד אצל שמעון עשר גפנים, והלה מודה בחמש בלבד, יתחייב שמעון גם שבועת השומרים וגם שבועת מודה במקצת. ובקרקע, שם הוא פטור משבועת מודה במקצת מפני שמדובר ב'הילך', נותר רק חיוב שבועת השומרים. זהו ההסבר בדעת הר"י מיגאש והרמב"ם וסיעתם, שהסבירו את הסיטואציה במשנת שבועות כדיון בשבועת השומרים ולא בשבועת מודה במקצת. כפי שראינו למעלה, הסיבה לכך שהם נזקקו

---

[57] ויש לדון האם יש כאן שבועה חדשה, שאינה שבועת השומרים ולא שבועת מודה במקצת, או שזוהי ממש שבועת השומרים, אלא שהמסקנה בדבר חיובו בה מבוססת גם על ההיגיון של מודה במקצת. מחלוקת הרא"ש והגדולים שנדונה בפרק השני והשביעי עוסקת בשאלה דומה.

לפירוש הזה היא שאלת ה׳הילך׳, ושאלה זו עצמה גם מסבירה מדוע יש כאן רק חיוב שבועת השומרים ולא שבועת מודה במקצת.

קושיא על דברינו: אין שבועה בטענת החזרתי

לכאורה יש מקום להקשות על דברינו, שכן מקובל לחשוב שבהלכה נפסק ששומר שטוען החזרתי פטור משבועה, והרי גם שם הוא שומר שבא להיפטר מחובת תשלום. החזרתי היא טענת פטור מובהקת, כלומר הוא מודה שהיה חוזה שמירה אלא שטוען שהוא פטור. לאור דברינו כאן, גם במצב זה היה על השומר להישבע כדי להיפטר. לכאורה מוכח מכאן שלא בכל פעם שומר שבא להיפטר חייב שבועה, אלא רק כאשר הוא טוען נאנסו. בנדון דידן הנתבע כופר בחמש גפנים, ודימינו אותו לטוען נאנסו. מדוע לא נדמה אותו למי שטוען החזרתי שפטור משבועה? האם טענת החזרתי של מי שידוע כשומר, גרועה מהמצב של מודה במקצת לגבי תביעת שמירה?[58]

אם נבחן את דעת הרמב״ם בזה, נראה שנחלקו בזה **המ״מ והכס״מ** פ״ב מהל׳ שכירות הי״א. את ההלכה הזו הבאנו לעיל, וה**מ״מ** שם כותב:

טען שהפקיד אצלו וכו׳. גם זה פשוט שאין שבועת השומרין בכופר אלא בטוען נאנסו אבל בטוען לא הפקדתני או לא נעשיתי שומר או

---

[58] היה מקום לומר שהכחשה אינה החזרתי, שהרי כל האומר לא לוויתי כאומר לא פרעתי. אם כן, טענתו נחשבת כטענת נאנסו. אמנם לא בהכרח יש בזה צורך.

החזרתי שכל אלו טענות שהמפקיד יודע בהן כמו הנפקד אין שם חיוב שבועת התורה אלא במודה מקצת וכן מוכיחות המשניות שבפרק שבועת הדיינין בבירור אבל פשוט הוא שיש שם שבועת היסת:

כלומר טענת החזרתי היא כמו להד״ם, וכאן צצה הקושיא שהבאנו למעלה על ההסבר שהצענו ברמב״ם. לעומת זאת, **הכס״מ** שם מביא ראיה ניצחת לשיטתו מדברי הרמב״ם שאלה ופיקדון פ״ו ה״ד (וע״ש בראב״ד שחולק עליו), שם כותב הרמב״ם בפירוש שגם בטענת החזרתי השומר נשבע בנקיטת חפץ (כלומר נשבע שבועת התורה, שהיא שבועת השומרים):

ויש לתמוה עליו שהרי כתב רבינו בפ״ו מהלכות שאלה ופקדון באומר החזרתי שישבע בנקיטת חפץ אצל מעשה באחד שהפקיד שומשומין ולכן נ״ל שאין הדבר תלוי במה שהמפקיד יודע בו כמו הנפקד או אינו יודע כמו שתלה הרב המגיד אלא שהוא מודה שנעשה שומר אלא שפוטר עצמו מצד אחר כגון שטוען החזרתי או שאמר תנאי היה שם כיון שמודה שנעשה שומר חלה עליו שבועת השומרים. וצריך לישבע כעין שבועה דאורייתא אבל בשטוען שלא נעשה לו שומר כלל אין כאן מקום לשבועה דאורייתא כלל הילכך אינו נשבע אלא היסת:

לשון הרמב״ם שם היא:

מעשה באחד שהפקיד שומשמין אצל חבירו בעדים ובא לתבעו ואמר לו החזרתים אמר לו המפקיד והלא כך וכך היא מדתם והרי הם מונחים אצלך בחביתך אמר לו שלך החזרתי לך ואלו אחרים הן

ואמרו חכמים אין מוציאין מידו שמא אלו השומשמין של שומר הן אלא ישבע השומר בנקיטת חפץ שהחזיר כמו שביארנו.

/השגת הראב"ד/ מעשה באחד שהפקיד שומשמין וכו' עד כמו שביארנו. א"א למה בנקיטת חפץ והלא המפקיד אצל חבירו בעדים אינו צריך להחזיר לו בעדים עכ"ל.

ואכן **המ"מ** שם תמה מאד על דברי הרמב"ם הללו. ועיין גם **בכס"מ** שם שחוזר על מחלוקתו עם **המ"מ** מכאן.

הכס"מ (בשני המקומות) מסביר בשיטת הרמב"ם, שסברתו היא שמי שידוע כשומר ובא להיפטר מחובת תשלום, חייב שבועת השומרים מה"ת, ודין זה נכון בכל טענה שיטען. זה ממש כדברינו כאן בשיטת הרמב"ם.[59] גם כאן רואים שלפי הרמב"ם חובת שבועת השומרים היא על כל מי שידוע כשומר ובא להיפטר מתשלום, בכל טענה שהיא.

יש להדגיש שלרוב הראשונים שבועת השומרים היא רק על שומר שטוען נאנסו, ואילו בטוען החזרתי אין חיוב שבועת השומרים. לשיטתם באמת לא ניתן לומר שכל שומר שטוען טענת פטור (להבדיל משומר שכופר) חייב שבועה. אולם ראינו כאן ששיטת הרמב"ם, באופן עקבי, היא ששומר אינו

---

[59] אמנם הוא כותב שזה רק שבועה כעין דאורייתא, ומשמע שאינה שבועה דאורייתא ממש. ואולי כוונתו לומר ששבועת התורה בשומר היא כשטוען נאנסו, וכשהוא טוען החזרתי זו שבועה זהה מ חמת הדמיון בין המקרים. ולפי זה, גם זו שבועת השומרים מדאורייתא. ודבריו צריכים לנו עיון קצת.

יכול להיפטר (בין בטענת נאנסו ובין בטענת החזרתי) אלא אם הוא נשבע שבועת השומרים. לכן פתוחה בפניו הדרך לפרש במשנת שבועות כר״י מיגאש, שמדובר בשבועת השומרים. לתוספת ביאור במשמעות תפיסה זו של הרמב״ם, ראה להלן בנספח לפרק זה.

סיכום ביניים: יישוב קושיות האחרונים

כעת שיטת הרמב״ם והר״י מיגאש ברורה לגמרי. המוטיבציה היסודית שלהם היא הקושיא מסוגיית ׳הילך׳. לכן ברור להם שהמשנה אינה עוסקת בשבועת מודה במקצת אלא בשבועת השומרים. מדוע מוטלת שבועת השומרים במצב בו הוא כופר בחלק שבויכוח? ראינו שזה בגלל ההבנייה המושגית משתי שבועות התורה. לומדים ממנה שגם בסיטואציה כזאת יש חיוב שבועת השומרים. זו גם הסיבה שהמשנה נקטה כאן דווקא ציור של הודאה במקצת, כדי ללמדנו את העיקרון שגם במצב כזה יש חיוב שבועת השומרים.

אמנם עדיין נשאר קשה מדוע הרמב״ם לא מביא את החידוש העיקרי של משנת שבועות, שבסיטואציה כזאת נוצר חיוב שבועת השומרים (שנגזר מהבנייה מושגית)? בסעיף הבא נראה שהרמב״ם כן מביא את החידוש הזה, אך הוא עושה זאת בהל׳ שאלה ופיקדון.

מקור מפורש ברמב״ם לדברינו

בהל׳ שאלה ופיקדון (פ״ה ה״ו-ז) רואים בפירוש בדברי הרמב״ם את התפיסה שהצגנו כאן. בה״ו שם כותב הרמב״ם כך:

הפקיד אצלו פירות שאינם מדודין, ועירבן עם פירותיו ולא מדדן, הרי זה פושע. בעל הפיקדון אומר כך וכך היו, והשומר אומר איני יודע ישלם בלא שבועה, שהרי חייב עצמו בתשלומין ואינו יודע כמה הוא חייב. ונמצא מחויב שבועה ואינו יכול להישבע. וכזה הורו רבותי רבי יוסף הלוי ורבו.

וכן כל שומר שנתחייב לשלם ואמר איני יודע כמה דמים אני חייב לשלם, והבעלים אומרים אנו יודעים, וכך וכך היה שוה, יטלו בלא שבועה...

ומנין שהדין כך הוא? הגע עצמך שהפקיד אצלו כיס מלא זהובים ופשע בו, והבעלים אומרים מאתים דינר היו בו, והשומר אומר ודאי שהיה בו דינרים אבל איני יודע כמה היו, נמצא זה כטוען מאתים והודה לו במקצת ואמר השאר איני יודע, שהוא מחויב שבועה ואינו יכול לישבע, ומשלם כמו שיתבאר.

בה״ז שם מובא מקרה שבו השומר טוען איני יודע על הכל, ושם התובע נשבע ונוטל, וז״ל:

מעשה באחד שהפקיד שק צרור אצל חברו ופשע בו. המפקיד אומר חלי זהב ומרגליות וכיוצא בהן היו בו, והשומר אומר איני יודע שמא סיגים או חול היה בו. ואמרו חכמים ישבע בעל הפיקדון ויטול...ולמה נשבע כאן בעל הפיקדון? לפי שאין השומר מחוייב שבועה. שאפילו הודה ואמר בריא לי שהיה מלא סיגים, והמפקיד אומר מרגליות היו, השומר נשבע היסת ונפטר, כמי שטענו חיטים

והודה לו בשעורים, וכן כל כיוצא בזה. ובהלכות טוען ונטען יתבארו עיקרי הדברים.

עולה מדברי הרמב״ם ששומר שכופר בטענת שמא בחלק מערך ההפקדה, חייב שבועה. אולם אם הוא כופר בשמא בכל ערכה של ההפקדה, התובע נוטל ללא שבועה, מדין ׳מתוך׳. לעומת זאת, אם השומר כפר והעלה אפשרות (בשמא) שהיו שם סיגים, הוא פטור בכלל משבועה, דהוי כטענו חיטים והודה לו בשעורים. במצב כזה התובע אינו נוטל, שכן אין דין ׳מתוך׳ על הנתבע.

מתחילת דבריו בהלכה הראשונה נראה שנוצר חיוב שבועה על אף שהוא אינו מודה אפילו במשהו.[60] אמנם אפשר שכוונתו היא שהיתה כאן הודאה במשהו, אולם עדיין ברור שהודאתו אינה דבר שבמידה ומניין, ועל כן היה צריך להיות פטור משבועה. וכן השיגו עליו הראב״ד שם ועוד ראשונים.[61]

אך מדברינו לעיל בביאור שיטת הרמב״ם עולה שהשבועה המוטלת על שומר שכופר בערך ההפקדה היא שבועת השומרים, ולא שבועת מודה במקצת. מסברא נראה שניתן לומר זאת גם אם לא הודה אפילו בפרוטה, שהרי סוף סוף הוא הודה שהיתה כאן הפקדה (גם אם היא היתה חסרת ערך), וכפי

---

[60] ועי׳ **בש״ך** חו״מ סי׳ ע״ב סק״נ שכתב כן בשם הרא״ש פ״ו דשבועות, שהבין שמדובר ברמב״ם שהודה בפחות משו״פ, ודחה דבריו. ועי׳ גם בחי׳ הרמב״ן ריטב״א רשב״א ור״ן בסוגיית משכון בשבועות (מג ע״א), שדנים בזה ביחס לשיטת הר״י מיגאש.

[61] ראה למשל בראשונים הנ״ל בסוגיית משכון (שבועות מג ע״א). הם מסבירים, בגוונים שונים, שהרמב״ם מתכוין לומר שהיתה כאן הודאה בפרוטה, ועל כך מקשה הש״ך כפי שציינתי למעלה. הם גם מקשים על הצעתם שלהם ברמב״ם מדין דבר שבמידה ומניין ומשקל.

שראינו אם ידוע שהיתה הפקדה הנתבע נכנס לעמדת התגוננות, ולכן מעמדו הוא כשל מי שטוען נאנסו. במצבים כאלה הוא אינו נפטר ללא שבועת השומרים. אם כן, בזה מיושב היטב מדוע נוצר כאן חיוב שבועה על אף שלא הודה במאומה (כהבנת **הש״ך** הנ״ל, וכפשט לשונו של הרמב״ם).

בכך מתיישבת גם טענת הראב״ד ושאר ראשונים כנגד הרמב״ם, שמדובר בהודאה שאינה במידה מניין ומשקל, ועל כן היה עליו להיפטר משבועה. כפי שכתב **החזו״א** (חו״מ סי׳ יב סק״ח), בשבועת השומרים אין כלל דרישה לטענה שיש בה מידה מניין ומשקל. דרישה כזו נאמרה רק בשבועת מודה במקצת, וע״ש.[62]

באותה צורה מתיישב מה שהקשו הראשונים על הרמב״ם מדין שתי כסף. הם שואלים שבכל אופן (גם אם יש שיעור פרוטה בהודאתו) כאן לא ברור שמודה בשיעור שתי כסף, ולמה הוא חייב שבועה? אך לדברינו שוב הדברים מתיישבים היטב, שכן שיטת הר״י מיגאש (בחידושי שבועות מ׳ ע״א, והובא גם ברשב״א שם) והרמב״ם (שכירות פ״ב ה״ח, וטונ״ט פ״ג ה״ו) היא שבשבועת השומרים אין דין שתי כסף.

נראה שהראשונים תוקפים את הרמב״ם בכל הקושיות הללו רק מפני שהם לא מוכנים לקבל שבסיטואציה כזו מדובר בשבועת השומרים. אבל הרמב״ם

---

[62] נעיר כי הראשונים והאחרונים התלבטו בכל זה רבות בדעת הרמב״ם. ראה למשל **חידושי הגרי״ד** (סולובייצ׳יק) לשבועות מג ע״א (רט-ריב בדפיו), ובספר **פרי משה** בענייני שבועות ממון סי׳ ח אות ב-ג ועוד. ולפי דרכנו השאלה כלל לא עולה.

לשיטתו מסביר שמדובר בשבועת השומרים, ובכך הוא דוחה באחת את כל הקושיות הללו.

אמנם יש לעיין לפי זה מדוע כותב הרמב״ם בה״ז שכשטוענו זהב והלה אומר שמא סיגים היו, הוא פטור מצד טענו חיטים והודה לו בשעורים. אם אכן מדובר כאן בשבועת השומרים, בזה הרי לא מצינו פטור של טענו חיטין והודה לו בשעורים.

אך לאור דברינו לעיל נראה שזה לא קשה כלל. הרי ראינו שחיוב שבועת השומרים במצב כזה הוא יצירת חיוב שבועה חדש מתוך ההיגיון של שבועת מודה במקצת עם חידוש התורה בפרשת שבועת השומרים. אם כן, במקום שלא נוצר חיוב מודה במקצת, כגון בציור שטוענו חיטין והודה לו בשעורים, אזי לא ייווצר גם חיוב השבועה החדש.

ולכאורה יש להקשות, שהרי מצינו שלעניין דין 'הילד' (ראה על כך לעיל), וכן לעניין דין דבר שבמידה ומשקל ודין שתי כסף (כפי שראינו בדעת הרמב״ם כאן), העובדה שישנו פטור משבועת מודה במקצת אינה פוטרת משבועת השומרים. אם כן, מדוע לעניין דין טענו חיטים והודה לו בשעורים, הפטור ממודה במקצת גורם לפטור גם משבועת השומרים?

ונראה שגם זה נפתר באותה צורה. דין טענו חיטים והודה לו בשעורים אינו כדין הילד, או כדין מידה ומשקל ושתי כסף. בטענו חיטין והודה לו בשעורים, יסוד הפטור הוא משום שהנתבע הוא ככופר הכל על החיטין, ולכן יש כאן פטור מהותי משבועת מודה במקצת. לאור ההסבר הקודם בדין מודה במקצת, הרי שבטענו חיטין והודה לו בשעורים לא נוצר כלל מצב שבו ידוע לנו שהיה חוזה שמירה על החיטים. אם כן, ברור שבמצב כזה הוא לא נחשב

כטוען טענת פטור, ולא התחדש כלל ההיגיון המשפטי של שבועת מודה במקצת. לכן גם לא ייווצר כאן חיוב השבועה החדש. לעומת זאת, הפטור מדין 'הילד' (לפחות לחלק מהראשונים, כפי שהערנו לעיל), והפטור של מידה ומשקל ושתי כסף (כפי שנראה ברור מסברא) הם פטורים ייחודיים בהלכות מודה במקצת. הסיבה להם אינה מפני שבמצב כזה אין ראיה שהיתה הלוואה, או שהיה חוזה שמירה, ועל כן גם כשמדובר על 'הילד' או על טענה שאין בה מידה ומשקל או שתי כסף, הנתבע עדיין נחשב כטוען פרוע, אלא שמגזיה"כ הוא פטור משבועת מודה במקצת. אבל הפטורים הללו נאמרו רק בשבועת מודה במקצת ולא בשבועה החדשה שגזרנו בהבנייה המושגית.[63]

לאור דברינו מתבארת היטב גם החלטתו של הרמב"ם להביא את ההלכות הללו בהלכות שאלה ופיקדון, ששייכות להלכות שמירה, ולא בהל' טונ"ט שעוסקות בדיני טענות ושבועות (מודה במקצת וכדומה). לדברינו אין כלל דילמה, שכן כאן מדובר בשבועת השומרים. מה שהרמב"ם כותב בסוף דבריו, שבהלכות טונ"ט יתבארו עיקרי הדברים, כוונתו לומר שדיני שבועת השומרים כאן נגזרים מדיני שבועת מודה במקצת, שכשפטור משבועת מודה במקצת לא ייווצר כאן גם חיוב שבועת השומרים. ועל כך מוסיף הרמב"ם שדיני טונ"ט ומודה במקצת כשלעצמם מתבארים בהל' טונ"ט. כאן הוא הביא זאת רק כדי להראות את ההשלכה של ההלכות הללו לדיני שומרים.

---

[63] שוב עולה כאן מחלוקת ראשונים (הרא"ש והגדולים בב"ק ו ע"א) האם תכונות של המלמדים עוברות לתולדה הנלמדת מהם. הדיון כאן הוא בבואה של מה שראינו בפרק השני והשביעי.

יש לשים לב לכך שלדברי הרמב״ם הללו לא מובא מקור ברור. ולדברינו מקורו יכול להיות במשנת שבועות בה עסקנו. אם אכן מקורו של הרמב״ם לכך שבסיטואציה כזאת יש חיוב שבועת השומרים יכול להיות במשנה שלנו, אזי יוצא שהרמב״ם כן הביא את החידוש של המשנה שלנו, אלא שהוא עושה זאת בהל׳ שאלה ופיקדון הנ״ל. בזה מתיישב מה שהקשינו בסוף הסעיף הקודם, מדוע הרמב״ם לא מביא את החידוש הזה בהלכותיו.

סיכום: הבנייה מושגית

לסיכום, ראינו שישנה אפשרות שייווצר חיוב של שבועת השומרים מכוח מצב של הודאה במקצת על תביעת שמירה. זהו חיוב שבועה שנבנה מכוח שני ׳אבות׳, או שני מלמדים, באופן הבא: 1. ההיגיון של שבועת מודה במקצת, שקובע כי הודאה במקצת מצביעה על קיומו של חוזה, כטענת התובע, ובכך היא מחלישה את טענת הנתבע. לכן טענת הנתבע נחשבת מבחינה משפטית כטענת פטור ולא כהכחשה. 2. החיוב שמטילה התורה על שומר להישבע כאשר הוא טוען טענת פטור, כלומר חיוב שבועת השומרים.

זוהי דוגמה נוספת למה שכינינו ׳הבנייה מושגית׳. בהבנייה כזו אנו בונים מושג חדש על בסיס שני מושגים ידועים, כשכל אחד מהם ׳תורם׳ חלק מהמושג החדש. מדוע אין כאן לימוד של ׳צד שווה׳?

ראינו בסעיף הקודם שהשבועה החדשה חסרה כמה מהמאפיינים של שבועת מודה במקצת, ובעצם יש לה את המאפיינים של שבועת השומרים. זה מקביל למה שראינו בפרק השני והשביעי בשיטת הרא״ש, שהתולדה מקבלת את התכונות של אחד האבות (הבור ולא האש). גם אצלנו בעצם מדובר בשבועת

השומרים, אלא שהלוגיקה של שבועת מודה במקצת מסייעת לנו לגזור את חיוב השבועה. לכן בשבועה החדשה לא יהיה דין דבר שבמידה ומשקל ודין שתי כסף ודין 'הילך', שכן כל אלו הם סייגים על שבועת מודה במקצת. אבל מודה במקצת הוא האב השולי (המספק חלק מן התכונות), והשבועה החדשה היא בעצם סוג של שבועת השומרים.

נציין שכאן ראינו עוד אספקט שלא הופיע במקרה של אבות נזיקין - שטענו חיטין והודה לו בשעורים *כן* פוטר מהשבועה החדשה, למרות שזהו דין שקיים אך ורק בשבועת מודה במקצת. ניתן להסביר זאת בשתי צורות:

א. הפטור הזה כלל לא שייך בשבועת השומרים המקורית, כי שם מדובר בכופר הכל. עקרונית, אם היה חיוב שבועת השומרים במקצת גם שם היה פטור של טענות חיטין והודה לו בשעורים.

ב. למעלה הסברנו שהפטור הזה מייצג מצב שבו אין כלל חיוב שבועת מודה במקצת. זה לא פטור אלא היעדר חיוב. אם כן, בסיטואציה מקבילה בשבועת השומרים לא ניתן לחייב, כי אחד משני האבות חסר לנו.

דוגמה דומה מאד למכניזם של הבנייה מושגית ראינו בפרק השמיני, שם גזרנו את החיוב של רוקק מזורה וזורק. גם שם ראינו שהלוגיקה של זורה מסייעת לנו להבין שהרוקק הוא סוג של זורק. אבל בסופו של דבר הזורק אינו שילוב של שני האבות אלא סוג של זורק (כמו שלדעת הרא"ש אסו"מ הוא סוג של בור, ולא אש). הזורה נדרש רק כסיוע צדדי לגזירה (להראות שהסתייעות באש אינה פוטרת. זהו גם תפקידה של האש לגבי גזירה אסו"מ מבור). לכן ברור שאם ישנם פטורים של זורה הם לא יופיעו ברוקק, ואילו הפטורים של

זורק – כן יופיעו שם. הרוקק הוא סוג של זורק ולא תולדה של הצד השווה של שני האבות.

עיון נוסף: 'מה הצד' מול הבנייה מושגית

כדי להשתכנע יותר מדוע המכניזם של הר"י מיגאש והרמב"ם הוא הבנייה מושגית ולא צד שווה, עלינו לבחון את הקשר בין השבועה החדשה לבין שתי שבועות התורה שמהן היא נגזרה.

אם ננסה לנסח את השבועה החדשה כהליך לימודי של 'מה הצד', הוא יבוצע כך:

א. לומדים חיוב שבועה בציור של מודה בחמישה גפנים, מחיוב מודה במקצת.

ב. פורכים: מה למודה במקצת שפטור ב'הילך', אם כן גם כאן ייפטר מדין 'הילך'.

ג. יוכיח ראשון: שבועת השומרים תוכיח, שאין בה פטור מכוח דין 'הילך'.

ד. פורכים: מה לשבועת השומרים שכן מדובר בה כשכבר ידוע שהוא שומר, אולם כאן הרי הוא כופר בעצם השמירה.

ה. יוכיח שני: מודה במקצת יוכיח, שגם שם הוא כופר בעצם ההלוואה ובכ"ז הוא חייב שבועה.

ו. וחזר הדין: את מה שאי אפשר ללמוד מכל אחד מהאבות לחוד לומדים משניהם יחד.

גם לגבי רקיקה ברה״ר, נוכל לנסח זאת באופן דומה:

א. נלמד שהרוקק ברה״ר חייב מזורה.

ב. ופרכינן: מה לזורה שכן מפריד פסולת מאוכל.

ג. זורק יוכיח, שאינו מפריד אלא רק מעביר את החפץ ברה״ר.

ד. מה לזורק שכן אין כוח אחר מעורב בו.

ה. זורה יוכיח, שכוח אחר מעורב בו וחייב.

ו. וחזר הדין.

אבל התיאור של שתי הדוגמאות הללו כהיסק של 'הצד השווה' הוא בעייתי ומעט מאולץ. הצורך באב השני אינו נובע רק מכך שיש פטור של 'הילד' על מודה במקצת, שהרי גם אם לא היה פטור של 'הילד' היינו צריכים את שבועת השומרים כדי לחייב שבועת השומרים בנוסף למודה במקצת. וכן להיפך. על כן מסתבר ששני אלו אינם כלל דוגמאות של 'מה הצד', אלא הליך לוגי שונה, שבו המושג החדש נבנה מחיבור עוקב של שני קודמיו.

ומעל הכל, גם בדוגמת הרקיקה בשבת וגם בדוגמת השבועה אין מאפיינים עובדתיים זהים לשני האבות שמשותפים להם עם התולדה. מה משותף לזורה וזורק? מה משותף לשבועת מודה במקצת ושבועת השומרים? מאומה. לכן

ברור שכאן אנחנו לא לוקחים את הצד השווה של שני האבות, אלא להיפך: נעזרים בצדדים השונים כדי לבנות את התולדה.

באופן ציורי, בפרק השמיני הצגנו באופן סכמטי את ההבחנה בין צד שווה לבין הבנייה מושגית. היסק של 'הצד השווה' נראה כך:

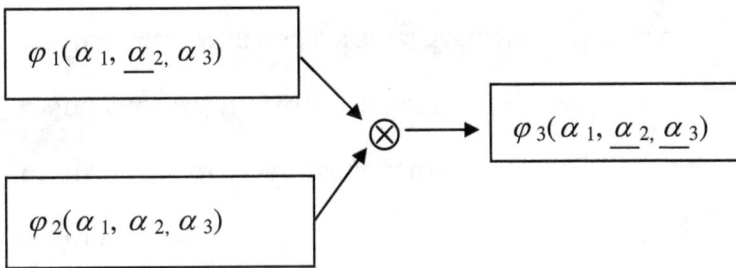

$$\varphi_1(\alpha_1, \underline{\alpha_2}, \alpha_3)$$

$$\otimes \longrightarrow \varphi_3(\alpha_1, \underline{\alpha_2}, \underline{\alpha_3})$$

$$\varphi_2(\alpha_1, \alpha_2, \alpha_3)$$

לעומת זאת, היסק של הבנייה מושגית נראה כך:

$\varphi_1(\beta_1 | \alpha_1, \alpha_2)$
$\varphi_2(\beta_2 | \alpha_1, \underline{\alpha_2})$
$\varphi_3(\beta_1 | \alpha_1, \underline{\alpha_2})$

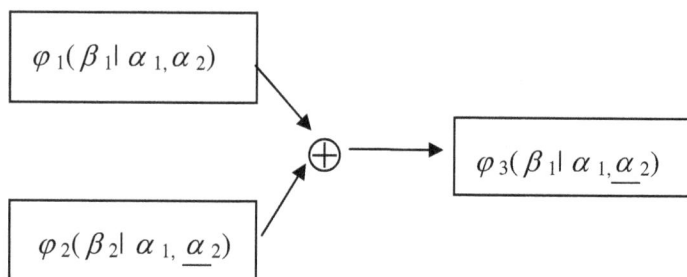

עיון מהיר בשתי הסכימות מעלה שגם רקיקה בשבת וגם השבועה החדשה של הרמב״ם והר״י מיגאש לא מבוססות על מאפיינים זהים (צד שווה) לשני האבות ולתולדה, אלא על צירוף של המאפיינים השונים של שני האבות, וסינתזה שלהם שיוצרת את התולדה. במקרה שלנו, השבועה החדשה היא φ_3, והאב הדומיננטי (שבועת השומרים) הוא φ_1. יש בעייה שהאב הדומיננטי הוא בעל התכונה α_2 (יש בו ״דררא דשמירה״, ורק אז חייבים שבועת השומרים), ואילו התולדה חסרה את זה (ולכן אי אפשר לחייב שבועה). את זה אנחנו לומדים מהאב המסייע φ_2 (=שבועת מודה במקצת), שמלמד אותנו שכשיש הודאה במקצת על טענת שמירה אז לא מפריע שאין ״דררא דשמירה״. ועדיין הדמיון המהותי של התולדה הוא לאב הדומיננטי, שכן חיוב השבועה הוא מכוח התגוננות מפני תביעת שמירה (זה מסומן בסכימה באות β_1).

משמעות הדברים היא שבשתי הדוגמאות שלנו (השבועות והרקיקה) לא ניתן לסיים את ההיסק במילים: ״הצד השווה...״, כי אין לשני האבות שום צד

שווה. ובאמת כפי שנראה בחלק השלישי, שם מופיע בגמרא עצמה היסק שאינו מסתיים ב״צד השווה״, והדבר מצביע על כך שבאמת אין צד שווה שכן מדובר בהבנייה מושגית.

ולגבי דוגמת האסו״מ בב״ק יש לדון. לכאורה ניתן לסיים את הימה הצדי באמירה לגבי הצד השווה של המלמדים (שממונך ושמירתן עליך), וכך אכן עושה המשנה בתחילת ב״ק. לכן מקרה זה מוצג שם כהליך לימודי של ימה הצדי. אבל כבר עמדנו על כך שבסוגיית ו ע״א לומדים את אסו״מ רק מבור ואש, ולכן הרא״ש סובר שלא מדובר בהיסק של צד שווה אלא בהבנייה מושגית. כבר הסברנו שאמנם ניתן היה ללמוד את אסו״מ גם בהיסק של הצד השווה, אבל אז לא היינו יכולים לדעת אלו סייגים (=פטורים מיוחדים) של האבות (בור ואש), אם בכלל, יהיו קיימים בתולדה (=אסו״מ). לכן הגמרא שם ו ע״א עושה היסק שונה מזה שנעשה במשנה. מעניין לציין שבגמ׳ ב״ק ו ע״א מסתיים כל אחד מהלימודים במילים ״וחזר הדין״, ולא במילים ״הצד השווה״. אמנם המשנה שם כן מסיימת במילים ״הצד השווה״. מסקנה ניסוחית אחת היא שכאשר רואים בגמרא ״וחזר הדין״ לא בהכרח מדובר בהיסק של ״צד שווה״.

נספח לפרק אחד-עשר: עירוב פרשיות

שיטת רש״י

כבר הזכרנו שרוב הראשונים סוברים ששומר חייב שבועה רק כשהוא טוען שהממון נאנס, וטענתו נועדה לפטור אותו מאחריותו לכך. אולם, כפי שראינו

לעיל, נראה ששיטת הרמב״ם היא שונה: לשיטתו, שומר חייב שבועה בכל פעם שהוא בא בטענת פטור. למשל, כששומר טוען החזרתי, לפי הרמב״ם הוא חייב שבועה.

כאן נוסיף עוד שמסתבר שזוהי גם שיטת רש״י (ב״ק קז ע״א ד״ה ׳מעיז ומעיז׳), שסובר שבפיקדון, בניגוד להלוואה, יש חיוב שבועה גם על כופר הכל. רש״י שם מסביר שהפסוק ״כי הוא זה״ עוסק רק במילווה ולא בפיקדון, על אף שהוא מופיע בתוך פרשת שומרים. זה מה שמכונה בלשון הגמרא ב״ק שם ״עירוב פרשיות״, מכיון שבהלוואה הנתבע פטור משבועה כשהוא כופר הכל כי יש לטובתו חזקה שאינו מעיז פניו בפני בעל חובו.

בתוד״ה ׳עירוב פרשיות׳ (ב״ק שם), ועוד ראשונים, הרבו להקשות על דברי רש״י, והוכיחו מכמה מקומות שהכופר בפיקדון בטענת להד״ם פטור משבועה.

לאור דברינו בביאור שיטת הרמב״ם, אפשר לומר שכוונת רש״י אינה לומר שכל כופר הכל בפיקדון חייב שבועה. יתכן שכוונת רש״י לחייב בשבועה את הכופר הכל בפיקדון, היא רק כאשר השומר טוען החזרתי, שאז גם אם הוא טוען זאת על כל סכום התביעה (ולא רק על מקצתו) הוא חייב שבועה. הסיבה לכך היא, כמו בשיטת הרמב״ם, שזוהי טענת פטור ולא כפירה ממש. רש״י מתכוין לומר שבפיקדון כל טענת פטור, על אף שהיא טוענת כן לגבי כל התביעה (ולא רק מקצתה), מחייבת שבועה. בזה מתיישבות קושיות הראשונים הנ״ל, שכן הוכחותיהם עוסקות בשומר שטוען להד״ם.

אם כן, ייתכן שגם רש״י הוא כרמב״ם, ששומר חייב שבועה בטענת החזרתי, ובכל טענת פטור (להבדיל מטענת להד״ם, שהיא הכחשה ולא טענת פטור).

בפרק השמיני ראינו שרש"י עושה הבנייה מושגית גם במלאכות שבת, ועל כן ייתכן שהוא מקבל אותה גם בהקשר של שומרים, וכשיטת הרמב"ם והר"י מיגאש.

משמעות ביאורנו בשיטת הרמב"ם

עוד יש להעיר שלפי דברינו מסתבר מאד ששתי השבועות, מודה במקצת ושבועת השומרים, הן יישומים שונים של אותה שבועה. ניתן לכנות אותה: שבועת המתגוננים. כל נתבע שמצוי במצב של מגננה צריך להישבע. שומר בטענת מגננה (כמו נאנסו, או החזרתי), וגם מודה במקצת, שניהם דוגמאות למצב של נתבע מתגונן, ולכן יש בשניהם חיוב שבועה.

הסבר זה יבאר את עירוב הפרשיות שמתואר בגמ' ב"ק קז ע"א. הגמ' שם מסיקה שהפסוק "כי הוא זה" עוסק בשבועת מודה במקצת בהלוואה, על אף שהוא מופיע בתורה בתוך ההקשר של פיקדון. ובאמת לא ברור מדוע התורה מערבת את שתי הפרשיות הללו זו בתוך זו?!

ולדברינו ניתן לומר ששתי אלו הן דוגמאות של אותה שבועה, ולכן בצדק הפרשיות מעורבות זו בזו. הפרשה כולה עוסקת בשבועת הנתבע המתגונן, אשר מופיעה במסגרת פרשת שומרים. השומר הוא דוגמא מובהקת לנתבע מתגונן, ובתוך הדברים התורה מביאה דוגמא נוספת של נתבע מתגונן, שגם הוא חייב באותה שבועה, והוא הנתבע שמודה במקצת.

בזה יבואר מה שמצינו אצל חלק מהאמוראים (עיין בסוגיית ב"ק שם, ב"מ צח ובמקבילות), וגם אצל חלק מהפוסקים (ראה **בתוי"ט** על המשנה שבועות

שצוטט בגוף הפרק), שדורשים הודאה במקצת גם בשבועת השומרים. מקור דבריהם הוא כנראה עצם העובדה שהתורה מערבת את הפרשיות הללו, ועל כן הם מבינים שגם שומר, כמו לווה, צריך הודאה במקצת כדי להתחייב שבועה.

אולם הרמב״ם אינו פוסק כך (ראה ב**תוי״ט** שם), והוא מחייב שומר (מתגונן) בשבועה גם ללא הודאה במקצת. על כן ברור שהרמב״ם צריך לפרש את עירוב הפרשיות באופן אחר. הבנתו את עירוב הפרשיות הוא כדברינו למעלה: כל שומר מתגונן הוא כמו מודה במקצת. הודאה במקצת היא רק דוגמה של נתבע מתגונן. כלומר הפרשה עוסקת בנתבעים מתגוננים, וכולה מופיעה בתוך פרשת שומרים, שהיא דוגמא מובהקת של נתבע מתגונן. שבועת מודה במקצת ושבועת השומרים הן שתי דוגמאות לאותה שבועה עצמה, ועל כן אין פלא שהתורה מערבת אותן זו בזו.

האם באמת מדובר כאן בהבנייה מושגית?

ראינו שחיוב השבועה לגבי חמש הגפנים שהשומר כופר בהן, נובע משבועת השומרים לאור ההיגיון של מודה במקצת. אמנם לאור דברינו בשיטת הרמב״ם, עולה שבכל טענת פטור של שומר הוא יתחייב שבועה. כפי שראינו כאן, יתכן שכל נתבע מתגונן (שאינו כופר) יצטרך להישבע, ושומר מתגונן, כמו גם מודה במקצת, אלו רק שתי דוגמאות לכך.

לאור זה יש מקום לראות את שתי השבועות הללו כבעלות צד שווה: שתיהן שבועות של נתבע מתגונן. כעת ניתן ללמוד משתיהן בצד השווה שגם בציור של משנת שבועות (=התולדה) זהו נתבע מתגונן, ולכן והוא חייב שבועה.

מכאן עולה האפשרות שבניגוד לדברינו בגוף הפרק, לא בהכרח מדובר כאן בהבנייה מושגית אלא בהכללה של הצד השווה. שבועת השומרים במקרה של הגפנים, אינה אלא דוגמא נוספת לשבועת הנתבע המתגונן, ולכן הוא חייב שבועה.

ניתן לנסח את חיוב השבועה במקרה של הגפנים כך: ממודה במקצת ומשבועת השומרים ניתן לראות צד שווה שבשניהם ישנו נתבע מתגונן. אנחנו עושים הכללה שכל נתבע מתגונן חייב שבועה (כמו במשנה ריש ב״ק, כל שממונך ושמירתו עליך). על כן כל מקרה אחר של נתבע מתגונן, כמו במקרה של הגפנים, יהיה גם הוא חייב שבועה.

אפשרות זו כמובן קיימת, אבל לפחות בשיטת הרמב״ם היא לא סבירה. כפי שראינו, מדברי הרמב״ם בהל׳ שאלה ופיקדון יוצא שהסייגים שקיימים בשבועות מודה במקצת (׳הילך׳, דבר שבמידה ומשקל, שתי כסף) לא חלים על השבועה החדשה (התולדה). אבל בהיסק של צד שווה כל הסייגים שקיימים בשני האבות צריכים להתקיים גם בתולדה. אם כן, לפחות בשיטת הרמב״ם נראה שמדובר כאן בהבנייה מושגית ולא בצד שווה. אי אפשר להסיק מסקנה כללית שיש שבועת הנתבע המתגונן, וכל סיטואציה צריכה להיבחן לגופה.

חלק שלישי

חבורת הייצוגים בדיני קידושין

בספר הקודם עסקנו בדין שליחות. שליח פועל עבור משלחו כנציג שלו. ראינו שם שההלכה מגדירה גם שליחות ללא מינוי, וזהו דין זכייה. מתברר שישנם מצבים נוספים שבהם אדם יכול לפעול עבור השני כנציגו, בלי מינוי ואולי בכלל בלי דין שליחות: דין עבד כנעני ודין ערב. בדינים אלו, לפחות לפי חלק מהפרשנויות מופיעים מודלים חלקיים שנכנה אותם ייצוג (לעומת שליחות, שנדונה בספר הקודם).

אנו ננסה כאן לראות מה היחס בין סוגי ייצוג שונים לבין שליחות, וכיצד מרכיבים את הייצוגים השונים ויוצרים סוגי ייצוג נוספים. הדיון נערך כאן מפני שסוגיא זו היא דוגמה מובהקת לסינתזה מושגית ולהשלכותיה.

נציין כי הסוגיא שעוסקת בייצוגים אלו מופיעה בהקשר של קידושין, אולם כפי שנראה כאן כבר הגמרא קובעת שיש לה השלכות גם לייצוג בקניינים בכלל.

פרק שנים-עשר
מבט כללי על קידושי כסף בשליחות חלקית

מבוא

הפרק הזה יציג את המודלים השונים באופן גרפי, כדי להקל על הקורא לעקוב אחרי המינוחים ואחרי הקשרים המסועפים ביניהם. אנו נשרטט כאן את שלושת המקרים שמופיעים בסוגיא, ואחריהם מקרה שבו נעשית הרחבה נוספת.

שליחות וייצוג בקידושי כסף

בקידושי כסף רגילים עובר כסף מהמקדש לאישה, וכך היא מתקדשת לו. בתחילת החלק הראשון ראינו שקידושין הם אחד המקורות העיקריים לדין שליחות (ראה קידושין מא-מב), שכן הגמרא לומדת מהתורה שניתן לבצע קידושין (כלומר למסור את כסף הקידושין לאישה) גם באמצעות שליח, שנקרא ׳שליח להולכה׳. בנוסף, הגמרא לומדת שניתן גם לקבל קידושין על ידי שליח של האישה, שנקרא ׳שליח לקבלה׳. בכל מקרה, השליחות היא הרחבה של מכניזם הרגיל של קידושין, שכן מעורב כאן גורם שלישי שמייצג את אחד הצדדים בעיסקה.

והנה, בסוגיית קידושין ז ע״א מובאים שלושה מקרים חריגים שגם בהם מעורב גורם שלישי בפעולת הקידושין, אבל לא מדובר שם בדין שליחות: דין

ערב, דין עבד כנעני ודין שניהם. בכל המקרים הללו יש חריגה מהעברת כסף מהמקדש למתקדשת כמו בקידושי כסף רגילים באמצעות שליח, אבל במעשה מעורב גם גורם שלישי בצורות שונות.

לאחר מכן מופיעה חריגה נוספת, ובה אין אף גורם נוסף. האישה נותנת כסף לאדם חשוב וכך היא מתקדשת לו. בהמשך החלק הזה נציג הרחבה נוספת של מעשה הקידושין, שבה מעורבים שני גורמים נוספים.

כעת נציג שרטוטים של כל המקרים הללו, בזה אחר זה. הקו השלם בכל שרטוט מבטא את פעולת הקידושין – מתן הכסף, ואילו הקו המקווקוו הוא התוצאה – יחס הקידושין שנוצר.[64]

---

[64] בפרקים הבאים תובא גם לשון הגמרא, ואז הקורא ייווכח לראות שלפעמים השרטוטים אינם מייצגים בדיוק את המקרה שמופיע בגמרא. שינינו את זהותם של הנותנים והמקבלים כדי שנוכל להראות את המבנה הלוגי של חבורת הייצוגים. אם הגמרא מדברת על אלמוני שנותן כסף לאישה והיא מתקדשת לפלוני, בחרנו לפעמים לשרטט את המקרה כאילו אלמוני הוא הבעל ופלוני נותן את הכסף לאישה. המטרה היתה שבכל המקרים הבעל יהיה אלמוני, ואז ההבדלים בין המקרים השונים הם רק בזהותו של נותן הכסף. זה מיקל מאד את הניתוח הלוגי, ולא משנה מאומה במהות.

א. קידושין רגילים: הא לך מנה והתקדשי לי

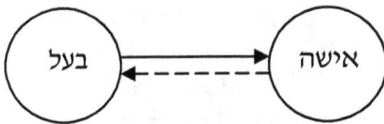

זוהי פעולת קידושין רגילה, שבה עובר כסף מהמקדש (הבעל) למתקדשת (האישה). הקו הרציף מבטא את מעבר הכסף (הוא נותן לה כסף), והקו המקווקוו מבטא את הקידושין שנוצרו (היא מקודשת לו).

הביטוי המילולי לפעולה כזו מופיע בכותרת. זה מה שאומר נותן הכסף למקבלת: ״הא לך מנה והתקדשי לי״. כך עשינו גם בכותרות של המקרים הבאים.

ב. קידושין על ידי שליח: הא לך מנה והתקדשי לפלוני

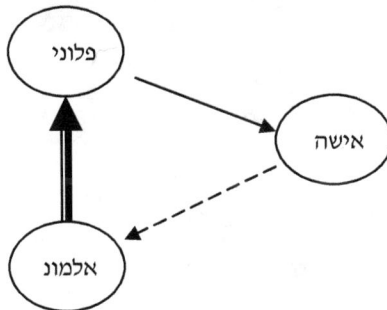

כאן פלוני (נותן הכסף) הוא שלוחו של אלמוני (יחס השליחות מסומן על ידי חץ כפול). מקרה זה נדון בחלק הראשון של הספר.

ג. דין ערב: תן מנה לפלוני ואקדש אני לך

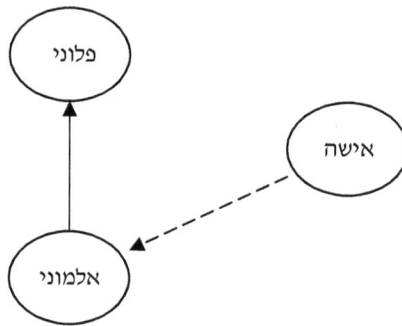

אלמוני נותן את הכסף לפלוני, ובזה האישה מתקדשת לו עצמו. מקרה זה נדון בפרק הבא.

ד. דין עבד כנעני: הילך מנה והתקדשי לאלמוני

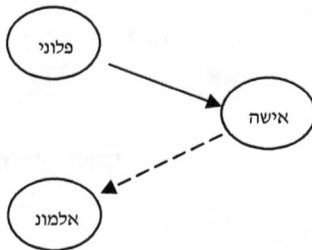

פלוני
אישה
אלמונ

מקרה זה דומה מאד לשליחות, שכן מי שנותן את הכסף לאישה אינו המקדש. אבל כאן פלוני אינו שלוחו של אלמוני (להלן נראה מחלוקת ראשונים בזה). מקרה זה יידון להלן בפרק הארבעה-עשר.

ה. דין שניהם: תן מנה לפלוני ואקדש אני לו

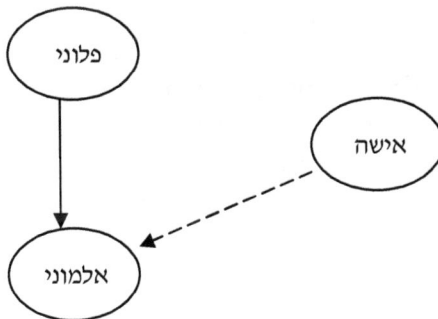

פלוני
אישה
אלמוני

כאן פלוני נותן את הכסף לבעל והאישה מתקדש למקבל הכסף. הגמרא מסבירה שמקרה זה הוא הרכבה פשוטה של שני המקרים הקודמים, והוא יידון להלן בפרק החמישה-עשר.

ו. קידושי אדם חשוב: הא לך מנה ואקדש אני לך

כבר הזכרנו שיש בסוגיא גם מקרה רביעי של קידושין בנתינת מתנה. על אף שלמסקנת הסוגיא הוא לא קשור לדיון, אנחנו נראה שגם ממנו ניתן להסיק מסקנות לגבי חבורת הייצוגים:

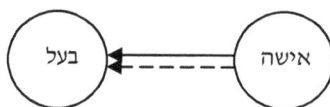

מקרה זה יידון להלן בסוף הפרק החמישה-עשר, כסוג נוסף של הרכבה פשוטה בין שני המקרים הראשונים.

ז. הרחבה לשני גורמים נוספים: תן מנה לפלוני ואקדש אני לאלמוני

מקרה זה הוא הרכבה סבוכה יותר של שני המקרים הראשונים. הוא לא עולה בפירוש בגמרא, אבל מדברי הראשונים ניתן בכל זאת להוכיח שגם הוא קיים. הוא יידון להלן בפרק השישה-עשר.

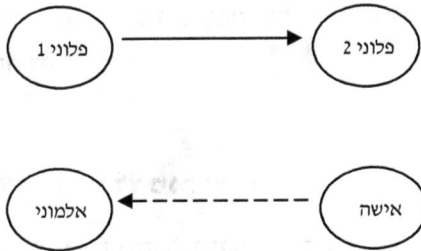

סיכום

עד כאן הצגנו את המקרים השונים בצורה גרפית. בפרקים הבאים נבחן את המקרים השונים, וננסה לחלץ מתוכם מבנה לוגי שידגים כיצד יוצרים סוגי ייצוג חדשים מתוך הייצוגים הבסיסיים, כמו במכניזם של הבניית תולדה מתוך שני אבות.

נציין כי במהלך דברינו נדון בקצרה גם בקשר בין כל אלו לבין מושגי השליחות שהכרנו בספר הקודם. רוב הפירוט שניזקק אליו כאן אינו נדרש להבנת ההבניות המושגיות שבהן עוסק הספר הזה. החלק הזה הוא גם השלמה לספר הקודם בסדרה שעסק בלוגיקה של שליחות. כאן אנחנו מתארים מכניזמים של שליחות חלקית. המכניזמים הללו קשורים זה לזה בצורה של הבניות מושגיות, ולכן דחינו את הדיון בהן לספר הנוכחי.

פרק שלושה-עשר
דין ערב

מבוא

בפרק זה נעסוק בדין ערב, ונראה שלפחות לפי חלק מהפרשנים יש בו מכניזם בסיסי של ייצוג.

דין ערב

בדרך כלל, כאשר אדם מקבל כסף הוא מתחייב במשהו תמורתו. לדוגמה, אם ראובן לווה כסף משמעון, זה מחייב אותו לפרוע לו את החוב, כלומר להחזיר לו כסף. אם ראובן מקבל דמי מקח משמעון, זה מקנה לשמעון את החפץ (לפחות בקרקע, ומעיקר הדין גם במטלטלין). דין ערב הוא דוגמה הלכתית להתחייבות שנוצרת ללא קבלת כסף, או בעצם כאשר מקבל הכסף הוא גורם שלישי.

ערב הוא אדם שמתחייב למלווה לפרוע לו את החוב במידה והלווה לא יפרע אותו. עסקת ערבות היא עסקה לכל דבר, והשאלה היא כיצד העיסקה הזאת חלה, אם המתחייב (=הערב) כלל לא קיבל כסף. מקובל בהלכה שעסקת

הערבות מוחלת יחד עם עסקת ההלוואה על ידי מתן הכסף ללווה. כלומר אם ראובן לווה כסף משמעון, ולוי נעשה ערב כלפי שמעון לחוב הזה, אזי העברת הכסף משמעון לראובן מחילה את חוזה הערבות על לוי כלפי שמעון. לוי התחייב כלפי שמעון על אף שראובן היה זה שקיבל את הכסף משמעון.

כפי שכבר ראינו, גם 'עסקת' קידושין רגילה נעשית על ידי העברת כסף מהמקדש לאישה המתקדשת. האם ניתן לבצע עסקת קידושין על ידי מתן כסף לגורם אחר בדומה למה שקורה בדינו של ערב? הגמרא בקידושין ו ע"ב – ז ע"א קובעת שכן, ובאופן לא מפתיע היא לומדת זאת מדין ערב:

אמר רבא: תן מנה לפלוני ואקדש לך – מקודשת מדין ערב, ערב לאו אף ע"ג דלא מטי הנאה לידיה קא משעביד נפשיה, האי איתתא נמי, אף על גב דלא מטי הנאה לידה קא משעבדא ומקניא נפשה.

בשרטוט שבפרק הקודם תיארנו את המצב הזה:

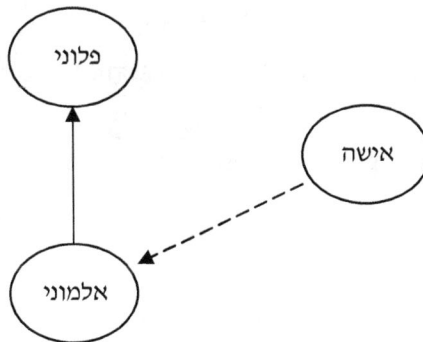

דין ערב

כפי שרואים בשרטוט, פלוני (=מקביל ללווה) הוא שמקבל את הכסף מאלמוני (=שמקביל למלווה), ולא האישה, ובכל זאת האישה (=שמקבילה לערב) מתקדשת בכך לנותן הכסף (אלמוני). אם כן, אותו מכניזם של ערבות להלוואה יכול גם ליצור מצב של קידושין: ראובן נותן כסף (במתנה, לא כהלוואה) לשמעון לבקשתה של לאה, וכך לאה מתקדשת לראובן.

שתי הבנות יסודיות בדין ערב

אפריורי אפשר להבין את מנגנון הקידושין הזה בשתי צורות:

א. **קידושי הנאה.** ראובן נתן הנאה ללאה בכך שהוא הוציא כסף על פי בקשתה. עצם העובדה שהוא היה מוכן לעשות זאת בשבילה (על פיה), מהווה הנאה עבורה, ובהנאה הזו הוא מקדש אותה.

ב. **שליחות חלקית (ייצוג).** שמעון הוא שלוחה של לאה, והוא יכול לקבל כסף בשמה כאילו שהיא עצמה קיבלה כסף. לפי זה היא מתקדשת בכסף ששמעון קיבל ולא בהנאה שהוא פעל על פיה.

לפי ההסבר הראשון, הקידושין לא נעשים בכסף אלא בהנאה שמסיבה פעולת מתן הכסף לאישה. אלו הם קידושין בשווה כסף ולא בכסף ממש. העברת הכסף רק יוצרת את ההנאה, אבל הקידושין הם בהנאה ולא בכסף. לעומת זאת, לפי ההסבר השני הקידושין הם בכסף עצמו, על אף שלא האישה היא שקיבלה אותו.

בשני ההסברים הללו עולה השאלה מהו החידוש בדין ערב? ההסבר הראשון מדבר על קידושין בשווה כסף, וזה מנגנון ידוע ומוכר בהלכה. ההסבר השני מדבר על קידושין על ידי שליח לקבלה, שגם הוא מנגנון מוכר וידוע. מדוע נדרש דין מיוחד של ערב כדי לבסס את האפשרות לקדש כך אישה? נעסוק כעת בשני ההסברים הללו אחד לאחד.

דין ערב כקידושי הנאה

לפי ההבנה שדין ערב הוא מכניזם של קידושי הנאה, מתעוררת השאלה מה מיוחד בדין ערב? מדוע נדרש דין מיוחד כדי ללמד שניתן לקדש בהנאה? כדי להבין זאת טוב יותר, נקדים ונאמר שהגמרא קובעת בפירוש שניתן לקדש אישה בעשיית פעולה שמסבה לה הנאה. לדוגמה, המשנה דקידושין סג ע״ב קובעת:

> ***האומר לאשה הרי את מקודשת לי על מנת שאדבר עליך לשלטון ואעשה עמך כפועל, דבר עליה לשלטון ועשה עמה כפועל - מקודשת, ואם לאו - אינה מקודשת.***

רואים שעשיית פעולה שמסיבה לאישה הנאה מהווה מתן כסף קידושין.

ובגמרא שם מובאת ברייתא שנותנת שתי דוגמאות נוספות:

> ***ועוד תניא: שב עמי בצוותא ואקדש לך, שחוק לפני, רקוד לפני, עשה כדימוס הזה, שמין, אם יש בו שוה פרוטה - מקודשת, ואם לאו - אינה מקודשת!***

כאשר אדם רוקד או משחק לפני האישה, הדבר מיסב לה הנאה. לכן הוא יכול לקדש אותה בפעולה הזו. הדבר כמובן מותנה בכך שההנאה שלה תהיה שוות פרוטה. משמעות הדבר היא שהנאה היא סוג של שווה כסף, וכמו שאפשר לקדש אישה במתן חפץ או שווה כסף כלשהו, כך אפשר גם לקדש אותה בהעברת הנאה שהיא שוות פרוטה.

אם כן, קידושי הנאה בעשיית פעולה לבקשתה של האישה, הם דין פשוט. מה, אם כן, מחדש לנו דין ערב? ב**קו״ש** קידושין סי׳ מ מביא את שתי האפשרויות הללו בשם רשי והרמב״ם (ראה להלן):

תן מנה לפלוני מקודשת מדין ערב. ופרש״י דהיא ילפותא ממה שמצינו שערב מתחייב. והיינו דא״א להתחייב בדיבור גרידא וע״כ דמה שמוציא ממון על פי ציוויו הוי כנותן לו, והרמב״ם כתב שמקדשה בהנאה שעושה רצונה (עיין מחנה אפרים ריש הל׳ ערב).

וכעת הוא מקשה על הרמב״ם:

וקשה דא״כ א״צ לשום ילפותא לזה כמו כל הנאות שאשה מתקדשת בהן וא״צ ללומדן מקראי.

והוא עונה:

וי״ל לשיטה זו דאין כונת הגמ׳ ללמוד ד״ז מדין ערב אלא הוא דין ערב ממש, דכיון דמדין ערב תתחייב לשלם לו יכול לומר שתתקדש לו בזה, כמו בעשה לי שירים נזמים דמתקדשת למ״ד אינה לשכירות אלא בסוף, משום שאם לא תתקדש תצטרך לשלם לו אפשר לקדש בזה, שבמקום החוב שראוי לה להתחייב יחולו

הקידושין, ה״נ כיון שמדין ערב מתחייבת בתשלומין מתקדשת במקום החוב שעלי׳ להתחייב.

הוא מסביר שהחידוש הוא שמתן כסף לפלוני נחשב כמתן הנאה לאישה. האישה אומרת לשמעון לתת כסף לראובן. האם האישה קיבלה הנאה כלשהי משמעון? על פניו היה מקום לומר שלא. הראשונים מסבירים שזה שהוא הוציא כסף על פיה, זה עצמו נחשב כהעברת הנאה אליה. זהו החידוש בדין ערב לפי התפיסה הזו. כלומר דין ערב לא מחדש חידוש במכניזמים של קידושין אלא בהגדרת המושג הנאה. ההשלכה על דיני הקידושין מתקבלת מאליה.

אם כן, החוזה של הערבות מוחל על ידי כך שהמלווה נותן כסף ללווה על סמך בטחונו בערב. ההנאה שדבר זה מיסב לערב היא שמחילה את חוזה הערבות. מכאן לומו״ט גם לקידושין, שמתן כסף לאדם אחר בפקודת האישה נחשב כהעברת הנאה לאישה. הנאה זו יכולה כמובן להיחשב ככסף קידושין. כאמור, לפי הבנה זו הקידושין לא נעשים בכסף. העברת הכסף יוצרת הנאה, וההנאה היא היא כסף הקידושין.

כעת הוא מקשה:

והנה לדעה זו שאין מקדשה בהממון שנתן להפלוני אלא בהנאה שהגיעה לה, היה נראה לכאורה שאם לא נתן לפלוני רק פרוטה אינה מתקדשת, דהנאה המגיעה לה איננה שוה כל הפרוטה שנתן והיא פחות מפרוטה, אבל מדברי תוס׳ לקמן י״ט גבי יעוד לריב״י, שמתקדשת בהנאת מחילת מלוה אף דלא נשאר לו עליה רק שיעבוד פרוטה, מוכח דהנאת מחילת פרוטה שוה כל הפרוטה וה״ה הכא.

הוא מקשה שלפי זה אם אלמוני נתן רק פרוטה לפלוני היא לא תהיה מקודשת, שכן ההנאה שהיא מקבלת היא בהכרח פחותה משווי הכסף שניתן על פיה. ואולי יש לדייק זאת מהגמרא עצמה, שכן לקידושין די במתן פרוטה אחת, והגמרא נקטה ״תן *מנה* לפלוני ואקדש אני לך״, ולא ״תן *פרוטה* לפלוני״.

גם ה**פנ״י** והגרי״ז במכתבים בסוף ספרו וה**חמדת שלמה** מקשים זאת על הרמב״ם, ומכוח זה דוחים את האפשרות הראשונה. אמנם ב**קונטרסי שיעורים** של הרב גוסטמן, קידושין, שיעור ח אות ב, כותב שמדובר כאן בהנאה מיוחדת שאינה מכוח כסף או שווה כסף אלא שמחזיקו לאדם ישר (שהרי ברור שזה שראובן מחזיק את שמעון לאדם ישר אינו משהו ששמעון יכול לשלם עבורו כסף. והדברים דחוקים). וכן כתב בחידושי רבי שמואל קידושין רס״י ט. בכל אופן, לשיטתם דין ערב מלמד שגם הנאה כזו נחשבת הנאה.

דין ערב כשליחות חלקית (ייצוג)

התפיסה השנייה, שכפי שראינו מיוחסת לרש״י, היא שדין ערב בעצם מבוסס על שליחות. מקבל הכסף פועל בשליחות האישה, ולכן היא מתקדשת באמצעותו לנותן הכסף. כאן כמובן מתעוררת שוב השאלה מה מיוחד בדין ערב, הרי זה פשוט שליח לקבלה בקידושי כסף?

הראשונים מסבירים שהחידוש הוא שבמקרה זה הכסף נשאר בידי שמעון, השליח. במקרה הרגיל של שליח לקבלה, עליו להעביר את הכסף שקיבל לידי האישה, שהרי הוא קיבל אותו עבורה ובמקומה (בשליחותה). אולם כאן

השליח מקבל את הכסף לעצמו, והחידוש של דין ערב הוא שדי בזה כדי שהאישה תתקדש לנותן הכסף.

נראה להסביר זאת בכך ששמעון הוא שלוחה של האישה לעניין עשיית מעשה הקידושין, אבל לא לעניין קבלת הכסף. הוא מקבל את הכסף לעצמו, ובכך יש מעשה של קבלת קידושין שנעשה בשמה של האישה ועבורה. בלי דין ערב היינו חושבים שהשליח פועל בשם האישה את קבלת הכסף, וממילא גם הקידושין חלים על האישה. החידוש של דין ערב הוא שניתן לפצל את הדברים: השליח אינו שלוחה לקבלת הכסף, ולכן הוא מקבל את הכסף לעצמו. ובכל זאת הוא כן שלוחה לעניין קבלת הקידושין, על אף שהם התוצאה של קבלת הכסף.

אפשר להבין את החידוש הזה כחידוש בדיני שליחות, שניתן לפצל שליחות בין המעשה (=קבלת הכסף) לתוצאה (=חלות הקידושין). היינו חושבים ששליח נשלח למעשה, והתוצאה חלה ממילא על המשלח. וכאן התחדש לנו שהשליח הוא שליח להחיל את התוצאה, אבל את המעשה הוא יכול לעשות לעצמו, ולא כשליח. אפשרות אחרת היא לומר שהחידוש של דין ערב הוא בדיני קידושין: ניתן להחיל קידושין גם אם מישהו אחר קיבל כסף.

נזכיר שבספר השישי בסדרה שעסק בשליחות הגדרנו שתי תפיסות של שליחות: ידא אריכתא – השליח הוא ידו הארוכה של המשלח, ומי שעושה את הפעולה הוא המשלח באמצעות השליח. ייפוי כוח – השליח הוא מבצע הפעולה, אבל התוצאה חלה על המשלח.

החידוש לפי האפשרות הראשונה שהעלינו למעלה מסתבר יותר לפי המודל של שליחות כייפוי כוח, שכן במודל של ידא אריכתא לא השליח עושה את

הפעולה אלא המשלח, ולכן סביר שהמשלח הוא גם זה שצריך לקבל את הכסף. אמנם לפי האפשרות השנייה, ניתן אולי להסביר זאת גם במודל של ידא אריכתא: השליח הוא ידה הארוכה של האישה לקבלת קידושין אבל לא לקבלת הכסף.

בכל אופן, התפיסה הזו רואה את דין ערב כשליחות חלקית. השליח משמש כמיופה כוח לעניין קבלת הקידושין התיאורטיים, אבל הכסף מתקבל אליו עצמו. הוא לא שליח של האישה לזכייה בכסף אלא רק לקבלת הקידושין. כאמור, לפי התפיסה הזו הקידושין נעשים בכסף עצמו, על אף שלא האישה היא זו שמקבלת אותו.

הערה על ההשוואה לדין ערב בהלוואה

לכאורה ההבנה הראשונה, שדין ערב מבוסס על ההנאה, היא הכרחית, לאור דברי הגמרא ב"ב קע"ג ע"ב. בגמרא שם אנחנו מוצאים את דין ערב המקורי:

אמר אמימר: ערב דמשתעבד - מחלוקת ר' יהודה ור' יוסי, לרבי יוסי דאמר: אסמכתא קניא - ערב משתעבד, לר' יהודה דאמר: אסמכתא לא קניא - ערב לא משתעבד. אמר ליה רב אשי לאמימר: הא מעשים בכל יום, דאסמכתא לא קניא וערב משתעבד! אלא אמר רב אשי: בההוא הנאה דקא מהימן ליה - גמר ומשתעבד נפשיה.

רואים כאן שערב משתעבד בהנאה שסומכים עליו ומלווים על פיו. אם כן, לכאורה גם בקידושין שנלמדים מדין ערב צריך לומר שזה חל מכוח ההנאה שסומך עליה.

אמנם יש מקום לומר לפי התפיסה השנייה שכוונת הגמרא היא שההנאה באה רק לפתור את הבעייה של אסמכתא (התחייבות לא רצינית), אבל השתעבדות הערב עצמו היא מכוח הכסף שכאילו ניתן לו. בעיית האסמכתא מוסברת ברשב״ם שם, שכתב:

> ***רבי יהודה סבר אסמכתא לא קניא - והיינו אסמכתא אם לא יפרע לך אני אשלם לך וכל דאי הוי אסמכתא סומך ובוטח בלבו שהלוה יפרענו ואילו היה יודע שלא יפרע הלוה לא היה נכנס בערבות.***

הערב מתחייב בלי לקבל שום הנאה, ולכן ברור שההשתעבדות הזו אינה רצינית. הוא בונה על כך שהלווה יפרע את החוב ולא מתחייב לשלם אם זה לא ייפרע.

כעת נוכל להבין שאם יש הנאה שכרוכה בערבות, אז לא בהכרח שהערב לא התכוין ברצינות. לפי זה, הערבות חלה מכוח העברת הכסף ללווה, ולא מכוח ההנאה (בהמשך נראה שאולי היא חלה מכוח מילים בלבד). לפי אפשרות זו, ההנאה היא תמורה שהערב מקבל כדי שיתרצה לכך ולא יהיה אסמכתא. אבל לא שמתן ההנאה הוא כעין שווה כסף שמחולל קניין.

כעת נעבור לראות את שתי השיטות הללו בדברי הראשונים, ונציג כמה מההשלכות ההלכתיות שלהן.

שיטת רש"י, ה'טור' ותוס' ב"מ

כבר ראינו **בקו"ש** הנ"ל, שמדברי רש"י ז ע"א משמע שהוא הבין שמדובר בקידושין בכסף עצמו, ואילו הרמב"ם רואה זאת כקידושי הנאה. נתחיל בבירור שיטת רש"י את שיטת הרמב"ם נבחן להלן.

רש"י קידושין ז ע"א כותב כך:

ואקדש אני לך - וכשנתנו לו א"ל התקדשי לי מקודשת ואף על גב דלא מטי הנאה לידה.

מדין ערב - ממה שמצינו בתורה שהערב משתעבד למלוה אנו יכולין ללמוד.

רואים שהוא מבין שלא הגיעה הנאה לידי האישה כלל ובכל זאת היא מקודשת. לומדים זאת מדין ערב בתורה שגם הוא משתעבד בלי שהגיעה הנאה לידיו. מדבריו עולה בבירור שאלו לא קידושי הנאה, ונראה שהוא הבין שאלו קידושין על ידי נציגות לקבלת הקידושין. יצויין שמלשונו משתמע שהשליח אינו ממש שליח לקבלה, שכן הוא לא מזכיר זאת בדבריו (השווה לדבריו בדין עבד כנעני שיידונו בפרק הבא, שם הוא מזכיר בפירוש את הצורך במינוי שליח).

גם בתוד"ה 'מצאו', ב"מ עא ע"ב, ניתן לראות תפיסה דומה:

מצאו ישראל אחר אמר לו תנם לי ואני אעלה לך כו' - ואם תאמר מאי איריא ואני אעלה לך אפילו אמר אני אעלה לנכרי אסור דלא שרי אלא בהעמידו אצל נכרי כיון דמלוה מעותיו לחבירו כדי שיפרע

לנכרי רבית בשבילו פשיטא דהוי רבית דאפילו לא היה המלוה חייב
לנכרי רבית כיון דמשכר הלואה נותן לנכרי הרבית ע״פ המלוה הרי
הוא כנותן למלוה עצמו מדין ערב כמו תן מנה לפלוני ואקדש אני לך
דמקודשת מדין ערב בפ״ק דקדושין (דף ז.) וכן קשה בסיפא וי״ל
דנקט לך משום העמידו לאשמועינן רישא דאפילו מקבל ישראל
רבית שרי כיון שמקבלו בשביל נכרי וכן בסיפא כשהעמידו אצל
ישראל אסור אפילו מקבל הנכרי רבית.

תוס׳ סובר שאם ראובן הלווה כסף לשמעון, וכעת הוא אומר לשמעון לתת
סכום נוסף כלשהו לפלוני על פי המלווה – זוהי ריבית כאילו נתן לראובן עצמו
מדין ערב. הוא מביא כדוגמה את דברי הגמרא בקידושין על קידושין מדין
ערב. משמע מלשונו שהוא רואה את המעות שניתנות לפלוני כאילו ניתנו
לראובן עצמו, והן הן הריבית כאן (ולא ההנאה שסמך עליו). כך אכן הבין
אותו ה**מחנ״א** הל׳ מלווה ולווה, דיני ריבית סי׳ יא, וכך כתוב בפירוש בתוס׳
הרא״ש כאן.

יש להעיר שבתוס׳ ב״מ רואים לכאורה משהו מעבר למה שעלה ברש״י. ראינו
שרש״י כתב שלא הגיעה הנאה לידי האישה ובכל זאת היא מקודשת. לפי
תוס׳ כן הגיעה הנאה לידה, שכן מתן הכסף לפלוני הוא כמו נתינת הכסף
אליה. אך לא בהכרח יש כאן מחלוקת, שכן גם תוס׳ אומר שאין כאן הנאה
אלא רק כאילו שהיא קיבלה את הכסף, ולומדים שזה מועיל מדין ערב.

ה**מחנ״א** שם טוען שזוהי גם שיטת ה**טור**. ה**טור** ביו״ד (הל׳ ריבית) הביא את
דברי תוס׳ הללו להלכה, ולכן סביר שגם ה**טור** הולך כתוס׳. בזה הוא מסביר
את שיטת ה**טור** עצמו (באבהע״ז סי׳ כט) בדבר לשון הקידושין בדין ערב:

דהטור באבהע"ז לא איצטריך שיאמר לה באותה הנאה שכן כתב א"ל תן מנה לפלוני ואקדש אני לך ונתן ואמר לה התקדשי במנה שנתתי לפלוני הרי זו מקודשת. וזה נוטה למ"ש ביו"ד דמה שנתן לאחר על פיו תשיב כאילו בידו.

ה**טור** פוסק שהלשון בה משתמש המקדש היא קידושין במנה ולא בהנאה (ראה להלן שהריטב"א והרשב"א חולקים עליו בזה). וזה לשיטתו שהוא תופס את הקידושין כמו רש"י והתוס'.

נעיר כי כמה אחרונים כתבו לדחות את הראיות הלשוניות מה**טור** שמהן משמע לכאורה שהקידושין נעשים באותה פרוטה שניתנה לפלוני. הרא"ש בקידושין ז נקט אותה לשון לגבי אדם חשוב (שהאישה מתקדשת לו בכך שהיא נותנת לו כסף. ראה להלן סוף פרק חמישה-עשר), ושם הרי ברור שהקידושין לא נעשו בכסף אלא בהנאה.

נציין כי הרב גוסטמן ב**קונטרסי שיעורים** לקידושין על דין ערב אות ג הביא עוד כמה וכמה ראשונים שהבינו כשיטה זו.

שיטת הריטב"א והרשב"א

הריטב"א והרשב"א חולקים כנראה על שיטת רש"י ותוס' ב"מ, ונראה שלדעתם דין ערב הוא קידושין בהנאה, כהבנה א מלמעלה.

הריטב"א ז ע"א מסביר את דין ערב בפירוש באופן א:

ערב לאו אף על גב דלא מטי הנאה לידיה משתעבד. פי' לאו למימרא דלא מטי ליה שום הנאה דאם כן במאי משתעבד, אלא לומר דאע"ג

דלא מטי לידיה הנאת המעות שהוציא המלוה ולא הגיע לידו של ערב לא כסף ולא שוה כסף, אפילו הכי משתעבד בהנאה דמטי ליה שהלוה לזה על אמונתו, דהנאה בכל דוכתא חשובה ככסף כדפרישנא בכמה דוכתי, הכא נמי אף על גב דלא מטי לידה הנאת מנה עצמו מקניא נפשה בההיא הנאה דשויא פרוטה דיהיב מנה לפלוני בדבורה.

הוא מסביר במפורש שמדובר בכך שהגיעה הנאה לידי האישה. ברור שאלו לא המעות עצמן, שהרי אלו לא הגיעו לידיה של האישה. הוא מתכוון להנאה שהוא פעל על פיה, קרי שסמך עליה; ובערב להלוואה מתאר הריטב״א את ההנאה כך: ״שהלווה לו על אמונתו״.

לפי הריטב״א ברור שהמקדש צריך לומר שהוא מקדש את האישה בהנאה שהיא מקבלת ולא בכסף עצמו. וכך אכן כותב הריטב״א מייד בהמשך דבריו שם:

מיהו כל מקודשת דאמרינן בשמעתין היינו כשאמר הוא, שאמר לה הרי את מקודשת לי באותה הנאה שנתתי לפלוני מנה בדבורך, ולא דמיא הא למאי דאמרינן לקמן (ח׳ ב׳) תנם לאבא ולאביך אינה מקודשת, דהתם לא אמרה ואקדש אני לך וכיון דכן דיחוייה קא מדחי ליה מה שאין כן בזו.

וכן הוא ברשב״א קידושין ו סוע״ב, שכותב כריטב״א:

תן מנה לפלוני ואתקדש אני לך מקודשת מדין ערב. כלומר וחוזר הוא ואומר לה התקדשי לי בהנאה זו שאני נותן מתנה זו לזה בדבורך דערב נמי בההיא הנאה דקא מהימן ליה משתעבד ולא

מחמת גוף הממון ממש שאינו מקבלו, וכ"כ הרמב"ם האשה שאמרה תן דינר לפלוני מתנה ואתקדש אני לך ונתן ואמר לה הרי את מקודשת לי בהנאת מתנה זו שנתתי על פיך ה"ז מקודשת ע"כ.

הבהרת דעת הריטב"א וסיעתו

בקה"י קידושין סי' יב כתב שאין כוונת הריטב"א והרשב"א לומר שהערב מתחייב תמורת ההנאה שפעלו על פיו. הרי בערב אמיתי אין לו שום עניין בכוונה הזו, והוא לא קונה ומקנה מאומה. שם הערב מתחייב ומשתעבד למלווה, ולא מקבל בחוזה הזה מאומה. עוד הוא שואל מדוע אם הערב שילם את החוב הוא חוזר ותובע מהלווה. הרי לפי מה שתיארנו פירעון החוב הוא תמורה עבור ההנאה שקיבל. אז מה הוא יכול לתבוע מהלווה?

על כן הוא מסביר שכוונתם לומר שההתחייבות של הערב נכרתת בהנאה הזו. העברת ההנאה היא מעשה קניין פורמלי ולא העברת תמורה (**כט"ז** חו"מ בתחילת ס"י קצה, ודלא כ**סמ"ע** שם). מעשה הקניין הזה מחיל את התחייבותו של הערב. אצל הרמב"ם ראינו שזוהי התחייבות במילים ולריטב"א ורשב"א זהו מעשה קניין.

כמובן שאותה הבהרה קיימת בדעת תוס' וה**טור**. הרי גם שם הכסף נחשב כאילו ניתן לערב. אבל גם שם לא מדובר בתמורה אלא במעשה קניין. אם כן, הלווה עשה מעשה קניין עבור הערב, ובכך החיל את השעבוד של הערב. זוהי ממש תפיסה של שליחות: הלווה הוא שלוחו של הערב, ועושה מעשה קניין

עבורו. אמנם הוא שלוחו רק לעניין החלת השעבוד והדין של ערב, אבל הכסף עצמו אינו עבור הערב אלא לעצמו (ללווה). וכך גם באישה, השליחות היא רק לעניין שקבלת הכסף מהווה מעשה קידושין עבורה, אבל הכסף עצמו שייך למקבל. הוא אשר אמרנו למעלה: פלוני הוא שלוחה לביצוע מעשה הקידושין, בלי שיהיה שלוחה לקבלת הכסף.

השלכות הלכתיות של המחלוקת

ישנן כמה השלכות למחלוקת בין שתי האפשרויות הללו בהבנת דין ערב:

1. השבת הריבית. **המחנ״א** הל' מלווה ולווה, דיני ריבית סי' יא אומר שיהיה הבדל בין השיטות בשאלה כמה כסף צריך המלווה להחזיר ללווח בבואו להחזיר לו את הריבית: האם עליו להחזיר את כל המעות שקיבל פלוני, או רק את דמי ההנאה שהוא נתן מתנה לפלוני על פיו.

2. לשון הקידושין. ראינו שלשון הקידושין צריכה להיות שונה, האם מקדשה בהנאה או במעות עצמן.

3. לפי ההנחה של **המחנ״א** שההנאה שניתנה פרוטה על פיו אינה שוות פרוטה בעצמה. אם כן, לא בכדי נקטה הגמרא 'תן מנה לפלוני' ולא 'תן פרוטה לפלוני', שהרי אם הוא נותן פרוטה ההנאה אינה שווה פרוטה ולא יכול לקדש בה אישה. וכ״כ **קו״ש** קידושין סי' מ (ראה למעלה). אמנם הוא מביא שם מתוס' קידושין יט שפרוטה מספיקה, ומוכח שתוס' לשיטתו שזה כאילו הכסף עצמו הגיע אליו.

4. אולי תהיה נפ״מ אם ציוו עליו שתי נשים לתת פרוטה לפלוני על פיהן. לפי התפיסה שהכסף הגיע אליהן עצמן יש מקום לומר ששתיהן מקודשות. אבל אם מדובר בהנאה שפעל על פיהן, אזי ההנאה הזו מתחלקת בין שתיהן ואין לכל אחת פרוטה מזה.

5. בריטב״א בקטע הקודם (קידושין, ו סוע״ב), כתב:

אמר רבא תן מנה לפלוני ואקדש אני לך מקודשת מדין ערב. פי׳ לא שנא אמרה תן במתנה לא שנא אמרה בהלואה, ומשום הערמת רבית ליכא כלל דהוה ליה כההיא דאמרינן (ב״מ ס״ט ב׳) שרי ליה לאיניש למימר לחבריה הילך ארבעה זוזי ואוזפיה מנה לפלוני, דהכא לא הדרא ומשתלמא איהי מההוא פלוני כלום, וזה פשוט.

הוא פוסק שדין ערב קיים בין במתנה ובין בהלוואה. נציין כי כשהוא נותן לפלוני מנה במתנה, זה נחשב כהלוואה לאישה והיא מתחייבת להשיב אותה מדין ערב. אבל כאן מדובר שהוא נתן הלוואה לפלוני והפלוני עצמו צריך להשיב אותה, ובכל זאת האישה מקודשת כי היא ערבה להלוואה הזו (לכן הוא מדבר כאן על ריבית).

אמנם אף שהאישה מתקדשת הרי החוב של פלוני לא נחשב כפרוע. כאן ברור שהיא מתקדשת בהנאה שפעל על פיה. וזה הריטב״א לשיטתו.

לכאורה לפי תוס׳ וה**טור** נראה שלא יועיל לקדש את האישה מדין ערב בהלוואה לפלוני. אמנם גם לשיטתם ייתכן שניתן לקדש את האישה כך, שכן דין ערב מחשיב כאילו ההלוואה ניתנה לאישה עצמה, והפירעון נעשה על ידי הלווה, והקידושין הם סוג של ריבית. ועל זה כותב הריטב״א שאין כאן דין

ריבית. שוב יש כאן שליחות של הלווה כאילו הוא קיבל את מעות ההלוואה עבור האישה.

כך אכן כותב הרב גוסטמן בשיעוריו לקידושין, עמ׳ 106. הוא מביא שם שבשו״ת הרשב״א ח״א סי׳ אלף רכד יש על כך ויכוח שלו עם השואל. השואל רוצה לטעון שניתן לקדש מדין ערב רק במתנה, אבל הרשב״א מסיק שניתן לעשות זאת גם בהלוואה. וזה לשיטתו של הרשב״א שדין ערב הוא מדין קידושי הנאה. השואל כנראה הולך בשיטת רש״י וסיעתו.

השלכה הלכתית נוספת

כמה ראשונים[65] ואחרונים כותבים שההבדל בין רש״י לריטב״א יופיע במקרה בו האישה אומרת למקדש ״זרוק מנח לים ואקדש אני לך״.[66]

במקרה זה הגורם השלישי הוא הים, ולא אדם בר דעת. המפרשים מבינים שלפי הריטב״א היא מקודשת, שהרי סוף סוף הוא איבד כסף על פיה, ונתן לה בכך הנאה. אבל לרש״י הרי הקידושין חלים מפני שהמקבל הוא כאילו שלוחה (החלקי) של האישה. הים כמובן אינו יכול להיות שליח לקבלה, ולכן לפי רש״י היא אינה מקודשת במקרה זה.

---

[65] ראה רמב״ן, רשב״א וריטב״א, קידושין ח ע״ב – ט ע״א ועוד.

[66] ראה סוגיית קידושין ח, ״הניחם על גבי סלע״, שתידון להלן.

שיטת הרמב״ם: תפיסה שלישית

הרשב״א בסוף דבריו הנ״ל מדייק כשיטתו גם מלשון הרמב״ם. נבחן כעת את לשונו בפ״ה מהל׳ אישות הכ״א, שם הוא כותב:

האשה שאמרה תן דינר לפלוני מתנה ואתקדש אני לך ונתן ואמר לה הרי את מקודשת לי בהנאת מתנה זו שנתתי על פיך הרי זו מקודשת, אף על פי שלא הגיע לה כלום הרי נהנית ברצונה שנעשה ונהנה פלוני בגללה.

רואים מלשונו שהוא מבין שהקידושין הם בהנאת הנתינה על פיו, ולכאורה זה כרשב״א וריטב״א.

אמנם ברמב״ם כתוב שלא הגיע לידה כלום, ומשמע שגם הנאה לא הגיעה לידה. אבל ברשב״א וריטב״א מדייקים יותר וכותבים שלא הגיע לידה הכסף (והריטב״א מוסיף גם שווה כסף), ולא שלא הגיע כלום. הם מסבירים שכוונת הרמב״ם לומר שההנאה כן הגיעה לידה, וזה כשיטת הריטב״א והרשב״א עצמם. כך גם נראה מלשון המקדש ברמב״ם, שמקדש בהנאה. ועוד הוא כותב שהאישה נהנית ברצונה שנעשה ונהנה פלוני בגללה.

אך אם נתבונן כעת שוב בלשון הרמב״ם בפרספקטיבה של סוגיית ״זרוק מנה לים״ שהוזכרה למעלה, נראה שכלל לא ברור אם הוא באמת הולך בשיטת הריטב״א כפשוטה. הרי הרמב״ם מדגיש שההנאה שהאישה מקבלת היא אותה הנאה שנהנה פלוני מחמתה, ולא זה שהנותן הפסיד ממון על פיה. משמע מלשונו שאם אין הנאה שמגיעה למישהו, כגון במקרה שהכסף נזרק

לים, אזי זו לא תיחשב כהנאה שמגיעה לאישה, והיא לא תהיה מקודשת. במובן הזה הרמב״ם הוא דווקא כרש״י ולא כריטב״א.

על כן ייתכן שכוונת הרמב״ם היא אחרת. כוונתו היא לומר שיש כאן קידושין מחודשים מדין ערב. לפי הצעה זו, כוונת הרמב״ם היא שקבלת הכסף של פלוני נחשבת בעצמה כקבלה של אלמוני. לא בגלל שפלוני הוא שלוחו של אלמוני, וגם לא בהנאה של האישה שפעלו על פיה. אולי כוונתו לומר שכשאלמוני אומר לתת לפלוני זה כאילו הוא עצמו קיבל. ההנאה שמגיעה לפלוני היא עצמה נחשבת כהנאה שקיבלה האישה.

נמחיש זאת על ידי דוגמה. אם ראובן חייב כסף לשמעון, וכעת כאשר ראובן בא להשיב את הכסף לשמעון, שמעון אומר לו לתת אותו ללוי. ראובן נותן את הכסף ללוי, וברור מאליו שזה נחשב כפירעון לשמעון. ברור שלא ההנאה שהוא פעל על פיו היא המהווה את הפירעון, שהרי ההנאה הזו לא בהכרח שווה את שווי החוב (ראה ב**קו״ש** הנ״ל). זה גם לא בגלל שלוי הוא שלוחו של שמעון לקבלת הכסף, שהרי הוא מקבל את הכסף לעצמו (בדיוק כמו בדין ערב אצלנו). אלא זה פשוט בגלל שראובן עשה מה ששמעון אמר לו, לכן זה נחשב כפירעון. אם שמעון אמר שמבחינתו קבלתו של לוי תיחשב כקבלה שלו עצמו, יש לו סמכות לקבוע זאת. בה במידה, אם האישה אומרת שאם המעות יינתנו לאדם אחר זה ייחשב כאילו היא עצמה קיבלה אותן, הרי שבאמת זה ייחשב כך, וזהו דין ערב.

יש מקום לדמות זאת למקרה שאדם מקדש אישה בשווי שני מנים (מאתיים), ונותן לה חפץ ששווה מנה. אם היא אומרת שמבחינתה החפץ הזה שווה מאתיים, הקידושין חלים (ראה קידושין ז ע״ב – ח ע״א, בסוגיית המקדש

בשיראין). אם כן, אפשר שהוא הדין לקידושין מדין ערב. גם שם אם האישה אומרת לתת את המנה לפלוני, אזי קבלת פלוני נחשבת כקבלתה של האישה עצמה. כמו שהיא יכולה לקבוע מה מבחינתה שווה מנה, היא יכולה גם לקבוע מה מבחינתה נקרא פירעון של הכסף.

ובאמת אנו מוצאים תפיסה כזאת בתורי״ד ח ע״ב. הגמרא שם מדברת על אישה שאומרת למקדש להניח את המנה על גבי סלע, אם הוא שלה היא מקודשת ואם של אחר – אז היא אינה מקודשת. או שהיא אומרת לתת לאביה או לאביו. על כל המקרים הללו כותב התורי״ד שם (ההדגשות בקו מצביעות על התפיסה אותה תיארנו כאן):

> ***על מנת שיקבלם לי מקודשת. פי׳ לא מטעם שעשאם שליח לקבלה דאין שליח לקבלה אלא מפי האשה ולא שתאמר לאחר אמור לפלוני ויקבל קידושי כדפרישית בגיטין דשליחות לקבלה מילי היא ומילי לא מימסרן לשליח וכי היכי דלא מצי למימר גבי גט אמרו לסופר ויכתוב ולפלוני ופלוני ויחתומו עד שישמעו מפי הבעל ה״ה הכי נמי בשליחות לקבלה דאשה דכל שליחות לקבלה מילי נינהו אלא היינו טעמא דכיון דאמרה ליה תנם לאבא ולאביך כאילו נתנתם בידיה דמי.***

> ***ואם היה סלע שלה מקודשת. פירש המורה דחצירה קונה לה ואינה נרא׳ דאמאי נקט סלע. אלא הכין פירושו כשאמרה תנם על גבי סלע משמע שבכעס אמרה לו אבל אם היה סלע שלה משמע שבכל לב אמרה לו וכאילו שם בידה דמי כיון שנתרצת בכך ודומה זה לתנהו לכלב:***

ואם היה סלע של שניהם שואל אם בדרך כעס אמרה לו או בכל לב. ובכולן אם אמרה ואקדש אני לך נראה לי דהיא מקודשת דבכל לב קאמרה ליה ובכל מקום שיתנם בציוויה כאלו שם בידה דמי.

ונראה לי דהוא הדין לגבי גט אם היה בעלה נותן לה גטה ואמרה לו שים אותו על גבי סלע זה או על גבי קרקע ואתגרש מגורשת היא וכאילו שם בידה דמי. ולא דמי לטלי גיטיך מעל גבי קרקע דהתם אין שם נתינ' בעל שלא מדעת האשה נתנו על גבי קרקע אבל היכא דאמרה ליה תנהו על גבי קרקע כאילו נתנו בידה דמי.

וכן כשאמרה לו תנהו לפלוני ואתגרש בו ואף על פי שאין אותו פלוני שם מגורשת ולא מטעם שליח לקבלה דהא לא שמע השליח מפיה אלא כיון שנתינת הבעל לאותו פלוני היא בציווי האשה וברצונה כאילו נתנו בידה דמי.

הוא כותב שדין ערב משמעותו שאם האישה אומרת לתת לפלוני ונותנים לו זה כאילו שנתנו לאישה עצמה. הוא גם מוסיף ופוסק שזה שייך גם בנתינת גט, כלומר שזה לא דין בנתינת כסף בלבד. זוהי הוכחה ברורה לכך שכוונתו כדברינו כאן, שלא מדובר על העברת הנאה ולא על שליחות לקבלה.

זהו מכניזם דומה לשליחות אבל בלי דין שליחות. כשאישה צריכה לקבל היא יכולה לקבוע שמישהו אחר יקבל עבורה (כולל הים). כלומר זה לא מדין שליחות (שהרי הים אינו כשר להיות שליח), ובכל זאת לזרוק לים זה מועיל כי זה כאילו שהיא עצמה קיבלה. זוהי שליחות מיוחדת, ממש כמו שהצענו כאן בשיטת הרמב״ם.

וכעת התורי״ד משווה זאת לדין שליח קבלה רגיל, ואומר שזה לא אותו דבר:

*אבל שליח לקבלה אינה יודעת היא כשהבעל נותנו לה וגם לא אמרה
היא לבעל תנהו לפלו׳ אלא יד שלוחה הוי כידה ומשום הכי בעינן
שתמנהו שליח פה אל פה ולא שתאמר לו על ידי אחר דהוי מילי ולא
מימסרן לשליח כלל אומר אי זה יקרא שליח לקבלה כשלא אמרה
לבעל תנהו לפלוני אלא מינתו שליח לקבל מיד הבעל ההוא ודאי
בעינן שתמנהו שליח פה אל פה ולא על ידי שליח. אבל כשאומרת
היא לבעל תנהו לפלוני ואתקדש לך כאלו נתן בידה דמי ואף על פי
שלא מינתה אותו פלוני שליח לקבלה הויא מקודשת וכן לגבי גט:*

שליח לקבלה באמת זוכה עבורה, שלא כמו בדין ערב שם הוא מקבל בציוויה,
וזה נחשב כאילו שהיא עצמה קיבלה את הכסף. שוב רואים שזהו ממש
החילוק אותו הצענו ברמב״ם.

כיצד נעמיד את התפיסה הזו על המפה שלנו? האם זה כשיטה א (קידושי
הנאה) או כשיטה ב (קידושי כסף על ידי נציג)? לכאורה מכניזם כזה דומה
יותר לשיטה ב, כלומר שמדובר כאן בקידושין של ייצוג ולא בקידושי הנאה.
כפי שראינו במקרה של ״זרוק מנה לים״ משמע מהרמב״ם שהקידושין לא
חלים.

אבל זה לא מדויק. בשיטה ב מדובר בכך שפלוני עושה את פעולת קבלת
הקידושין עבור האישה. אבל לפי הצעתנו כאן ברמב״ם, האישה היא שעושה
את פעולת קבלת הקידושין. היא רק מורה למקדש שייתן את הכסף לפלוני,
וזה נחשב כנתינה לה עצמה. אם כן, זהו מכניזם שלישי. ברור שגם במכניזם
הזה הקידושין נעשים בכסף עצמו, ולכן במובן מסויים זוהי התפצלות של
תפיסה ב.

כעת נוכל להבין מדוע לפי הרמב״ם רק הנאה שמגיעה לפלוני כלשהו יכולה להחיל קידושין (כלומר שזריקת מנה לים אינה הנאה לעניין זה). אם אכן הרמב״ם סובר שההנאה שמגיעה לפלוני נחשבת כהנאה שקיבלה האישה עצמה, אז נדרשת הנאה שיקבל מישהו. לפי התפיסה הראשונה העיקר הוא שהכסף יצא מפלוני על פיה. לפי תפיסה ב והתפיסה הזו, העיקר הוא שיש מי שקיבל.

אמנם גם זה לא פשוט, שהרי הדוגמה שהבאנו לתפיסת הרמב״ם היא מצב בו הלווה מחזיר את החוב למישהו אחר בפקודת המלווה. כעת נחשוב מה יהיה הדין אם המלווה אומר ללווה לזרוק את המנה לים. נראה סביר מאד שגם זה ייחשב כפירעון. אז מדוע שהאישה לא תהיה מקודשת באופן כזה?

אפשרות רביעית בדין ערב

נציע כאן עוד אפשרות להבין את מכניזם ב ברמב״ם. אפשר לראות את המכניזם של קידושין מדין ערב כאילו שהאישה מקבלת את הכסף על ידי פלוני שהוא שלוחה ממש (כלומר גם זוכה עבורה בכסף, ולא עבור עצמו), ולאחר מכן היא נותנת את הכסף בחזרה אליו. בפועל, אנחנו מקצרים את הדרך, ומורים לאלמוני לתת את הכסף ישירות לפלוני, ופלוני כבר משאיר את הכסף אצלו.

במכניזם הזה מדובר בקידושי כסף רגילים (בכסף ולא בהנאה). השליח מקבל את הכסף עבור האישה כשליח קבלה, וכעת היא מחזירה לו את הכסף. כמובן שזה לא נעשה בפועל, אלא במקום לבצע זאת שלב אחרי שלב, עושים זאת

בבת אחת. השליח לוקח את הכסף ומשאיר אותו אצלו (בלשון הגמרא כתובות קי ע״א: ״הפוכי מטרתא למה לי״).

ניתן לתאר את אותו מכניזם באופן מעט שונה. האישה עצמה מקבלת את הכסף מהמקדש (לא על ידי שליח), אלא שאח״כ היא נותנת אותו לפלוני. כדי לקצר את התהליך שוב אומרים לאלמוני לתת את הכסף ישירות לפלוני. גם כאן אלו קידושי כסף רגילים (בכסף ולא בהנאה).

נראה שיש הבדל בין שני התיאורים הללו, לעניין זרוק מנה לים. אם נלך עם הכיוון הראשון, שהאישה זוכה באמצעות פלוני ואז מעבירה זאת בחזרה אליו, זה לא יכול לפעול עם הים. הים לא יכול לזכות עבורה, ולכן היא לא זוכה בכסף וממילא גם אינה מקודשת. אבל לפי התיאור השני, האישה זוכה בכסף בעצמה ומעבירה זאת לפלוני. את זה אפשר לעשות גם ביחס לים. אם היא תזרוק את הכסף לים ודאי שקידושיה לא יתבטלו.

והנה, הרמב״ן ח ע״ב מביא בשם הירושלמי:

> ***אבל בירושלמי אפילו תן מנה לפלוני ואתקדש אני לך פירשו משום דזוכה לאשה וחוזר וזוכה לעצמו, ולא אתיא אליבא דגמרין, ושם אמרו שאם היה חרש שאין לו זכות אינה מקודשת.***

הירושלמי מעלה בפירוש את האפשרות שלנו כאן, והרמב״ן טוען שהבבלי חולק עליו. הבבלי קובע שאם המקבל הוא חרש היא אינה מקודשת. יש לזכור שאחד מכללי הרמב״ם הוא שלפעמים הוא פוסק כירושלמי נגד הבבלי, ולכן אין להתפלא שלפי הצעתנו הרמב״ם מאמץ דווקא את הסבר הירושלמי.

אמנם לאחר מכן הרמב״ן דוחה ואומר:

ובזה נ"ל לפום גמ' דילן שכל זמן שהם ברשות חרש אם הלה רוצה
יכול לחזור ולהוציא מידו אף היא יכולה לחזור, וכן הדין בערב אם
אמר לו הלוהו לחרש שיכול לומר לו טול ממנו מעותיך שהרי לא קנה
הלה כלום, ואם אבדו ואינו יכול להוציאם ממנו בעצמם חייב
ומקודשת, שהרי מתחלה על מנת שיוציאם החרש אמרה לו והרי
עשה כן, משל לאומר לחבירו לזון בניו או בני אחרים הקטנים והוא
נותן שזה זן וזה משלם... הילכך תן על גבי סלע ואתחייב או אתקדש
לך לא אמר כלום אבל השלך לים או תן לחרש והוציאם עדיין אני
אומר שהוא חייב שעל פיו הוציא.

כלומר מה שאצל חרש זה לא מועיל, זה מפני שלחרש אין זכייה, ולכן הנותן
יכול לחזור ולקחת ממנו. אז זה לא נקרא שהוא הוציא ממון על פיה. זה שונה
מ"זרוק מנה לים", שהוא פעולה בלתי הפיכה. אם כן, הבבלי לא בהכרח חולק
על הירושלמי בהבנת דין ערב, ושניהם כשיטת הרמב"ם.

נביא כעת ראיה נוספת להצעות אלו בשיטת הרמב"ם. ב**קה"י** קידושין סי' יב
כתב שמלשון הרמב"ם אין ראיה שהוא חולק על תוס' ורש"י, שכן שיטת
הרמב"ם היא שלא די בנתינת כסף אלא נדרש כסף שיש לה ממנו הנאה. אם
פלוני קיבל את הכסף הרי זה כסף שאין לה ממנו הנאה. לכן הרמב"ם אולי
סבור שהיא מתקדשת בכסף שקיבל פלוני, אבל לשון הקידושין מבטאת את
ההנאה שיש לה מהנתינה לפלוני על פיה. ובאמת כך כתב הגרי"ז במכתבים
שבסוף הספר ששיטת הרמב"ם היא שהאישה מתקדשת בעצם הכסף, והביא
כמה ראיות לכך. לפי הצעה זו נראה שהיא אמנם מתקדשת בכסף אבל
המקבל אינו שלוחה של האישה לקבלת הכסף (אלא רק לקבלת הקידושין),

שכן אם הוא שלוחה גם לקבלת הכסף אז היא קיבלה על ידו גם כסף וגם הנאה.

כמה אחרונים (ראה **בית לחם יהודה** קידושין סי׳ רכ) הקשו על הצעה זו שמפצלת בין הכסף להנאה. שיטת הרמב״ם היא שההנאה צריכה להיות הנאה מהכסף עצמו, ולא שסתם יהיה כאן צירוף של הנאה ומתן כסף. יתר על כן, גם אם לרמב״ם דרושה הנאה, לא סביר שבאמירת הקידושין הוא יזכיר רק את ההנאה שהיא תנאי צדדי לחלות הקידושין, ולא יזכיר את הכסף שבו הוא מקדש בפועל. לכן הסביר ב**ברכת שמואל** קידושין סי׳ ו, שהיא מקודשת בהנאת הכסף עצמו, כאילו הגיעה לידה. לכן לא צריך להזכיר את הכסף שכן ההנאה היא ממנו, ולכן היא יכולה להתקדש בכסף שיש לה ממנו הנאה.

מכאן עולה תפיסה קרובה מאד לדין שליחות, וסביר לאמץ את אחת ההצעות שהבאנו למעלה בשיטת הרמב״ם.

הבהרה בדעת הרמב״ם לאור דבריו בהלכות מכירה

הרמב״ם מתייחס לדין ערב במקום נוסף. בהלכות מכירה פי״א הט״ו הוא כותב:

> ***המחייב עצמו בממון לאחר בלא תנאי כלל, אף על פי שלא היה חייב לו כלום הרי זה חייב, שדבר זה מתנה היא ואינה אסמכתא, כיצד האומר לעדים הוו עלי עדים שאני חייב לפלוני מנה, או שכתב לו בשטר הריני חייב לך מנה אף על פי שאין שם עדים, או שאמר לו בפני עדים הריני חייב לך מנה בשטר, אף על פי שלא אמר אתם עדי,***

הואיל ואמר בשטר הרי זה כמי שאמר הוו עלי עדים וחייב לשלם, אף על פי ששניהם מודים והעדים יודעים שלא היה לו אצלו כלום, שהרי חייב עצמו, כמו שישתעבד הערב, וכזה הורו רוב הגאונים.

הוא מסביר שהתחייבות מועילה כמו שמשתעבד הערב. לכאורה רואים מכאן שלשיטתו הערב משתעבד בלי שהוא קיבל משהו. אם כן, זה שהלווה קיבל מהמלווה אינו נחשב כאילו קיבל הערב. השתעבדות הערב היא מכוח התחייבות בלבד, ולא בגלל שהוא קיבל משהו. כך הסביר **המחנ״א** הל׳ ערב סי׳ א בשיטת הרמב״ם (אמנם ראה **קצוה״ח** סי׳ מ סק״א, שתלה זאת בקניין אודיתא). זוהי עוד ראיה לכך שהרמב״ם אינו הולך בשיטת הריטב״א שמדובר כאן בקידושי הנאה.

המחנ״א שם מקשה על הרמב״ם כיצד רבא אצלנו תלה את דין הקידושין בדין ערב, הרי הערב משתעבד מכוח דיבורו בלבד, אבל אישה אינה יכולה להתקדש בדיבור בלבד, והיא צריכה לקבל משהו! הוא מסביר שכוונת רבא לפי הרמב״ם אינה שהקידושין פועלים מדין ערב. אלו קידושי כסף רגילים בהנאה (הרמב״ם לשיטתו, כריטב״א והרשב״א). מה שלומדים מערב הוא שהנאה כזו נחשבת כסף, שאל״כ ערב לא היה משתעבד כי זו היתה אסמכתא.

אם כן, הרמב״ם חולק על הריטב״א והרשב״א רק בהבנת דין ערב המקורי. בקידושין כולם מסכימים שזה נעשה בהנאה שהוא פעל על פיה. אבל דין ערב המקורי לריטב״א ורשב״א גם הוא פועל כמו הקידושין, והרמב״ם סובר שזו התחייבות גרידא.

אמנם נראה סביר יותר לומר שכוונת הרמב״ם היא כפי שאמרנו למעלה, שדין ערב פועל כאילו שהאישה מקבלת את הכסף (או דרך פלוני או בעצמה) ונותנת

אותו לפלוני. כלומר אלו קידושי כסף בלי שהיא מקבלת את הכסף. כמו שהיא יכולה להתחייב לו כסף היא יוצרת התחייבות ונותנת את הקידושין כתמורה.

ואולי אפשר לומר שבקידושין נדרשת נתינה כלשהי ממנו, ולא די שהיא מחוייבת לו (אחרת אלו קידושין במילווה). צריכה להיות נתינה שיוצרת את החוב הזה, ולא שייווצר מעצמו. לכן נדרשת הנתינה לאחר שתיצור את החוב.

הבנה חמישית ברמב"ן

הגמרא קידושין ח ע"ב מביאה:

ת"ר: התקדשי לי במנה, תנם על גבי סלע - אינה מקודשת, ואם היה סלע שלה - מקודשת...

התקדשי לי בככר, תנהו לכלב - אינה מקודשת, ואם היה כלב שלה - מקודשת...

התקדשי לי בככר, תנהו לעני - אינה מקודשת, אפילו עני הסמוך עלה; מאי טעמא? אמרה ליה: כי היכי דמחייבנא ביה אנא, הכי מחייבת ביה את.

יש כאן סדרה של מקרים, ובכולם יש מבנה דומה מאד לדין ערב. הכסף ניתן לגורם שלישי, והאישה מתקדשת. הראשונים כאן דנים בטיבו של הגורם השלישי, ומדוע היא אינה מקודשת, ולא ניכנס כאן לכל הפרטים.

והנה, ביחס לדין סלע שלה הרמב"ן כאן כותב כך:

היתה סלע שלה מקודשת. פי' רש"י ז"ל שחצרו של אדם קונה לו. ותמהני אי הכי הא דבעי רב ביבי סלע של שניהם מהו אי משום קנין פשיטא שלא קנתה שאין השותפין קונין מקח זה מזה בקרקע חצר של שניהם, ואי בתוך קופתה המונחת בה פשיטא שקנתה כדמפורש בדוכתה בפרק המוכר את הספינה (פ"ד ב'), ואיכא לתרוצי דהכי קא מבעיא ליה מי אמרינן איהי דעתה להניח את שלה שם ורוצה היא בקדושין ושתקבלם לי קאמרה כיון דאית לה חלק בחצר, ואיהו נמי אקנויי אקני לה מקום בחצר ואושלה לקבל בה קדושין, או דילמא כיון דסתם אמרה ליה לא ניחא לה בהו והכי קאמרה ליה תנהו בחצרך, זהו דעת רש"י ז"ל.

ולפי דבריו אינה מתקדשת אלא אם כן קנתה, והא דאמרינן לעיל תן מנה לפלוני ואתקדש אני לך איכא למימר התם שאני דכיון דמפיק ממונא אפומה ואם קבלה עליה מדין ערב חייבת לשלם ממונא שקלה מיניה, אבל הכא איהי לא שקלה כלום ואיהו נמי לא אפיק כלום, לשקול ממונא וליזיל.

כלומר לפי רש"י נדרש לקנות את הסלע. מכאן מקשה הרמב"ן, מדוע ב"תן מנה לפלוני" היא מקודשת? ומסביר שזה מפני שהיא קיבלה ממנו הנאה שהוציא ממון על פיה, וזה יצר אצלה מחוייבות של ערב, וכאילו קיבלה ממנו ממון.

משמע מדבריו שהאישה מתחייבת לראובן מנה כערבה של שמעון, והקידושין נעשים בכך שהוא מוותר לה על התשלום. לחילופין, ההתקדשות שלה היא

פשוט תשלום הערבות שהיא התחייבה לה. בזה גם ברור מדוע פלוני שקיבל הלוואה אינו חייב לפרוע אותה. זהו מכניזם חמישי של דין ערב.

כך גם משתמע מדברי הרשב״א שם:

דהתם דמפיק ממונא אפומה ויהיב לההוא פלניא דתו לא מצי לאפוקינהו מיניה מיחייבא איהי מדין ערב והלכך מקודשת.

כלומר לכאורה יש כאן ממש דין ערבות. קידושיה הם פירעון ההלוואה לפלוני. וזה כפי שראינו שבריטב״א ורשב״א ורמב״ם אין צורך ללמוד מערב שהקידושין חלים אלא זהו ממש דין ערב עצמו.

זוהי בעצם תפיסה נוספת: האישה אינה מתקדשת בהנאה שהוא פעל על פיה, וגם לא במנה שהוא נתן לפלוני (על שלל הגוונים שהצענו להסביר זאת), אלא במחילת הפירעון (או שהקידושין הם עצמם הפירעון) שהיא התחייבה לו. הקידושין הם פירעון ההלוואה שקיבל פלוני, וזוהי ממש ערבות.[67]

שיטת רשב״ם

עד כאן ראינו כמה רמזים לכך שדין ערב כרוך בשליחות של הלווה לערב, שכן הוא מקבל את הכסף בשמו. אמנם לפי רש״י בפשטות לא מדובר בשליחות

---

[67] יש כאן מקום לדון האם אלו לא קידושין במלווה. הרי אם הוא מלווה לה עצמה היא לא מקודשת בכך. אז כיצד ייתכן שכשהוא מלווה לאחר על פיה היא כן מקודשת? קצת נראה שלשיטה זו גם בהלוואה לה עצמה היא מקודשת.

מלאה, שהרי הכסף נותר אצלו. לכן קראנו לזה 'נציגות'. ולפי הרמב״ם והירושלמי ראינו שמדובר בשליחות ממש, אלא שבסוף היא חוזרת ומחזירה את הכסף שוב לפלוני.

והנה, הרשב״ם בב״ב קעג ע״ב כותב שדווקא המלווה הוא שלוחו של הערב:

ושליחותא דערב קא עביד מלווה כאילו הוא עצמו הלווה.

רואים שהמלווה נחשב כשלוחו של הערב לתת את הכסף ללווה. כלומר בעצם הערב הוא המלווה האמיתי, והמלווה עצמו הוא שלוחו. וכשהלווה אינו פורע, הוא לא פרע לערב. הערב רק מחזיר למלווה את מה שעשה עבורו.

וכן לשון תלמיד הרשב״א בקידושין ז ע״א:

תן מנה לפלוני ואקדש אני לך מקודשת פירוש והוא דהדר ואמר לה ההוא נותן מנה הרי את מקודשת לי באותו מנה דקא יהיבנא לפלוני בשליחותך דהוי כאילו מטי הנאה לידה כיון דאיהי אמרה ליה שיתנם לו הוי כאילו היא קבלתם.

רואים שהמלווה פועל בשליחות הערב. כאילו שהערב קיבל ממנו את מעותיו, והוא שהלווה אותן ללווה. לפי זה מדובר כאן בקידושי כסף רגילים, ודין ערב

רק מלמד אותנו שמצב כזה הוא כמו מתן כסף לאישה.[68] ראה **בקה"י** קדושין סי' יב את ההסבר לכך שזהו דין שליחות אחר.

דין ערב: סיכום

בפרק זה ראינו שש שיטות שונות בהבנת דין ערב:

- רש"י ותוס' וה**טור** וריב"ש: המקבל הוא שלוחה של האישה לגבי הקידושין אך לא לגבי זכייה בכסף (לכן לזרוק לים לא מועיל, כי הים אינו שליח). המקבל הוא נציגה של האישה.
- ירושלמי ואפשרות ברמב"ם: המקבל הוא שליח שלה גם לכסף. לאחר מכן הוא חוזר וזוכה ממנה.
- רמב"ן ברש"י: הנתינה לפלוני יוצרת שעבוד של ערבות אצל האישה, ומחילתו היא הקידושין. או שהקידושין הם פירעון של המחוייבות הזו.
- תור"ד והצעה ברמב"ם: הפלוני נחשב כאילו האישה עצמה מקבלת (כולל לזרוק לים).

---

[68] זה מחזיר אותנו שוב לקידושין בהלוואה, שהערנו למעלה שיש מקום לומר שאם האדם נותן לאישה הלוואה הוא יכול לקדש אותה בה. גם כאן המלווה בעצם הלווה לאישה את הכסף והלווה אותו בשמה ללווה.

- ריטב"א, רשב"א ורמב"ם: מדובר בקידושי הנאה שפעל והוציא כסף על פיה.

- רשב"ם והצעה ברמב"ם: הנותן הוא שליח שלה, כאילו האישה קיבלה ממנו את הכסף והיא נותנת אותו לפלוני. קידושי כסף רגילים.

לסיכום, נטיית המפרשים היא לא לקשור את דין ערב במפורש לדין שליחות. בודאי לשיטת הריטב"א וסיעתו שמדובר בקידושי כסף רגילים בהנאה, אין כאן שליחות. אמנם ראינו שיש גישות אחרות, לפיהן קבלת ההלוואה אצל פלוני נחשבת כקבלה של הערב כאילו פלוני הוא שלוחו. די ברור שלא נדרש כאן מינוי שליחות, כלומר זו לא באמת שליחות אלא מכניזם שפועל ללא שליחות. ההשלכה היא שגם אם הלווה הוא גוי (גוי לא יכול להיות שליח) יש דין ערבות (ראה ב"מ עא ע"ב, ב"ב קעד ע"ב, ובהגהת **אב"מ** סי' ע סק"ד).

הסיבה לכך היא שהשליחות כאן היא בעצם פעולה שעושה פלוני עבור עצמו. הכסף נשאר שלו. זה נחשב כפעולה עבור הערב, כי זה נעשה מכוחו של הערב. השיקול של ההנאה שהוא פעל על פיו יכול להתפרש כהסבר מדוע לא נדרשת כאן שליחות. הערב לא באמת קיבל כאן הלוואה, אלא פלוני קיבל אותה. ובכל זאת הקבלה הזו מועילה לחייב את הערב בגלל ההנאה שלו.

פרק ארבעה-עשר
דין עבד כנעני

מבוא

בפרק זה נעסוק במכניזם היסודי השני של שליחות חלקית: דין עבד כנעני.
כפי שנראה בהמשך, דין ערב ודין עבד כנעני הם שתי אבני הבניין היסודיות
לחבורת הייצוגים בקידושין.

שתי תפיסות בדין עבד כנעני: השוואה לדין ערב

בהמשך אותה סוגיא בקידושין ז ע"א אנו מוצאים:

הילך מנה והתקדשי לפלוני - מקודשת מדין עבד כנעני. עבד כנעני
לאו אף ע"ג דלא קא חסר ולא מידי קא קני נפשיה, האי גברא נמי,
אף על גב דלא קא חסר ולא מידי קא קני לה להאי איתתא.

מקור הדין הוא בפדיון עבד כנעני. עבד כנעני קנוי לאדונו, ואין לו רכוש משל
עצמו. כיצד הוא יכול לפדות את עצמו ולצאת לחופשי? מתברר שיכול אדם
שלישי לבוא לבעל העבד לתת לו כסף ולפדות את העבד מידו. האדם השלישי
משלם, והעבד, שלא שילם בעצמו, יוצא לחופשי. הגמרא אומרת שמכניזם
דומה יפעל גם בקידושין.

המצב מתואר בשרטוט ד בפרק שנים-עשר, שם המכניזם הזה מיושם לקידושי אישה:

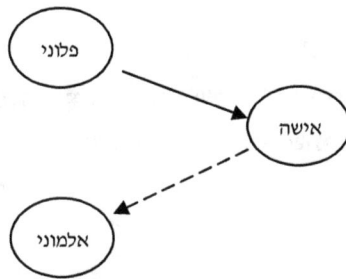

דין עבד כנעני

אם נתבונן בציור שלמעלה, פלוני נותן לאישה כסף, ובכך היא מתקדשת לאלמוני. זה ממש מקביל לפדיון של עבד כנעני, שם האדם השלישי נותן כסף לאדון ובכך העבד (ולא הנותן) משתחרר לחופשי.

בדין ערב ראינו שהאישה לא קיבלה כסף, וההנחה היא שקבלת פלוני נחשבת כקבלה שלה. ואילו כאן, המקדש לא נתן כסף, וההנחה היא שהנתינה של פלוני נחשבת כנתינה שלו. אם שם זה נראה כמו שליח לקבלה, אזי כאן זה נראה כמו שליח להולכה.

אמנם שם ראינו שלרוב השיטות לא מדובר בשליחות קבלה רגילה, שכן בדין ערב הכסף נותר בידי המקבל ולא עובר לאישה. במקביל לזה, כאן בדין עבד כנעני החיסרון הוא שהכסף שניתן לאישה הוא של השליח עצמו ולא כספו של הבעל, כמו שקורה בשליחות הולכה רגילה. אנו רואים שבשני המקרים מדובר בשליחויות 'נכות', כלומר שליחות הולכה וקבלה לא מושלמת.

מהתיאור הזה מתבקש, בדיוק כמו בתחילת הדיון בפרק הקודם לגבי דין ערב, להציע שתי צורות עקרוניות להסביר את דין עבד כנעני:

א. פלוני אינו באמת שלוחו של אלמוני. יש דין מיוחד שנתינת כסף של אדם אחד מקדשת את לאה לאדם אחר. כמו שבדין ערב לא נדרש שהכסף יגיע לידי האישה, כאן לא נדרש שהכסף ייצא מהמקדש. די בזה שהכסף יינתן לה על פיו, או מחמתו.

עקרונית ניתן היה להסביר גם כאן שמדובר בקידושי הנאה, כמו שראינו בדברי הריטב"א בדין ערב. האישה מתקדשת לאלמוני מפני שהיא קיבלה כסף מחמתו. ההנאה שהוא גרם לה בכך שהיא קיבלה כסף, היא המחוללת את הקידושין. אמנם כאן זה פחות סביר מאשר בדין ערב, שכן כאן, בניגוד לדין ערב, האישה קיבלה כסף ממש, גם אם לא מאלמוני עצמו.

ב. פלוני פועל כשלוחו (הנכה) של אלמוני.

לכאורה גם כאן עולות השאלות מה החידוש בדין עבד כנעני לפי כל אחת משתי השיטות. לפי הבנה ב, אם הנותן הוא שלוחו של אלמוני, לא ברור מה החידוש כאן? והתשובה: הוא   פועל בכסף של עצמו ולא של שמעון. אמנם

בהבנה א, לפיה נתינתו מספיקה במקום נתינה של שמעון, יש לדון: אם מדובר בהנאה שוב אין כאן חידוש (ואולי ניתן להסביר כמו שראינו בדין ערב שהחידוש הוא שדבר כזה קרוי קבלת הנאה מאלמוני). ואם יש דין מיוחד שנתינת כסף על ידי פלוני נחשבת כנתינה של אלמוני, אז ברור שיש כאן חידוש.

הבדל נוסף בין המקרים הוא שדין ערב (גם הדין המקורי לגבי הלוואה) אינו מופיע בתורה, ולכן אין לו מקור ברור, ולא בהכרח נדרש שיהיה בדין ערב חידוש. לעומת זאת, דין עבד כנעני מפורש בתורה, ולכן סביר שיהיה בו חידוש מיוחד, שאם לא כן לא ברור מדוע התורה היתה צריכה לכתוב זאת.

אין זה מפתיע לגלות שגם כאן נחלקים רש"י והריטב"א בהבנת דין עבד כנעני, בדומה למה שראינו לגבי דין ערב.

שיטת רש"י

רש"י כאן מסביר:

הילך מנה והתקדשי לפלוני - והוא שלוחו אלא שמקדשה משלו. מקודשת - ואף על גב דממונא לאו של משלח הוא. מדין עבד כנעני - דתנן במתני' לקמן /קידושין /(דף כב:) קונה את עצמו בכסף ע"י אחרים שאחרים פודין אותו בממונן והוא קונה עצמו ויוצא לחירות ואף על גב דלא חסר איהו בהאי ממונא מידי.

רש״י כאן מסביר שמדובר במי שהתמנה להיות שליח, כלומר נראה שהוא מבין כתפיסה ב. כאמור, עדיין יש כאן חידוש, שכן השליח עושה זאת מכספו שלו, לא כמו בשליח הולכה רגיל. במובן הזה שיטת רש״י דומה למה שהוא תפס בדין ערב. בשני המקרים מדובר בסוג מיוחד של שליחות, והחידוש הוא שהשליח יכול לקבל את הכסף לעצמו (בדין ערב) או לתת כסף משל עצמו (בדין ע״כ).

אם כן, לפי רש״י, דין ערב הוא שליח מיוחד לקבלה (שהכסף הולך לעצמו), ודין עבד כנעני הוא שליח הולכה מיוחד (שהכסף בא מעצמו). אמנם רש״י בדין ערב לא מזכיר שהמקבל הוא שלוחה של האישה, ולא נראה שנדרש שם מינוי שליחות, ואילו כאן הוא כן מקפיד להזכיר שהיה מינוי. ייתכן שגם רש״י יסכים שבדין ערב אין צורך להגיע למינוי שליחות, שכן שם מדובר בשליח לקבלה, והרי אין דין על האישה שתעשה פעולת קבלה. שם השאלה היתה מי קיבל את הכסף, ולזה די לנו בסברא שאם האישה אמרה לתת את הסף לאחר הרי זה כאילו היא עצמה קיבלה אותו. אבל כאן השאלה היא מי עשה את פעולת הקידושין, כלומר שאלה משפטית, ולכן כאן אנחנו נדרשים למינוי מפורש של שליחות. בכל אופן, ההבנה בשני המקרים היא דומה.

והנה, הרשב״א כאן כותב:

> ***הילך מנה והתקדשי לפלוני מקודשת מדין עבד כנעני. ופרש״י והוא שעשאו שליח אלא שהמעות שלו, לומר שאם לא עשאו שליח אינה מקודשת ואפילו נתרצה לבסוף משום דבשעת קדושין מיהא לא מיקניא דהא איהו לא שויא שליח ודלמא לא נתרצה מעיקרא בהכי.***

הרשב״א כותב שלפי רש״י בלי מינוי שליחות כלל לא יועיל דין עבד כנעני. אמנם ההסבר הוא שמא לא נתרצה, והרי ברור שגם בדין ערב נדרשת התרצות של המקדש והאישה לקידושין.

בכל אופן, המסקנה היא שבדברי רש״י יש שני חידושים: א. דין ע״כ לא פועל על ידי מי שאינו שליח. ב. דין שליחות בכסף של השני לא פועל בלי החידוש של דין ע״כ (כלומר מדין שליח רגיל). כדי שהמכניזם הזה יצליח להחיל קידושין אנחנו נדרשים לשני החידושים: דין שליחות ודין ע״כ. ע״כ לא פועל בלי מינוי שליחות, ושליחות בכסף של השליח לא מועילה בלי החידוש של דין ע״כ.

נעיר כי ה**פנ״י** והרב גוסטמן ב**קונטרסי שיעורים** לקידושין לומדים שכוונת רש״י לחדש שאפילו במצב שהיה מינוי לשליח נדרש דין ע״כ, כלומר שבלי דין ע״כ לא היתה מושגת התוצאה. אבל אין כוונתו לומר שדין ע״כ בלי שליחות גם אינו מועיל. לדעתם שיטת רש״י היא שדין ע״כ יועיל גם בלי מינוי שליחות, וזאת בניגוד לאופן שלמד הרשב״א את רש״י.

עקרונית יכולה להיות גם אפשרות שלישית להבין את דברי רש״י: מינוי שליחות בלי דין ע״כ היה מועיל, אבל דין ע״כ בלי שליחות אינו מועיל. הצירוף של דין ע״כ ושליחות ודאי מועיל. אפשרות זו לא באמת קיימת, שכן לפיה יוצא שאין שום חידוש בדין ע״כ. הרי אם אין שליחות הוא לא מועיל, ואם יש שליחות אז לא צריך אותו (כי גם בלי דין ע״כ זה מועיל). לכן אפשרות זו כלל לא עולה.

שיטת הריטב"א והרא"ש

הריטב"א כאן כותב:

הילך מנה והתקדשי לפלוני מקודשת מדין עבד כנעני. פי' הא מיירי
בשאין הנותן שלוחו של מקדש אלא שנותן כסף משלו כדי
שתתקדש בו לזה והיינו דאתי עלה מדין עבד כנעני, וכיון שכן צריך
שאותו פלוני יאמר לה הרי את מקודשת לי בכסף שנתן לך פלוני
שתתקדש לי, ולא אמרינן הכא אלא דנתינת אחר בשבילו חשיב
כנתינתו.

לפי הריטב"א נראה שמדובר כאן ללא מינוי שליחות. לשיטתו דין ע"כ אינו
זקוק למינוי שליח, בניגוד לדעת רש"י. כמו שראינו בדין ערב, גם כאן
הריטב"א מוסיף שהדבר צריך לבוא לידי ביטוי בנוסח דיבורו של המקדש.

לא ברור מה הדין לפי הריטב"א כשהיה מינוי שליחות. יש שתי אפשרויות:

1. במצב כזה ניתן לפעול גם מכסף של השליח אפילו בלי החידוש של דין ע"כ.

2. לדעתו עדיין נדרש גם דין ע"כ.

נראה סביר יותר שהריטב"א מבין שאי אפשר למנות שליח שיפעל מכספו
שלו, כלומר ששליחות היא רק כשהפעולה נעשית בכספו של המשלח. לכן אין
לדון כלל בשאלה האם מינוי שליחות יועיל. זוהי בעצם אפשרות 2.

אם אנחנו מבינים את הריטב״א באופן הזה, יש מקום לראות את דבריו בדין ע״כ כהמשך של שיטתו בדין ערב. שם הוא טען שאין שליחות לקבלה כאשר הכסף לא הולך למקבלת. כאן הוא לא מוכן לקבל שליחות הולכה כשהכסף לא בא מהמשלח.[69]

והנה, הרא״ש כאן בסי׳ ו כותב שיש שתי דרכים לקדש בדין ע״כ:

הילך מנה והתקדשי לפלוני ועשאו פלוני שליח אלא שנותן המנה משלו או כשלא עשאו שליח ואמר המקדש הרי את מקודשת לי במנה שנתן ליך פלוני מקודשת מעבד כנעני שקונה את עצמו בכסף ע״י אחרים. עבד כנעני אף על גב דלא קא חסר מידי קא קני נפשיה האי גברא נמי אף על גב דלא חסר ולא מידי קא קני ליה להאי איתתא:

רואים שאפשר לקדש בשתי צורות: או כשמינהו שליח, ואז השליח הוא שמדבר את דיבור הקידושין. או שלא מינהו שליח, ואז המקדש צריך לדבר (זהו הציור של הריטב״א).

לא ברור האם המקרה הראשון נזקק גם הוא לחידוש של דין ע״כ, או שזהו דין שליחות הרגיל. מפשטות לשונו נראה שבשני המקרים נדרשים לדין ע״כ,

---

[69] להלן נראה שזהו כנראה ויכוח בהבנת מהותה של שליחות: רש״י מבין שזהו ידא אריכתא, והפועל הוא המשלח. לכן לשיטתו הפעולה חייבת להיעשות מכספו שלו, והכסף שמתקבל צריך ללכת אליו. לעומת זאת, הריטב״א מבין ששליחות היא ייפוי כוח, ולכן השליח יכול לפעול גם בכסף שלו עצמו, גם בלי להיזקק לחידוש מיוחד כמו דין ע״כ או ערב.

שכן הכסף אינו של המקדש. ההבדל בין שני המקרים הוא רק בשאלה מיהו המדבר.

ההבדל בין שתי האפשרויות הללו הוא בעצם בדיוק כמו ההבדל בין שתי האפשרויות שראינו למעלה בביאור דעת הריטב"א.

סיכום ביניים

מדברינו עד כאן עולה הבחנה בין ארבעה מקרים שונים:

א. אדם שאינו שליח מקדש מכספו בלי דין ע"כ. כאן ודאי אין קידושין.

ב. אדם שהוא שליח מקדש בכספו שלו עם דין ע"כ. כאן ודאי יש קידושין.

ג. שליח שמקדש מכספו, ללא החידוש של דין ע"כ. זה יהיה תלוי במחלוקת, ומועיל רק לפי אפשרות 1 בריטב"א.

ד. אדם שאינו שליח מקדש בכספו שלו, רק מדין ע"כ. גם זה יהיה תלוי במחלוקת, ולא מועיל רק לפי הבנת הרשב"א ברש"י.

הדינים הללו מסוכמים בטבלה הבאה:

	מקרה		רש״י		ריטב״א ורא״ש	
	שליחות	ע״כ	רשב״א	פנ״י	אפשרות 1	אפשרות 2
א	-	-	-	-	-	-
ב	+	+	+	+	+	+
ג	+	-	-	-	+	-
ד	-	+	-	+	+	+

רואים שאפשרות 2 בריטב״א זהה להסבר ה**פנ״י** ברש״י. אם כן, בסה״כ יש שלוש אפשרויות להבין את הסוגיא. כבר הערנו למעלה שהאפשרות הרביעית שהיתה יכולה לעלות כאן (שדין ע״כ בלי שליחות לא מועיל ודין שליחות בלי ע״ד כן מועיל) לא באמת קיימת, שכן לפיה אין כל חידוש בדין ע״כ.

השלכה של המחלוקת: דין ע״כ בגוי

ה**מחנ״א** בהל׳ שלוחין ושותפין בסי׳ טו ו**קצוה״ח** סי׳ קכג סק״ה נוקטים כריטב״א שמדובר כאן באופן שלא היה מינוי לשליח. הם מסבירים שמכאן יוצא שדין עבד כנעני מועיל גם כאשר המשלם הוא גוי. לפי רש״י, שסובר שהמשלם צריך להיות שלוחו של המקדש, זה לא יכול להועיל, שכן לפי ההלכה גוי אינו יכול להיות שליח.

נראה שהם מניחים את הבנת הרשב״א ברש״י. לפי **הפנ״י** ברש״י דין ע״כ מועיל גם בגוי, שכן רש״י לא דורש מינוי שליחות.

קידושין בלי לחסר מהמקדש

האחרונים דנו בשאלה האם החידוש של דין ע״כ הוא חידוש בדין קניין כסף, שכדי לקנות לא צריך שהקונה ייתן את הכסף (או יחסר אותו), ומספיק שיינתן כסף למוכר. או שמא מדובר כאן בחידוש כללי בדיני שליחות, ונתינת השליח נחשבת כאילו נחסר מהמקדש עצמו.

נבהיר זאת באמצעות דיון קצר בדברי המשנה בקידושין נו ע״ב:

מתני׳. המקדש בערלה, בכלאי הכרם, בשור הנסקל, ובעגלה ערופה, בצפורי מצורע, ובשער נזיר, ופטר חמור, ובשר בחלב, וחולין שנשחטו בעזרה - אינה מקודשת. מכרן, וקידש בדמיהן - מקודשת.

ערלה היא איסור הנאה, ולכן אי אפשר לקדש בפירות ערלה. אבל אם האדם מוכר פירות ערלה היא לא תופסת את דמיה (כלומר הדמים אינם אסורים בהנאה), ולכן אם הוא מקדש בהם אישה הוא מקודשת לו.

והנה, שיטת רש״י בחולין ד ע״ב שאם אדם מוכר למישהו פירות ערלה שלו – לגבי המוכר הדמים אסורים. לפי רש״י, הדין שערלה לא תופסת את דמיה נאמר רק ביחס לאנשים אחרים, ולא ביחס למוכר עצמו. לאור זאת, הר״ן על הרי״ף על המשנה שם (כד ע״א בדפיו) מקשה על רש״י:

מכרן וקדש בדמיהן מקודשת. לפי שאין הדמים נתפסין באיסור כדיליף בגמרא. וכתב רש״י ז״ל בפרק קמא דחולין (דף ד ב) דכי

אמרי׳ דדמי איסורי הנאה שאין תופסין דמיהן מותרין ה״מ לאחרים אבל למוכר עצמו אסורין דא״כ מצינו דמים לחמץ בפסח ותניא בתוספתא האוכל תרומת חמץ בפסח פטור אפי׳ מדמי עצים.

הוא מקשה שלפי רש״י לא ברור כיצד ניתן לקדש אישה בדמי ערלה, הרי המקדש לא נתן לה מאומה? הרי מבחינת המקדש הדמים אסורים בהנאה ולא שווים מאומה.

על כך הוא מתרץ:

ולדבריו היינו טעמא דמקודשת אף על פי שהיו הדמים אסורין למקדש משום דכיון שהיא מותרת ליהנות בהן וקנאתן מחמתו מקודשת דומיא דמקדש בגזל דאחרים למאן דאית ליה סתם גזלה יאוש בעלים היא דאף על גב דיאוש כדי לא קני וכל זמן שהוא בידו אינו קנוי לו אפ״ה כיון שקנאתו היא בנתינתו מקודשת והכא נמי הנאה הבאה לה מחמתו היא.

הוא מסביר שניתן לקדש בכסף שאינו מחסר מאומה מהמקדש עצמו, כל עוד המתקדשת נהנית מהכסף הזה, וכל עוד הנאתה באה לה מחמת המקדש. לכן גם לפי רש״י המקדש בדמי ערלה מקודשת.

הר״ן מחדש כאן שאין צורך שהמקדש יתחסר ממון כשהוא מקדש את האישה. די בזה שהיא מקבלת ממון, ושזה בא לה מחמתו. כמובן אם היא מתעשרת סתם כך ממקום אחר זה לא מספיק בשביל קידושין, שהרי זה לא בא לה ממנו. אבל כשהכסף בא לה ממנו, גם אם הוא לא התחסר מאומה, היא מקודשת לו.

החידוש בדין עבד כנעני

לאור האמור לעיל, גם בדין עבד כנעני ניתן לומר שהאישה מקודשת בגלל
שניתן לה כסף מחמתו של המקדש, גם אם ממנו לא התחסר מאומה. ואולי
זהו גופא החידוש של דין ע"כ. כך גם עולה מלשון הגמרא שכותבת בנימוק
לדין :

**עבד כנעני לאו אף ע"ג דלא קא חסר ולא מידי קא קני נפשיה, האי
גברא נמי, אף על גב דלא קא חסר ולא מידי קא קני לה להאי
איתתא.**

הגמרא מסבירה את החידוש בכך שעל אף שהמקדש לא חסר מאומה, האישה
מקודשת.

אמנם חשוב להבין שיש הבדל בין המקרים. במקדש בדמי ערלה הממון שלה
מתרבה מחמתו, על אף שהוא עצמו לא נחסר. אבל אצלנו ממונה מתרבה לא
מחמתו, אלא מחמת אדם אחר. האם יעלה על הדעת שכשהאישה זוכה בפיס
היא תהיה מקודשת למישהו? ברור שהזכייה שלה צריכה להיות מחמתו של
הבעל.

אם נסביר שמדובר כאן בשליחות, כלומר שנותן הכסף הוא שלוחו של
המקדש, כי אז האישה קיבלה את הכסף מחמתו. זה אמנם לא כסף שלו, אבל
זה כסף שניתן לה מחמתו, ולכן היא מקודשת לו. אם כן, לפי רש"י יש
אפשרות להבין שהחידוש בדין ע"כ הוא זה גופא : שמצב של ע"כ הוא בדיוק
כמו מקדש בדמי ערלה, כלומר זהו מצב שהיא קיבלה הנאה מחמתו. נציין
שזו אכן שיטת רש"י עצמו, שהרי הוא זה שסובר שערלה תופסת את דמיה.
מה שנדרשת כאן שליחות לדעת רש"י זה כדי שממונה יתרבה מחמתו.

לפי הריטב״א ראינו שלא מדובר כאן בשליחות, כלומר החידוש הוא לא שאפשר לקדש בלי שהמקדש נחסר. ייתכן שזהו דין פשוט לפי הריטב״א, ואין צורך לחדש אותו. החידוש כאן הוא שניתן לקדש בכסף של אחר, וזה נחשב כאילו הוא עצמו נתן. לעומת זאת, בדמי ערלה אף אחד לא נחסר ממון (שהרי זה היה שלו, ועבורו זה לא שווה מאומה), ולכן ייתכן שזו כלל לא נתינה. לעומת זאת, בדין ע״כ ישנה נתינה של אחר, ולכן יש כאן נתינה. מה שלדעת הריטב״א לא צריך מינוי שליחות, זה מפני שנתינה של אדם אחר שנעשית מחמתו נחשבת כנתינה שלו. נותן הכסף אומר לה שהכסף מגיע אליה כדי שתתקדש לפלוני, וזה הופך את הכסף שהיא קיבלה לכסף שהתקבל מחמת המקדש, גם בלי מינוי שליחות.

נבחן זאת בדעת רש״י והריטב״א עצמם. לפי רש״י ראינו שבנוסף לחידוש של דין עבד כנעני ברור שמדובר כאן בדין שליחות, אלא ששליחות לא היתה מועילה בלי החידוש של דין ע״כ. מדוע היא לא היתה מועילה? יש שתי אפשרויות:

1. מדיני קידושין שליח לא היה מועיל, כי הכסף לא נחסר מהמשלח. לפי זה, דין עבד כנעני מחדש לנו שבדיני קניין כסף ניתן לקנות במעשה של שליח גם אם למשלח לא נחסר כסף.

2. אפשר היה גם להבין שדין עבד כנעני הוא חידוש בדיני שליחות (ולא בדיני קניין כסף), והחידוש הוא ששליח יכול לפעול גם מכספו שלו.

לאור שיטת רש״י בדין המקדש בדמי ערלה נראה שהחידוש בדין עבד כנעני אינו שלא צריך לחסר כסף מהמקדש (אפשרות 1), שהרי זה מופיע במשנה בקידושין, ולא מובא שם מקור לכך מדין ע״כ. לכן אנחנו צריכים לומר

שהחידוש הוא בדין שליחות (אפשרות 2), שדין ע״כ מלמד אותנו שיש שליחות מכספו של השליח.

ובאמת במקדש בדמי ערלה המעשה נעשה על ידו ממש (הוא נותן לה את דמי הערלה), ולכן שם לא נדרשים לחידוש של דין עבד כנעני, אלא רק לדין שהמקדש אינו צריך להתחסר. זה מה שהתחדש שם. אבל אצלנו המעשה לא נעשה על ידו, ולכן נדרש שעושה המעשה יהיה שליח שלו. ואם הוא עושה מכספו שלו היה מקום לומר שהוא אינו יכול לפעול כשליח. מדין עבד כנעני אנחנו לומדים שיש שליחות גם מכספו של השליח עצמו.

ומה לשיטת הריטב״א? הריטב״א סבור שבדין ע״כ אין שליחות. אם כן, לשיטתו ברור שהחידוש אינו בדיני שליחות, אלא בדיני קניין כסף וקידושין. ובאמת הריטב״א על המשנה בקידושין נו ע״ב כותב:

> ***והא דקתני וקדש בהן לאו דוקא בדיעבד אלא אפילו לכתחילה יכול להוציאם במה שירצה ולקדש בהם, שהרי אינם דמי איסורי הנאה כדאמרן, אלא שלכתחלה אסור למכור איסורי הנאה שלא יהא כנהנה באיסורי הנאה ויהא להם דמים, ולהכי קתני מכרן בדיעבד, ואיידי דקתני מכרן בדיעבד דוקא תנא נמי וקדש בדמיהם ולאו דוקא.***

נראה שהוא מבין שערלה אינה תופסת את דמיה אפילו למוכר, ודלא כרש״י. אם כן, ברור שהוא יכול לקדש את האישה בדמי ערלה גם בלי החידוש של דין עבד כנעני. אז מה החידוש בדין ע״כ לשיטתו? מסתבר שזהו גופא החידוש, שניתן לקדש אישה בלי להתחסר ממון. זהו חידוש בדיני קידושין וקניין כסף, ולא בדיני שליחות.

הסבר נקודת המחלוקת

המסקנה מכל זה היא שלפי רש״י החידוש בדין ע״כ הוא חידוש בדיני שליחות, שניתן לבצע שליחות מכספו של המשלח. אם כן, סביר שדווקא הרשב״א, ולא ה**פנ״י**, הבין נכון את רש״י. מדברינו כאן עולה שרש״י אומר *שרק* בשליחות מועיל דין ע״כ (ולא: *גם* בשליחות). ולפי הריטב״א החידוש הוא בדין קניין כסף, שגם אדם אחר יכול לתת את הכסף ולקנות עבורי. הדין ששליח יכול לקדש גם מכספו הוא ברור גם בלי דין ע״כ (לפחות לפי אפשרות 1 בריטב״א ובראי״ש).

לפי הריטב״א אם מינהו שליח אנחנו לא נזקקים לדין עבד כנעני, גם אם הכסף הוא של השליח ולא של המקדש. ואילו לרש״י נדרשת גם שליחות במצב כזה (לפחות לפי הבנת הרשב״א בדבריו).

הרב משה יהודה לייב זילברברג בפירושו **תפארת ירושלים** על המשניות[70], מסביר את המחלוקת ביניהם, על בסיס שתי ההבנות שפגשנו בדיני שליחות:

> ***אמנם ביאור דבריו עפ״י המתבאר בדברי הראשונים איך נקטינן עיקר מילתא דשלוחו ש״א כמותו אי אמרינן דדנין את גוף השליח כגוף המשלח לדבר שנשתלח או דדנין רק דמעשה השליח נעשה בזה כמעשה המשלח. ועל מבוכה זו הערותי זה כמה ומצאתי מבוכה בין***

---

[70] בפירוש הנדפס בסוף המשניות (ע״א פירושים, נשים ב, מתוך מאגר אוצר החכמה), מסכת גיטין אות לד, עמ׳ 381.

רבותינו הראשונים בזה בכ"מ. וגם הגאון ר' עקיבא איגר זצוק"ל הביא ג"כ מחלוקת הראשונים ממס' קדושין (ז.) גבי הילך מנה והתקדשי לפלוני מקודשת מדין עבד כנעני מפ' רש"י שם והוא שלוחו אלא שמקדשה משלו ובחי' הריטב"א שם ד"ה הילך כתב דמיירי בשאין הנותן שלוחו של המקדש וכו' והיינו דאתי עלה מדין עבד כנעני.ואמר הגאון ר"ש ז"ל דבזה הוא דנחלקו דרש"י ס"ל דנקטינן רק שהמעשה של השליח הוי כמעשה של המשלח ולזה גם אם עשאו שליח אעפי"כ צריך לדין עבד כנעני כיון שאין המעות של המשלח. והריטב"א ס"ל דנקטינן דגוף השליח נעשה לזה כגוף המשלח עצמו מש"ה מוקי לה דוקא בלא עשאו שליח שאם עשאו שליח ל"צ לדין עבד כנעני דכיון דנעשה כגוף המשלח הוי כאילו המשלח עצמו קידשה ע"כ דבריו ודפח"ח. וע"ש בר"ן שם שנקט כפירש"י בזה.

ואני הבאתי אז ראיה למבוכה זו מדברי הרמב"ם ז"ל והטור. עיין באה"ע סי' קכ"א שנחלקו לגבי גט אם היה בריא בשעת מינוי השליחות ואח"כ נשתטה דמבואר מדברי הטור דהגט בטל לגמרי והב"י מביא שם בשם הרמב"ם דאינו רק פסול מדרבנן. ובזה הוא דנחלקו דהטור ס"ל דרק מעשה השליח כמעשה המשלח מש"ה הגט בטל לגמרי כיון שאין המשלח בר דעת אז, אבל הרמב"ם ס"ל דגוף השליח נעשה בשעת מינוי השליחות כגוף המשלח מש"ה הגט כשר מדאורייתא.

ראשית, הוא מניח שלפי הריטב"א ניתן לבצע את הקידושין הללו מדין שליחות גם בלי דין ע"כ. מכאן הוא מקשה על הריטב"א: אם אכן לא ניתן

לקדש אישה בכסף שאינו של המקדש, אז מה מועילה כאן שליחות? השליחות אינה משייכת את הכסף למקדש, אז כיצד היא מועילה לולא דין ע״כ? הנחתו היא שלפחות ללא דין ע״כ ברור שהכסף חייב להתחסר מהמקדש.[71]

הוא כותב שם בשם הגר״ש אייגר שהריטב״א מבין את דין שליחות באופן של ייפוי כוח (ראה בספרנו על הלוגיקה של השליחות בתלמוד). לפי התפיסה הזו, השליח הוא המבצע את פעולת הקידושין, ולכן די לנו בכסף של השליח. לעומת זאת, מי שסובר ששליחות היא ידא אריכתא לא יוכל להסכים שהכסף יהיה של השליח, שהרי לשיטתו מי שמבצע את פעולת הקידושין הוא המשלח, ולכן הכסף צריך להיות שלו. לכך אנחנו נדרשים לדין ע״כ. רש״י רואה את השליחות כידא אריכתא, ולכן הוא נזקק לחידוש של דין ע״כ, על אף שמדובר בשליח.[72]

בפרק השלישי בספר על השליחות ראינו ש**בקצוה״ח** סי׳ קפח סק״ב הביא מרש״י גיטין שבמת המשלח הבעייה היא שהאישה אינה בת קידושין. הוא דייק מדברי רש״י שלדעתו באופן עקרוני יש שליחות גם אחרי מות המשלח.

---

[71] כאמור, בעל **תפא״י** מניח בקושייתו שהכסף חייב להתחסר מהמקדש. אמנם ראינו למעלה שזה כנראה לא נכון גם לדעת הריטב״א עצמו. אלא שדברינו בשיטת הריטב״א נאמרו רק בעקבות דין ע״כ. הטענה היתה שזה גופא החידוש בדין ע״כ, שהכסף לא חייב להתחסר מהמקדש. אבל כאן הדיון הוא בשליח רגיל שפועל בכספו שלו, ללא דין ע״כ. במצב כזה ודאי צריך שהכסף יתחסר מהמקדש עצמו (בניגוד לרש״י שכפי שראינו ביוד מקדש בדמי ערלה סובר שאין צורך בכך, גם בלי דין ע״כ).

[72] ראה דיון מפורט על פעולות שונות שיכול לעשות שליח באמצעים ששייכים לו עצמו, אצל הרב גוסטמן, ב**קונטרסי שיעורים** קידושין שיעור ט.

מכאן מוכח לכאורה שרש״י נוקט בשיטת ייפוי כוח הקיצונית. אם כן, לשיטתו לא אמורה להיות מניעה לכך שהשליח יקדש בכספו שלו, גם בלי דין ע״כ. אמנם כבר ראינו לקראת סוף הפרק שם (ממש לפני שיטה ד) שיש החולקים על **קצוה״ח** בהבנת רש״י (**אבהא״ז** וגליון רש״א), ומביאים ראיות נגדו מדברי רש״י בסוגיות אחרות, ואכ״מ.

הוא מניח שהכסף צריך להיות של מי שעושה את פעולת הקידושין, ולא בהכרח של הבעל (=המקדש) עצמו. לכן אם שליחות היא ייפוי כוח אז הכסף צריך להיות של השליח, גם בלי חידוש דין ע״כ. אבל אם שליחות היא ידא אריכתא אז לא מועיל כשהכסף של השליח, ולכן נדרש החידוש של דין ע״כ. לכן הריטב״א לומד ששליחות היא ייפוי כוח ורש״י לומד שזה ידא אריכתא.

אך יש לדחות את דבריו, שכן ייתכן שלפי רש״י אמנם בהו״א היינו חושבים שדין שליחות הוא ידא אריכתא, ולכן נדרש כסף של המשלח. אבל לאחר החידוש של דין ע״כ למדנו ששליחות היא ייפוי כוח, ולכן היא מועילה גם במצב שהכסף הוא של השליח. משמעות הדבר היא שדין ע״כ חידש לנו את גדר דיני שליחות הכלליים. אם כן, למסקנה גם לרש״י שליחות היא ייפוי כוח. ה**תפא״י** למד שהבנת שליחות לא השתנתה, והחידוש מדין ע״כ הוא חידוש בדיני קניין כסף, שלא צריך שהקונה/מקדש ייתן את הכסף. כלומר שליחות היא ידא אריכתא גם למסקנה, אלא שהכסף של השליח מועיל כמו כסף של גורם שלישי.

לפי זה יוצא בבירור כדברי ה**פנ״י** שהוזכרו לעיל, שדין ע״כ מועיל גם בלי שליחות. החידוש הוא שעל אף דין שליחות, על אף שהיא ידא אריכתא, לא צריך כסף של המשלח ודי בכסף של השליח. אך הרשב״א ברש״י למד

שמדובר כאן בחידוש בדיני שליחות (שהיא ייפוי כוח ולא ידא אריכתא), ולכן הוא כותב שלרש״י דין ע״כ מועיל רק עם מינוי שליחות.

אלא שדברי ה**תפא״י** מעלים שני קשיים:

א. מה החידוש בדין ע״כ לפי הריטב״א? הרי אם המקדש הוא השליח אז ברור שהכסף יכול להיות שלו.

ואפשר לומר בשני אופנים:

1. החידוש הוא שכשנותן הכסף הוא לא המקדש עצמו אז הוא לא חייב להיות שלוחו של המקדש, ועדיין זה נחשב כאילו המקדש עשה את פעולת הקידושין. כלומר זהו חידוש בדיני שליחות ולא בדיני קניינים.

2. לפני דין ע״כ היינו חושבים שרק אם השני הוא שליח הכסף יכול להתחסר ממנו. דין ע״כ מחדש לנו שגם ללא שליחות אין צורך שיתחסר הכסף מהמקדש. זהו חידוש בדיני קניינים.

ב. עוד לא ברור לפי זה איך מועילה שליחות רגילה בקידושין, הרי שם הכסף הוא של המשלח, והרי השליח הוא שעושה את פעולת הקידושין. אם כן, הכסף אינו של מי שעושה את הקידושין, ולכאורה הקידושין לא חלים.

ייתכן שבמינוי השליחות הבעל מעביר את הכסף לשליח, ולפחות לעניין מעשה הקידושין מדובר בכסף של השליח (אלא שאז צריך את דין ע״כ גם למצב רגיל של שליחות, שהרי הוא מקדש בכסף שלו).

ונראה שהמסקנה המתבקשת היא שיש כאן פעולה משותפת של שניהם, ולכן הכסף צריך להיות של הבעל או של עושה הקידושין.

השלכה: שיטת בעל ה'עיטור'

הרשב"א שם בהמשך דבריו מביא את דעת בעל **העיטור**:

והרב בעל העיטור ז"ל שכתב דאע"ג דלא ארצי אלא בתר דקדשה לה אודעי' לההוא גברא ואירצי בעדים מקודשת לא נראו דבריו.

בעל **העיטור** כותב שלא צריך להודיע למקדש שהאישה מקודשת לו אלא בדיעבד. כלומר השליח יכול לקדש אותה עבורו בלי להודיע לו, מדין ע"כ. הרשב"א דוחה את דבריו וטוען שנדרש מינוי שליחות מלכתחילה. כלומר לפי **העיטור** כלל לא צריך להודיע למקדש שהוא קידש אישה, וזה באמת חידוש מופלג.

הרשב"א אח"כ דן בשאלה האם אין כאן דין זכין שניתן לזכות לו בלי ידיעתו ושלא בפניו, אך למסקנתו אין כאן זכות גמורה. בכל אופן דברי **העיטור** נאמרו כנראה מתוך עצם דין ע"כ, ללא היזקקות לדין זכין. הרשב"א רואה זאת כהמשך לדיונו בדעת רש"י, שאם אנחנו סוברים לא כמותו (אלא כריטב"א) אז אין צורך במינוי שליח, ולכן יש מקום לומר שכלל אין צורך שהוא יידע מזה. כיצד אפשר להבין את תפיסת **העיטור**?

אם נתפוס שהשליח הוא מיופה כוח, אזי פעולת הקידושין נעשית על ידיו. ואם מדין ע"כ הוא הופך לשליח בלי מינוי, אזי הוא מיופה כוח של הבעל. מכאן אפשר אולי להבין מדוע **העיטור** סובר שכלל לא צריך את דעת המקדש.

גם בשליחות רגילה צריך את דעת המקדש רק כדי להעביר את הכוח לשליח, ולאחר שיש לשליח את הכוח הוא מקדש את האישה מדעתו שלו. אבל כאן יש חידוש שהוא פועל כמיופה כוחו גם בלי מינוי, ולכן אולי יש מקום לומר שכלל לא תידרש דעת המקדש. יש לציין שהוא כותב שם בפירוש שבכל אופן צריך שהבעל יתרצה לפחות לאחר מעשה.

עמימות בחקירת ידא אריכתא וייפוי כוח

למעלה הנחנו שאם אנחנו תופסים שליחות כייפוי כוח אז הכסף יכול להיות של השליח. ואם תפיסת השליחות היא כידא אריכתא אז הכסף חייב להיות של המשלח. ההנחה של ההצגה הזו היא שהכסף צריך להיות של מי שעושה את פעולת הקידושין. אבל אם נניח שהכסף צריך לחיות של חמקדש (חבעל), כלומר של מי שהתוצאה של המעשה חלה לגביו, ולא של פועל החלות, אז המצב יכול להתהפך: בכל מקרה הכסף חייב להיות של הבעל, אבל לפי שיטת ייפוי כוח השליח אינו הבעל ולכן לא מועיל כסף שלו. ולשיטת ידא אריכתא השליח הוא ידו של הבעל, ובעצם מזוהה עמו. לכן אם הכסף הוא של השליח זה נחשב ככסף של הבעל, ולכן זה מועיל.

ההיפוך הזה תלוי בשאלה מהי הדרישה על כסף הקידושין (האם של עושה פעולת הקידושין או של המקדש). אבל זה גם תלוי בשאלה האם תפיסת ידא אריכתא מניחה שעושה הפעולה הוא המקדש והשליח הוא חלק מהמקדש, או שמא להיפך, דווקא שהמקדש הוא חלק מהשליח.

בניסוח אחר ניתן לומר כאן, וראינו זאת גם בספר על שליחות, שתפיסת ידא אריכתא יכולה להתפרש באופן הפוך מהמקובל: לא שהשליח הוא ידו של

הבעל, אלא שהוא הוא הבעל לעניין זה. לא שהוא מזוהה עם הבעל, אלא הבעל מזוהה איתו. אם כן, הכסף שלו יכול להיחשב ככסף של הבעל. כאן נראה שהמצב מתהפך בלי קשר לשאלה האם הדרישה היא על פועל הקידושין או על המקדש.

השלכה: דין ע״כ על הלוואה

בחידושי ר״ח הלוי על הרמב״ם הל׳ מלווה ולווה פ״ה ה״ג הוא כותב שאם ראובן מלווה לשמעון ואומר לו להיות חייב ללוי, אזי לוי הוא הוא המלווה. הוא לומד זאת מדין ע״כ. ראה שם את הנפ״מ לגבי איסור ריבית.

והנה, תלמידו המובהק ר׳ ברוך דב לייבוביץ, בספרו **ברכת שמואל**, קידושין סי׳ ו, הוכיח מכאן שהחידוש של דין עבד כנעני אינו חידוש בדין קניין כסף שהקונה אינו צריך להתחסר (שאם לא כן – אין מקור ליישם זאת בהלוואה), אלא זהו דין בדיני שליחות כאילו הכסף ניתן לה מהמקדש עצמו. נציין כי למעלה ראינו שנחלקו בזה ראשונים ואחרונים. זוהי נפ״מ נוספת למחלוקת הזאת: אם זהו חידוש בדיני שליחות אז ברור שזה מועיל גם בהלוואה. אבל אם זה חידוש בדיני קניין כסף, מניין ליישם זאת לגבי הלוואה?!

לכאורה מדובר כאן על התפיסה של ע״כ כשליחות, אותה ראינו ברש״י. אמנם עדיין יש מקום להבין שזה לא מדין שליחות (ולכן מועיל גם לגוי), והחידוש בדין ע״כ הוא שנתינה של האחד נחשבת כנתינה של אחר כמו שראינו לגבי קבלת כסף בדין ערב).

אפשרות שלישית בהבנת דין עבד כנעני

ב**ברכת שמואל** שם דן לאור מסקנתו שבעצם יש כאן העברה מהמקדש
לאישה, בשתי אפשרויות להבין זאת: א. מדין ע"כ למדנו שהכסף נחשב כאילו
ניתן (ואולי גם נחסר) מהמקדש, ואז יש כאן כמו דין שליחות ממש. ב. או
שמא מה שניתן מהמקדש הוא רק ההנאה שניתן הכסף מחמתו (כבר בתחילת
הפרק העלינו את האפשרות הזאת), ואז אין צורך לדין שליחות. אם כן, יש
כאן אפשרות שלישית בהבנת דין ע"כ: מדובר בקידושי הנאה שהיא קיבלה
מהמקדש (כמו שראינו בדין ערב). ניתן לנסח זאת שהיא קיבלה שוו"פ שהיא
היתה מוכנה להוציא כדי שמישהו ישכנע את פלוני לתת לה כסף.

אמנם יש להעיר שבמקרה של הלוואה יהיה קשה להבין זאת מדין הנאה. אם
אכן הלווה קיבל הנאה מהמלווה, אז את הכסף הוא אמור להחזיר לפלוני,
ולכל היותר להחזיר הנאה לשני. ובדוחק יש לפרש שההנאה היא שווה לכסף
עצמו, שהרי כמות ההנאה היא כמלוא הכסף, אלא שזה משוייך למלווה בגלל
שזה ניתן לו מחמתו.

והנה הרמב"ם פוסק בהל' אישות פ"ה הכ"ב:

אמר לה הא לך דינר זה מתנה והתקדשי לפלוני וקידשה אותו פלוני
ואמר לה הרי את מקודשת לי בהנאה זו הבאה ליך בגללי הרי זו
מקודשת אף על פי שלא נתן לה המקדש כלום.

הרמב"ם כותב כאן שהקידושין הם בהנאה שבאה לה בגללו. אמנם המקדש
לא נתן לה כלום, אבל בעצם פירוש הדבר הוא שהמקדש לא חסר כלום. גם
אם היא מקודשת בהנאה שקיבלה מהמקדש, הרי הוא אינו חסר מאומה. אם
כן, שיטת הרמב"ם היא כאפשרות ב של ה**ברכ"ש**.

והרשב"א בקידושין שם מקשה על הרמב"ם:

והרמב"ם ז"ל פירשה לזו כגון שחזר מי שנתקדשה לו וא"ל הרי את
מקודשת לי בהנאה זו הבאה לך בגללי. ואיני יודע מי דחקו ע"ז
שהרי אין זה כדין עבד כנעני ממש אלא בשנתן ראובן ואמר ראובן
שתהא מקודשת לשמעון כפירושן של ראשונים ז"ל.

הרשב"א כנראה מבין שהקידושין הם בכסף ולא בהנאה, וכאילו שהוא ניתן
מהמקדש עצמו. זוהי התפיסה השנייה של ה**ברכ"ש**, שראובן הוא שלוחו של
שמעון. ובאמת ראינו למעלה שהרשב"א רואה את דין ע"כ כחלק מדיני
שליחות. וכ"כ ה**מקנה** בקונטרס אחרון לקידושין סי' כט ס"ג.

ובאמת גם ביחס לדין ע"כ, כמו שראינו ביחס לדין ערב, הגרי"ז במכתב
שבסוף הספר מעיר שכוונת הרמב"ם היא שהקידושין הם בכסף ולא בהנאה,
אלא שיש דין בקידושין שדרושה הנאה. וכבר הקשינו עליו בספר על
השליחות, מה טעם להזכיר את ההנאה בלשון הקידושין, שהרי סו"ס הוא
מקדש אותה בכסף ולא בהנאה. יתר על כן, הרי הרמב"ם כאן כותב בפירוש
שהדינר ניתן לה כמתנה, ולא ככסף קידושין (אמנם בהוצאת פרנקל כתבו
שהמילה 'מתנה' לא מופיעה בכת"י תימניים. וגם בציטוט ברשב"א זה לא
מופיע). לכן גם כאן דבריו נראים דחוקים.

נעיר כי מלשון הרמב"ם די ברור שהנותן אינו שלוחו של המקדש, כלומר שלא
מדובר בדין שליחות כרש"י. וגם זה לשיטתו שהקידושין הם בהנאה ולא
בכסף עצמו. כך גם ראינו בריטב"א למעלה שכתב שהמקדש צריך להיות
המדבר, ולא הנותן.

דין עבד כנעני : סיכום

ראינו כמה שיטות ביחס למכניזם של דין עבד כנעני:

- **רש"י**: הנותן הוא שליח הולכה 'נכה' (כי הוא פועל בכספו שלו). לכן נדרש גם דין ע"כ. ראינו שהאחרונים דנו האם השליחות היא נכה בגלל תפיסת ידא אריכתא, או שזה נכון גם לפי תפיסת ייפוי כוח.

- **ריטב"א**: הנותן אינו שליח כלל. זהו דין מיוחד. החידוש הוא שהחיסרון של הנותן נחשב כחיסרון של המקדש עצמו.

הריטב"א מניח כנראה שמי שהתמנה כשליח יכול לפעול בכספו שלו עבור השני גם בלי דין ע"כ. הוא כנראה מניח תפיסת ייפוי כוח, אבל אפשרי גם להניח תפיסת ידא אריכתא הפוכה (שהמשלח מזדהה עם השליח, ולכן הכסף של השליח נחשב ככספו של המשלח).

- **רשב"א ברמב"ם**: הנותן מעביר את הכסף למקדש וממנו זה הולך לאישה. זהו שליח הולכה רגיל.

- **הברכ"ש ברמב"ם**: מדובר בקידושי הנאה, שהיא קיבלה מהמקדש. ההנאה היא שמחמתו ניתן לה כסף.

פרק חמישה-עשר

הרכבות ראשוניות: חבורת הייצוגים בקידושין

מבוא

בשני הפרקים האחרונים תיארנו בפירוט את ההבנות השונות בדין ערב ובדין ע״כ. פירטנו את הדברים לצורך השלמת הדיון על שליחות. אך כפי שרנאה בפרק זה, גם לענייננו בספר הנוכחי, כלומר הבנת ההבניות המושגיות בייצוגים בקידושין, ישנה חשיבות להבנות השונות אותן פגשנו.

בפרק זה נבחן הרכבות ראשוניות של שני המכניזמים הבסיסיים שפגשנו: דין ערב ודין עבד כנעני. נעסוק בעיקר בשני סוגים של הרכבה: א. דין שניהם. ב. קידושין מהופכים. כפי שנראה, ההרכבה השנייה עולה רק כהו״א, אך נדחית למסקנה. ובכל זאת, אנו נוכיח ממהלך הגמרא ומכמה ראשונים שהיא נותרת אופציה לגיטימית.

ההרכבות שיידונו כאן מתייחסות לפעולות שמערבות שניים או שלושה גורמים בלבד (כלומר הבעל והאישה ועוד אדם אחד לכל היותר). לכן כינינו זאת ״הרכבות ראשוניות״. בפרק הבא נדון בייצוג בעל מורכבות גבוהה יותר, כזה שמערב ארבעה גורמים.

הפרק מחולק לשלושה חלקים: החלק הראשון עוסק בדין שניהם. החלק
השני מציג את חבורת הייצוגים בקידושין, והחלק השלישי עוסק בקידושין
מהופכים, שהוא אחד האיברים בחבורה הזו.

א. דין שניהם

מבוא

לאחר הדיון בדין ערב ודין ע״כ הגמרא בקידושין ז ע״א מביאה מקרה שלישי:

תן מנה לפלוני ואקדש אני לו - מקודשת מדין שניהם.

המצב הזה מתואר בשרטוט ה בפרק שנים-עשר:

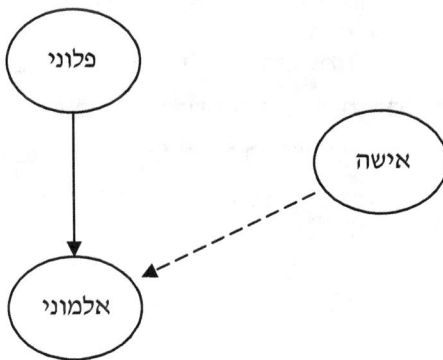

דין שניהם

פלוני נותן מנה לאלמוני, וזה מועיל לכך שהאישה תתקדש לאלמוני. הגמרא מביאה לכך הנמקה שנראית כמו הצד השווה. טענתנו היא שמדובר בהיסק של הבנייה מושגית, ולא בצד שווה. כדי לראות זאת, ננתח כעת את ההיסק שלב אחר שלב:

ערב לאו אף ע״ג דלא קא מטי הנאה לידיה קא משעבד נפשיה, האי איתתא נמי, אף על גב דלא קא מטי הנאה לידה קא מקניה נפשה.

ניסיון ראשון הוא ללמוד זאת מדין ערב. כמו שבערב האישה מתקדשת בלי שמגיע אליה כסף כלשהו, כך גם כאן העובדה שהכסף לא הגיע לאישה אינה צריכה להפריע לתחולת הקידושין.

כעת הגמרא מקשה:

מי דמי? ערב האי דקא קני ליה קא חסר ממונא, האי גברא קא קני לה להאי איתתא ולא קא חסר ולא מידי!

כלומר הלימוד מערב הוא בעייתי, שכן בערב אמנם האישה לא מקבלת כסף אבל המקדש חסר כסף, ובדין שניהם לא רק שהאישה לא מקבלת כסף אלא גם המקדש לא נותן כסף (יתר על כן, כאן הוא אפילו מקבל את הכסף).

על כך עונה הגמרא:

עבד כנעני יוכיח, דלא קא חסר ממונא וקאי קני נפשיה.

ע״כ מוכיח לנו שהעובדה שהמקדש לא חסר כסף אינה מפריעה לתחותלת הקידושין.

על כך הגמרא שבה ומקשה:

מי דמי? התם הך דקא מקני קא קני, הכא האי איתתא קא מקניא
נפשה ולא קא קניא ולא מידי!

הגמרא אומרת שגם דין ע"כ אינו דומה לדין שניהם, שהרי בדין ע"כ האישה
שמתקדשת קיבלה כסף, אבל כאן האישה לא קיבלה שום כסף.

כאן שבים ומסתייעים בדין ערב :

ערב יוכיח, אף על גב דלא קא מטי הנאה לידיה משעבד נפשיה.

בדין ערב גם האישה לא מקבלת כסף, ולכן גם בדין שניהם אין מניעה שיחולו
הקידושין על אף שהאישה לא מקבלת כסף.

הגמרא מציגה את דין שניהם כהרכבה של שני מלמדים : דין ערב ודין ע"כ.
לכל אחד משניהם יש תכונות ייחודיות :

- בערב יש תכונת יתרון (כלומר שקשה לראות בזה קידושין, ולכן
  אפשר לעשות ממנו קו"ח לדין שניהם) שכן ניתן שם להשתעבד בלי
  שהאישה תקבל כסף, וחיסרון (כלומר קל לראות בזה קידושין, ולכן
  הקו"ח מדין ערב לדין שניהם אינו מוצדק) שהמקדש חסר כסף.

- בע"כ המצב מתהפך : יש שם תכונת יתרון שהמקדש לא חסר ממון
  ובכל זאת קונה, וגם תכונת חיסרון שהאישה שמקנה את עצמה היא
  שקיבלה את הכסף.

משני המלמדים הללו אנחנו יוצרים את דין שניהם. זוהי הרכבה של שני
המלמדים (דין ערב ודין ע"כ) שיוצרת מכניזם קידושין חדש (דין שניהם).

לפני שניכנס להבנת ההיסק הזה, ונראה שמדובר בהבנייה מושגית ולא בצד שווה, נציג השלכה שתחדד את ההבדל בין שתי האפשרויות.

האם צריך למנות שליח?

ניתן לשאול כאן האם כדי שנוכל לקדש מדין שניהם דרוש מינוי שליחות. לפי הריטב״א ברור שלא, שהרי שני המלמדים (גם דין ערב וגם דין ע״כ) יכולים לפעול גם בלי מינוי. אבל לרש״י דין ע״כ דורש מינוי שליחות, אמנם גם לשיטתו דין ערב לא דורש זאת. האם לפי רש״י הדין שנלמד משניהם דורש שליחות או לא?

כבר כאן ניתן לראות שהמבנה הלוגי של הבעייה הוא בדיוק כמו המקרה של אסו״מ באבות נזיקין. גם שם היו לנו שני מלמדים, ולכל אחד מהם היתה תכונה מיוחדת. השאלה שהתעוררה שם היתה האם התולדה מקבלת את התכונות של שני האבות המולידים, או שמא יש אב דומיננטי שהיא מקבלת את התכונות שלו בלבד.

כפי שראינו שם, הדבר תלוי בהבנת מהות ההרכבה הלוגית הזאת. על פניה נראה שמדובר כאן בהיסק של הצד השווה, ואז די ברור שהתכונות של שני המלמדים צריכות לעבור לתולדה. התוצאה המתבקשת היא שגם בדין שניהם ניזקק למינוי שליחות, שהרי בלי זה אין את דין ע״כ. אבל אם מדובר בהבנייה מושגית, ייתכן מצב שדין שניהם יישען בעיקר על דין ערב, ודין ע״כ יהיה מסייע צדדי (כמו שראינו בשיטת הרא״ש לגבי אסו״מ, ובדין רוקק בשבת). אם אכן, הדמיון המהותי הוא לדין ערב, אזי ייתכן שגם לשיטת רש״י לא יידרש כאן מינוי שליחות, כמו שבדין ערב זה לא נדרש. העובדה שבמסייע

הצדדי (דין ע"כ) נדרש מינוי כזה לא צריכה להפריע. אם כן, מה שנותר לנו כעת הוא לברר האם ההיסק בסוגיית קידושין הוא צד שווה או הבנייה מושגית.

אפיון ההיסק בדין שניהם

כבר בפרק השני הצגנו שלוש אפשרויות להבין היסק כזה. עקרונית ניתן היה ליישם את כולן גם בסוגיא כאן.

אפשרות ראשונה להסבר: מתיאור ההיסק לגבי דין שניהם בסוגיית קידושין למעלה, נראה לכאורה שהלימוד הבסיסי הוא מדין ערב. אלא שכשיש בעיה (שהמקדש לא נתן מאומה) בא דין ע"כ להציל את המסקנה שלנו (שהרי דין ע"כ מחיל קידושין על אף שהמקדש לא נתן מאומה). בתיאור הזה נראה שלא דרוש מינוי שליחות כדי שזה יחול, כי בדין ערב לכל הדעות לא דרושה שליחות.

אמנם היתה אפשרות להבין זאת אחרת: ייתכן שבשורה התחתונה הלימוד היסודי הוא דווקא מדין ע"כ, ודין ערב הוא שמסלק את החיסרון (שהאישה לא קיבלה מאומה). מדין ערב לומדים שגם אם האישה לא מקבלת מאומה הקידושין יכולים לחול. לפי הצעה זו נראה שכן דרוש מינוי שליח, שהרי המלמד העיקרי הוא דין ע"כ.

אפשרות שלישית היא להבין שדין שניהם הוא הרכבה שנלמדת משני המלמדים גם יחד, וגם במצב כזה נראה שדרושה שליחות. אם אין מינוי שליח חסר לנו הכוח שנותן אחד המלמדים.

אפשרות רביעית: דין שניהם נוצר מהבנייה מושגית ולא מצד שווה.

אם נתבונן שוב בשרטוט הסכמטי שמתאר את ההיסק של הצד השווה ונשווה אותו להיסק של דין שניהם, נראה שלא מדובר באותו היסק. בהיסק צד שווה ישנה תכונה משותפת (Z) של שני המלמדים (ע״כ + ערב), שקיימת גם בלמד (דין שניהם), והיא שמחוללת את הדין (כלומר מאפשרת לקידושין לחול). התכונות הייחודיות של כל אחד משני האבות נשללת כגורם רלוונטי לדין (חלות הקידושין). האם זה קיים כאן? מהי התכונה המשותפת של שני המלמדים שמחמתה חלים הקידושין?

באופן פורמלי ניתן היה לומד שהתכונה הזו היא העברת כסף. בכל המקרים עובר כסף מאדם אחד לשני, והטענה אותה אנחנו רוצים להוכיח היא שבכל פעם שעובר כסף מאדם אחד לשני חלים קידושין. מהלך ההיסק הוא בדיוק כמו שראינו לגבי הצד השווה. במלמד A (דין ערב) יש חיסרון שהאישה לא היא שמקבלת את הכסף (זהו X), ויתרון שהמקדש כן נותן כסף (זהו Y). במלמד B (דין ע״כ) יש חיסרון שהבעל לא נותן את הכסף (זהו Y), ויתרון שהאישה כן מקבלת אותו (זהו X).

אבל נראה שזהו דמיון פורמלי בלבד. כאן לא מדובר בתהליך של צד שווה, כלומר בתהליך של סילוק פירכות הדדי. התיאור הנכון יותר הוא שמדובר כאן בהבנייה מושגית. העובדה שעובר כאן כסף היא רק הגדרת מסגרת הדיון (ראה על כך למעלה בתחילת הפרק העשירי). תחום הדיון שלנו הוא פעולות של העברת כסף, ובתוך המסגרת הזאת אנחנו דנים אילו מהפעולות הללו יכולות להחיל קידושין. לכן העברת כסף אינה תכונה משותפת לערב וע״כ,

אלא מסגרת שבתוכה מתנהל הדיון. האם יש תכונה משותפת אחרת בין שני האבות? לא נראה כך, שכן דין ערב דומה לשליחות לקבלה ודין ע״כ לשליחות להולכה. אלו שני מכניזמים שונים. באחד יש מקבל ואין נותן, ובשני להיפך. כלומר אין שום דבר משותף בין שני האבות, ובכל זאת הסינתזה ביניהם נותנת את התולדה. זוהי בדיוק הבנייה מושגית, כפי שהיא מוגדרת למעלה.

ראינו שהבנייה כזו היא *חיבור של שני המלמדים, ולא סילוק של פירכות.* כל אחד מהם מלמד אותנו שתכונה לקולא (כגון עזרה של הרוח, באסו״מ בנזיקין וברוקק בשבת) לא מפריעה לתחולת הדין. אנחנו מצרפים את התכונות הייחודיות של שני המלמדים, ועושים סינתזה שלהן כדי ליצור את התולדה.

כיצד זה נעשה כאן? מדין ערב אנחנו לומדים שאין צורך שהאישה תקבל את הכסף. מדין ע״כ אנחנו לומדים שאין צורך שהמקדש הוא שייתן את הכסף. מכאן יוצא שגם אם הכסף לא יוצא מהבעל ולא מגיע לאישה, גם אז הקידושין חלים. המקרה הזה אינו משהו משותף לשני המלמדים אלא להיפך: הרחבה של מה שעולה מכל אחד מהם. הטענה היא שגם זה נותן לנו מכניזם קידושין לגיטימי.

אם נבחן כעת את לשון הגמרא, נראה שגם כאן היא לא מסיימת את ההיסק בניסוח של צד שווה. כאן אפילו לא מופיע הביטוי ״וחזר הדין״. אחרי שמצרפים את שני המלמדים מייד סותמים את הטיעון. כפי שכבר ראינו למעלה (ראה בסוף פרק אחד-עשר, לפני הנספח), אם הגמרא לא חוזרת בסיכום ומציינת מהו הצד השווה לשני האבות, זוהי אינדיקציה לשונית לכך שמדובר כאן בהבנייה מושגית ולא בצד שווה.

הבנייה מושגית סימטרית

יש לשים לב שבהבניות המושגיות שפגשנו עד כאן, רקיקה בשבת ואסו״מ בנזיקין לפי הרא״ש, המלמד העיקרי היה אחד משני האבות (ברקיקה: זורק, ובאסו״מ: בור). האב השני (ברקיקה: זורה, ובאסו״מ: אש) רק סייע לנו לסלק חיסרון שקיים בתולדה. ואילו כאן נראה שתפקידם של שני המלמדים הוא סימטרי: התולדה היא צירוף אמיתי של שניהם.

הייצוג הגרפי של היסק כזה הוא הבא:

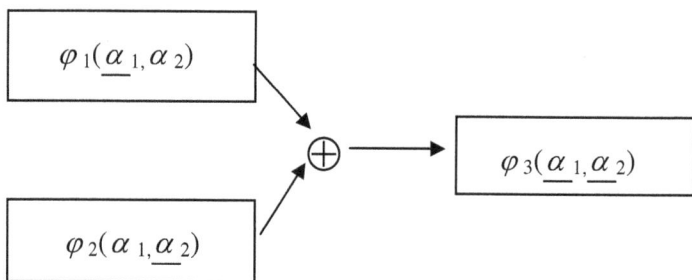

הבנייה מושגית סימטרית[73]

[73] השווה להבנייה מושגית אסימטרית שמוצגת בסוף פרק אחד-עשר (לפני הנספח).

רואים בשרטוט שלכל אחד מהאבות יש מאפיין עובדתי לקולא (בדין ערב
האישה לא מקבלת את הכסף, ובדין ע״כ הבעל לא נותן את הכסף), ולתולדה
יש את שני המאפיינים הללו גם יחד. עוד רואים שאין כאן מאפיין עובדתי
משותף לכולם, ולכן זה לא צד שווה אלא הבנייה מושגית. שני האבות כאן
מתחברים זה לזה ולא מוכפלים זה בזה (כלומר זה לא חיתוך של המאפיינים
אלא איחוד שלהם).

משמעות הדברים היא שגם אם ההיסק הזה הוא הבנייה מושגית, עדיין נראה
שהתכונות של שני המלמדים צריכות להופיע בתולדה. אין כאן אב אחד
דומיננטי ואב מסייע.

השלכה לגבי שאלת השליחות

מכאן צצה בדיוק אותה בעיה שעליה הערנו למעלה. אם מדין ע״כ נדרשת
שליחות להולכה אז לכאורה היא צריכה להידרש גם בדין שניהם. הסיבה לכך
היא שהלימוד של דין שניהם הוא באמצעות צירוף של שני המלמדים ולא
מהצד השווה של שניהם, בגלל שיש כאן צירוף של שני חסרונות: הבעל אינו
נותן והאישה אינה מקבלת. כל אחד מהחסרונות הללו נפתר על ידי אחד
האבות. כפי שראינו למעלה, זוהי הבנייה מושגית סימטרית.

לפי זה, בדין שניהם לא ניתן לפתור את הבעייה שהבעל הוא לא הנותן משום
דין ע״כ אלא אם הנותן מתמנה להיות שלוחו של הבעל. אם התנאים שדורש
דין ע״כ לא מתמלאים, אזי אחד החסרונות בתולדה ייוותר בעינו. ברור
שמינוי השליחות נדרש כאן רק בהיבט של דין ע״כ ולא בהיבט של דין ערב.

כלומר הבעל צריך למנות את הנותן שליח להולכה, אבל האישה אינה צריכה למנות את המקבל כשליח קבלה (שהרי זה נפתר בדין ערב).

אמנם נכון שגם אם היה כאן לימוד של צד שווה סביר היה לדרוש מינוי שליחות. שהרי גם כאן הרכיב של אחד האבות בדין שניהם (רכיב השליחות להולכה) לא יוכל לפעול כאן אם לא היה מינוי שליחות.

המסקנה אליה אנחנו מגיעים היא שההבדל בין מצב בו יש בתולדה את המאפיינים של שני האבות לבין מצב בו יש בה רק את המאפיינים של אחד מהאבות, אינו בהכרח הבדל בין צד שווה לבין הבנייה מושגית. ההבדל הוא האם מדובר במבנה סימטרי או במבנה אסימטרי (כלומר כשיש אב דומיננטי ואב מסייע). כפי שראינו כאן, גם הבנייה מושגית יכולה להיות סימטרית ביחס לשני האבות.

ובכל זאת קושי

ראינו שעל פניו נראה שנדרשת כאן שליחות. משמעות הדבר היא שבדין שניהם הנותן הוא שלוחו של המקדש לתת את הכסף. אבל בדין שניהם הכסף ניתן למקדש עצמו (לא כמו בדין ע"כ, שם הוא נותן את הכסף לאישה בשמו). אם כן, הנותן הוא שליח של המקדש לתת את הכסף למקדש עצמו. האם תיתכן שליחות כזאת?

כדי לחדד נוסיף לומר שאם היתה נדרשת שליחות גם בדין ערב, אז היה יוצא שהמקבל הוא שליח לקבלה של האישה, והנותן הוא שליח להולכה של המקדש. ובסה"כ יוצא שהמקבל נותן לעצמו (באמצעות השליח עבור

האישה). על כך נאמר הכלל "לא חזרה שליחות אצל הבעל" (ראה על כך בספר על שליחות בפרק השמיני), והשליחות בטלה.

יש מקום לדחות ולומר שהשליחויות כאן הן לקדש את האישה או להתקדש בשמה, אבל לגבי מתן/קבלת הכסף אין שליחות. אלו נעשים בלי שליחות, שהרי כפי שראינו הכסף הולך למקבל עצמו, וניתן מהנותן עצמו. לפי הצעה זו, בדין ע"כ פלוני הוא שלוחו של אלמוני לבצע פעולת קידושין באישה בשמו. אבל מתן הכסף נעשה מכספו של פלוני, ולכן לעניין הכסף הוא לא שלוחו של אלמוני. ובדין ערב, פלוני הוא שליח קבלה (או נציג לקבלה, שכן לא נדרשת שם שליחות) של האישה. הוא מקבל קידושין עבורה, אבל קבלת הכסף נעשית עבור עצמו ולכן שם לא נדרשת שליחות. כפי שראינו בשני הפרקים הקודמים, בשני המקרים השליחות היא רק לעניין החלת החלות, ולא לעניין קבלת/נתינת הכסף. אם כן, גם בדין שניהם לא נדרשת שליחות אלא לצורך ביצוע הפעולה ולא לצורך מתן הכסף. פלוני הוא שליח שלי לבצע פעולת קידושין בנתינת הכסף שלו עצמו אליי (מדין ע"כ). בזה אין בעייה של "לא חזרה שליחות אצל הבעל".

השלכה לדין שליחות אצלינו

כעת עלינו לבחון האם אכן הפוסקים מחייבים מינוי שליחות בדין שניהם.

הרמב"ם בפ"ה הכ"א מהל' אישות מביא את דין הגמרא כך:

כא. האשה שאמרה תן דינר לפלוני מתנה ואתקדש אני לך ונתן ואמר לה הרי את מקודשת לי בהנאת מתנה זו שנתתי על פיך הרי זו

מקודשת, אף על פי שלא הגיע לה כלום הרי נהנית ברצונה שנעשה ונהנה פלוני בגללה. וכן אם אמרה לו תן דינר לפלוני מתנה ואתקדש לו ונתן לו וקידשה אותו פלוני ואמר לה הרי את מקודשת לי בהנאת מתנה זו שקבלתי ברצונך הרי זו מקודשת.

כב. אמר לה הא לך דינר זה מתנה והתקדשי לפלוני וקידשה אותו פלוני ואמר לה הרי את מקודשת לי בהנאה זו הבאה ליך בגללי הרי זו מקודשת אף על פי שלא נתן לה המקדש כלום. אמרה לו הא לך דינר זה מתנה ואתקדש לך ולקחו ואמר לה הרי את מקודשת לי בהנאה זו שקבלתי ממך מתנה אם אדם חשוב הוא הרי זו מקודשת שהנאה יש לה בהיותו נהנה ממנה ובהנאה זו תקנה עצמה לו.

רואים שהוא מביא את דין שניהם אחרי דין ערב ולפני דין ע״כ. הוא גם מקדים לשון ״וכן״, ומשמע שדין שניהם הוא הסתעפות של דין ערב. לכאורה הרמב״ם הבין שדין שניהם זוהי הרחבה של דין ערב, ונראה שלשיטתו בדין שניהם לא נדרש מינוי שליחות (שהרי אפילו לשיטת רש״י שנדרש מינוי שליחות, זה נדרש רק בדין ע״כ). נראה שמסיבה זו כותב הרמב״ם שלשון הקידושין צריכה להיאמר על ידי המקדש בשני המקרים, שכן הוא המקדש ולא השליח, וכנ״ל. אמנם גם בדין ע״כ הרמב״ם דורש אמירה משניהם.

ובאמת יש לדקדק בלשון הרמב״ם שבדין ערב לשון הקידושין היא בהנאה שקיבל פלוני מחמתה, כלומר הקידושין אינם בהנאה שנעשה רצונה אלא בהנאה שקיבל פלוני, שמכיון שהיא הפנתה אותה אליו הרי זה כמי שהיא עצמה קיבלה אותה. וכן הרמב״ם מנסח לגבי דין שניהם, שגם שם הקידושין הם בהנאה של הכסף שקיבל המקדש עצמו. ההבדל הוא שבדין ערב ההנאה

הזו ניתנה מהמקדש אליה, ובדין שניהם ההנאה הזו היא מהנותן אליה. לכן צריך את התיקון של דין ע"כ, שממנו לומדים שאם אחר נותן הרי זה כמו שהמקדש עצמו נותן.

אם כן, ברור שאין כאן שליחות כלל, כנראה מפני שלפי הרמב"ם המקור לדין שניהם הוא דין ערב, ולא שלשני המלמדים יש מעמד שווה.

לכאורה מוכח מכאן שהרמב"ם תפס זאת כהבנייה מושגית לא סימטרית, כמו רקיקה וכמו שתפס הרא"ש את אסו"מ. אך זה לא הכרחי, שכן עלינו לזכור ששיטת הרמב"ם היא שבדין ע"כ לא נדרשת שליחות (כריטב"א, ולא כרש"י). אם כן, שני המלמדים לא זוקקים מינוי שליחות, ולכן גם אם זוהי הבנייה מושגית סימטרית לשיטתו אין כאן צורך למנות שליח.

והנה, הרשב"א בסוגיית קידושין ז ע"א מקשה על דין שניהם ברמב"ם:

וכ"כ הוא ז"ל בתן מנה לפלוני ואתקדש אני לו בשאמר מי שנתקדשה לו הרי את מקודשת לי בהנאת מתנה זו שקבלתי ברצונך, ג"ז איני יודע למה ואדרבה לכאורה משמע דכל כה"ג קרוב הוא להיות כנתנה היא ואמר הוא שכתבנו למעלה שאין בו בית מיחוש לדעת הרב ז"ל בעצמו ולדעת הרב אלפסי וא"נ הוי כהילך מנה ואתקדש אני לך דאינה מקודשת אלא באדם חשוב דוקא ולא עוד אלא דרבא גופיה דאמרה להא מספקא ליה אפילו באדם חשוב וצ"ע.

כוונתו להקשות שלא צריך דיבור של המקדש אלא של נותן הכסף, כפי שראינו בשיטת הרשב"א בפרק הקודם. אם המקדש מדבר הרי זה כנתנה היא (את הכסף) ואמר הוא (את דיבור הקידושין), ובמקרה כזה מבואר בסוגיית

קידושין ה ע״ב שהקידושין לא חלים. לכן על כורחנו שמדובר שנותן הכסף הוא שאומר את דיבור הקידושין.

ביסוד הדברים מונחת שאלת השליחות. הרי הדובר הוא מי שעושה את פעולת הקידושין. אם הרמב״ם סובר שהמקדש צריך לדבר – פירוש הדבר הוא שהוא המקדש ולא נותן הכסף. אבל מדין ע״כ יוצא שהמקדש הוא נותן הכסף, ולכן הבעל צריך למנות אותו כשלוחו. ואם הוא השליח אז הוא זה שצריך לדבר.

לכן מקשה הרשב״א, שמקרה זה הוא כמו נתנה היא ואמר הוא, שהרי אין כאן נתינה שלו אלא שלה. אם נותן הכסף הוא שליח, אז הנותן הוא המקדש ולא האישה, ואז זה לא דומה לנתנה היא.

ואכן ה**מ״מ** על הרמב״ם שם מביא את דברי הרשב״א, ומסביר אותם כך:

> ***וכן אם אמרה לו וכו׳. גם זה שם תן מנה לפלוני ואתקדש אני לו מקודשת ויש מי שפירשה בשאותו פלוני מינה שליח את זה לקדש לו אשה הא לאו הכי אפילו הודיעו לבסוף ונתרצה כיון שבשעת הקידושין לא היה יודע בהן אינה מקודשת אלו דבריהם. והרשב״א ז״ל תמה על רבינו למה הוצרך לפרשה בשאמר מי שנתקדשה לו הרי את מקודשת בהנאת מתנה זו שקבלתי ברצונך, עוד כתב ואדרבה לכאורה משמע דכל כי האי גוונא קרוב הוא להיות כהילך מנה ואתקדש אני לך דאינה מקודשת אלא באדם חשוב בדוקא וצ״ע עכ״ל.***
>
> ***ודברי תימה הן אצלי דהא על כרחך אם נפרשה שזהו שליח ודאי הוא אמר התקדשי לפלוני בהנאת מתנה זו שנתתי לו ברצונך שאם לא אמר לה השליח כלום היאך יפה כחו יותר ממשלחו וכבר נתבאר***

פ״ג היכא שנתן הוא ואמרה היא שאינו אלא קידושי ספק כ״ש בכי האי גוונא אלא ודאי בשאמר לה השליח הוא וא״כ יפה פירש רבינו שאין כאן צורך לשליח וזהו שלא נזכר בגמרא שאותו פלוני אמר לה כן ולא הוצרכו להזכיר מפני שכבר ידוע שם שהמקדש צריך שיאמר הרי את מקודשת.

והקושיא שהקשה הוא ז״ל דלכאורה משמע דכה״ג אם אינו אדם חשוב אינה מקודשת. אני אומר לדבריו א״כ יפה כח השליח ממשלחו שכשהשליח מקדשה בכי האי גוונא מקודשת וכשהמשלח אומר כן לא תתקדש וזהו תימה אלא ודאי יש חילוק בין זו לההיא דבעינן אדם חשוב דהתם היא אומרת הילך וכו׳ זה מתנה משלה והיא חסרה ממון ולפיכך בעינן חשוב בדוקא ושלא בחשוב במה תתקדש אבל כאן אינה חסרה ממון כלל והיא נהנית שמתקיימת מצותה בממון של אחרים כנ״ל:

הוא מביא דעות שנדרשת שליחות גם בדין שניהם, וזה מתאים לשיטתנו שיש כאן מצב סימטרי. הרמב״ם שחולק על כך סובר שאין צורך בשליחות במצב כזה (כאמור למעלה, יש לזכור שהרמב״ם סובר שגם בדין ע״כ לא נדרשת שליחות, לא כשיטת רש״י). לפי רש״י סביר שכן תידרש כאן שליחות, אם אכן מדובר בהבנייה מושגית סימטרית. אלו השיטות שהביא ה**מ״מ** כאן שדורשות שליחות בדין שניהם.

ב. המודל המתמטי: חבורת הייצוגים בקידושין

מבוא

בחלק זה נעסוק בשאלה הכללית של הרכבת שני המכניזמים של הייצוג שהוגדרו כאן (דין ערב ודין ע״כ), ונראה את הצורות השונות להרכיב אותם וליצור מהם מושגים שונים.

החלק הזה הוא מעט מתמטי, אבל הפורמליזם נחוץ כדי להגיע למסקנה. ניתן כמובן לדלג עליו בקריאה, אם מוכנים לקבל את המסקנה שעולה ממנו: שדין ערב וע״כ אינם דינים מיוחדים אלא טרנספורמציות שיכולות לחולל קבוצה שלימה של מכניזמים לגיטימיים של קידושין.

דין שניהם

דין שניהם הוא ההרכבה שמופיעה בגמרא עצמה. ראינו שההיסק הלוגי בנוי כך: מדין ערב אנחנו לומדים שאין צורך שהאישה תקבל את הכסף. מדין ע״כ אנחנו לומדים שאין צורך שהמקדש הוא שייתן את הכסף. מההבנייה של שני האבות יוצא שגם אם הכסף עובר מנותן אחר למקבל אחר גם זה יוצר מכניזם קידושין לגיטימי.

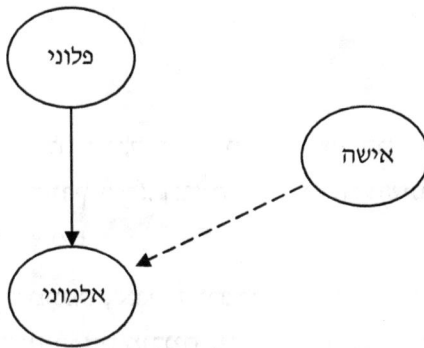

דין שניהם

תיאור לוגי של חיבור מכניזמים

נראה כעת את הדרך הלוגית בה אנחנו מגיעים משני האבות אל התולדה
המשותפת. תחילת הדרך היא פעולת הקידושין היסודית, שמתוארת בציור א
בפרק שנים-עשר (הוספנו לסכימה את פלוני שלא נוטל חלק במעשה, כדי
לראות את התהליך בצורה חדה יותר):

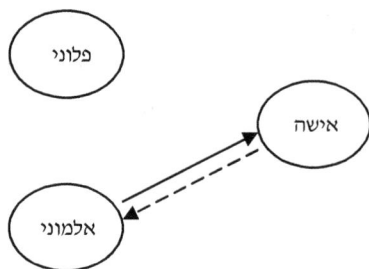

קידושין רגילים

דין ערב הוא המכניזם הראשון שעושה לפעולה הזו וריאציה. תיאורו מצוי בציור ג בפרק שנים-עשר:

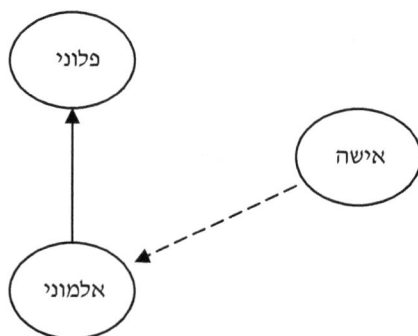

דין ערב

מה לומדים מדין ערב? כדי להבין זאת, נבחן את היחס בין שני הציורים. רואים מכאן שאם יש פעולת קידושין תקפה, ניתן להזיז את ראשו של החץ הרציף (שמייצג את מתן הכסף) כלפי גורם שלישי, ועדיין הקידושין יהיו תקפים (זוהי המשמעות הגרפית של העובדה שהנותן יכול להיות אדם אחר, במקום הבעל). זוהי אבן הבניין הראשונה של חבורת הייצוגים שלנו.

כעת מגיע המכניזם השלישי, דין ע״כ, שמתואר שם בציור ד:

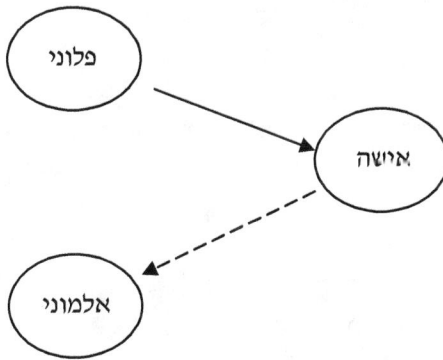

דין עבד כנעני

גם זה מכניזם שמתקבל מהסכימה של הקידושין הרגילים על ידי הזזת חץ. אלא שהפעם אנחנו מזיזים את עקבו של החץ הרציף (כעת הוא לא יוצא מאלמוני, כמו בקידושין הרגילים, אלא מפלוני). זוהי אבן הבניין השנייה של החבורה.

נראה כעת כיצד הגמרא משתמשת בשתי אבני הבניין הללו כדי ליצור את דין שניהם. נקודת המוצא היא תמיד דין קידושין הרגיל:

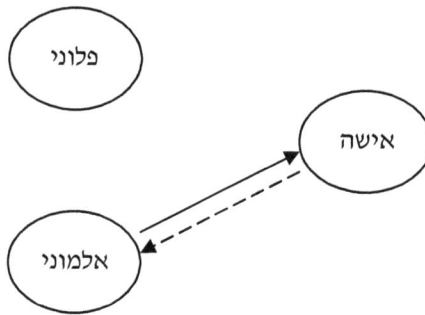

קידושין רגילים

על דין קידושין הרגיל אנחנו עושים טרנספורמציית ע"כ (=הזזת עקב החץ לאדם אחר) ומקבלים את דין ע"כ:

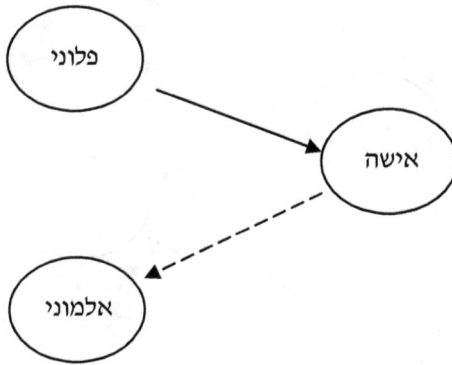

דין עבד כנעני

על דין ע״כ שהוא ייצוג לגיטימי, ניתן לבצע שוב את כל אחת משתי הטרנספורמציות שלנו. הפעלת טרנספורמציית ערב (=הזזת ראש החץ לכיוונו של אדם אחר) על הייצוג של ע״כ תיתן לנו את דין שניהם:

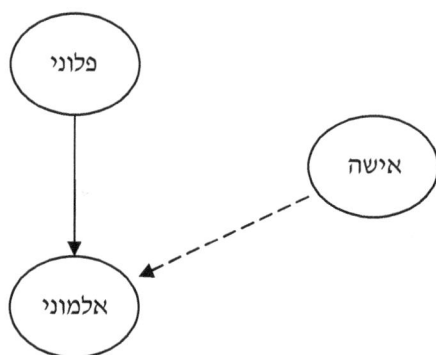

דין שניהם

אם כן, הגמרא מפעילה סדרת טרנספורמציות על הסכימה של קידושין רגילים, וכך היא מגיעה מקידושין רגילים לדין שניהם.

כל זה הוא תוצאה של המסקנה שמדובר כאן בהבנייה מושגית

אמנם היה מקום לראות את דין ערב לא כעיקרון לוגי כללי (שקובע כי תמיד ניתן להזיז את ראשו של החץ הרציף כלפי אדם אחר) אלא כדין ספציפי. אבל מכך שהגמרא בדיון על דין שניהם הפעילה את דין ערב על מכניזם של ע״כ, עולה בבירור שהגמרא ודאי ראתה את דין ערב (וכנראה גם את ע״כ) כפעולה לוגית כללית.

דין שניהם התקבל על ידי הפעלת טרנספורמציית ערב על הסכימה של ע״כ, או בעצם הפעלתה אחרי טרנספורמציית ע״כ. המשמעות היא שיש כאן מבנה של סדרת טרנספורמציות שמופעלות על המכניזם הרגיל של קידושין, ולכן סביר שניתן גם להרחיב אותו הלאה כרצוננו.

זוהי למעשה המשמעות הלוגית העיקרית של מסקנתנו שמדובר כאן בהבנייה מושגית ולא בצד שווה. צד שווה הוא חילוץ של המסד המשותף של שני המלמדים. אין אפשרות להרחיב אותו הלאה, אלא אולי על ידי צירוף של מלמדים נוספים (בסוגיית חופה, קידושין ה ע״ב, שנדונה בהרחבה בספר הראשון בסדרה, ראינו שהוספת אב נוסף יוצרת היסק של צד שווה משלושה אבות). לעומת זאת, בהבנייה מושגית, לפחות במקרה שהיא סימטרית כמו אצלנו (ולא כמו ברוקק או באסו״מ לפי הרא״ש), ניתן להרחיב את המבנים שאנחנו מקבלים כרצוננו על ידי הפעלת סדרה ארוכה יותר של טרנספורמציות.

כל סדרה כזאת מבנה את המושגים הללו בצורה מורכבת שונה. כאמור, ניתן לעשות זאת בכמה צורות. אחת מהן תיתן לנו את דין שניהם, וסדרות אחרות ייתנו לנו ייצוגים אחרים בקידושין. למעלה ראינו כיצד זה עובד, דרך עקיבה אחרי בנייתו של דין שניהם משני הדינים הללו. כעת נראה את התמונה הכללית יותר, וניכנס לשפה מעט יותר פורמלית.

מסקנה ותיאור לוגי: הקשר לתורת החבורות

נסמן את המכניזמים השונים להחלת קידושין בצורה הבאה:[74] $|x\rangle$. x שונה ($x=a,b,c,d\ldots$) מתאר מכניזם קידושין שונה. כל מכניזם כזה הוא ציור עם שלושה גורמים ושני חיצים (רציף ומקווקו), כפי שראינו עד כאן.

מכניזם הקידושין הרגיל יסומן כך: $|0\rangle$. זהו המצב היסודי שממנו נגזר כל מכניזם לגיטימי אחר. כיצד גוזרים את המכניזמים הלגיטימיים השונים מהמכניזם היסודי? על ידי טרנספורמציות. יש לנו שתי טרנספורמציות יסודיות:

- הטרנספורמציה של ערב (הזזת ראש החץ, כלומר שינוי מקבל הכסף) – תסומן באות A.
- הטרנספורמציה של ע״כ (הזזת עקב החץ, כלומר שינוי נותן הכסף) – תסומן באות B.

המכניזם של דין ערב, שמסומן $|a\rangle$, מתקבל מהפעלת הטרנספורמציה של ערב על הקידושין הרגילים באופן הבא: $A|0\rangle = |a\rangle$.

המכניזם של דין ע״כ, שמסומן $|b\rangle$, הוא הבא: $B|0\rangle = |b\rangle$.

---

[74] זהו סימון שהוגדר על ידי הפיסיקאי פול דיראק (ראה **ויקיפדיה** בערך 'סימון דיראק'), ומקובל להשתמש בו כדי לסמן למצבים במרחב מתמטי שקרוי מרחב הילברט בתורת הקוונטים.

שני אלו הם כמובן מכניזמים לגיטימיים של קידושין שכן הם מתקבלים מהפעלת אחת הטרנספורמציות על מצב לגיטימי אחר (מכניזם הקידושין הרגיל). כאמור, ההנחה של הגמרא כאשר היא מצדדת בדין שניהם, היא שגם המכניזם שמתקבל מהפעלה מורכבת יותר הוא תקף.

לדוגמה, דין שניהם, שמסומן $|ab\rangle$, מתקבל באופן הבא:

$$|ab\rangle = A|b\rangle = A*B|0\rangle$$

זהו ייצוג מתמטי של סדרת הפעולות שתוארה באופן גרפי בסעיף הקודם, שם תיארנו את תהליך הגזירה של דין שניהם: על מכניזם הקידושין הרגיל מפעילים את הטרנספורמציה של ע״כ, ומקבלים את המכניזם של דין ע״כ. על התוצאה מפעילים את הטרנספורמציה של ערב, ומקבלים את דין שניהם.

בשפה המתמטית אנו אומרים שזוהי הוכחה לכך שהמכניזם $|ab\rangle$ גם הוא לגיטימי (מחיל קידושין), שכן הטרנספורמציה $A*B$ גם היא שייכת למרחב הטרנספורמציות שלנו. משמעות הדבר היא שאנחנו מניחים שגם אם נפעיל אותה על כל מכניזם לגיטימי של קידושין נקבל מכניזם לגיטימי אחר.

מה שקיבלנו כאן הוא בעצם מבנה של חבורת טרנספורמציות. כאשר ההנחה היא שאם A ו-B שתיהן שייכות לחבורת הטרנספורמציות שלנו, אז כך גם כל הרכבה שלהן. לדוגמה: הטרנספורמציה $A*A*A*B*A*B*B$, גם היא לגיטימית. לכן אם היא תופעל על מכניזם לגיטימי, היא תיתן לנו מכניזם לגיטימי אחר. הפעולה * בין הטרנספורמציות היא הפעלה עוקבת שלהן על מכניזם קידושין כלשהו.

הצגה מטריציאלית וטרנספורמציה הופכית

כל טרנספורמציה כזאת יכולה להיות מוגדרת גם דרך אוסף של צמדי
מכניזמים. בתיאור כזה, לכל אחד מהמכניזמים שקיימים במרחב שלנו, צריך
להיות נתון המכניזם שיתקבל מהפעלת הטרנספורמציה הנדונה עליו.
לדוגמה, הטרנספורמציה A מוגדרת כך שכשהיא פועלת על המכניזם <0| היא
נותנת לנו את המכניזם <a|. אבל זה לא מספיק, שכן כדי שהתיאור יהיה מלא
עלינו להצמיד לכל מכניזם במרחב שלנו מכניזם אחר שהוא התוצאה של
הפעלת הטרנספורמציה A. תיאור מלא של כל הצמדים הללו מתאר באופן
חד ערכי את הטרנספורמציה.

נעיר כי זה מה שקרוי במתמטיקה הצגה מטריציאלית של הטרנספורמציה
הזו. אם נאתר את כל המכניזמים האפשריים בבעייה (להלן נראה שיש רק
שישה), אזי עלינו לכתוב מטריצה, כלומר טבלא בגודל 6X6, שמתארת מה
עושה הטרנספורמציה הזו לכל אחד מהמצבים.

כעת נוכל להגדיר טרנספורמציה הופכית. אם לטרנספורמציה A יש תיאור
מטריציאלי, כלומר תיאור במונחי צמדים של מכניזמים, אזי הטרנספורמציה
שמתוארת על ידי אותם צמדים רק בסדר הפוך היא הטרנספורמציה
ההופכית. כלומר, אם A מעבירה את <x| ל-<y| , אזי הטרנספורמציה
ההופכית שלה, שמסומנת A^{-1}, מעבירה את <y| ל-<x|. זוהי בעצם הפעולה
ההפוכה, שמחזירה את המצב שהשתנה על ידי A לקדמותו. בחשבון של
מטריצות הטרנספורמציה הזו מיוצגת על ידי המטריצה ההופכית.

כעת נוכל להגדיר שתי דרישות נוספות על מבנה של טרנספורמציות כדי שהוא
ייחשב כחבורה :

א. קיימת טרנספורמציית יחידה (כלומר פעולה שלא משנה את
המכניזם שעליו היא פועלת), שמסומנת I.

זה כמובן מתקיים במקרה של החבורה שלנו. פשוט לא עושים כלום.

ב. לכל טרנספורמציה בחבורה יש טרנספורמציה הפוכה. גם זה
מתקיים כאן, כפי שנראה בהמשך.

המסקנה היא שבמישור המתמטי מדובר כאן בחבורה של טרנספורמציות.

דין שניהם ההפוך

נבחן כעת את הטרנספורמציה B*A, שמשמעותה היא להפעיל את דין ע״כ על
התמונה של דין ערב. זהו דין שניהם ההפוך, שמסומן <ba|. מתקבל ממנו
המכניזם הבא :

$$|ba> \ = B \ |a> \ = B*A \ |0>$$

כיצד זה נראה גרפית? המכניזם של דין שניהם ההפוך מוצג בציור הבא :

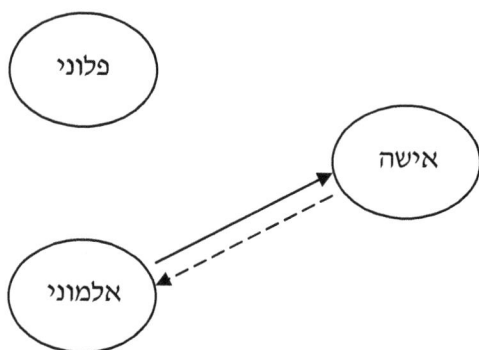

קידושין רגילים

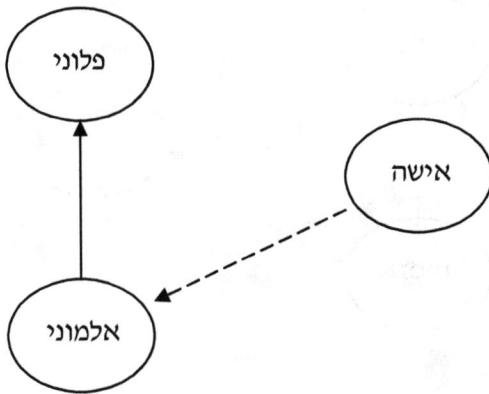

דין ערב

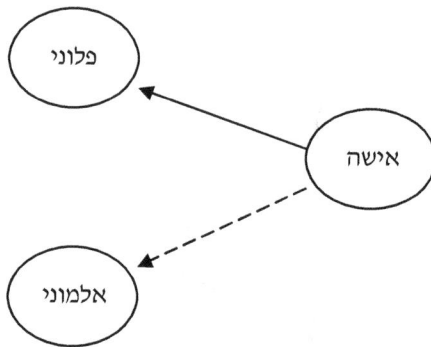

דין שניהם ההפוך

קיבלנו שהפעלה של הטרסנפרמציות בסדר B*A נותנת תוצאה שונה מזו שנקבל בסדר ההפוך : A*B. המסקנה שעולה מכאן היא : $B*A \neq A*B$.

המשמעות היא שסדר ההפעלה של הטרנספורמציות יכול לשנות את התוצאה. בשפת המתמטיקה אומרים שחבורת הטרנספורמציות הזו אינה קומוטטיבית (קומוטציה היא החלפת סדר, או החלפת מקום). חבורה שכל הטרנספורמציות שלה מקיימות יחסי קומוטציה (כלומר שסדר ההפעלה שלהן לא משנה את התוצאה), מכונות חבורות אבליות (על שם המתמטיקאי נילס הנדריק אבל, מראשוני העוסקים בתורת החבורות). אצלנו, כפי שמתברר, מדובר בחבורה לא אבלית.

יש לחבורה הזו כמה תכונות מעניינות נוספות. לדוגמה, נבחן את ההפעלה
העוקבת של A על עצמו :

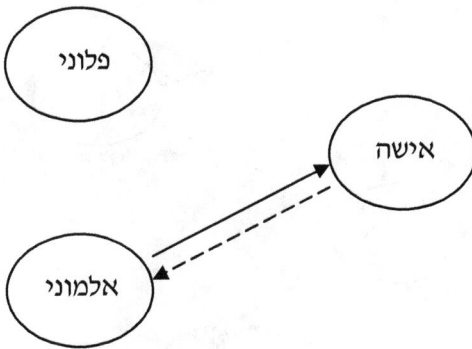

קידושין רגילים

387

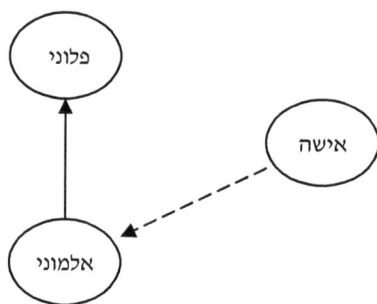

דין ערב

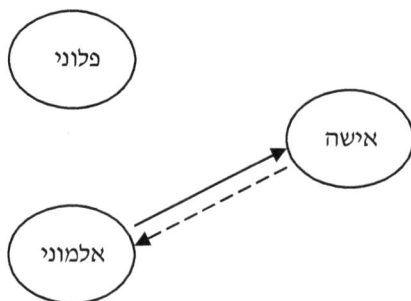

קידושין רגילים

פלוני הופך שוב להיות צופה מהצד, ובעצם קיבלנו מחדש את הקידושין הרגילים. המשוואה שמתארת זאת היא הבאה:

$$|aa\rangle = A^*A\ |0\rangle = A\ |a\rangle = |0\rangle = I\ |0\rangle$$

I היא טרנספורמציית היחידה, כלומר פעולה שמשאירה את המצב (המכניזם) כמות שהוא.

האם ניתן להסיק מכאן את הזהות: $A^*A=I$? עדיין לא, שכן כדי שתתקיים זהות היחס הזה צריך להתקיים על כל מכניזם לגיטימי. כאן ראינו שהפעלת A^*A על מכניזם הקידושין הבסיסי היא כמו הפעלת טרנספורמציית היחידה על אותו מצב. אבל עדיין לא ראינו שהזהות הזאת מתקיימת בכל מכניזם.

אבל קל מאד לראות שהחרונה הזו נכונה תמיד (ולא רק כאשר הטרנספורמציות הללו מופעלות על מצב ה-$|0\rangle$). מכיון שיש לנו רק שלושה גורמים, הזזה של ראש/עקב החץ, והזזה חוזרת של ראש/עקב החץ, תמיד תחזיר אותנו לאותו מכניזם עצמו. הדבר נכון כמובן גם עבור הטרנספורמציה של ע״כ, B. גם שם הפעלה חוזרת שלה תבטל את פעולתה ותחזיר אותנו למצב הקודם (שהרי מדובר בהזזה של ראש החץ, והזזה חוזרת שלו).

אם כן, מצאנו כעת שתי זהויות:

$$A^*A = B^*B = I$$

כאן הוכחנו שלכל אחת משתי הטרנספורמציות היסודיות קיימת טרנספורמציה הופכית.

בזאת טרם הושלמה ההוכחה לכך שמדובר בחבורה, שכן כדי לראות שמדובר בחבורה עלינו להוכיח שקיים הופכי לכל אחת מהטרנספורמציות בחבורה, ולא רק לשתיים היסודיות. קל לראות שגם זה מתקיים, אך לפני כן נגדיר טוב יותר את שאר הטרנספורמציות.

מכניזמים נוספים

עד כאן תיארנו מצב שבו יש שלושה גורמים בכל תמונה. כמה מכניזמים לגיטימיים ישנם בכלל בחבורה שלנו? התיאור שלנו מאפשר לבחון זאת בצורה סיסטמטית.

חמשת המכניזמים היסודיים שאותם בחנו הם: קידושין רגילים, דין ע"כ, דין ערב, דין שניהם ודין שניהם ההופכי. כל אחד מאלה מתקבל מהמכניזם הרגיל של קידושין על ידי טרנספורמציה שונה בהתאמה: I, A, B, A*B, B*A.

האם יש בקבוצה שלנו עוד טרנספורמציות שיתנו מכניזמים שונים? נבחן זאת מתוך תכונותיה של החבורה הזו. עלינו להפעיל את A מימין ומשמאל (כי מדובר בחבורה לא אבלית), ואח"כ את B מימין ומשמאל.

הפעלה של A מימין על כל אחד מחמשת אלו תיתן לנו:[75]

---

[75] לכאורה הסימון מכאן והלאה אינו מדויק, שכן אנחנו מסמנים שוויון בין טרנספורמציות, בעוד שהכוונה היא לשוויון בין התוצאות של הפעלת הטרנספורמציות הללו על המצב $|0\rangle$.

$$I*A = A ; A*A = I ; B*A = B*A ;\ \underline{A*B*A} ; B*A*A = B*I = B$$

הפעלה של A משמאל תיתן:

$$I*B = B ; \underline{A*B*A}=A*I = A ; A*A = I ; A*B = A*B ;\ A*A*B$$

הפעלה של B מימין תיתן:

$$I*B = B ; A*B = A*B ; B*B = I ;\ A*B*B = A*I = A ; \underline{B*A*B}$$

הפעלה של B משמאל תיתן:

$$B*I = B ; B*A = B*A ; B*B = I ;\ \underline{B*A*B} ; B*B*A = I*A = A$$

בסה"כ נוספו לנו שתי טרנספורמציות נוספות (הן מסומנות בקו תחתון): B*A*B ו-A*B*A.

כדי להבין את משמעותן, נבחן אילו מכניזמים נוצרים על ידן כשהן פועלות על מצב $|0\rangle$. התוצאה המתקבלת מפתיעה. שתי אלו מניבות מכניזם זהה:

שוויון בין שתי טרנספורמציות פירושו שהפעלה שלהן על כל אחד מהמצבים (ולא רק על מצב ה-0) נותנת אותה תוצאה.

אבל זה לא נכון. מדובר בשוויון בין הטרנספורמציות עצמן, שכן כל הזהויות בהן השתמשנו ($A*A=B*B=I$) נכונות תמיד.

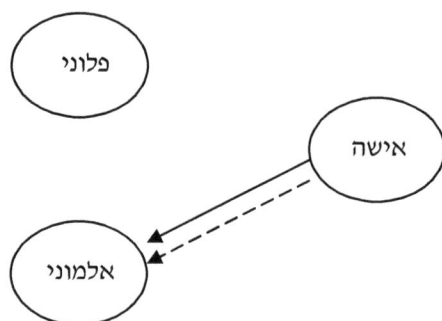

התמונה המשולשת : קידושין מההופכים

קיבלנו את התמונה שבשרטוט ו בפרק שנים-עשר : קידושין מהופכים. האישה נותנת כסף לבעל, ובזה היא מתקדשת לו. מתברר שלאור ההנחה שמדובר בחבורה, גם מכניזם כזה הוא לגיטימי (ראה בחלקו השני של הפרק, שם נבחן האם הקביעה הזו מדוייקת).

נעיר כי עדיין לא נכון לזהות את שתי הטרנספורמציות הללו זו עם זו, שכן מה שראינו כאן הוא שהן נותנות את אותה תוצאה כשהן פועלות על מצב ה-0. כדי לקבוע זהות גמורה ביניהן, עלינו להוכיח שהפעלתן על כל אחת מהתמונות נותנת לנו בדיוק את אותה תוצאה (כלומר זהות בין המטריצות שמייצגות אותן). אך במחשבה שנייה ברור שהן זהות, שכן המשמעות כל אחת מהן היא היפוך כיוונו של החץ. הפעלה של הטרנספורמציה המשולשת הזו על כל אחת מהתמונות, הופכת את כיוונו של החץ הרציף באותה תמונה

לצד הנגדי (העקב והראש מתחלפים). אם כן, שתי הטרנספורמציות A*B*A ו-B*A*B הן אכן זהות.

אם נמשיך את צורת החשיבה הזו, ברור שהטרנספורמציות שהפעלה שלהן על מצב $|0\rangle$ יכולה לתת מכניזמים שונים, הן רק אלו ש-A ו-B מופיעים בהן לסירוגין. אם נבדוק את תוצאות ההפעלה של כולם על מצב ה-0, נקבל:[76]

A*B*A*B = B*A ; A*B*A*B*A = B ; B*A*B*A = A*B ; B*A*B*A*B = A

כלומר לא קיבלנו שום מצב חדש. כפי שנראה מייד זה לא מפתיע, שכן כבר ראינו עד עכשיו שש טרנספורמציות שונות זו מזו (I, A, B, A*B, B*A, A*B*A=B*A*B), וכל אחת מהן נותנת תוצאה שונה בהפעלה על מצב ה-0. אבל כפי שנראה מייד בבעיה שלנו יש אך ורק שישה מצבים שונים (כולל מצב ה-0). לכן לא יכולות להיות עוד תוצאות אחרות.

האם זה אומר שהטרנספורמציות הללו הן כל הטרנספורמציות האפשריות? כלומר האם כל שרשרת שנציג תהיה שקולה לאחת מהשש האלו? אפריורי אין סיבה להניח זאת. הטענה שלנו כאן היתה רק לגבי תוצאת הפעלתן על

---

[76] כאן לא מדובר על זהות בין הטרנספורמציות, אלא בין המצבים שמתקבלים מהפעלתן על מצב ה-0.

מצב ה-0, ולא על זהות בין הטרנספורמציות עצמן. אמנם בהמשך דברינו נראה שאכן אלו הן שש הטרנספורמציות היחידות שישנן כאן.

השאלה ההלכתית: מבט הפוך

השאלה המעניינת יותר ברמה ההלכתית היא השאלה ההפוכה. ההלכה אינה מתעניינת בטרנספורמציות, שכן אלו הן מכשירים מתמטיים גרידא. מבחינה הלכתית מה שמעניין הוא אלו מכניזמים הם לגיטימיים לקידושין. מכניזם לגיטימי הוא מכניזם ששייך לחבורה שלנו, כלומר כזה שניתן לקבל אותו מתוך המכניזם היסודי (קידושין רגילים), על ידי הפעלה של סדרה שמורכבת משתי הטרנספורמציות היסודיות שלנו בסדר כלשהו.

ראשית, מהסתכלות על הסכימה הבסיסית (ומשיקולים קומבינטוריים) ברור שישנן רק שש תמונות שונות אפשריות. הגדרנו שהחץ המקווקו עובר תמיד מהאישה לאלמוני. החץ רציף יכול לעבור בין כל שני גורמים בתמונה שלנו. מכיון שיש שלושה צמדי גורמים, ובכל צמד החץ יכול לפנות לכל אחד משני הכיוונים, יש שש אפשרויות. לכן יכולות להיות רק שש תמונות שונות.

נוכל לסמן את המכניזמים השונים באופן הבא: $a_1, a_2, b_1, b_2, i_1, i_2$. כאשר המספר 1 מייצג את המצב הרגיל שהוגדר למעלה והמספר 2 מייצג היפוך של כיוון החץ.

מצב a_1 הוא דין ערב. מצב b_1 הוא דין עבד כנעני. מצב i_1 הוא הקידושין הרגילים. מצב i_2 הוא מצב הקידושין המהופכים, שכבר הוכחנו שהוא לגיטימי. מצב a_2 גם הוא לגיטימי, שכן זהו בדיוק המצב של דין שניהם

(שמתקבל מהפעלת A*B). המצב b_2 גם הוא לגיטימי, שכן זהו דין שניהם המהופך (שמתקבל מהפעלת B*A).

התמונה המתקבלת היא הבאה:

$a_1 = |a> = |1>$

$a_2 = |ab> = |2>$

$b_1 = |b> = |3>$

$b_2 = |ba> = |4>$

$i_1 = |0> = |5>$

$i_2 = |aba> = |bab> = |6>$

המספר בסוף ישמש אותנו בהמשך כייצוג של המצב שמתואר משמאלו.

אם הנחתנו צודקת, שהגמרא מניחה סגירות של החבורה תחת שתי הטרנספורמציות הללו וקומבינציות שונות שלהן, אזי כל המצבים הללו הם לגיטימיים, שכן את כולם אפשר לקבל מתוך מצב הקידושין הבסיסי על ידי הפעלת סדרת טרנספורמציות חוקית (טרנספורמציות ששייכות לחבורה).

דוגמה להצגה מטריציאלית

כפי שראינו למעלה, ניתן כעת להציג כל אחת מהטרנספורמציות על ידי מטריצה, כלומר טבלה שמתארת את צמדי המכניזמים (המוצא והיעד) של

הטרנספורמציה. הצגה מטריציאלית כזאת יכולה לאפשר לנו לבדוק ולהגדיר זהויות בין טרנספורמציות, שכן מדובר על הצגה מטריציאלית זהה לשתיהן.

כדי לעשות זאת, אנחנו בוחרים סט של וקטורים שמייצגים את המכניזמים השונים. אם נייצג את הווקטורים הללו במונחי המכניזמים, יש לנו ווקטור של מכניזמים, שנראה כך:

(|1>, |2>, |3>, |4>, |5>, |6>)

בהצגה הזאת, המכניזם |1> מיוצג על ידי הווקטור (1,0,0,0,0,0), שכן מכפלה סקלרית של הווקטור הזה בווקטור המכניזמים נותנת את המצב |1>. כך המכניזם |2> מיוצג על ידי הווקטור (0,1,0,0,0,0), וכן הלאה.

אנחנו מגדירים מכפלה סקלרית בין הווקטורים הללו, כמו מכפלה סקלרית רגילה (סכום מכפלות הרכיבים המתאימים של שני הווקטורים). לדוגמה: <1|2> = (1,0,0,0,0,0) * (0,1,0,0,0,0) = 0. מדובר במה שמכונה במתמטיקה סט אורתונורמלי, כלומר שהמכפלחה הסקלרית בין כל שני וקטורים ששייכים אליו היא 0 אם שני הווקטורים הם שונים, ו-1 כאשר מכפילים ווקטור בעצמו.

כאשר מפעילים טרנספורמציה כלשהי על אחד מווקטורי הסט הזה מקבלים ווקטור אחר. לכן ניתן להגדיר באותה צורה מכפלה מורכבת יותר, שהיא מכפלה בין שני ווקטורים כאשר יש טרנספורמציה כלשהי באמצע, באופן הבא: <5|A|3>, וכדומה. אם לדוגמה A|3> = |4>, אזי המכפלה המורכבת

הזאת נותנת לנו: $\langle 5|A|3\rangle = \langle 5|4\rangle = 0$. ואם $A|3\rangle = |5\rangle$, אזי המכפלה המורכבת הזאת נותנת לנו: $\langle 5|A|3\rangle = \langle 5|5\rangle = 1$.

ההצגה המטריציאלית של טרנספורמציה כלשהי A מוגדרת על ידי מטריצה <u>a</u> שאיבריה הם:

$$a_{ij} = \langle i|A|j\rangle$$

מטריצה כזאת היא בעלת התכונה, שאם נכפול אותה בווקטור $|i\rangle$ היא תיתן לנו את הווקטור $|j\rangle$ שהוא התוצאה של הפעלת הטרנספורמציה A על המצב $|i\rangle$. לכן הפעלת טרנספורמציה על מכניזם מיוצגת בשפה המתמטית הזאת על ידי מכפלה של המטריצה שמייצגת אותה בווקטור שמייצג את המכניזם. התוצאה היא ווקטור שמייצג את מכניזם התוצאה המתקבל.

כדי להבהיר זאת, נמצא הצגה מטריציאלית לדוגמה עבור הטרנספורמציה A*B. כדי לעשות זאת, עלינו לבחון מה היא עושה לכל אחד מששת המכניזמים האפשריים (היא מעבירה כל אחד מהם לאחד אחר מתוך השישה):

$A*B\ |1\rangle = A*B\ |a\rangle = |aba\rangle = |6\rangle$

$A*B\ |2\rangle = A*B\ |ab\rangle = |abab\rangle = |4\rangle$

$A*B\ |3\rangle = A*B\ |b\rangle = |a\rangle = |1\rangle$

$A*B\ |4\rangle = A*B\ |ba\rangle = |0\rangle = |5\rangle$

$$A*B\,|5\rangle = A*B\,|0\rangle = |ab\rangle = |2\rangle$$

$$A*B\,|6\rangle = A*B\,|aba\rangle = A*B\,|bab\rangle = |b\rangle = |3\rangle$$

את אברי המטריצה המייצגת את הטרנספורמציה A*B ניתן לחשב על פי הנוסחה למעלה. האיבר (i,j) שלה מחושב על ידי המכפלה המורכבת: $\langle i|A*B|j\rangle$.

המטריצה המתקבלת עבור A*B היא הבאה:

$$\begin{matrix} 0 & 0 & 1 & 0 & 0 & 0 \\ 0 & 0 & 0 & 0 & 1 & 0 \\ 0 & 0 & 0 & 0 & 0 & 1 \\ 0 & 1 & 0 & 0 & 0 & 0 \\ 0 & 0 & 0 & 1 & 0 & 0 \\ 1 & 0 & 0 & 0 & 0 & 0 \end{matrix}$$

כאשר נכפול את ההצגה הווקטורית של המצב $|1\rangle$ בהצגה המטריציאלית של הטרנספורמציה A*B, נקבל את הווקטור (0,0,0,0,0,1), שמייצג את המצב $|6\rangle$. ואכן, כפי שראינו למעלה, הטרנספורמציה הזאת מעבירה את המצב $|1\rangle$ למצב $|6\rangle$. זה בדיוק מה שמתקבל מכפל המטריצה בווקטור המתאים. בנינו את המטריצה כך שזה יתקיים לכל המצבים, ולכן המטריצה הזו מייצגת בדיוק את הטרנספורמציה A*B.

כמה טרנספורמציות שונות ישנן?

כמה טרנספורמציות שונות יכולות להיות כאן? מכיון שיש שש תמונות (מכניזמים) שונות, אזי עקרונית ניתן להגדיר 6^6 טרנספורמציות שונות. כל אחת מהן תעביר כל אחד משׁשת המצבים לכל אחד משׁשת המצבים האחרים (כולל הוא עצמו). אמנם מייד נראה שגם ללא הצגה מטריציאלית ניתן להוכיח שיש רק שש טרנספורמציות שונות. נעשה זאת באמצעות הוכחת שני משפטים.

משפט א: A ו-B שניהם מוגדרים על ידי הזזת עקב או ראש של חץ בתמונה הנתונה. לכן ברור שאין שתי טרנספורמציות שהן קומבינציות שונות של A ו-B, שיעבירו את מצב $|x\rangle$ למצב $|y\rangle$, אלא אם הן זהות זו לזו.

משפט ב: ראינו למעלה שיש רק שש תוצאות אפשריות לפעולה של טרנספורמציה על מצב $|0\rangle$.

למה ג: כל קומבינציה שמעבירה את מצב $|0\rangle$ לאותו מצב $|x\rangle$, זהה לאותה אחת מהשש הללו שמעבירה את $|0\rangle$ ל- $|x\rangle$.

מסקנה א: יש רק שש טרנספורמציות שונות בחבורה שלנו. אלו הן השש שהוצגו למעלה (שכן ההשפעה שלהן על מצב ה-0 מגדירה אותן לגמרי).

הוכחת קיומו של הופכי

כעת נוכיח שלכל אחת מהטרנספורמציות בחבורה קיימת טרנספורמציה
הופכית. למעלה ראינו שלכל אחת משתי היסודיות יש טרנספורמציה הופכית
(היא עצמה ההופכית של עצמה). עוד ראינו שכל טרנספורמציה שונה חייבת
להיות בנויה מסדרה שמתחלפת לסירוגין של שתי היסודיות. כעת קל מאד
לראות שלכל טרנספורמציה כזו, יש טרנספורמציה הופכית.

לדוגמה, לטרנספורמציה A*B*A*B*A יש את ההפכי הבא:
A*B*A*B*A. ההוכחה על בסיס העובדה שכל אחת משתי היסודיות היא
ההופכית של עצמה, היא מאד פשוטה:

$$(A*B*A*B*A) * (A*B*A*B*A) = A*B*A*B*\underline{A*A}*B*A*B*A =$$
$$A*B*A*\underline{B*B}*A*B*A = A*B*\underline{A*A}*B*A = A*\underline{B*B}*A = \underline{A*A} = I$$

סדרה כזאת תמיד 'מתקפלת' בהדרגה לטרנספורמציית היחידה.

זה נכון לסדרות בעלות מספר אי זוגי של טרנספורמציות, שכן אלו מתחילות
ומסתיימות באותה טרנספורמציה בסיסית (A או B). מה קורה לגבי סדרה
בעלת מספר זוגי של טרנספורמציות בסיסיות? ניקח לדוגמה את A*B*A*B.
כדי 'לקפל' אותה לטרנספורמציית היחידה, עלינו לקחת סדרה שמסתיימת
ב-B, כלומר לא אותה עצמה. במקרה זה, ברור שמדובר בטרנספורמציה
B*A*B*A. ה'קיפול' ייראה בדיוק אותו דבר:

$$(A*B*A*B) * (B*A*B*A) = A*B*A*\underline{B*B}*A*B*A \ldots = I$$

בזאת השלמנו את ההוכחה שקבוצת הטרנספורמציות בין המכניזמים הלגיטימיים של הקידושין היא חבורה.

סיכום ומסקנות

לסיכום, הוכחנו שקבוצת הטרנספורמציות על פעולת הקידושין מקיימת את כל התכונות הדרושות לחבורה: יש פעולה אלגברית בין הטרנספורמציות שהחבורה סגורה תחתיה. לכל טרנספורמציה יש הופכי, שמחזיר אותה לטרנספורמציית היחידה. ראינו שזוהי חבורה לא אבלית, שהבסיס שלה מכיל שני איברים (דין ערב – A, ודין ע״כ – B).

שני המכניזמים היסודיים בסוגיא (ע״כ וערב) הם שתי אבני בניין היסודיות של החבורה, ובמינוח מתמטי אלו הם היוצרים של החבורה. כל הרכבה שלהן נותנת פעולת קידושין לגיטימית. הנחנו שמשמעות הדבר היא שיש כאן חבורה של טרנספורמציות, ולכן כל התמונות השונות שמתקבלות מהן נותנות מכניזמים לגיטימיים של קידושין.

ראינו שיש רק שישה מכניזמים אפשריים, וכולם מתקבלים מהפעלת טרנספורמציות מהחבורה על מצב הקידושין הרגיל $|0\rangle$. מתוך ששת המכניזמים האפשריים, מצאנו בפירוש בגמרא ארבעה:

קידושין רגילים - $|0\rangle$

דין ערב - $|a\rangle$

דין ע״כ - $|b\rangle$

דין שניהם - |ab>

נותרו לנו עוד שני מכניזמים שלגביהם המצב אינו ברור:

דין שניהם ההפוך - |ba>

קידושין מהופכים - |bab> = |aba>

בהמשך הפרק נבחן את המקרה האחרון, ונראה שמפשט הגמרא ומדברי חלק מהראשונים עולה שזה אכן מכניזם לגיטימי. זה מאושש את מסקנתנו מהסוגיא שאכן מדובר כאן בחבורה סגורה.

אם כן, כבר כאן ניתן לומר שישנה מסקנה הלכתית מהמודל שלנו שמבוסס על הנחת הסגירות של החבורה: דין שניהם ההפוך חייב להיות גם הוא מכניזם קידושין לגיטימי. לזה לא מצאנו ראיה בתלמוד או בראשונים והפוסקים, אך זוהי ההשלכה ההלכתית של השימוש במודל שלנו.

כל זה נעשה בהינתן מעורבות של שלושה גורמים. שם התקבלה חבורת טרנספורמציות. בפרק הבא נוכיח שיש עוד מצב אחד מעבר לששה הללו, ונוכיח שלפחות לדעות מסויימות גם הוא לגיטימי. בכך נשלים את חבורת הטרנספורמציות של הקידושין.

לסיום החלק הזה, עלינו לחזור ולציין שכל זה הוא מסקנה ישירה מהעובדה שדין שניהם בסוגיית קידושין מתקבל מהבנייה מושגית ולא מהליך של צד שווה. בגלל שמדובר באיחוד ולא בחיתוך, הוא יכול להתרחב עוד ועוד. ההתכה של שני המושגים היסודיים יכולה להיעשות שוב ושוב, בסדרה ארוכה כרצוננו של פעולות, וכך ניתן להרחיב את חבורת הייצוגים

הלגיטימיים בקידושין עוד ועוד. כפי שציינו, אם היינו עוסקים בהיסקי צד
שווה, כל זה לא היה אפשרי.

ג. קידושין מהופכים

מבוא

המקרה הבא הוא הרכבה שעולה בסוגיא רק כאפשרות תיאורטית שלכאורה
נדחית למסקנה. מאידך, כפי שראינו בסוף החלק הקודם, מהנחת הסגירות
של החבורה עולה שזה אמור להיות מכניזם קידושין לגיטימי. אנחנו נראה
כאן שזהו איבר נוסף בחבורת הייצוגים, ונוכיח שלמרות מה שעולה מפשט
הסוגיא, למסקנת ההלכה יש לו מקום (לפחות לפי חלק מהפוסקים).

מהלך הגמרא

הגמרא בהמשך הסוגיא מביאה את המקרה הבא:

בעי רבא: הילך מנה ואקדש אני לך, מהו? אמר מר זוטרא משמיה
דרב פפא: מקודשת.

המצב מתואר בשרטוט ו בפרק שנים-עשר:

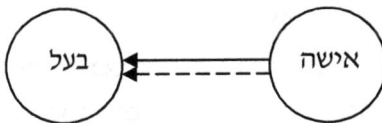

קידושין מהופכים

אם נתעלם ממה שראינו בחלק הראשון של הפרק, בהסתכלות ראשונית נראה לכאורה שזהו היפוך מוחלט של קידושי כסף: במקום שהמקדש ייתן כסף למתקדשת, היא נותנת לו ובכך היא מתקדשת לו. ובכל זאת, מר זוטרא מעלה את האפשרות הזו כקידושין לגיטימיים.

לא פלא, אם כן, שהגמרא מתקשה בהרכבה הזו, ולבסוף דוחה אותה:

אמר ליה רב אשי למר זוטרא: אם כן, הוה ליה נכסים שיש להם אחריות נקנין עם נכסים שאין להם אחריות, ואנן איפכא תנן: נכסים שאין להם אחריות נקנין עם נכסים שיש להם אחריות – בכסף, בשטר, ובחזקה!

הגמרא אומרת שאם ניתן היה לקדש באופן כזה, אזי המצב היה שנכסים דלא ניידי (רש"י: אדם הוקש לקרקע, ולכן קידושי אישה הם כמו קניית קרקע) ניקנים אגב מטלטלין. הכלל ההלכתי הוא שניתן להקנות חפץ מיטלטל אגב הקנאת קרקע, אבל לא ניתן להקנות קרקע אגב חפץ מיטלטל. לכן גם אישה (=אדם, שהוקש לקרקע) לא ניתן לקדש אגב חפץ שווה כסף או אגב כסף.

כבר כאן נציין שהקושיא הזו אינה זהה לקושי עליו עמדנו למעלה. גם בשלב זה לגמרא כלל לא מפריע שצורת הקידושין הזו לא מקיימת את דיני הקידושין הכי יסודיים (שהבעל יקדש את האישה על ידי מתן כסף). מה שמפריע לגמרא כאן הוא רק העובדה שזה סותר את דיני הקניין. הבעייה אינה ביחס לדיני קידושין אלא ביחס לדיני קניין קרקע.

בכל אופן, מחמת הקושי הזה הגמרא דוחה במסקנתה את האפשרות הזו, ומעמידה את המימרא של מר זוטרא באופן אחר:

אמר ליה: מי סברת דאמרה ליה אגב? הכא באדם חשוב עסקינן, דבההיא הנאה דקא מקבל מתנה מינה - גמרה ומקניא ליה נפשה.

כלומר למסקנה קידושין מהופכים לא מועילים באדם רגיל, אלא שכאן מדובר באדם חשוב. כאשר מעשה כזה נעשה כלפי אדם חשוב, מתקבלים קידושי כסף רגילים. כאשר האישה נותנת כסף למישהו כדי להתקדש לו והמקבל הוא אדם חשוב, אזי האישה מקבלת מאותו אדם חשוב הנאה (יש לה הנאה מכך שאדם חשוב קיבל ממנה מתנה. כמו אדם שנותן מתנה לנשיא המדינה או למלך, והדבר נחשב ככבוד לו עצמו). בהנאה הזו היא מתקדשת לו. ההסבר הזה מסיט אותנו מהלוגיקה של הרכבות של ייצוגים חלקיים, ולכן לא נעסוק בו כאן.

לעצם הבעייתיות

על פניו לא ברור כיצד הגמרא בתחילת הדיון (מר זוטרא) מעלה אפשרות שהיא הפוכה לכל הדינים של הקידושין. הרי יש דין מפורש בתורה שהמקדש הוא שנותן כסף לאישה ובכך הוא "לוקח" אותה. יש דין נוסף שהמתקדשת תקבל כסף, ושהיא לא תיקח את המקדש, או תקיח את עצמה למקדש. כאן שני הדינים הללו לא מתקיימים.

בהבנה הראשונית שעלתה כאן אנחנו מוותרים על שני הדינים הללו, ואף הופכים אותם. האישה היא שנותנת כסף למקדש. אז מה בכלל נשאר כאן מדיני פעולת הקידושין? למה שלא נאמר שאישה תתקדש בדיבור בלבד בלי לתת כסף בכלל?

השאלה אינה מתייחסת רק לשלב הראשון בדיון שנדחה למסקנה, שהרי כפי
שכבר הערנו גם למסקנת הסוגיא מכניזם כזה בכלל לא מפריע לגמרא. לא
בגלל זה נדחתה האפשרות הזאת. הגמרא דחתה אותה רק בגלל שיוצא
שנכסים דלא ניידי מוקנים אגב נכסים דניידי. אם כן, נראה שגם למסקנה
מבחינת דיני הקידושין זה בהחלט אמור להועיל, ויש רק בעייה צדדית מדיני
הקניינים. כיצד זה ייתכן? מדוע הסתירה החזיתית לדיני קידושין לא
מטרידה את הגמרא?

נחדד זאת עוד יותר. בסוגיית קידושין ה ע"ב – ו ע"א, אנו לומדים שאפילו
בדיבור של הקידושין אסור להציג את פעולת הקידושין כאילו שהאישה
לוקחת את האיש, או שהיא לוקחת את עצמה אליו:

**ת"ר: כיצד בכסף? נתן לה כסף או שוה כסף, ואמר לה הרי את
מקודשת לי הרי את מאורסת לי הרי את לי לאינתו – הרי זו
מקודשת; אבל היא שנתנה, ואמרה היא הריני מקודשת לך, הריני
מאורסת לך, הריני לך לאינתו – אינה מקודשת.**

אם כן, הגמרא קובעת שהאפשרות היחידה לתאר נכון פעולת קידושין היא
שהבעל לוקח אותה אליו, כלומר הוא עושה את פעולת הלקיחה, ורק זה
מהווה פעולת קידושין. אם על הדיבור כל כך מקפידים, כיצד ייתכן שהגמרא
מוכנה להעלות כאן אפשרות שהאישה תעשה את פעולת הקידושין ותיתן לו
את הכסף? זה נגד ההיגיון היסודי של כל דיני הקידושין. ובפרט הדבר תמוה,
לאור העובדה שגם למסקנה לא זו הבעייה שהטרידה את הגמרא ושהביאה
לפסילת הקידושין הללו.

קידושין מהופכים כהרכבה

ממהלך הסוגיא ברור שהאפשרות הזו עולה בגמרא רק בגלל שניתן להציג אותה כהרכבה של דין ערב ודין עבד כנעני, בדיוק כמו שראינו בחלק השני של הפרק. ברגע שנציג את המצב כאן כהרכבה של דין ערב וע״כ, ייצא שהמקדש אכן נתן את הכסף והאישה קיבלה, כלומר שדיני הקידושין כן מתקיימים כאן. מה שהגמרא לא מוטרדת מהפרת דיני הקידושין, זה פשוט מפני שאין כאן הפרה.

המכניזם שמוצג בשרטוט הזה שייך לחבורה שתוארה למעלה. כפי שראינו בחלק השני של הפרק, זוהי התוצאה של אחת משתי פעולות:

$A*B*A|0\rangle$, או $B*A*B|0\rangle$.

מהי משמעות המשוואה הזו? שמתן כסף על ידי האישה יכול באופן עקרוני לקדש אותה למקבל. הוא שקול לנתינת כסף על ידי המקדש, ולכן זה כאילו שהוא עצמו נתן את הכסף. ההסברים לכך מוצגים בשני הפרקים הקודמים, לגבי ערב וע״כ. שם ראינו את ההסברים ההלכתיים מדוע נתינה/קבלה של אדם אחד נחשבת כאילו אדם אחר נתן/קיבל כסף. מכאן יוצא שגם קידושין מהופכים נחשבים כנתינת כסף על ידי הבעל לאישה. במקרה זה האדם השלישי שנותן את הכסף הוא האישה עצמה והאדם השלישי שמקבל אתה כסף הוא הבעל עצמו. זה כמו דין שניהם (שהשתנו גם הנותן וגם המקבל), אלא שללא גורם שלישי.

לכן מה שמפריע לגמרא כאן אינו הבעייתיות מבחינת דיני הקידושין, שכן על אף הסתירה החזיתית לכאורה, כפי שראינו מבחינתם הקידושין הללו הם

בסדר. מה שפוסל את הקידושין הללו היא אך ורק העובדה הצדדית שנקנה כאן אדם אגב מיטלטלין.

מדוע זה לא מכניזם תקף?

כעת נותר לנו לברר את השאלה הצדדית מבחינת הדיון שלנו: אם מדיני הקידושין זה בסדר, אז מדוע באמת זה לא תקף? הגמרא מסבירה שזה רק בגלל שנכסים שיש בהם אחריות לא נקנים אגב אלו שאין בהם אחריות. אבל אם מבחינת דיני הקידושין זה בסדר, אז מדוע זה בכלל מפריע? הרי הוכחנו שהקניין כאן חל מבחינת דיני הקניין של קידושין.

יתר על כן, לא ברור מדוע פעולה כזו בכלל מתוארת כקניית דבר שיש לו אחריות אגב דבר שאין בו אחריות? הרי האישה לא נקנית אגב הכסף, אלא מסירת הכסף מקנה את האישה, כאילו שהיא קיבלה כסף.

היה מקום לומר שבאמת מדובר בפסילה דרבנן. כלומר בעצם קידושין כאלה הם תקפים, אבל חכמים פסלו אותם מדרבנן, כדי שלא יבואו להקנות נכסים כמו אדם או קרקע אגב מיטלטלין.

הרמב״ם בפ״ה מהלי אישות הכ״ב כותב:

> ***אמרה לו הא לך דינר זה מתנה ואתקדש לך ולקחו ואמר לה הרי את מקודשת לי בהנאה זו שקבלתי ממך מתנה אם אדם חשוב הוא הרי זו מקודשת שהנאה יש לה בהיותו נהנה ממנה ובהנאה זו תקנה עצמה לו.***

הוא מסביר שהקידושין חלים אם זה אדם חשוב. הוא לא כותב מה הדין כשמדובר באדם רגיל. אמנם מפשטות לשונו משתמע שבמצב כזה היא אינה מקודשת מן התורה.

ובשו״ע אבהע״ז סי׳ כז ה״ט כותב:

נתנה היא ואמרה לו: הילך דינר זה מתנה ואתקדש לך, ולקחו ואמר לה: הרי את מקודשת לי בהנאה זו שקבלתי ממך מתנה, אם אדם חשוב הוא, הרי זו מקודשת, שהנאה יש לה בהיותו נהנה ממנה, ובהנאה זו הקנתה עצמה לו. וצריך חקירת חכם מי נקרא אדם שאינו חשוב להתירה בלא גט. ויש מחמירין אפילו לא אמרה תחלה כשנתנה: ואתקדש לך, רק נתנה סתם ואמר לה: התקדשי כו׳ ושתקה (תשו׳ הרשב״א סי׳ תרי״ג).

משמע מלשונו שאם מדובר באדם לא חשוב, אזי היא ניתרת לעולם בלא גט. מכאן ברור שהיא אינה מקודשת מן התורה ולא מדרבנן.

אבל המסקנה הזו אינה כה פשוטה. בגמרא קידושין ה ע״ב, אנחנו מוצאים:

אלא ה״ק: נתן הוא ואמר הוא - פשיטא דהוו קידושין, נתן הוא ואמרה היא - נעשה כמי שנתנה היא ואמרה היא, ולא הוו קידושין. ואב״א: נתן הוא ואמר הוא - מקודשת, נתנה היא ואמרה היא - אינה מקודשת, נתן הוא ואמרה היא - ספיקא היא וחיישינן מדרבנן.

לא מוזכר כאן מה הדין כשנתנה היא ואמר הוא (זה המקרה שלנו). זה יכול להיות מפני שפשוט לגמרא שאין קידושין, אבל ייתכן גם הפוך: שבמקרה כזה יש קידושין, או לפחות ספק קידושין כמו במקרה של נתן הוא ואמרה היא.

ובתוד״ה ׳הא׳, שם, כתבו:

הא נתן הוא ואמרה היא כו׳ - מה שלא הזכיר כלל נתנה היא ואמר הוא משום דלא פסיקא ליה דפעמים מקודשת באדם חשוב כדאמר לקמן (דף ז.).

משמע מלשון התוס׳ שבעצם מדובר גם על נתנה היא ואמר הוא, אלא שלא נקטו את הלשון הזו כי יש פעמים שהיא מקודשת בכל מקרה, כאשר היא נותנת לאדם חשוב. אם כן, מה שתהיה המסקנה ההלכתית לגבי נתן הוא ואמרה היא, כך יהיה גם לגבי נתנה היא ואמר הוא. ואם המסקנה היא שמדובר בספק, אז גם בנתנה היא ואמר הוא יש ספק קידושין.

עד כאן ראינו זאת מדיוק לשון התוס׳. אבל יש ראשונים שכותבים זאת בפירוש. לדוגמה, ה**ב**״י אבהע״ז סי׳ כז מביא בשם הר״ן שנחלקו בזה הראשונים:

אבל נתנה היא ואמר הוא כיון שאינו חשוב ליכא למימר דקרינן ביה כי יקח ומשום הכי ליכא לספוקי דליהוו קידושי אבל בה״ג (הלכות גדולות הל׳ קידושין פב ע״ג) כתב דנתנה היא ואמר הוא הוי נמי ספיקא ולא נראו דבריו.

כלומר **בה״ג** סובר שיש כאן ספק קידושין, כמו שדייקנו בדברי תוס׳. כוונתו של ה**ב**״י כאן היא לדברי הר״ן על הרי״ף בסוגיית קידושין ה ע״ב, שכתב:

אבל עדיין יש לשאול ואף על גב דליכא למיפרך מרישא אסיפא בנתנה היא ואמר הוא משום דאיכא לשנויי כדשנינן אכתי כיון דמסקינן דתנא דברייתא נקט גווני דפשיטא ליה ושביק ספיקא מנא לן דבנתנה היא ואמר הוא פשיטא ליה דלא הוי קידושין דלמא בדידיה נמי מספקא ליה באדם שאינו חשוב כי היכי דמספקא ליה בנתן הוא ואמרה היא?

איכא למימר דלא דמי דבשלמא נתן הוא ואמרה היא כיון שבשעת נתינה אמרה היא והוא שתק הרי הוא כמסכים לדבריה כשם שאנו אומרים בנתן הוא ואמר הוא ושתקה היא דשתיקה דידה כהודאה וכאן נמי כיון שהוא שותק בשעת נתינה י״ל שהוא מסכים לדבריה ואף על פי שלא פירש הוה ליה כמדבר עמה על עסקי קידושיה ונתן לה קידושיה ולא פירש דקי״ל (דף ו א) כר׳ יוסי דאמר דיו הלכך איכא למימר דה״ל כנתן הוא ואמר הוא אבל נתנה היא ואמר הוא כיון שאינו חשוב ליכא למימר דקרינן ביה כי יקח כלל ומשום הכי ליכא לספוקי דליהוו קידושי.

מסקנתו היא שבמקרה של נתנה היא ואמר הוא אין שום ספק, כי אין כאן לקיחה של הגבר. אבל כעת הר״ן מביא את **בה״ג**:

אבל בעל הלכות גדולות ז״ל כתב דנתנה היא ואמר הוא נמי ספיקא הוי ולא נראו דבריו.

דברי ולא נראים מפני שכפי שראינו לדעת הר״ן אין כאן לקיחה של הגבר. וכן בביאור הגר״א על **שו״ע** שם סקכ״ו גם הביא דעות שחוששות לקידושין (לפחות מספק), אם המקבל אמר לה שהוא מקדש אותה. וראה גם **באב״מ**

שם סקי״ט. וכן ב**ב״ש** סכ״ה שם הביא ששיטת **בה״ג** היא שכשנתנה היא ואמר הוא הרי היא מקודשת מספק אפילו באדם רגיל.

כל הראשונים והאחרונים הללו תמהים מאד על **בה״ג**, כפי שגם ראינו בר״ן, כיצד זה ייתכן, הרי צריך שהאיש ייקח את האישה ולא שהיא תקיח עצמה אליו? אחרים מקשים עליו מסוגייתנו, שם רואים שלמסקנת הסוגיא מעשה כזה מועיל רק באדם חשוב.

אך לאור דברינו שיטת **בה״ג** מובנת לגמרי. מסוגייתנו לא עולה שאין קידושין, אלא שיש חשש דרבנן שפסלו את הקידושין בגלל שהם דומים להקנאת אגב הפוכה. ובאשר לקושיא המהותית כיצד ייתכן שזה מועיל בניגוד לכל דיני הקידושין, גם זה מובן היטב לאור דברינו למעלה. זוהי הרכבה של דין ע״כ וערב, ולכן מצב כזה נחשב כאילו יש נתינת כסף שלו אליה ולכן הקידושין חלים (זה שייך לחבורת המכניזמים הלגיטימיים לקידושין).

אמנם עדיין נראה שגם לפי **בה״ג** מדובר בספק קידושין ולא בפסילה דרבנן. ומדברינו לעיל ראינו שמבחינת דיני הקידושין מכניזם כזה הוא תקף, והבעייה היא רק מדרבנן (מחשש שיקנו קרקע אגב מיטלטלין). על כך נענה בשתי רמות:

א. ראשית, לפחות רואים מדברי **בה״ג** כאן שאין פסילה על הסף של קידושין כאלה. אם יש ספק, אז יש צד שקידושין כאלה כן טובים. וזה מתאים לדברינו למעלה שהמכניזם הזה שייך לחבורה של המכניזמים הלגיטימיים.

ב. נבחן לרגע את המקרה של נתן הוא ואמרה היא. בלישנא השנייה
שצוטטה למעלה ראינו שהספק לגבי נתן הוא ואמרה היא אינו באמת
ספק דאורייתא, אלא חשש דרבנן, שהרי הגמרא נוקטת בלשון:
"ספיקא היא וחיישינן מדרבנן". אם כן, לשון ספק היא מושאלת,
ומדובר בספק דרבנן. לפי זה, היא באמת ודאי מקודשת מדאורייתא,
וכל הספק מתעורר בגלל חשש דרבנן (עקב דמיון לקניין אגב לא
תקני).

נקדים שלשיטת הרמב"ם וסיעתו (ראה רמב"ם הל' איסורי ביאה פ"ט הי"ב,
ובהשגת הראב"ד שם) כל ספק דאורייתא הוא לחומרא מדרבנן. לשיטה זו
ברור שאין ללמוד מכאן לנדון דידן. מה שמחמירים כאן מדרבנן הוא מפני
שמדובר בספק קידושין, אבל עדיין מכניזם כזה הוא מסופק, ולא מדובר
בחשש דרבנן.

ובאמת במאירי בסוגיא ה ע"ב אנו מוצאים:

**נתן הוא ואמרה היא ר"ל הריני מקדשת לך בכסף זה שנתת לי הרי
הן קדושי ספק וחוששין מדרבנן ואף על פי שספק תורה הוא שהרי
עקר הספק הוא בכי יקח אם רוצה לומר נתינה לחודה או נתינה
ואמירה מכל מקום אף הספקות של תורה אין איסורן אלא מדברי
סופרים וכן כתבו גדולי המחברים ומכל מקום יש מפרשים בזו
שספק סופרים הוא ומכל מקום אם של תורה או של סופרים קדושי
ספק הם.**

הוא באמת מסביר זאת לשיטת הרמב"ם שמדובר בדין דרבנן בגלל הספק.
ומשמע שיש כאן ספק ממש האם הקידושין הללו תקפים או לא.

והר״ן שם על הרי״ף כותב:

והאי לישנא דאמרי׳ ספיקא הוי וחיישינן מדרבנן מספקא לי טובא דכיון דספיקא הוא הוה ליה ספיקא דאורייתא והיכי קאמר דחיישינן מדרבנן הא מדאורייתא נמי איכא למיחש?

והרב אלפסי ז״ל כתב בלשון הזה בהלכות ואם נתן הוא ואמרה היא חיישינן מדרבנן וצריכה גט ולא כתב ספיקא הוא ונראה שהוא סובר דכי אמרי׳ ספיקא הוא לאו דוקא דמדינא פשיטא לן דלא הוו קידושי כיון דאמרה היא אלא שחכמים החמירו בדבר ועשאוהו כספק ולישנא דספיקא הוא לפי זה לא אתי שפיר.

כלומר הוא מסביר שבעצם אין כאן בכלל קידושין, ומדובר בחשש דרבנן בלבד. וכן הוא בחידושי הריטב״א שם.

כאמור, כל זה הוא לגבי נתן הוא ואמרה היא. אבל לפי דרך זו אולי יש מקום לפרש את דין נתנה היא ואמר הוא בדיוק להיפך: בנתנה היא ואמר הוא מדובר בקידושין תקפים, והפסילה שלהם היא רק מדרבנן. ולפחות אפשר לומר שזוהי שיטת **בה״ג** שהבאנו למעלה, ואולי ניתן להכניס זאת גם בשיטת התוס׳ שראינו.

סיכום החלק הזה

בחלק זה של הפרק ניסינו להציע הסבר לכשרותו של המכניזם של נתנה היא ואמר הוא, שעל פניו נראה תמוה מאד. הסברנו זאת לאור ההנחה שהטרנספורמציות מהוות חבורה, ולכן כל המכניזמים שהן יוצרות הם

לגיטימיים. כפי שראינו, מצב של נתנה היא ואמר הוא יוצא מהפעלת A*B*A או B*A*B, ולכן הוא נותן מכניזם לגיטימי.

תמיהת הראשונים והאחרונים על **בה"ג** כיצד ניתן להכשיר קידושין שבהם האישה היא שנותנת את הכסף למקדש, נפתרת לאור דברינו. מדין ע"כ וערב יוצא שגם מצב כזה נחשב כמצב שהאישה מקבלת כסף מהבעל (קבלתו עבורה נחשבת כקבלה שלה, ונתינתה בשמו נחשבת כנתינה שלו). בעצם הבעל מייצג אותה בקבלה, והיא מייצגת אותו בנתינה. אם כן, לפחות שיטת **בה"ג** הטרנספורמציות של הקידושין נותרות חבורה שלימה למהדרין. ובתחילת הסוגיא לפי מר זוטרא זה נכון לכל הדעות.

אמנם רוב הראשונים דוחים זאת, אבל גם דבריהם לא בהכרח סותרים את הצעתנו. ראשית, ייתכן שבאמת למסקנה הפסול הוא מסיבה צדדית (שיש כאן הקנאה של אדם אגב מטלטלין). שנית, ייתכן שאם הבעל היה ממנה את האישה כשלוחתו לתת את הכסף, זה היה מועיל (שהרי בדין ע"כ לפי רש"י וסיעתו נדרש מינוי שליחות). לפי הצעה זו, שיטת הראשונים שחולקים על **בה"ג** היא שכל הדיון כאן הוא רק בגלל שלא היה מינוי שליחות, ולכן הרכיב של דין ע"כ לא יכול להשפיע ולהועיל כאן. אבל אם היה מינוי שליחות אולי כולם היו מסכימים שזה מועיל מדאורייתא.

אמנם בלשון הראשונים והאחרונים לא משמע כך, שכן הם רואים בזה לקיחה של האישה את עצמה לאיש, במקום לקיחה של האיש את האישה. אבל אפשר להסביר לאור דברינו שזה רק מפני שלא היה כאן מינוי שליחות, ולכן אין כאן דין ע"כ ודין ערב. כאשר יש מינוי שליחות, שני הדינים (ערב

וע״כ) פועלים, ואז גם מצב כזה יכול להיחשב כלקיחה של האישה על ידי האיש, כלומר כקידושין לגיטימיים.

אמנם באופן הפשוט ביותר, השיטות שחולקות על **בה״ג** מבוססות על ההנחה שהאישה אינה יכולה לתת כסף לבעל בשליחות הולכה של הבעל, ובו זמנית הוא מקבל את הכסף בשליחותה (או כנציגה). אם היא שלוחתו לתת את הכסף, אזי יוצא שכשהוא מקבל את הכסף הוא מקבל אותו מעצמו, וזה לא ייתכן. אולי זוהי הסיבה שהראשונים האחרים לא מוכנים לקבל את ההרכבה הזו של ערב וע״כ כלגיטימית. שוב זוהי בעייה צדדית, שאדם לא יכול להיות נציג של מישהו אחר לקבל כסף מעצמו, ואדם לא יכול להיות נציג של מישהו אחר לתת כסף לעצמו.

אמנם כבר הערנו למעלה בפרקים שלשה-עשר וארבעה-עשר שיש מקום לחלק בין הכסף לבין מעשה הקידושין, שהרי בדין ע״כ הכסף הוא של השליח, ולכן השליחות היא רק על עשיית מעשה הקידושין. ועדיין גם במעשה הקידושין לא ייתכן שהאישה תשחק את שני התפקידים (גם המקדשת וגם המתקדשת). זוהי הסיבה שפלוני לא יכול לתת כסף לעצמו, ובכך לקדש את האישה לאלמוני. מעשה נתינה צריך להיעשות בין שני אנשים שונים.

ולפי זה, הראשונים החולקים על תוס׳ **ובה״ג**, באמת פוסלים זאת מדאורייתא. אבל עדיין מדובר בסיבה צדדית, שכשמזהים שני גורמים שונים במעשה הקידושין זה לא חל. הפלוני שהוא הגורם השלישי, בין בדין ערב ובין בדין ע״כ, לא יכול להיות האיש או האישה עצמם. זה צריך להיות אדם שלישי ממש. ומכאן שאין כאן בעייה עקרונית עם העברת זנב או ראש החץ מצד עצמם, והחבורה נותרת שלימה.

סיכום כללי של הפרק

אם נסכם את כל חלקיו של הפרק הזה, סקרנו את כל ההרכבות היסודיות של הטרנספורמציות, כאשר המכניזמים משחקים בין שלושה גורמים בלבד (הבעל, האישה וגורם נוסף). הגענו למסקנה שכל התמונות הן לגיטימיות. ארבע מתוך התמונות מופיעות בפירוש בגמרא (קידושין רגילים, דין ערב, דין ע״כ, דין שניהם). קידושין מהופכים נדונו בחלק השני של הפרק, וראינו שיש אפשרות שגם הם לגיטימיים (לפחות מספק, לדעת **בה״ג** ותוס׳) אפילו הלכה למעשה, וגם לרוב שיטות הראשונים ששוללים זאת – מלשון הגמרא עולה שזה רק מסיבות צדדיות. מדיני קידושין נתנה היא ואמר הוא זה מכניזם קידושין לגיטימי.

המסקנות של המודל שלנו הן בשני מישורים:

א. מסקנות הלכתיות.

1. הסבר דעת **בה״ג** ותוס׳, שמכשירים גם להלכה (לפחות מספק, ואולי מדובר רק בחשש דרבנן) קידושין של נתנה היא ואמר הוא.

2. מהנחת הסגירות של המודל שלנו, הסקנו (ראה בסוף החלק השני של הפרק) שהתמונה השישית, דין שניהם ההפוך, שלגביה לא מצאנו ראיה ברורה בתלמוד או בראשונים, גם היא מייצגת מכניזם קידושין לגיטימי. זוהי המסקנה ההלכתית העיקרית שלנו מהמודל המוצע כאן.

ב. מסקנות עיוניות: ראינו שבגמרא קידושין מהופכים עולים כאופציה (בודאי על ידי מר זוטרא). עוד ראינו שגם כשזה נדחה, וגם לראשונים שסוברים שלהלכה אלו לא קידושין מדאורייתא, זה נעוץ בסיבות צדדיות

(הקנאה של אדם אגב מטלטלין). האחרונים תמהים על מי שפוסק שבמצב כזה יש צד קידושין, ואנחנו הצענו הסבר לדעה הזו, ולמהלך הגמרא (ההו״א שמעלה אפשרות שתמונה זו היא לגיטימית).

בפרק הבא נבחן הרכבות בתמונות מורכבות יותר, ונבדוק האם הלוגיקה הזו ניתנת להרחבה למצבים שמכילים מספר רב יותר של גורמים.

פרק שישה-עשר

הרחבה: מכניזם ייצוג עם מורכבות גבוהה

מבוא

בפרק זה נעסוק בהרכבות משוכללות יותר של דין ערב ודין עבד כנעני, שבהן מעורבים לפחות ארבעה גורמים.

ההרכבה היסודית

הסיטואציה הבסיסית מבין ההרכבות המסובכות יותר, מתוארת בשרטוט ז בפרק שנים-עשר:

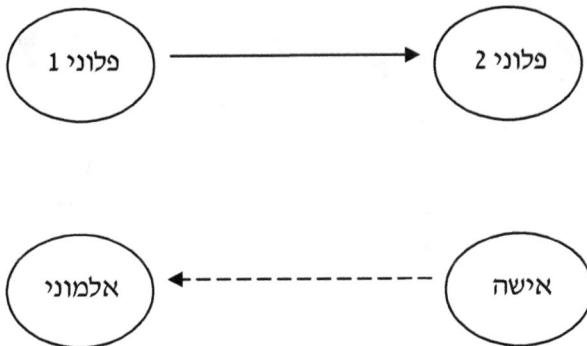

ייצוג בעל מרכבות גבוהה: ארבעה גורמים

כאשר חושבים על מצב עם ארבעה גורמים באופן שיטתי, קל לראות שבעצם זוהי התמונה הרלוונטית היחידה. כל מצב אחר יהיה מצב של שלושה גורמים ועוד גורם שמתבונן מהצד (וכל המצבים של שלושה גורמים טופלו בפרק הקודם), או החלפה של פלוני1 בפלוני2, שאינה משנה שום דבר מהותי (פלוני1 ופלוני2 הם משתנים, וניתן להציב בהם כל אדם שהוא).

זהו המצב גם לגבי חמישה גורמים ומעלה, שם לא יתווסף מאומה. שום תמונה של חמישה גורמים לא תהיה שונה מהותית מתמונה בעלת פחות גורמים. לדוגמה:

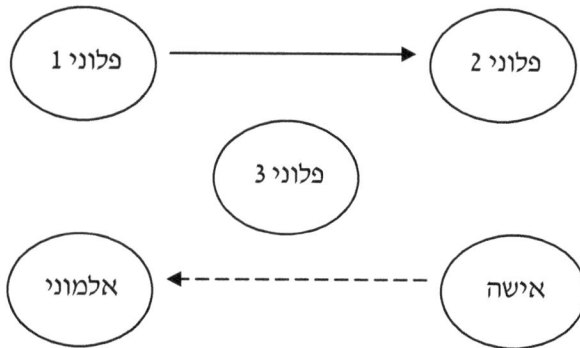

ייצוג בעל מרכבות גבוהה: חמישה גורמים

גם כאן החלפה בין הפלונים לא תשנה מאומה. עקרונית תמיד יתקבל מצב של ארבעה גורמים לכל היותר. כך יקרה גם לגבי תמונות שמערבות מספר רב יותר של גורמים.

ניתן לראות זאת גם אפריורי, שכן יש ארבע פונקציות בתהליך הזה: המקדש, המתקדשת, נותן הכסף ומקבל הכסף. לכן לכל היותר ארבעה גורמים שונים יכולים להיות רלוונטיים. להלן בפרק השמונה-עשר נראה שייתכנו סיטואציות עם יותר גורמים, כאשר עוסקים בעסקאות מורכבות יותר. אולם בעסקת' קידושין רגילה מעורבים רק ארבעה גורמים, ולכן אנו נותרים עם התמונה מלמעלה של הרכבה שמעורבים בה ארבעה גורמים. האם ניתן להוכיח מהגמרא או מהראשונים שהרכבה כזו היא לגיטימית? בסעיפים הבאים נראה שכן.

המקרה בגמרא

הגמרא בקידושין ז ע"ב (בעמוד שאחרי הדיונים על דין ע"כ, דין ערב ודין שניהם) מביאה את המקרה הבא:

בעי רבא: שתי בנותיך לשני בני בפרוטה, מהו? בתר נותן ומקבל אזלינן והאיכא ממונא, או דילמא בתר דידהו אזלינן והא ליכא? תיקו.

מדובר בראובן שהוא אב לשני בנים שרוצה לקדש את שתי בנותיו של שמעון לשני בניו. הוא עושה זאת בפרוטה אחת, במקום בשתיים (קידושין רגילים נעשים בסכום שהוא לפחות פרוטה). הגמרא אומרת שבמקרה זה יש ספק

קידושין. די ברור מהגמרא שהספק אינו קשור ללשונו של המקדש, אלא למהות ההלכתית של המעשה. זהו לא ספק בכוונתו, אלא ספק בעצם הדין: האם אנחנו הולכים אחרי נותן ומקבל, ואז יש כאן פרוטה, שהרי הנותן (ראובן) נתן פרוטה, והמקבל (שמעון) קיבל פרוטה. או שמא הולכים אחרי המקדשים (הבנים) והמתקדשות (הבנות), ואז אין כאן פרוטה לכל זוג לחוד.

במילים אחרות: השאלה היא האם הצורך בפרוטה הוא לצורך מעשה הקידושין, וכאן היה מעשה קידושין אחד, או שיש צורך שכל מתקדשת תקבל פרוטה. לשון אחר: האם מתן הפרוטה הוא דין במעשה, או שזה דין במקבלת הקידושין.

להלכה נפסק ברמב״ם, הל׳ אישות פ״ג ה״י שזה נותר בספק:

> ***...שתי בנותיך לשני בני בפרוטה, בתך מקודשת לי ופרתך מכורה לי בפרוטה, או בתך וקרקעך לי בפרוטה, בכל אלו מקודשת בספק.***

נראה שלזה הסכימו גם שאר הראשונים.

מהלך התוס׳

ברש״י מפרש כאן:

> ***לשני בני - והם גדולים ועשאוהו שליח לקדש.***

כלומר הבנים צריכים להיות גדולים כדי שיוכלו לעשות את המקדש (ראובן, אביהם) שלוחם. קטנים אינם יכולים לקדש, לא בעצמם, לא על ידי שליח, וגם אביהם אינו יכול לקדש עבורם. ומה לגבי הבנות? מן התורה בנות קטנות

יכולות להתקדש על ידי אביהן גם בלי שהוא שלוחן, ולכן ייתכן שמצד הבנות כן מדובר כאן בבנות קטנות. מאידך, ייתכן גם להסביר שגם הבנות הן גדולות, ואז גם שמעון פועל כשלוחן של בנותיו.

לכך מתייחס תוד״ה ׳שתי׳, כאן:

שתי בנותיך לשני בני - אומר ר״י דמיירי בבנות קטנות דקידושין דאב נינהו דאי בגדולות ואב מקבל קידושין בתורת שליחות פשיטא דבעי פרוטה לכל אחת דשליח לא עדיף ממשלחו.

ר״י טוען שמדובר בבנות קטנות, שאביהן מקבל קידושין עבורן. הוא מביא לכך הוכחה: אם היה מדובר בגדולות, אז האב היה פועל כשלוחן, ואז ברור שהיו נדרשות שתי פרוטות, אחת לכל אחת מהן. השליח לא יכול להיות עדיף מהמשלח (ראה על כך בפרק שנים-עשר של הספר על שליחות: ״כל מה דאיהו לא מצי עביד לא מצי למשווי שליח״). אם אדם כלשהו היה מקדש את שתיהן אזי ודאי הוא לא היה יכול לקדש את שתיהן בפרוטה אחת, לכן ברור שגם שליח לא יכול לעשות זאת עבורו. ואם שני אנשים היו רוצים לקדש שתי נשים בפרוטה אחת זה גם לא היה מועיל, ולכן ברור שגם שליח לא יכול לעשות זאת עבורם.

לכן לפי תוס׳ הגמרא עוסקת דווקא בבנות קטנות, ואז האב הוא שעושה את פעולת הקידושין עבורן (ולא שהוא משמש כשלוחן). רק במצב כזה הגמרא מעלה צד שקידושין כאלה יחולו בפרוטה אחת. הנחת התוס׳ היא שגם אם השליח עושה מעשה אחד אלו בעצם שני מעשים, מעשה אחד עבור כל משלח לחוד. הוא פשוט עושה יחד שתי שליחויות.

אלא שכעת עולה השאלה מדוע ראובן, כלפי שני בניו, יכול לפעול כשלוחם. כאמור, בבנים ודאי מדובר בגדולים, שאם לא כן אין כלל קידושין. וכשהם גדולים אזי האב ודאי לא יכול לפעול במקומם אלא רק כשלוחם. אם כן, על כורחנו הוא פועל כאן כשלוחם. אבל אז לפי תוס׳ יוצא שהאב עושה כאן שתי פעולות קידושין, ושוב נחוצות שתי פרוטות. אם כן, שוב חוזרת השאלה כיצד השליח יכול לעשות משהו שהמשלחים שלו לא יכולים לעשות? מדוע מצד האב הגמרא מוכנה לקבל (לפחות כצד של ספק) שבשליח תספיק פרוטה אחת לשתי פעולות קידושין, אם מצד הבנות זה לא אפשרי? ואם הגמרא רואה את השליח כפועל במקום המשלחים (אולי זוהי תפיסת ייפוי כוח, במקום ידא אריכתא), אז מדוע בבנות יש הכרח לומר שמדובר בבנות קטנות?

תוס׳ עצמו מרגיש בכך, ולכן הוא ממשיך ואומר:

דבתר נותן דקאמר לאו דוקא שהרי הנותן ע״כ בתורת שליחות בניו הוא בא ואי בתר נותן אזלינן הוי בעי שתי פרוטות כאילו הבנים בעצמם מקדשין.

מה שנקטו בלשון הגמרא ״בתר נותן״ אין הכוונה בתר עושה המעשה, שהרי המקדש ודאי הוא שליח של בניו (כפי שראינו שהם ודאי גדולים, שהרי קטנים אינם יכולים לקדש כלל, גם לא דרך אביהם). לכן אם באמת הנותן היה חשוב אז ודאי היינו צריכים שתי פרוטות כאילו הבנים עצמם מקדשים (שהרי הוא לא עדיף על משלחיו). מכאן ההוכחה שהנותן כלל אינו חשוב, וגם אם הבנים עצמם היו עושים את פעולת הקידושין אז לפחות מצידם יש צד בגמרא שתספיק פרוטה אחת.

אם כן, תוס׳ טוען שצדדי הספק תלויים רק במקבלות ולא בנותנים. הגמרא מסתפקת האם הולכים אחרי המקבל או אחרי המתקדשות. אבל הצד של הנותן אינו חשוב. מצד הנותן אין שום בעייה שיהיו שני נותנים שיקדשו שתי נשים בפרוטה אחת. הבעייה היא רק מצד המקבלות: האם הדין של פרוטה הוא במקבלת הקידושין או במקבל הפרוטה (=מי שעושה את מעשה הקידושין עבור האישה. במקרה זה – אביה).

כיצד ניתן להבין זאת? מדוע אין צורך שהמקדש יתחסר פרוטה? ניתן להסביר זאת בארבע רמות:

- מדין ע״כ אנחנו לומדים שדי בכך שמישהו אחר יתחסר כדי שזה ייחשב כאילו המקדש עצמו התחסר.

- אם באמת האב הוא שליח של בניו כמו שכתבו התוס׳, והרי הוא מקדש משלו. במצב כזה ייתכן שהקידושין חלים גם בלי צורך בדין ע״כ, אלא די לנו בדין שליחות הרגיל (כדעת הריטב״א נגד רש״י. ראה בפרק ארבעה-עשר על דין עבד כנעני).

- כאן הרי הנותן מתחסר חצי פרוטה עבור כל מקדש. ייתכן שדי לנו שהנותן מתחסר פחות מפרוטה כל עוד המקבל מקבל פרוטה. אם

המקדש התחסר, אזי הפרוטה שקיבלה המתקדשת נחשבת כאילו היא יצאה ממנו.[77]

- נזכיר כאן את מה שראינו בשיטת רש"י לגבי מקדש בדמי ערלה (ראה לעיל בסוף פרק ארבעה-עשר, על דין ע"כ), שדין הקידושין הוא שהאישה תקבל פרוטה מחמת המקדש, אבל אין צורך שהמקדש יתחסר בכך פרוטה משלו. גם כאן עולה מדברי תוס' שאין צורך שהמקדש יתחסר פרוטה, ולכן אין כל בעייה מצד הנותנים אלא רק מצד המקבלות.[78] כפי שראינו שם, את הדין שאין צורך שהמקדש ייתן פרוטה אלא רק שהמתקדשת תקבל, לא בהכרח לומדים מדין ע"כ. ייתכן שגם בלי דין ע"כ זה מועיל.

ספק הגמרא לפי תוס' הוא:

---

[77] ניתן להביא לזה דוגמה, מדין זה נהנה וזה לא חסר (ב"ק כ ע"א – ע"ב). שם הגמרא עוסקת באדם שנכנס בלי רשות לגור בבית שעומד שומם, ודנה בשאלה האם הוא חייב לשלם לבעל הבית דמי שכירות. בדרך כלל הוא פטור, שכן הוא אמנם נהנה אך הבעלים אינו חסר. אבל בסוגיא שם רואים שדי לנו בחיסרון מועט, כמו השחרה מעטה של הכתלים (שחרוריתא דאשייתא) כדי שלא תהיה מניעה מבעל הבית לדרוש מהדייר את דמי ההנאה.

אם כן, גם כאן ייתכן לומר שמכיון שהבנים התחסרו חצי פרוטה כל אחד, הם יכולים לתבוע פרוטה שלימה מהמקבלות (או מאביהן), ולכן זה נחשב שכל אחד מהם נתן לאב פרוטה.

[78] כך מסתלקות הרבה מקושיות האחרונים על תוס'. רבים מהם הבינו שכשתוס' אמר שאין הכוונה בספק הגמרא שהולכים בתר נותן, הכוונה היא שבוודאי הולכים בתר בניו. אבל זה לא נכון. כוונתו היתה לומר שהולכים רק בתר המקבל, והנותן אינו חשוב כלל, לא המקדש (הבנים) ולא שלוחו (ראובן).

אבל הבעיא היא אי בתר מקבל אזלינן לגמרי דשמא אין לחוש אלא
שיקבל המקבל שוה פרוטה.

הבעיה היא רק האם בתר מקבל אזלינן (בלי קשר לנותן), או בתר
המתקדשות. כאמור, צד הנותן לא חשוב כלל לעניין זה. [79]

שיטת תורי״ד

תורי״ד כאן חולק על התוס׳, ולדעתו הגמרא עוסקת גם בבנות גדולות. וכך
הוא כותב:

בתר נותן ומקבל אזלינן. פירש היכא דקידש שתי נשים בפרוטה או
אשה אחת בפחות משוה פרוטה אינה מקודשת. והתם משום דיהיב
קדושין לדידהו ודידהו הוו אבל הכא דיהבינהו לאב ודאב הוו איכא
למימר דהוו קידושי ואי נמי שני בני אדם נתנו פרוטה לאב בשתי
בנותיו פשיטא דלא הוו קידושי כיון דכל חד לא יהיב אלא חצי
פרוטה לא חשיבא ממון אבל הכא דנותן הוי חד ומקבל הוי חד איכא
למימר דבתר נותן ומקבל אזלינן ולאו בתר קונין ונקנין:

---

[79] לאור דברינו מסתלקות כמה וכמה קושיות של האחרונים על תוס׳. האחרונים תהו מדוע
יש צד שהן תהיינה מקודשות אם כל בן לא נתן פרוטה. יש שניסחו זאת כמו בעייה של ״כסף
החוזר״ (ראה **קו״ש** כאן), כלומר כסף שניתן לתבוע אותו בחזרה (הרי לא סביר שהבן
המקדש יכול לתבוע פרוטה שלימה מהאב או מאחת הבנות, שהרי הוא לא נתן פרוטה. אך
לפי דרכנו יש מקום לומר שזה אכן נחשב שהוא נתן פרוטה. בהערה הקודמת העלינו אפשרות
שאולי כל בן אפילו יוכל בפועל לתבוע פרוטה בחזרה.

משמע מלשונו שהוא חולק על תוס׳. לשיטתו מדובר בשתי נשים כלשהן, לאו דווקא קטנות. אם כן, האב הוא שליח שלהן ולא שהוא כאב מקבל קידושין עבורן. ספק הגמרא לשיטתו הוא כפשט לשונה, בין בנותן ובין במקבל: האם מה שחשוב הוא שהפרוטה תצא מעושה מעשה הקידושין ותגיע למקבל הקידושין, או שהדין תלוי במקדש ובמתקדשת עצמם.

כיצד ייתכן לשיטתו שדי לנו בפרוטה אחת לשני מעשי קידושין? הרי תוס׳ כבר העירו שכוח השליח לא יכול להיות גדול יותר מכוח המשלחות, ואם המשלחות עצמן היו עושות את הפעולה אז התוריי״ד עצמו בתחילת דבריו שהובאו כאן מסכים שזה לא היה מועיל.

המסקנה היא שלפי תורי״ד אכן ישנה אפשרות שכוח השליח יהיה גדול יותר מכוח משלחיו, שכן הוא עושה את פעולת הקידושין עבור שתיהן/שניהם, ולכן הוא מקבל/נותן את הכסף עבורן/ם. ואם הוא קיבל/נתן פרוטה די בכך, כי זה דין במעשה ולא במתקדשות/מקדשים עצמן.

הסבר שיטת תורי״ד

כיצד ניתן לתת לאב פרוטה ובכך לקדש את שתי בנותיו הגדולות? ניתן להציע כאן שני הסברים:

א. ישנה אפשרות לומר שהאב הוא שלוחן ודי בפרוטה שהוא מקבל, כי הוא זה שעושה את פעולת קבלת הקידושין. זה דין במקבל הקידושין ולא במתקדשת. ייתכן שטמונה כאן הנחה שהשליחות היא במכניזם

של ייפוי כוח ולא ידא אריכתא, שכן כפי שראינו בספר על שליחות,
לפי המכניזם הזה השליח הוא מבצע הפעולה ולא המשלח.

ב. עוד אפשר לומר שזה מועיל מדין ערב (שהרי הפרוטה הולכת לאבא.
ראה להלן). כל אחת מהבנות אומרת: תן מנה לפלוני (=אבי) ואקדש
אני לך.

הסבר זה מניח שבקידושין מדין ערב לשיטת תורי"ד ניתן לקדש שתי נשים
באותה פרוטה שניתנת לערב (כמו לווה שמקבל הלוואה של פרוטה ומחייב
מכוח זה שני ערבים שונים).

לאור דברינו בפרק שלושה-עשר, נראה שיש מכאן ראיה לכך שהקידושין בדין
ערב אינם נעשים בהנאה שהמקדש פועל על פי הנשים, כי ראינו שם את מה
שכתב ה**קו"ש** שהנאה זו שווה פחות מהסכום שניתן, ואז לא נכון שכל אחת
קיבלה פרוטה. ובפרט שהרי כאן מדובר על פרוטה אחת לשתי הנשים. על
כורחנו שכאן הכסף כאילו ניתן לבת עצמה, והקידושין הם בכסף עצמו.

אלא שכעת עלינו להמשיך ולברר את אותו דבר לגבי ראובן (המקדש) ובניו.
הרי התורי"ד משווה את מעמד המקדשים למעמד המתקדשות. כלומר הוא
מתייחס לשני הנותנים כמקדשים בשליחות על ידי אביהם, ולכן ברור שגם
מבחינתם די בפרוטה אחת כי היא של האב ולא שלהם (ובאמת בחידושי
מהרי"ט כאן, הביאו גם **ב"ש** סי' לא סקט"ז, כתב בפירוש שמדובר בפרוטה
של האב עצמו). אם כן, זו עוד נקודה שהוא חולק על תוס', שכן לשיטתו
הפרוטה צריכה לצאת מהמקדש ולא רק להיכנס אל מקבל הקידושין.

כעת עלינו לברר כיצד פרוטה של האב מועילה לקדש לבניו, הרי הוא שלוחם? ברור שלפי רש"י זה נעשה מדין עבד כנעני, ולפי הריטב"א אם זה מדין שליחות, אז זה תקף גם בלי החידוש של ע"כ.

אבל יש לזכור שאבי הבנים נותן כסף לאבי הבנות, שמקבל עבורן מדין ערב. אם כן, בעצם יש כאן דין שניהם, אבל הוא שונה מדין שניהם שנדון בפרק הקודם (ובגמרא קידושין ז ע"א): הרי כאן יש ארבעה גורמים: תן מנה לפלוני ואקדש אני את פלונית.

אנחנו מקבלים כאן בדיוק את ציור ז של פרק שנים-עשר:

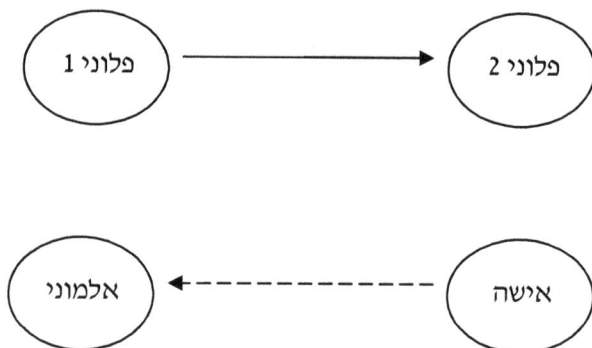

דין שניהם עם ארבעה גורמים

יש לזכור שהספק בגמרא כאן הוא רק מפני שראובן נתן לשמעון פרוטה אחת. השאלה אינה האם מכניזם כזה הוא לגיטימי, אלא האם יש כאן פרוטה לכל זוג. משמע מהגמרא שאין שום בעייה עקרונית עם המכניזם הזה, ואם היו

כאן בת אחת ובן אחד אז מעשה הקידושין היה חל לכל הדעות, על אף שיש כאן ארבעה גורמים.

האם נחוצה כאן שליחות: בחזרה לשיטת התוס׳

לגבי השאלה האם ראובן הוא שלוחם של בניו, נראה שזה תלוי בשאלה האם דין ע״כ דורש שליחות או לא (מחלוקת רש״י והריטב״א. ראה פרק ארבעה-עשר). ולגבי שמעון שפועל עבור בנותיו מדין ערב, נראה שלא צריך שליחות לכל הדעות (ראה פרק שלושה-עשר).

אם כן, אבי הבנות לא חייב להיות שליח כדי לקבל עבורן, בניגוד להנחת התוס׳. תוס׳ אולי סובר שלא אומרים דין שניהם בציור של ארבעה גורמים, אלא רק בשלושה כמו בגמרא ז ע״א, ולכן הוא מניח שמדובר כאן בשליחות ולא בדין שניהם (לשיטתו לכאורה צריך להעמיד כאן בכסף של הבנים ולא של האב, וזה קצת דחוק בלשון הגמרא).

אמנם ייתכן שכאן לכל הדעות צריך שליחות, לא רק בגלל שלא המקדש והמתקדשת הם הפועלים, אלא גם בגלל שעושים זאת בפרוטה אחת. לכן ייתכן שבפרוטה אחת גם דין ערב לא יפעל בלי דין שליח, וייתכן שגם דין ע״כ לא יפעל בלי שליח (אפילו לדעת הריטב״א). זה יכול להוביל לכך שכאן מדובר בשליחות של אבי הבנות ו/או אבי הבנים.

ובאמת כעת נוכל להבין מדוע תוס׳ מכריחים שהאב הוא שליח של בניו, ואם הבנות היו גדולות הוא שליח של בנותיו. לכאורה זה יכול לעבוד מדין ערב או דין ע״כ, וז לא צריך שליחות. למעלה ענינו שלפי תוס׳ כנראה אין את דין

שניהם המורכב (עם ארבעה גורמים), ולכן צריך לעשות את המעשה בכסף של הבנים ולקבל את הכסף עבור הבנות, ולכן ודרושה שליחות. אבל כעת אפשר להציע שאולי תוס׳ מצריכים שליחות בגלל שמדובר בפרוטה אחת, וביותר מפרוטה אחת גם הם יסכימו לדברי תורי״ד. לפי הצעה זו, גם תוס׳ לא חולקים על כך שמכניזם של ארבעה גורמים הוא לגיטימי (כלומר הוא מצליח להחיל קידושין).

נציין כי יש מהאחרונים שמסבירים שתוס׳ מבין שהשליח הוא ידא אריכתא, ולכן אם הבנות הן גדולות אזי הן אלו שמקבלות את הכסף, ולכן זה לא מועיל. ודין ערב (בלי שליחות) לא יועיל כאן כי מדובר בפרוטה אחת, וכנ״ל. ואילו התורי״ד הבין שיש כאן ייפוי כוח, ובעל המעשה הוא האבא, ולכן די בכך שהוא מקבל פרוטה, גם בבנות גדולות. האבא הוא המקבל, ובמעשה שלו הקידושין חלים עליהן.

שיטת הפוסקים

נעיר שהרמב״ם בלשונו בהל׳ אישות פ״ג ה״י שם אינו מחלק בין בנות קטנות לגדולות, ולכאורה נראה שהוא סובר כתורי״ד. וכן הוא ב**שו״ע** אבהע״ז ס׳ לא ה״ז שאינו מחלק בין המקרים. אמנם ב**ב״ש** שם סקט״ז ו**ח״מ** שם סקי״ד הביאו את דברי תוס׳ כאילו הם מוסכמים, ולא ברור האם לדעתם גם **שו״ע** מסכים לזה.

גם אם הפוסקים לא חילקו בפירוש, עדיין ייתכן שעצם העובדה שהגמרא מדברת על אבא ובנות ולא על שליח ושתי נשים, אומרת ממילא שמדובר

בקטנות. שהרי בגדולות אין לאבא שום מעמד מיוחד, ואז הגמרא היתה צריכה לדבר על סתם שליח לשתי נשים.

הצעת ה'אבני מילואים'

ב**אב"מ** סי' לא סק"כ כותב:

שתי בנותיך לשני בני. - (דף ז') בעי רבא שתי בנותיך לשני בני בפרוטה מהו בתר נותן ומקבל אזלינן והא איכא ממונא או דלמא בתר דידהו אזלינן והא ליכא תיקו וכתבו תוס' אור"י דמיירי בבנות קטנות דאי בגדולות (ואם תקבל) [ואב מקבל] קידושין בתורת שליחות פשיטא דבעי פרוטה לכל א' דלא עדיף שליח ממשלחו דבתר נותן קאמר לאו דוקא שהרי הנותן ע"כ בתורת שליחות בניו הוא בא ואי בתר נותן אזלינן הוי בעי שתי פרוטות כאלו הבני' בעצמם מקדשים וע"ש.

עד כאן הוא מביא את שיטת התוס'. כעת הוא עובר לתורי"ד:

ובשיטת תוס' רי"ד כתב דכיון דהשליח נותן הכסף מדידי' ה"ל בתר נותן ואבעי' דרבא אי אזלינן בתר נותן ומקבל כיון דליכא אלא נותן א' ומקבל א' סגי לה בפרוטה או בתר דידהו אזלינן וע"ש ועמ"ש בסימן כ"ח ס"ק נ"ה.

הוא מבין בתורי"ד כדבר פשוט שמדובר בכסף של האבא עצמו ולא של הבנים, ותולה בזה את הצד בגמרא שתועיל פרוטה אחת. נראה שכוונתו לומר

שזה פועל מדין ע״כ ולא מדין שליחות הרגיל. ומה לגבי הבנות? ראינו למעלה שבפשטות שמעון מקבל את הכסף לעצמו (ולכן שם צריך את דין ערב).

כעת הוא מביא את מהרי״ט שכותב בפירוש שראובן פועל עבור בניו מדין ע״כ:

> ***ומוהרי״ט בחידושיו כתב דקשה הדבר לומר דבתר נותן דקאמר הגמרא והא איכא לאו דוקא דאדרבא אי בתר נותני׳ אזלינן הא ליכא וע״ש דמפרש לה שהאב הוא הנותן המעות בשביל שתי בניו דמהני מדין עבד כנעני אף על גב דעיקר הקידושין לצורך שני׳ מכל מקום בתר מקבל אזלינן שהוא מקבל שו״פ וכי אתי פרוטה לידי׳ לאו חצאין הוא דממונא דחד הוא דאתי לידי׳ שאין הנותנים גופי׳ מחולקים עד שיהא הממון מוחלק כמ״ש. ולמדנו עכשיו ששני בני אדם שנתנו לאב פרוטה בעד ב׳ בנותיו אין לחוש לקידושי שניהם כיון דכל חד וחד לאו שו״פ יהיב וכ״כ ר׳ ישעי׳ ז״ל עכ״ל.***

עד כאן הוא מסביר בדיוק את מה שהצענו בדעת תורי״ד (הסבר ב למעלה). וכעת הוא מסיק:

> ***ולפי זה נראה דה״ה בבנות נמי מצינו לומר שגדולות המה אלא דאינהו אמרי להנותן שהוא אב של הבנים שיתן הקידושין לאביהם דמהני מדין ערב ויהי׳ האב של הבנים הנותן והאב של הבנות הוא המקבל ומדין שניהם דין ערב ודין עבד כנעני דהבנות כשאומרים תן לאבינו והרי אנו מקודשת לך מהני מדין ערב וא״כ ה״ל נותן חד ומקבל חד.***

כאן הוא טוען בדיוק את מה שהצענו למעלה. הוא מסביר שמדובר כאן בדין שניהם המורכב: ראובן פועל עבור בניו מדין ע״כ, ושמעון פועל עבור בנותיו מדין ערב. רק בגלל זה עולה האפשרות שתספיק פרוטה אחת שתצא מראובן ותיכנס לשמעון (כי לפי תורי״ד יש גם דין שתצא פרוטה מהמקדש וגם שתיכנס למתקדשת).

כעת הוא ממשיך וצועד צעד אחד הלאה:

מיהו נראה דכל כה״ג פשיטא דמהני קידושין אפי׳ נימא דאזלינן בתר דידהו דהיינו הבנות דכיון דאתינן עלה מדין ערב ה״ל כאלו קבלה כל אחת פרוטה שלימה לפי מ״ש הרמב״ם פ׳ כ״ה ממלוה (ה״י) בשנים שערבו לאחד כשיבא המלוה ליפרע מן הערב יפרע מאיזה מהם שירצה וכתב הרב המגיד (שש) [שם] בשם הרשב״א דערבון כיון דהם לא נתחייבו מצד עצמן והערבו׳ לבטחון ולמשכון ואין השעבוד חל לחצאין אלא כל א׳ נכנס בשעבוד הלוה בכולו אבל שנים שלוו י״ל שכל א׳ נעשה לוה בחצי מעות וערב בחצי השני עבור חבירו וע״ש וכ״כ מוהרי״ק בשורש קפ״ג ועיין ש״ע ח״מ סי׳ ע״ז (ס״א) וסי׳ קל״ב (ס״ג) וכיון דשנים ערבים כל א׳ נתחייב בכולו צריך לומר דה״ל כאילו הוציא מעותיו כולו ע״פ זה וכולו עפ״י זה וא״כ קידושין דלמדנו מדין ערב א״כ כל כה״ג דנעשה כל א׳ ערב בכולו וכאילו הוציא המקדש את הפרוטה כולו ע״פ זה וכולו ע״פ זה וא״כ אפי׳ נימא בתר דידהו אזלינן נמי מהני לי׳ כיון דהמקדש הוציא הפרוטה ע״י כל אחת ואחת משניהם מקודשת בפרוטה אחת מדין ערב זה נראה ואכתי צ״ע.

בקטע האחרון הוא טוען שאם אכן מדובר בדין שניהם המורכב, הוא לא מבין מדוע הגמרא בכלל מסתפקת. אם כן, לא רק שברור לו שמכניזם כזה אמור להחיל קידושין, אלא פשוט לו שזה מועיל גם אם ניתנת עבור שתי הבנות רק פרוטה אחת. לדעתו אין כלל מקום לספק במקרה כזה.

זהו ביטוי עוד יותר חד ובהיר להנחתנו, שאם המכניזם שבפנינו נוצר מהרכבה של שני המכניזמים היסודיים (דין ע"כ – B, ודין ערב – A), אז הוא שייך לחבורה, ולכן הוא ודאי חייב להיות לגיטימי (להחיל קידושין). לשיטתו, אם הגמרא מעמידה זאת בספק, זוהי ראיה לשיטת תוס', שכן דין שניהם כזה חייב להועיל, ומה מקום לספק בגמרא?! כלומר הוא רואה את המסקנה הזו כמובנת מאליה, ושאף אחד לא יכול לחלוק על כך.

אגב, יש כאן עוד השלכה לדין ערב לעומת שליחות רגילה. בדין ערב ניתן לקבל פרוטה אחת עבור שתי הבנות ולקדש את שתיהם, מה שאין כן בשליחות רגילה לשתיהן. בדין ערב מה שקובע הוא כמה קיבל המקבל, ואם הוא קיבל פרוטה זה יכול להועיל לכמה וכמה נשים.

שתי השלכות

א. יש מקום לדון מדוע בסוגייתנו צריך שני מקדשים, ולא העמידו במקדש אחד לשתי בנות? לכאורה במצב כזה לא יהיו קידושין, כמו שאנחנו מוצאים במשנה קידושין נ סוע"א:

מתני׳. המקדש שתי נשים בשוה פרוטה, או אשה אחת בפחות משוה פרוטה, אף על פי ששלח סבלונות לאחר מכאן – אינה מקודשת, שמחמת קידושין הראשונים שלח. וכן קטן שקידש.

רואים שבמקרה כזה ברור שהנתינה היא חצי פרוטה לכל אחת, כי אי אפשר לראות בזה מעשה בפרוטה.

אמנם זה לא הכרחי, שכן אם שתי הנשים ממנות שליח אחד (למשל האבא), אז יש מקום לדון אולי הפרוטה שהוא נותן והוא מקבל מועילה לשני הקידושין (לפחות אם זה האבא שמקבל עבור בנותיו הקטנות, לשיטת התוס׳).

ב. ומה לגבי מקרה ששתי הנשים הללו אינן אחיות והן גדולות, ומקדשים את שתיהן על ידי שליח? במקרה כזה מקבל הקידושין הוא שליח ולא האבא, ולכן לפי תוס׳ במצב כזה אין קידושין כי זה דומה לשליח שמקבל פרוטה שלא יפה כוחו יותר מכוח שתי המשלחות שלו. אך לפי תורי״ד נראה שזה כן יועיל, מדין ערב, שהרי לשיטתו דין ערב פועל גם במקום שהלווה קיבל פרוטה ומכוח זה התחייבו שני ערבים. כאמור למעלה, אם השליח היה נותן שתי פרוטות ייתכן שגם תוס׳ לא היה נזקק להגיע לשליחות, שכן אין מניעה לקדש את כל אחת משתיהן מדין ערב.

האם אנחנו עדיין בתוך חבורת הייצוגים?

בפרק הקודם ראינו שהייצוגים השונים בקידושין יוצרים חבורה שבנויה מהרכבות שונות של דין ערב ודין ע״כ. גם כאן ראינו שהסיטואציה של ארבעה

437

גורמים היא הרכבה של שני המכניזמים הללו. אבל ההגדרות היסודיות של
החבורה נשברות.

אם נרצה לכלול את המכניזם הזה בחבורה שלנו, אזי עלינו להציג כל מכניזם
ייצוג מהפרק הקודם בציור שבו יש ארבעה גורמים. לדוגמה, הסיטואציה
היסודית של הקידושין היא הבאה:

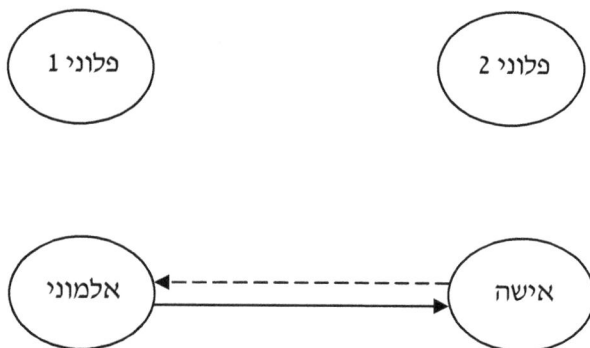

```
  ╭─────────╮              ╭─────────╮
  │ פלוני 1 │              │ פלוני 2 │
  ╰─────────╯              ╰─────────╯


  ╭─────────╮ ◄ ─ ─ ─ ─ ─ ╭─────────╮
  │ אלמוני  │              │  אישה   │
  ╰─────────╯ ──────────►  ╰─────────╯
```

קידושין רגילים בסכימה של ארבעה גורמים

כעת נרצה לבחון את היחס בינה לבין המכניזם של ערב, שמוצג בסכימה
הבאה:

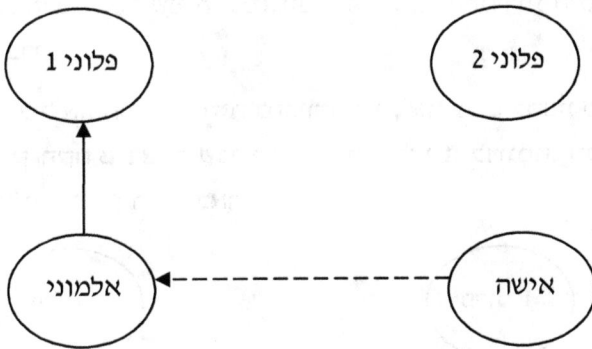

דין ערב בסכימה של ארבעה גורמים

ברור שגם הסכימה הבאה היא דין ערב:

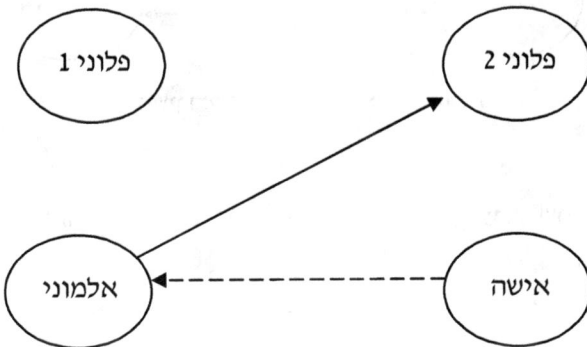

דין ערב נוסף בסכימה של ארבעה גורמים

כלומר בסכימות של ארבעה גורמים אין ייצוג יחיד לכל מכניזם קידושין. מבחינת הטרנספורמציות שנרצה להגדיר, הטרנספורמציה של ערב, A, לא תוכל להיות מוגדרת כהזזה של ראש החץ הרצוף, שכן הוא יכול להיות מוזז לשני כיוונים שונים.

על זה ניתן היה להתגבר, אם היינו מגדירים הזזה כלשהי של ראש החץ כטרנספורמציה של ערב. גם הזזה לפלוני1 וגם לפלוני2 יוגדרו כטרנספורמציה של ערב.

אבל עדיין יישבר היחס ההופכי שמצאנו בפרק הקודם: A*A=I. הזזה של ערב ואחריה עוד הזזה של ערב לא מחזירה אותנו למצב הראשוני. לדוגמה, הזזה אחת של ערב ממצב הקידושין הרגיל תיתן לנו את המכניזם הראשון של ערב (הציור הלפני אחרון), והזזה נוספת של ערב תיתן לנו את המצב השני של ערב (הציור האחרון), ולא את המכניזם הרגיל של קידושין, כמו שקיבלנו בסכימות עם שלושה גורמים. כלומר אם רצוננו לשמור על מבנה החבורה ולכלול בו גם את המכניזם שראינו בפרק זה, עלינו להגדיר מחדש את הטרנספורמציות.

מכיון שמדובר במכניזם ייצוג נוסף אחד בלבד, ומכיון שאנחנו כבר יודעים שהוא לגיטימי, אין טעם לעשות זאת. אין בחבורה שתתקבל שום מכניזם נוסף פרט לאלו שתוארו בפרק הקודם ולזה שהוצג בפרק הנוכחי. המבנה של חבורה לא ילמד אותנו כאן מאומה. בפרק שמונה-עשר נראה סיטואציות מורכבות יותר, ושם ננסה להגדיר את החבורה בצורה רחבה וכללית יותר.

פרק שבעה-עשר
מכניזמים של ייצוג בדיני ממונות

מבוא

עד עכשיו פגשנו כמה וכמה מכניזמים של ייצוג בקידושין. בפרק זה נעסוק בשאלה האם דין ערב ודין ע"כ קיימים גם בדיני קניין הרגילים, ולא רק בקידושין. שאלה זו לא חשובה לנו לעצם העניין, שכן די לנו במבנה הלוגי שמצאנו בקידושין. אולם בפרק הבא נראה שאם דינים אלו קיימים גם בדיני קניין הרגילים, הדבר פותח פתח לסיטואציות הרבה יותר מורכבות מאלו שפגשנו בשני הפרקים הקודמים.

הכללה לדיני קניין רגילים

בסיום הסוגיא בקידושין ז ע"א, הגמרא דנה בדין ערב ודין עבד כנעני לגבי ממון רגיל (קניין כסף בשדה):

איתמר נמי משמיה דרבא: וכן לענין ממונא. וצריכא; דאי אשמועינן קידושין, משום דהא איתתא ניחא לה בכל דהו, כדריש לקיש, דאמר ר"ל: טב למיתב טן דו מלמיתב ארמלו, אבל ממונא - אימא לא; ואי אשמועינן ממונא, משום דאיתיהיב למחילה, אבל קידושין - אימא לא, צריכא.

המסקנה היא שלא מדובר על דין ייחודי לקידושין אלא על דין שקיים גם בדיני הקניינים הרגילים.

על מה מדובר כאן? רש״י על אתר כותב:

וכן לענין ממונא - הנך שמעתא דרבא דילפינא קידושין מדין ערב ומדין עבד כנעני כן לענין ממונא מכר לו שדה ואמר לו תן הכסף לפלוני ושדי מכורה לך בו קנה מדין ערב הילך מנה ותהא שדך מכורה לפלוני קנה אותו פלוני השדה מדין עבד תן מנה לפלוני ותקנה לו שדי בו קונה מדין שניהם.

הוא מסביר שדברי רבא נסובים על כל הדינים שנדונו למעלה (ערב, ע״כ שניהם ועוד). יתר על כן, הרמב״ן כאן מקשה על רש״י:

וכן לענין ממונא. רש״י ז״ל כתב אתלת מימרי דרבא ולא כתב אהילך מנה ותיקני לך שדי באדם חשוב, ושמא סובר הוא שלא קנה שאין אדם מקנה שדהו לאדם חשוב בשכר קבלת מתנה ממנו, ולא אמרו כן אלא בקדושי אשה שהיא רוצה בנשואי אדם חשוב ויש בה שתי הנאות.

עד כאן הוא מניח ש/דברי רבא נאמרו על כל המכניזמים, ומקשה מדוע רש״י משמיט את מתנה לאדם חשוב (המכניזם הרביעי).

כעת הוא מציע הסבר אפשרי:

ואפשר דמשום דההיא בעיא רבא ולא איפשיטא פי׳ כן. אבל בדין הוא שכל שקונה באשה קונה בקרקע.

הוא מעלה אפשרות שהשמטה הזו היא מפני שיש כאן ספק, אבל בסיכומו ברור לו שהכל נאמר גם לגבי ממונות.

משמעות הדברים היא שלפי רש"י והרמב"ן ורוב הראשונים בסוגיא, גם שדה ניתן לקנות בדין ערב או דין ע"כ או דין שניהם, וכל החבורה שלנו קיימת גם בממונות.

והנה, בסוגיית ע"ז סג ע"ב אנחנו מוצאים:

והאמר רבא: האומר לחבירו תן מנה לפלוני ויקנו כל נכסאי לך - קנה מדין ערב!

כאן מופיע רק דין ערב. יתר על כן, זה מובא כמימרא של רבא, שהוא בעל המימרא שהובאה בקידושין. לכאורה זה רומז על כך שגם המימרא בסוגיית קידושין נסובה רק על דין ערב ולא על כל שאר המכניזמים. אם אכן זה כך, הדבר בהוא בעל משמעות רבה, שכן רואים שדין ע"כ לא קיים בממונות, וממילא גם לא שארהמכניזמים שמכילים את דין ע"כ בתוכם.

הדברים נפסקו להלכה ברמב"ם פ"א מהל' מכירה ה"ו (ו**בשו"ע** חו"מ סי' קצ ה"ג):

האומר לחבירו תן מנה לפלוני ויקנה ביתי לך, כיון שנתן קנה הבית מדין ערב.

גם הוא מביא רק את דין ערב ולא את כל הדינים.

וב**מ"מ** שם כותב שמקורו הוא מסוגיית קידושין:

האומר לחבירו תן מנה לפלוני ויקנה ביתי לך וכו'. בקדושין פ"ק (דף
ז') דאמרינן הכי גבי אשה דמקודשת ואמרינן בתר הכי ובתר
שמעתתא אחרינא וכן לענין ממונא. והסכימו כל המפרשים דאהך
נמי קאי ומדין ערב פירוש כמו שהערב משתעבד ולא קבל הוא כלום:

הוא כנראה מבין שבסוגיית ע"ז מצטטים את ה מימרא של קידושין, שנאמרה
על כל המכניזמים (הוא כותב שהקטע הזה מובא אחרי כל המכניזמים
בסוגיא, ולכן הוא חל על כולם). ומה שהיא מובאת בע"ז רק לגבי ערב זה מפני
שרק דין ערב היה הנדון שם. כלומר אין באמת מימרא של רבא על ערב, ומה
שמובא שם הוא המימרא מקידושין אבל רק לגבי ערב.

אמנם נותר קשה לפי המ"מ מדוע הרמב"ם לא מביא גם את שאר המכניזמים
הללו לגבי ממונות? הוא מסביר מדוע בע"ז זה מובא רק לגבי ערב, אבל
בקידושין זה נאמר על כל המכניזמים, והרמב"ם להלכה היה צריך להביא את
כולם.

ואכן ב**כס"מ** שם באמת תמה עליו:

האומר לחבירו וכו' קנה מדין ערב. בריש קדושין (דף ז') אמר רבא
לענין קדושין הא לך מנה והתקדשי לפלוני מקודשת מדין עבד כנעני
ואמר נמי תן מנה לפלוני ואקדש לו מקודשת מדין ערב ומדין עבד
כנעני ובתר כולהו אמר רבא וכן לענין ממונא וא"כ כשם שכתב רבינו
שקנה מדין ערב היה לו לכתוב שאר החלוקות.

הוא תוהה מדוע הרמב"ם מביא רק את דין ערב, ולא את דין ע"כ ודין שניהם.
ראייתו היא מסוגיית קידושין שאומרת על כל הדינים הללו שהם חלים גם
בממונות.

כעת הוא מביא בשם הר״ן:

וכתב הרב רבינו ניסים שאולי סובר דדוקא לגבי קידושין גמרינן מעבד כנעני משום דעבד ואשה כהדדי נינהו דעבד גמר לה לה מאשה אבל לענין ממון אין למדים מעבד כנעני אבל אין זה מחוור וצ״ע עכ״ל.

ותמהני איך עלה בדעתו של הר״ן לומר דשמא סובר רבינו דדוקא לגבי קדושין וכו׳ אבל לענין ממון אין למדין מעבד כנעני דאטו רבינו אמורא הוא דליפלוג על רב דאמר וכן לענין ממונא. לכן צ״ל דרבינו הוה גריס הא דאמר רבא וכן לענין ממונא סמוך לתן לו ואתקדש אני לך מקודשת מדין ערב וטעמא דרבא אמרה מדין ערב ולא אמרה מדין עבד אפשר דהוי מטעמא דכתב הר״ן:

הוא טוען שלרמב״ם היתה גירסה אחרת בסוגיית קידושין, שרק לגבי דין ערב נאמר שהוא חל בממונות. אבל לא לגבי דין ע״כ או דין שניהם. הטעם לכך היא כנראה מה שכתב הר״ן (שע״כ הושווה לאישה).[80]

לפי ה**כס״מ** יוצא שהרמב״ם גרס את סוגיית קידושין בסדר שונה: דין ערב, המימרא של רבא, אחר כך דין ע״ד ודין שניהם. כאן אולי המקום לציין שבהלכות אישות הרמב״ם מביא את שלושת המכניזמים הללו, אבל בסדר

---

[80] בחדושי רבי שמואל (רוזובסקי), קידושין סי׳ ט סק״ב, חילק בין שני הדינים הללו: דין ערב בקידושין נלמד מערב קבלן ועניינו הוא קידושין בהנאה שפעל על פיה, ודין ערב בממונות שנלמד מערב רגיל הוא קניין שחל בעצם העברת המנה בציוויה.

מוזר: ערב, שניהם וע״כ. לא ברור מדוע הוא שינה מסדר הגמרא, כאשר דין שניהם נלמד מערב וע״כ.[81]

נציין ש**בקונטרסי שיעורים** לרב גוסטמן, קידושין, שיעור ט אות ו, הביא ראיה שהרמב״ם באמת לא סובר את דין ע״כ בממונות, מפסיקתו בהל׳ עירובין פ״ב הי״ב (ובכך יישב את קושיית ה**אב״מ** סי׳ לא סקכ״ד).

וב**שו״ע** חו״מ סי׳ קצ ה״ג מביא את פסק הרמב״ם לגבי ערב. ומייד אחר כך בה״ד-ה שם הוא כותב:

ד. י״א שהוא הדין לאומר לחבירו: הילך מנה ויהיה שדך מכור לפלוני, כיון שקבל זה ממנו נקנה השדה לאותו פלוני.

ה. וכן י״א שהוא הדין לאומר לחבירו: תן מנה לפלוני ויהיה שדי מכור לו לאותו פלוני עצמו, כיון שקבל פלוני המנה מזה, נקנה לו לאותו פלוני עצמו השדה.

כאן הוא מביא את דין ע״כ ודין שניהם בממונות, וכותב אותם בשם י״א, כלומר שהם אינם מוסכמים.

---

[81] **בקונטרסי שיעורים** לרב גוסטמן, שיעור ט, הציע לכך הסבר לפי שטת הרא״ש.

שיטת הרי״ף והרא״ש

מעניין לציין שהרי״ף והרא״ש השמיטו לגמרי את המימרא של רבא ״וכן לענין ממונא״. וכך כותב הרמב״ן בקידושין לגבי הרי״ף:

ולא ידעתי למה השמיט רבינו הגדול ז״ל דבר זה ולא כתבה בהלכות.

ייתכן שלדעת הרי״ף והרא״ש כל הדינים הללו לא קיימים בממון. אמנם קשה לומר זאת, שכן אם זה נכון אז הם פוסקים חזיתית נגד הגמרא בקידושין ונגד סוגיית ע״ז. ואולי היתה להם גירסה שונה שכלל לא גרסה את המימרא של רבא.

אם כך, אז ייתכן שיש כאן דעה שאין בכלל ייצוג בממונות, פרט לשליחות. אמנם הדברים לא מובאים בפוסקים (פרט לגר״א על ה**שו״ע** שם בסי׳ קצ), ולא נראה שלהלכה ישנה דעה שכל הדינים הללו לא קיימים בממונות.

פדיון הבן

כמה אחרונים דנו האם מועילים המכניזמים הללו בפדיון הבן. בפדיון הבן האבא צריך לתת לכהן סכום של חמישה סלעים. מה הדין אם הוא נותן אותם למישהו אחר, או שמישהו אחר נותן לכהן חמישה סלעים בשמו.

לכאורה זה תלוי במחלוקת הראשונים שראינו, האם המכניזמים הללו התחדשו רק בקידושין או שהם קיימים גם בממונות ובשאר ההקשרים ההלכתיים. כך באמת כותב מהרי״ט אלגזי, בכורות פ״א, אות ז.

אך זה לא ברור כלל וכלל. בפדיון הבן יש דין שייתנו לכהן חפצים מיטלטלים שגופם ממון, כלומר צריך להעביר לו שווה כסף. זו לא העברת כסף שמחילה פעולה קניינית כלשהי אלא ניתנת כסף ממש. ייתכן שאם זוהי הדרישה לא יועילו המכניזמים הללו שאין בהם נתינה של כסף מהאב לכהן. מאידך, אם למדנו שנתינה של אחר או לאחר נחשבות גם הן כנתינות ממנו או אליו, מדוע שזה לא יועיל גם כאן?!

בפשטות נראה שהדבר תלוי בהבנות השונות שהצגנו בדין ערב או ע״כ. אם ההבנה היא שהעברת הכסף ממישהו אחר או למישהו אחר נחשבת כהעברת כסף אליו, אז זה יכול להועיל. אבל אם בדין ערב מדובר בקידושי הנאה (שהוא נתן מתנה על פיה), הרי בפדיון הבן צריך שההנאה הזו תהיה שווה חמישה סלעים. וראינו שאם הוא נותן למישהו אחר חמישה סלעים ההנאה שלה מזה היא פחותה. ראה על כך ב**קונטרסי שיעורים** לרב גוסטמן, קידושין, שיעור ח אות ז.

סיכום

ראינו שבפשט הגמרא ולרוב הראשונים עולה שכל המכניזמים שראינו קיימים גם בממונות. ברמב״ם נראה שרק דין ערב קיים בממונות (אם כי יש חולקים על כך שזוהי שיטתו). ובריי״ף וראי״ש העלינו אפשרות שאין כלל מקום לייצוג בדיני ממונות, וכל המכניזמים שנדונו כאן נאמרו רק לגבי קידושין.

פרק שמונה-עשר
סיטואציות מורכבות יותר

מבוא

בפרקים הקודמים ראינו את חבורת ההרכבות של המכניזמים של הייצוג. הגענו עד הרכבה שעוסקת בארבעה גורמים שונים, וראינו שיש רק אחת כזאת, והיא המורכבת ביותר בקונטכסט שהוגדר עד כה. בפרק זה ננסה להשתמש במה שראינו בפרק הקודם כדי להציג ולנתח מכניזמים מורכבים יותר.

הרכבות של יותר מארבעה גורמים

מדוע המכניזם של ארבעה גורמים שהצגנו בפרק הששה-עשר הוא המורכב ביותר? הסיבה לכך היא שהמכניזמים שלנו עסקו בהרכבה של קידושי כסף. קידושי כסף נעשים על ידי נתינת כסף, וזו יוצרת את חלות הקידושין. נתינת הכסף זוקקת נותן ומקבל, והתוצאה (חלות הקידושין) גם היא זוקקת שני גורמים, הבעל והאישה. ההרכבות הפשוטות איחדו שניים או שלושה מארבעת הפונקציות הללו (המקדש/המתקדשת הוא/היא גם נותן/מקבל הכסף). המכניזם המורכב ביותר מתקבל כאשר כל אחת מהפונקציות הללו היא אדם נפרד. כיצד בכלל אפשר לחשוב על מכניזם עוד יותר מורכב?

האפשרות המתבקשת לאור מה שראינו בפרק הקודם היא שהעברת כסף הקידושין נעשית בעצמה על ידי מכניזם ייצוג מורכב. לדוגמה, אדם מקדש אישה במתן קרקע. את הקרקע הוא מקנה באופן שבעצמו הוא מכניזם ייצוג.

דוגמאות ראשונות

ניטול דוגמה, על בסיס המכניזם בן ארבעה גורמים שתואר בפרק ששה-עשר: פלוני1 נותן לפלוני2 את כסף הקידושין, ובכך מתקדשת האישה לאלמוני. הסיטואציה הזו מתוארת בסכימה הבאה:

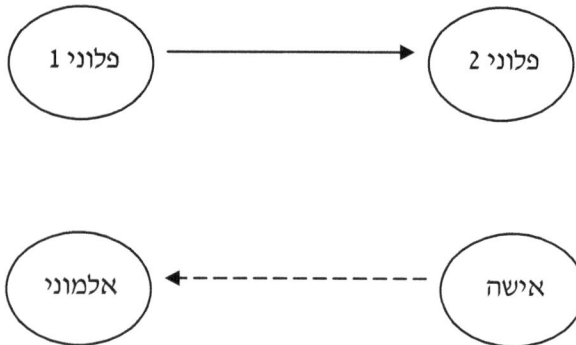

ההרכבה עליה אנחנו מדברים היא כאשר ההקנאה העליונה נעשית בעצמה במכניזם של דין עבד כנעני או ערב. לדוגמה, בדין ערב (תן מנה לפלוני ואקדש אני לך) פלוני2 נותן כסף לפלוני3 ובכך קונה את הקרקע מפלוני1. הקו הרצוף שמתאר את הקנאת הקרקע, הוא בעצם הקו המקווקו של סכימת דין ערב על הקרקע.

המכניזם שמתקבל הוא הבא :

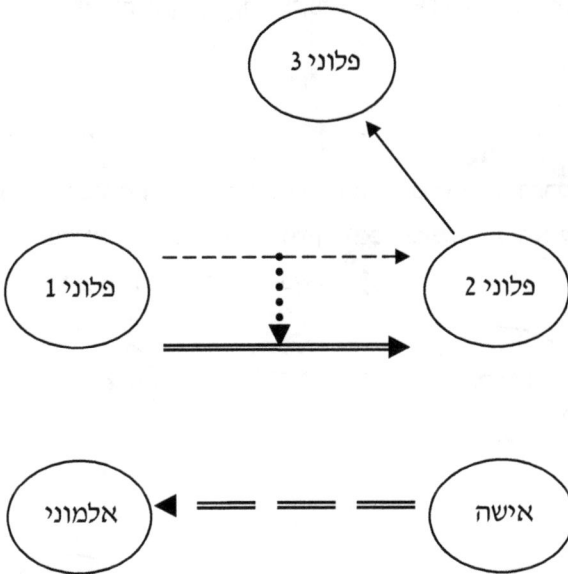

מכניזם של חמישה גורמים : הרכבה של דין ערב על המכניזם של ארבעה גורמים

הסכימה הזו מתארת הרכבה שבה מעורבים חמישה גורמים : פלוני2 נותן כסף לפלוני3, ובכך קונה מדין ערב את הקרקע מפלוני1. קניית הקרקע היא התוצאה, ולכן היא מתוארת בקו מקווקוו. כעת הקו המקווקוו הזה הופך לקו רציף (ההיפוך הזה מתואר בחץ של נקודות), שכן הוא מתאר נתינה של כסף קידושין (=הקרקע) מפלוני1 לפלוני2, שבה מתקדשת האישה לאלמוני. זהו קו רציף כפול שכן הוא מייצג את הפעולה השנייה בתהליך, אחרי הפעולה

451

הראשונה שמתוארת בקו הרציף הבודד. חלות הקידושין שנוצרים מהקו
הרציף הכפול היא תוצאה מסדר שני, ולכן היא מתוארת על ידי קו מקווקוו
כפול.

באופן עקרוני ניתן להמשיך ולהגדיר באותה דרך מכניזם של ששה גורמים,
באופן הבא :

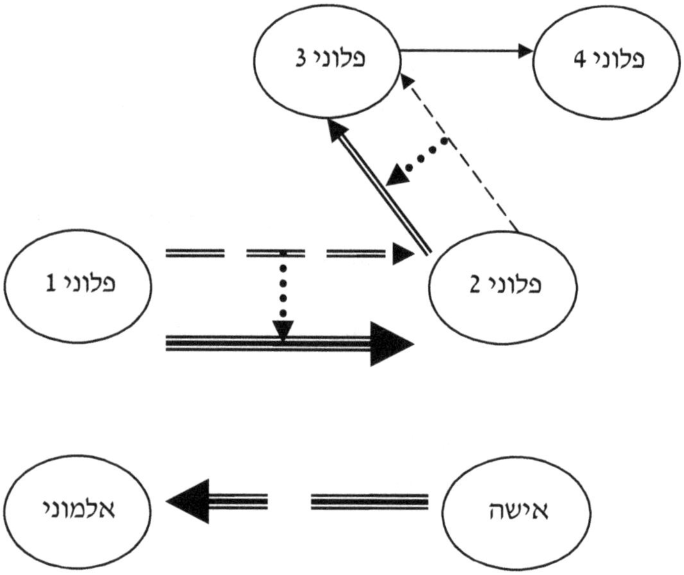

מכניזם של ששה גורמים : הרכבה של דין ערב על המכניזם של חמישה גורמים.

במקום העברת הכסף מפלוני2 לפלוני3, אנחנו מעבירים לו קרקע. את הקרקע הזו אנחנו מקנים במכניזם נוסף של דין ערב, שבו פלוני3 מעביר כסף לפלוני4.

סדר הפעולות בסכימה הזו הוא הבא :

א. העברת הכסף מפלוני3 לפלוני4. זו הפעולה הראשונה בתהליך המורכב, ולכן היא מתוארת בקו רציף בודד.

ב. העברה זו מחוללת תוצאה הלכתית ראשונה מדין ערב, בה קרקע נקנית מפלוני2 לפלוני3. תוצאה זו מתוארת בקו מקווקוו בודד.

ג. העברת הקרקע הזו הופכת לקו רציף כפול, שכן הקרקע הזו עצמה נחשבת ככסף שעבר מפלוני2 לפלוני3.

ד. העבר זו מקנה קרקע מפלוני1 לפלוני2 מדין ערב. העברה זו מסומנת בקו מקווקוו כפול, כי זוהי התוצאה השנייה בתהליך.

ה. העברה זו הופכת להיות קו רציף משולש, שכן היא נחשבת כהעברת כסף מפלוני1 לפלוני2.

ו. העברה זו מחילה קידושין של האישה לאלמוני במכניזם של ארבעה גורמים. הקידושין הם תוצאה שלישית בתהליך, ולכן הם מסומנים בקו מקווקוו משולש.

עד כאן תיארנו הרכבה אחת של המכניזם של ארבעה גורמים עם דין ערב, ואז הרכבה נוספת עם דין ערב. יכולנו בכל אחד משלושת המכניזמים להשתמש במכניזם לגיטימי אחר מהחבורה שלנו, ועדיין היה מתקבל מכניזם ייצוג לגיטימי.

453

הערה: מכניזמים נוספים של פחות מחמישה גורמים

ההרכבות שתוארו כאן שונות במהותן מההרכבות בהן השתמשנו בחבורת הייצוגים. שימוש בהן מאפשר לנו ליצור עוד מכניזמים של ייצוג עם שניים ושלושה גורמים, מעבר לאלו שראינו בחבורת הייצוגים שבפרק חמישה-עשר.

לדוגמה, אם נפעל בצורה כזו על מכניזם של דין ערב, כאשר את הקו הרציף שלו אנחנו מחליפים במכניזם של קידושין מהופכים (מקביל למתנה לאדם חשוב, שהוא מכניזם שיש בו רק שני גורמים), נוכל לקבל מכניזם חדש של שלושה גורמים, שמתואר בסכימה הבאה:

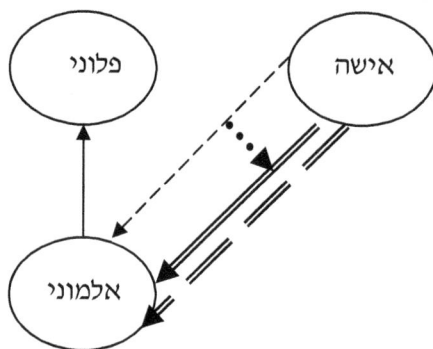

מכניזם נוסף של שלושה גורמים: קידושין מההופכים מורכבים על דין ערב

בסכימה הזו אלמוני נותן כסף לפלוני (קו רציף בודד), ובכך הוא קונה קרקע מהאישה מדין ערב (קו מקווקוו בודד). הקרקע שאותה קנה נחשבת כהעברת כסף מהאישה לאלמוני (קו רציף כפול), שבמכניזם של קידושין מהופכים מקדש את האישה לאלמוני (קו מקווקוו כפול).

כמובן שאפשר כאן לייצר מכניזמים נוספים של ארבעה גורמים (למשל, אם נחליף את הקו הרציף בדין ערב במכניזם של דין ע"כ), ואפילו של שני גורמים, כמו זה המתואר בסכימה הבאה:

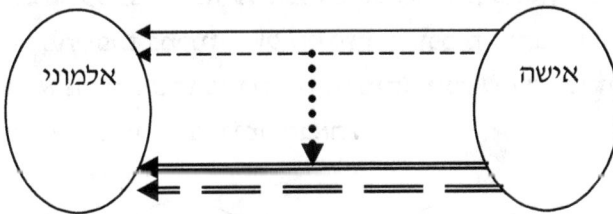

מכניזם נוסף של שני גורמים: האישה נותנת כסף לאלמוני, ובכך מקנה לו קרקע שלה בדין קידושין מהופכים. הקרקע שלה נחשבת כהעברת כסף קידושין לאלמוני, ולכן היא מחילה קידושין שלה אליו מדין קידושין מהופכים.

פעולה הופכית

אפשר להגדיר כאן פעולה הופכית להרכבה אותה תיארנו. אם אנחנו רואים סכימה מורכבת, אנחנו יכולים להחליף תת מבנה שהוא מכניזם פשוט להקנאת קרקע, בקו רציף אחד, ולמחוק את הגורמים הנוספים.

משמעות הדבר היא שבהינתן אחד הציורים שפגשנו כאן, ניתן למחוק את כל הקווים מסדר ראשון (הבודדים) ואת קו המעבר מהם אל הכפולים (החץ עם

הנקודות), ולהישאר רק עם הקווים הכפולים. לאחר מכן ניתן גם למחוק את הכפולים ואת חץ המעבר למשולשים, ולהישאר רק עם הקווים המשולשים. כל סדר (קווים בודדים, כפולים, משולשים וכדומה) הוא מכניזם לגיטימי אחד מהמכניזמים הבסיסיים שלנו.

סיכום

מה שראינו עד כאן הוא המבנה הבא:

- בחבורת הייצוגים שפגשנו בפרק חמישה-עשר ישנם ששה מכניזמים שמערבים עד שלושה גורמים. בנוסף להם, ישנו עוד מכניזם של ארבעה גורמים שתואר בפרק ששה-עשר. בסה"כ ישנם שבעה מכניזמים בסיסיים. כל אלו הם הרכבות של שני המכניזמים הבסיסיים: דין ערב ודין ע"כ, במובן של שינוי עקבו או ראשו של החץ הרציף.
- בפרק זה ראינו ששבעת המכניזמים הללו יכולים להיות מורכבים זה על זה במובן שונה. ההרכבות בהן עסקנו כאן מבוססות על החלפת הקו הרציף במכניזם הבסיסי, במכניזם אחר שהקו המקווקוו שלו הופך להיות הקו הרציף של המכניזם הראשון.

כמה מכניזמים כאלה ישנם? ברור שניתן להרחיב את הייצוגים באופן כזה ככל שנרצה, ולכן יש אינסוף מכניזמים מהסוג הזה. למעשה יש אינסוף מכניזמים שונים עבור כל מספר נתון של גורמים (שניים, שלושה, ארבעה וכדומה).